Katharina Buss

Das große Ravensburger Strickbuch

Für Anne,

mit herz... Dank

für Di...

K...ina

4.12.1996

Katharina Buss

Das große Ravensburger Strickbuch

Ravensburger Buchverlag

Wir danken der Firma Schachenmayr für die hilfreiche Unterstützung bei diesem Buch sowie für die Erarbeitung der Modelle und Strickmuster. Die Entwürfe der Modelle sind von Elisabeth Kopff (1) und Barbara Schreyer (4).

Die Deutsche Bibliothek – CIP-Einheitsaufnahme

Das **grosse Ravensburger Strickbuch**/ Katharina Buss.
(Fotogr.: Brigitte Harms. Zeichn.: Sigrid Witzig).–
Ravensburg: Ravensburger Buchverl., 1996

ISBN 3-473-42447-1

NE: Buss, Katharina; Harms, Brigitte

96 97 98 99 4 3 2 1

Gestaltung und Satz (DTP QuarkXPress 3.31):
Leonore Wienstrath, Ahrensburg
Fotografie: Brigitte Harms, Hamburg
Zeichnungen: Sigrid Witzig, Hamburg
Umschlaggestaltung: Dirk Lieb
Umschlagfoto: Brigitte Harms
Lektorat: Hildrun Lachmann
Herstellung: Birgit Braun
Lithografie: Eurolitho, Tarzo, Italien
Druck: Appl, Wemding
Printed in Germany

ISBN 3-473-42447-1

Inhalt

Vorwort

Sie möchten stricken lernen? Mit diesem Buch ist Ihnen der Erfolg sicher! Sie können bereits stricken? Auch dann ist dieses Buch für Sie genau richtig. Denn es ist nicht nur ein übersichtliches, detailgenaues, reich illustriertes Grundlagenbuch, sondern zugleich ein umfassendes Nachschlagewerk für jeden nur denkbaren Problemfall, der beim Stricken auftreten kann.

Stricken ist eine der ältesten und populärsten Handarbeitstechniken. Schon im Mittelalter wurde gestrickt, damals jedoch in erster Linie als „Beschäftigungstherapie“ für Frauen und Mädchen der gehobenen Kreise, aber auch aus Sparsamkeitsgründen. Letztere spielten beim Stricken auch später, immer wenn die Zeiten schlecht waren, eine große Rolle.

In der heutigen, schnellebigen Zeit hat das Stricken jedoch einen ganz anderen Stellenwert. Stricken ist kreativ. Stricken ist Mode. Stricken macht Spaß. Und nicht zuletzt: Stricken beruhigt die Nerven!

Bei der riesigen, ständig wechselnden Palette von Garnqualitäten sind der Phantasie kaum Grenzen gesetzt. Hochwertige Standardgarne gibt es in vielen, immer wieder aktualisierten Farben. Anfänger können sich mit modischen Effektgarnen üben, bei denen Unregelmäßigkeiten im Maschenbild wenig oder gar nicht auffallen. Für Fortgeschrittene gibt es unzählige Muster in allen Schwierigkeitsgraden.

Im Kapitel „Grundtechniken“ sind alle grundlegenden Arbeitsschritte ausführlich erklärt; angefangen bei den verschiedenen Anschlägen über Randmaschen bis hin zum Abketten oder Abnähen.

Dann geht's um „Perfekte Details“. Um Bündchen und Blenden, die sich von beiden Seiten sehen lassen können. Um sauber gestrickte Blenden bei runden und V-Ausschnitten. Um Polo- und Schalkragen, die perfekt sitzen. Um gerade, schräge und nachträglich eingestrickte Taschen, um Knopflöcher und Reißverschlüsse.

Auch dem Ausarbeiten ist ein ausführliches Kapitel gewidmet, denn gerade die Konfektionierung macht ein Modell erst perfekt: Was nützen sauber gestrickte Teile, wenn die Nähte schief sind! Außerdem ist der Zeitaufwand, den das sorgfältige Nähen erfordert, sehr gering im Vergleich zu der Zeit, die man für das Stricken braucht.

In den „Speziellen Techniken“ geht's um das Musterstricken, mit Tips und Tricks für das beste Ergebnis. So sehen z. B. doppelte Zu- und Abnahmen bei Patentgestricktem besser aus als einfache. Und selbst verkürzte Reihen werden hier zum Vergnügen.

Seepferdchen und Rosen sind nur zwei Beispiele, wie Sie einen Pullover liebevoll verzieren können. Im Kapitel „Dekoratives Bearbeiten“ sind neben vielen Stickstichen auch Noppen, Pompons, Fransen und Quasten dabei.

In den „Praktischen Tips“ wird u. a. erklärt, wie Sie einen Pullover be- und umrechnen. Sie finden Tips für das Selbstentwerfen von Modellen, für das Stricken nach Strickschriften, das Beheben von Fallmaschen oder für das Verkürzen und Verlängern fertiger Modelle.

Damit Sie gleich loslegen und Ihre Strickkünste ausprobieren können, folgen genaue Anleitungen für alle im Buch gezeigten Modelle sowie für das Stricken von Socken und Handschuhen – und eine Palette wunderschöner Muster.

Ein Tip noch zum Schluß: Manche Stricker(innen) müssen sich zunächst „einstricken“. In den ersten zwei bis drei Reihen stricken viele relativ locker, bevor sie die gewohnte Fadenspannung erreichen. Legen Sie sich deshalb ein kleines Übungsstück in die Ecke, Qualität und Nadelstärke spielen dabei keine Rolle. Stricken Sie nach jeder längeren Pause zunächst einige Reihen mit diesem Übungsstück und nehmen dann erst wieder Ihr Modell zur Hand.

Arbeitsmaterial

Von der Stricknadel bis zum Maschenraffer, von Angora bis Viskose – hier erfahren Sie alles, was Sie über Garne, Nadeln und weitere nützliche Hilfsmittel wissen sollten. Nicht zu vergessen die wichtigsten Tips zur Pflege Ihrer fertigen Stricksachen.

Nadeln und Hilfsmittel

Ohne Stricknadeln geht gar nichts. Doch daneben gibt es noch viele nützliche und praktische Hilfsmittel, die das Stricken erleichtern und den Strickspaß vergrößern.

Stricknadeln
Jackenstricknadeln (mit gleich starkem Schaft) und Schnellstricknadeln (mit verjüngtem Schaft) gibt es in den Stärken von 2 bis 10 und in 30 und 35 cm Länge; Jackenstricknadeln auch in 40 cm Länge. Sie sind aus Aluminium, Kunststoff oder aus Bambus und Holz.

Rundstricknadeln
Rundstricknadeln, vernickelt oder aus Aluminium, gibt es in den Längen von 40 bis 150 cm und in den Stärken von 2 bis 10, aus Bambus sind sie mit 80 cm Länge in den Stärken 3 bis 6 erhältlich.

Rundstricknadeln werden meist auch für normale Strickstücke verwendet. Besonders bei großen Strickteilen ist die Handhabung einfacher als mit Schnellstricknadeln. Außerdem können auch Muster gestrickt werden, bei denen nacheinander 2 Hin- bzw. 2 Rückreihen gestrickt werden, wie z. B. beim zweifarbigen Patent. Hier schiebt man die Maschen immer an das Ende, an dem der benötigte Faden hängt. Mit kurzen Rundstricknadeln werden Halsausschnittblenden gestrickt.

Bambus- und Holznadeln

Flex-Stricknadeln
Flex-Stricknadeln bestehen aus der dickeren Spitze und einem dünneren Kunststoffseil von ca. 60 cm Länge. Auch mit diesen Nadeln lassen sich große Teile, wie z. B. Fledermauspullis, leichter arbeiten. Es gibt sie in den Stärken 2 bis 10.

Bambus- und Holznadeln
Besonders leicht sind Bambusnadeln. Sie haben zudem noch den Vorteil, daß auch Allergiker damit stricken können, da sie garantiert nickelfrei sind. Bambusnadeln gibt es als Nadelspiele von Stärke 2,5 bis 5, als Stricknadeln von Stärke 3 bis 7. Holzstricknadeln sind in den Stärken 6, 8 und 10 erhältlich.

Hilfsnadeln, Nadelspiele, Nadellehre
Hilfsnadeln gibt es in gerader oder als Zopfnadeln in gebogener Form. Der Knick verhindert das versehentliche Herabrutschen von Maschen.

Nadelspiele oder Strumpfstricknadeln bestehen aus 5 Nadeln mit jeweils 2 Spitzen. Die Maschen werden auf 4 Nadeln verteilt, mit der 5. Nadel wird gestrickt. Es gibt sie in 15 und 20 cm Länge. Die kurzen Nadeln sind besonders für Babyschuhe oder Fingerhandschuhe geeignet. Nadelspiele gibt es in den Stärken 1,25 bis 8.

Nadellehren erleichtern das Überprüfen von Nadelstärken, z. B. bei Nadelspielen. Es gibt sie in verschiedenen Ausführungen.

Strickrechner
Mit diesem praktischen Hilfsmittel können Maschenproben ausgezählt, die benötigten Maschenzahlen abgelesen und außerdem die Stärke von Stricknadeln überprüft werden.

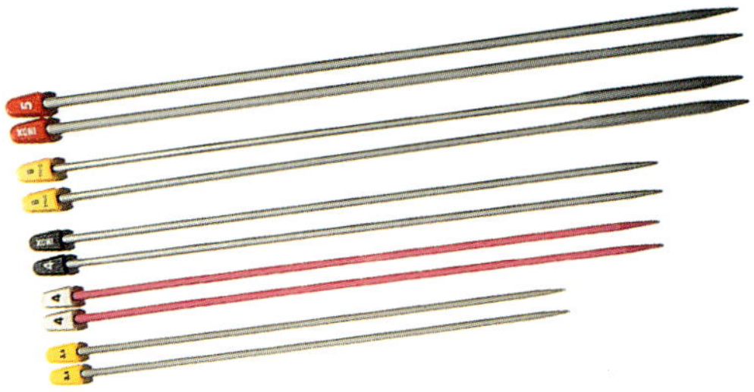
Stricknadeln

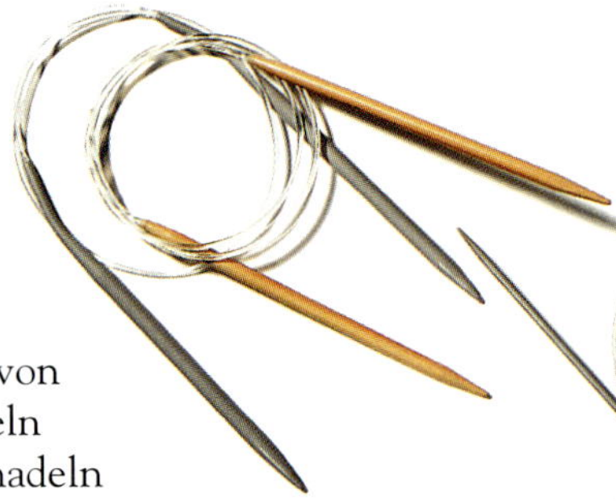
Rundstricknadeln

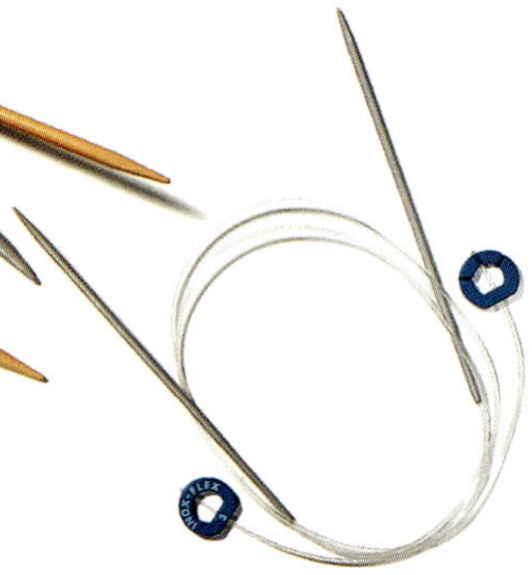
Flex-Stricknadeln

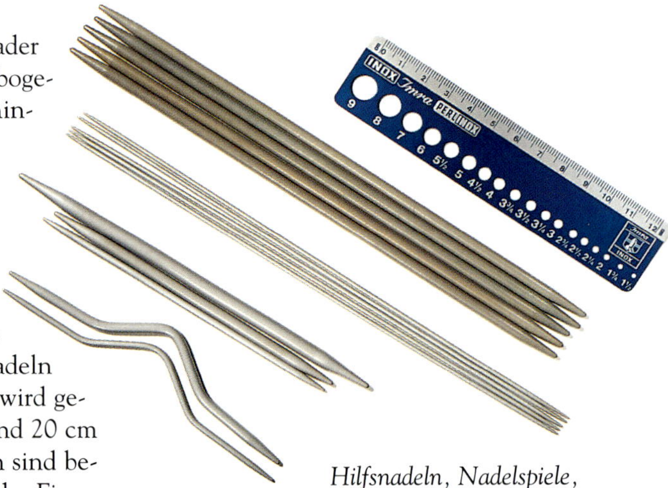
Hilfsnadeln, Nadelspiele, Nadellehre

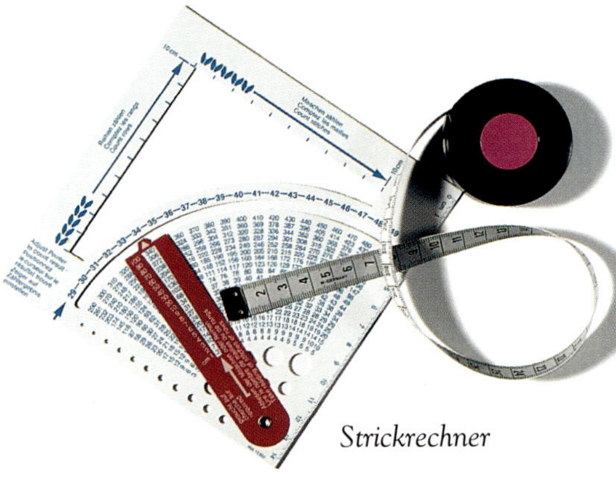
Strickrechner

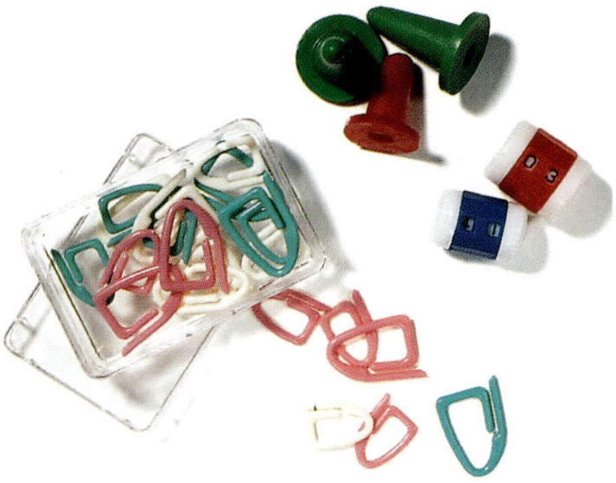

Markierungsringe, Reihenzähler, Nadelschützer

Strick-fingerhüte, Garnspulen

Markier-schablone

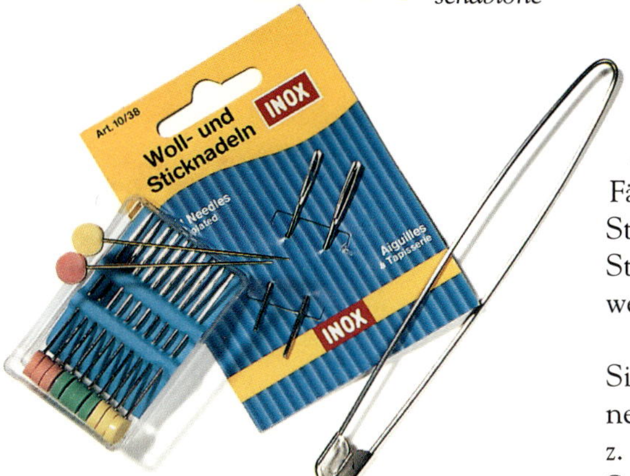

Spannstecknadeln, Wollnadeln, Maschenraffer

Markierungsringe, Reihenzähler, Nadelschützer
Maschenmarkierungsringe gibt es in verschiedenen Größen und Farben. Sie erleichtern das Auszählen von Maschen und Reihen und können zum Markieren, z. B. der Ärmelhöhe, verwendet werden.

Reihenzähler werden auf die Stricknadel geschoben; für das Stricken in Runden gibt es auch Reihenzähler mit Einhängeschlaufe.

Nadelschützer sollen nicht die Nadeln schützen, sondern bei Strickpausen verhindern, daß Maschen von der Nadel rutschen.

Strickfingerhüte, Garnspulen
Zum Stricken von Jacquardmustern gibt es Fingerhüte mit 2 Ösen für zweifarbiges Stricken und mit 4 Einkerbungen für mehrfarbiges Stricken.

Garnspulen sind in zwei Größen erhältlich. Sie sind beim Stricken von Farbflächen und Intarsien sehr hilfreich.

Markierschablone
Mit der Markierschablone mit drei flexiblen Armen bleiben Sie beim Stricken nach Strickschriften immer in der richtigen Reihe.

Spannstecknadeln, Wollnadeln, Maschenraffer
Zum Spannen von Strickteilen sind die längeren Spannstecknadeln praktischer und leichter zu handhaben als normale Stecknadeln.

Zum Zusammennähen von Strickteilen, zum Vernähen von Fäden oder zum Besticken von Strickteilen sollten Wollnadeln oder Sticknadeln ohne Spitze verwendet werden.

Maschenraffer sind übergroße Sicherheitsnadeln. Auf ihnen können Maschen stillgelegt werden, z. B. für Taschenblenden oder wenn Schultermaschen später zusammengestrickt werden sollen.

Wollknäuelhalter

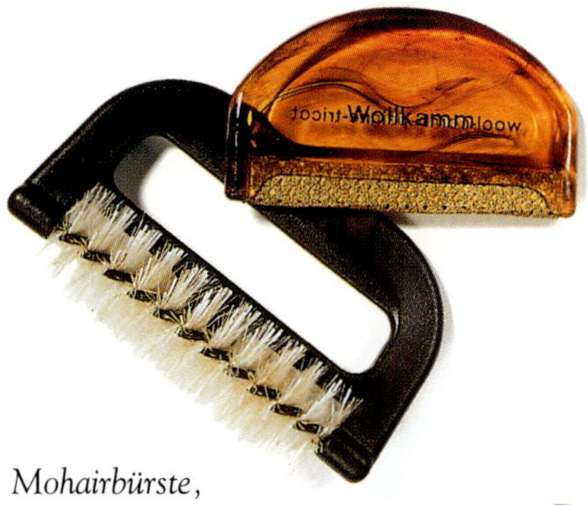

Mohairbürste, Wollkamm

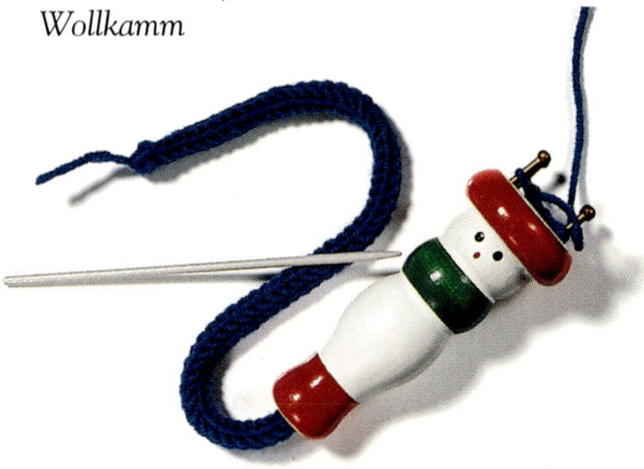

Strickpüppchen

Alle abgebildeten Arbeitsmittel sind von der Firma Inox und überall im Fachhandel erhältlich.

Wollknäuelhalter
Nicht nur wer Katzen hat, weiß Wollknäuelhalter besonders zu schätzen.

Mohairbürste, Wollkamm
Mit der Mohairbürste können Mohairpullover aufgerauht werden.

Der Wollkamm entfernt Wollknötchen und Flusen.

Strickpüppchen
Mit Strickpüppchen werden Schnüre „gestrickt“. Für Ungeduldige gibt es auch sog. Strickmühlen (o. Abb.).

Garne

Das Wichtigste neben den Stricknadeln sind natürlich die Garne. Zu Beginn also eine kurze Beschreibung der gebräuchlichsten Qualitäten.

Alpaka
Alpakawolle (nicht zu verwechseln mit der Reißwolle Alpakka) liefern die Alpakas, die zu der Familie der Lamas zählen und in Südamerika leben. Alpakawolle ist fein, weich und wenig gelockt. Ein Alpaka liefert alle 2 Jahre etwa 1 Kilogramm Wolle.

Angora
Das Fell der Angorakaninchen ist fein und leicht, aber auch relativ empfindlich. Angora hat ein sehr hohes Saugvermögen, es kann doppelt soviel Feuchtigkeit aufnehmen wie Schurwolle und viermal soviel wie Baumwolle, ohne dabei naß zu wirken. Angorakaninchen können alle 3 Monate geschoren werden und liefern bis zu 250 g Wolle pro Schur.

Baumwolle

Bändchengarn
Bändchengarne sind meist aus Baumwolle oder Viskose. Es gibt sie in gewirkter oder gewebter Form und in unterschiedlichen Breiten.

Baumwolle
Baumwolle, das weiße Gold, ist die älteste bekannte Faser der Welt. Sie wächst in tropischen und subtropischen Klimazonen, ist ein reines Naturprodukt und ruft keine Allergien hervor. Baumwolle ist luftdurchlässig und kann viel Feuchtigkeit aufnehmen. Dadurch wirkt sie temperaturausgleichend und ist auch bei großer Hitze angenehm zu tragen.

Neu auf dem Markt ist farbig gewachsene Baumwolle, die hauptsächlich in Amerika angebaut wird. Die dezenten Farben reichen von Hellgelb bis Braun, von Khaki bis Oliv.

Mercerisierte Baumwolle wird mit konzentrierter warmer Natronlauge behandelt, wodurch sie einen waschfesten Glanz und größere Festigkeit erhält.

Bei gasierter Baumwolle wurden abstehende Faserhärchen abgesengt, das Garn wird dadurch noch glatter.

Bouclégarn
Für Bouclégarne werden Effektfäden mit unregelmäßigen, schlingenförmigen Verdickungen in einen meist dünnen „Standfaden" verzwirnt. Je dichter die Schlingen eingearbeitet sind, um so fülliger wird das Strickteil.

Bouclégarne sind meist aus Wolle oder Wollmischungen. Für leichte Sommerbouclégarne werden z. B. auch Baumwolle und Leinen verzwirnt.

Angora

Bändchengarne

Cablégarn
Für Cablégarne werden zwei oder mehr Spinnfäden verzwirnt, d.h. miteinander verdreht. Dann werden

Bouclégarne

mehrere verzwirnte Fäden nochmals miteinander verzwirnt. Cablégarne sind sehr strapazierfähig, doch meist auch etwas härter als normal verarbeitete Garne.

Chenillegarn
Chenillegarne gibt es aus Baumwolle und aus synthetischen Materialien. Sie haben eine plüschartige, weiche Oberfläche und sind daher zum Musterstricken nicht gut geeignet.

Dochtgarn
Dochtgarne sind offene, beim Spinnen nur ganz lose gedrehte weiche Garne. Sehr rustikal wirken Dochtgarne mit dicken Flammen.

Flammengarn
Flammengarne sind Effektgarne mit unregelmäßigen, dochtigen Verdickungen. Häufig werden die Flammen noch durch unterschiedliche Einfärbungen hervorgehoben.

Flauschgarn
Flauschgarne sind voluminöse Garne mit Mohair- oder Angora-Optik, die jedoch aus Kunstfasern hergestellt werden.

Friségarn
Friségarne enthalten einen feinen Schlingenzwirn. Der Effektfaden wird beim Zwirnen schneller zugegeben, so daß der Fadenüberschuß kleine Schlingen bildet.

Glanz- oder Effektgarne
Die Liste der Glanzgarne ist endlos. Die natürliche Ausnahme ist schimmernde Seide, denn die meisten Glanzgarne werden aus Chemiefasern hergestellt. Die effektvollen Garne werden meist nur für festlichere Modelle verwendet oder auch für Garnmix-Modelle mit einzelnen „Glanzpunkten“.

Kamelhaar
Kamelhaar hat einen leichten natürlichen Glanz. Reines Kamelhaar kann nicht gefärbt werden. Um modische Farben zu erhalten, muß Kamelhaar immer mit anderen Fasern gemischt werden. Meist wird dafür hochwertige Schurwolle verwendet, da sie Kamelhaar sehr ähnlich ist.

Kaschmir
Kaschmirziegen werden nicht geschoren, das Haar wird beim Fellwechsel im Frühjahr ausgekämmt. Eine Kaschmirziege bringt im Jahr nur etwa 100 Gramm Wolle. Deshalb ist Kaschmir auch entsprechend teuer. Modelle aus reinem Kaschmir sind besonders leicht und weich, außerdem wärmen sie intensiver als Modelle aus allen anderen Garnen.

Lammwolle
Lammwolle wird nur bei der ersten Schur eines jungen Schafes gewonnen. Sie ist besonders weich und wärmend.

Leinen
Leinen ist eine Bastfaser, die aus der Flachspflanze gewonnen wird. Es ist kühl im Griff, hat einen leichten Glanz, ist relativ steif und wenig geschmeidig. Leinengarn eignet sich am besten für Sommerbekleidung, da es wenig wärmt und Feuchtigkeit schnell wieder abgibt. Im Handstrickbereich wird Leinen meist als Mischgarn angeboten.

Metallisierter Polyester
Diese Garne werden auch Lamé- oder Lurexgarne genannt. Hier wird auf einen Polyesterfaden eine hauchdünne Metallschicht aufgetragen. Einzelne Fäden werden auch als dezenter Effekt mit nicht glänzenden Garnen verzwirnt.

Chenille

Chenille-Effektgarn

Dochtgarn

Multicolor-Dochtgarn

Metallisiertes Polyestergarn

Garne

Reine Wolle

Tweed- und Flammengarn

Mouliné- und Melangegarne

Mohairgarne

Effektgarne

Melangegarn
Das französische Wort „melange“ bedeutet Mischung. Für Melangegarne werden verschiedenfarbige Fasern vor dem Verspinnen vermischt.

Mohairgarn / Kid Mohair
Angoraziegen haben ein langes, weißes, lockiges Fell. Kid Mohair nennt man die von Jungtieren gewonnene Wolle. Mohair filzt nicht, ist aber wenig strapazierfähig. Da sich Mohair gut färben läßt, wird es in jeder modischen Farbe angeboten.

Moulinégarn
Mouliné kommt ebenfalls aus dem Französischen und heißt Zwirnung. Für Moulinégarne werden zwei oder mehrere verschiedenfarbige oder verschiedenartige Fäden verzwirnt. Wird der mit unterschiedlichen Qualitäten verzwirnte Faden nachträglich gefärbt, nimmt jeder Rohstoff die Farbe anders an.

Shetlandwolle
Die Wolle der Shetlandschafe ist sehr robust, meist werden daraus rustikale Tweedgarne gesponnen.

Seide
Seide kühlt bei Hitze und wärmt bei Kälte. Außerdem ist sie auf der Haut sehr angenehm zu tragen. Sie ist jedoch nicht einfach zu verstricken. Seide muß sehr fest verarbeitet werden, da sich die fertigen Teile bei der ersten Wäsche dehnen. Maschen und Reihen dürfen also erst nach dem Waschen der Maschenprobe ausgezählt werden.

Tweedgarn
Tweedgarne sind noppige Effektgarne, bei denen die Noppen andersfarbig gefärbt sind.

Viskose
Für Viskose wird chemisch reiner Zellstoff (aus Holz und anderen Pflanzen) mit Natronlauge und Schwefelkohlenstoff behandelt. Viskose läßt sich gut verarbeiten, die Strickteile fallen wie Stoff. Das Garn kann matt oder glänzend sein. Viskose wird bei Mischgarnen häufig als Effekt eingesetzt.

Pflegetips

Damit Sie an Ihren selbstgestrickten Modellen möglichst lange Freude haben, hier einige Hinweise zum Waschen und Aufbewahren von Stricksachen.

Beachten Sie zunächst die Pflegehinweise auf den Banderolen der Garne. Ist z. B. ein Waschbottich mit einer Hand abgebildet, müssen die Teile mit der Hand gewaschen werden. Befindet sich in dem Bottich eine Zahl, darf mit dieser angegebenen Temperatur gewaschen werden. Eine Linie unter dem Bottich bedeutet, daß Sie den Schonwaschgang einstellen sollten.

Garne werden oft als pflegeleicht beworben. Das heißt jedoch nicht unbedingt, daß sie auch waschmaschinenfest sind. Es bedeutet nur, daß sich die Teile leicht waschen lassen und schnell trocknen.

Ein Tip: Schreiben Sie die wichtigsten Pflegehinweise mit einem wasserfesten Stift auf ein Wäschezeichen und nähen Sie es am Rückenteil in Höhe des Halsausschnitts an.

Aufbewahren

Stricksachen sollten immer liegend aufbewahrt werden. Durch das Eigengewicht würden sich die Teile auf Kleiderbügeln hängend verziehen.

Außerdem dürfen Wollsachen nicht in der Sonne liegen und auf keinen Fall in der Sonne trocknen. Es gibt bisher keine Möglichkeit, Wolle lichtecht zu färben.

Waschen und Trocknen

Grundsätzlich dürfen Strickteile nicht eingeweicht werden, das führt schnell zu Verfilzungen. Waschen Sie Gestricktes am besten mit Feinwaschmittel in kaltem Wasser, dabei nicht reiben oder bürsten. Die Teile sollten auch nicht ausgewrungen werden, das überschüssige Wasser wird nur ausgedrückt. Dann die Teile zwischen Frotteetücher legen, zusammenrollen und pressen.

Ist Maschinenwäsche erlaubt, sollten Sie trotzdem den Schonwaschgang einstellen und eine geringe Umdrehungszahl für die Schleuder wählen.

Zum Trocknen sollten Sie die Teile ausbreiten und in die richtige Form ziehen. Baumwollpullis z. B. laufen manchmal leicht ein und können in nassem Zustand wieder auseinandergezogen werden; Viskose dagegen weitet sich, deshalb müssen solche Teile eher etwas zusammengeschoben werden. Sind mehrere Farben in einem Stück verarbeitet, legen Sie zum Trocknen Tücher zwischen Vorder- und Rückenteil und in die Ärmel, um zu überprüfen, ob noch Farbe ausblutet.

Verwenden Sie – nicht allein wegen der Umwelt – nur wenig Weichspüler. Auf keinen Fall darf Weichspüler bei „superwash"-ausgerüsteten Garnen verwendet werden; es sei denn, Sie möchten das Teil nach dem Trocknen als Putzlappen verwenden!

Einen Trockner bzw. Tümmler vertragen die meisten Garne nicht.

Hier noch ein paar Tips für Grundqualitäten:

Besonders empfindlich ist **Angora**. Waschen Sie Angorapullis mit einem milden Haarshampoo in kaltem Wasser und spülen Sie sie besonders gut und oft aus. Dann in Handtüchern vorsichtig ausdrücken und auf einem Handtuch liegend trocknen lassen.

Reine Baumwolle darf meist bei 60° in der Waschmaschine gewaschen werden (siehe Banderole). Verwenden Sie nur Feinwaschmittel ohne Aufheller. Da Baumwolle viel Wasser aufnimmt und damit sehr schwer wird, sollten Sie das Modell in einen Waschbeutel stecken, damit es sich beim Waschen und Schleudern nicht zu stark verziehen kann.

Reine Seide ist nicht elastisch und dehnt sich besonders bei der ersten Wäsche. Deshalb muß auch die Maschenprobe vor dem Auszählen gewaschen werden. Seidenmodelle einzeln waschen und dabei nur wenig bewegen. Mit viel kaltem Wasser spülen. Vorsichtig ausdrükken und liegend trocknen lassen.

Viskose verhält sich ähnlich wie Seide, neigt also stark dazu auszuleiern. Auch Viskose darf also beim Waschen nicht gezogen werden und muß liegend auf einem Handtuch trocknen.

Die wichtigsten Pflegesymbole

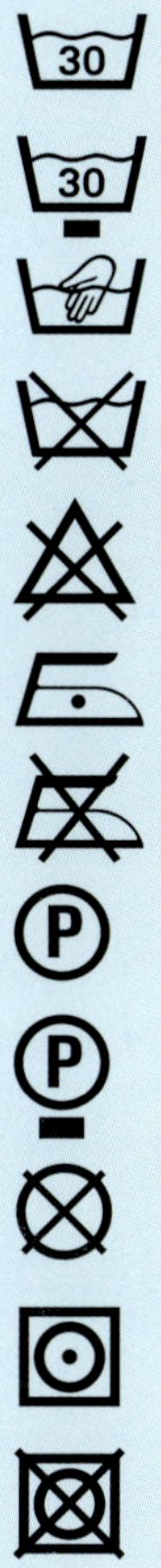

- Normalwaschgang
- Schonwaschgang
- Handwäsche
- nicht waschen
- Chlorbleiche nicht möglich
- nicht heiß bügeln
- nicht bügeln
- Standardreinigung
- Reinigungsverfahren für empfindliche Textilien
- keine chemische Reinigung
- schonendes Trocknen im Trockner (max. 60°C)
- Trocknen im Trockner nicht möglich

Grundtechniken

Am Anfang einer jeden Strickarbeit steht der Maschenanschlag, am Ende das Abketten. Beides gehört – ebenso wie das Ab- und Zunehmen, rechte und linke Maschen, Randmaschen und nicht zuletzt die Maschenprobe – zu den grundlegenden Techniken. Sie werden anhand zahlreicher Fotos und Zeichnungen genau erklärt.

Anschläge

Jede Strickarbeit beginnt mit einer Anschlagreihe. Dabei kommt es neben dem guten Aussehen auch auf Elastizität und Haltbarkeit an, damit Blenden und Bündchen – und damit das ganze Strickstück – später nicht die Form verlieren.

Kreuzanschlag

Die bekannteste Art des Anschlags ist der Kreuzanschlag. Dabei entsteht ein fester, elastischer Rand, der zu jedem Muster paßt.

Wichtig für das optimale Aussehen ist, daß Sie besonders gleichmäßig arbeiten. Der Anschlag darf nicht zu fest sein, damit sich die erste Reihe leicht abstricken läßt. Er darf auch nicht zu locker sein, sonst leiert das Bündchen zu schnell aus. Werden die Maschen bei Ihrer Arbeitsweise zu fest, können Sie den Anschlag auch mit zwei Stricknadeln arbeiten und die zweite Nadel vor dem Stricken der ersten Reihe herausziehen.

Messen Sie zu Beginn ein Fadenende für den Unter- bzw. Daumenfaden ab. Für jede Anschlagmasche brauchen Sie bei mittelstarken Garnen etwa 2 cm, bei dünneren etwas weniger. Geben Sie zu der errechneten Länge noch etwa 20 cm dazu. Lassen Sie den Unterfaden lieber länger – Sie können den Endfaden später auch zum Zusammennähen verwenden.

Den Kreuzanschlag können Sie ohne Knoten beginnen.

Achten Sie darauf, daß die erste Reihe nach dem Kreuzanschlag eine Rückreihe ist, denn bei der Anschlagreihe bilden sich auf der Rückseite ähnliche Schlingen wie bei einer linken Reihe.

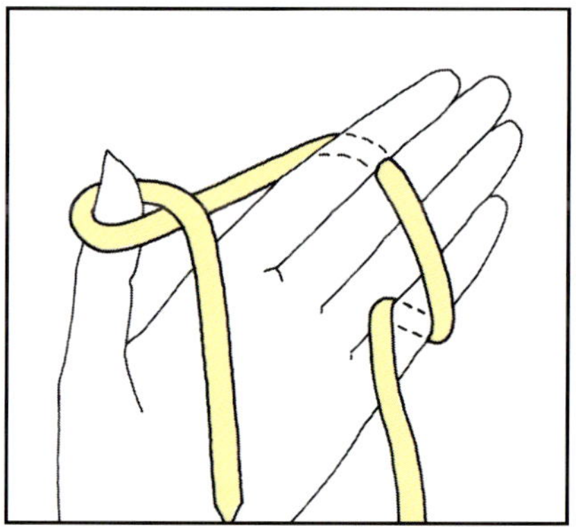

1 Das Fadenende um den linken kleinen Finger wickeln, zwischen Zeige- und Mittelfinger nach hinten führen und über den Zeigefinger nach vorn. Dann von vorn nach hinten um den Daumen wickeln.

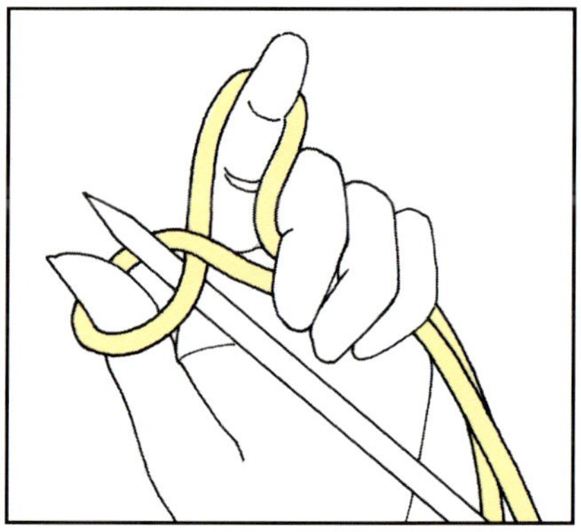

2 Beide Fadenenden festhalten und mit der rechten Nadel von unten in die Daumenschlinge stechen.

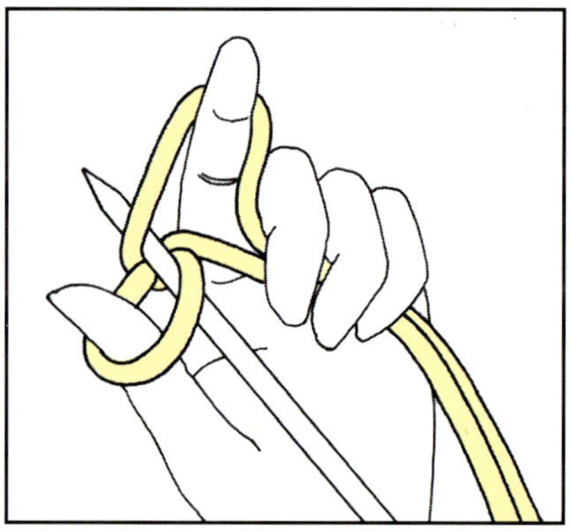

3 Die rechte Nadel hinter dem vom Zeigefinger kommenden Faden durchführen …

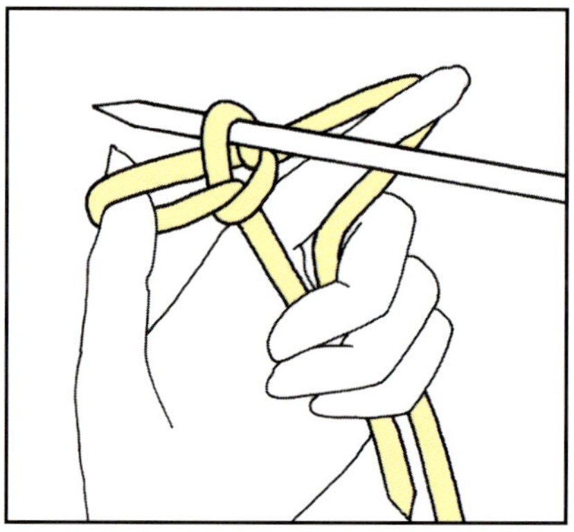

4 … und den Faden durch die Daumenschlinge ziehen. Den Faden vom Daumen rutschen lassen.

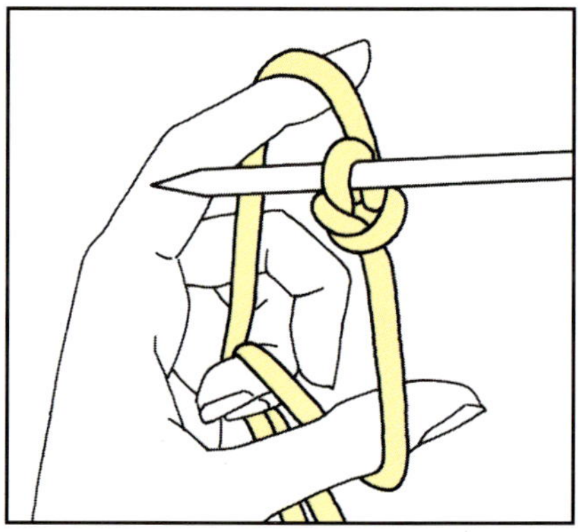

5 Mit dem Daumen den Endfaden von hinten nach vorn erfassen, die Masche fest anziehen und den Daumen wieder nach oben heben.

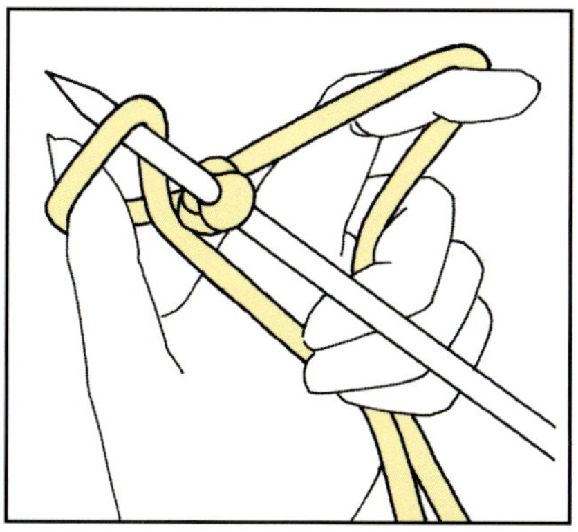

6 Die erste Masche ist auf der rechten Nadel. Nun wieder von unten in die Daumenschlinge einstechen, …

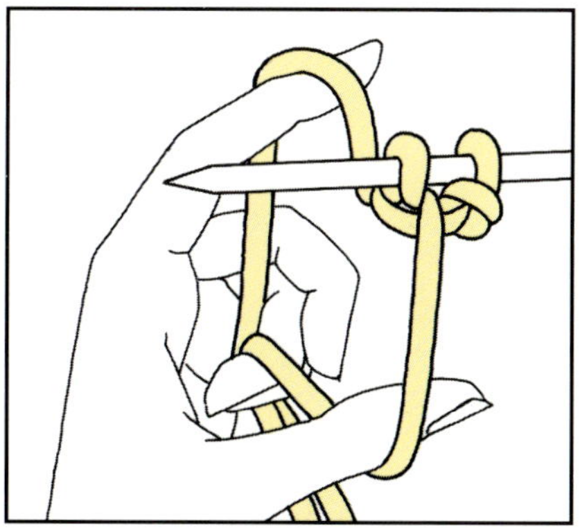

7 … den Faden erneut durchholen und die Schlinge anziehen.

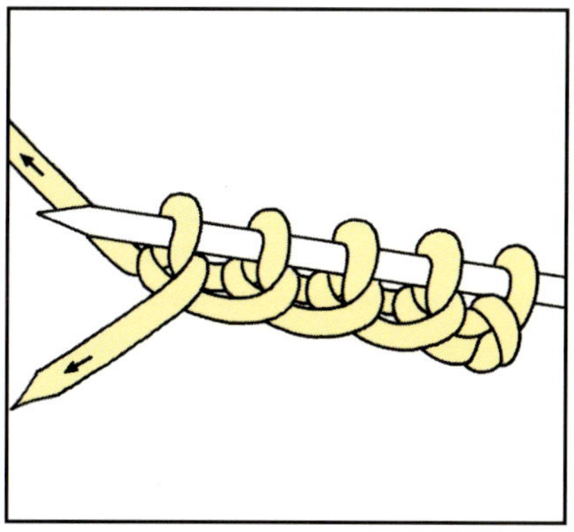

8 Jeder Arbeitsgang bildet eine neue Masche.

Doppelt gesichert

Besonders strapazierfähig wird die Kreuzanschlagkante, wenn Sie den Unterfaden doppelt legen. Das ist besonders wichtig bei Kinderpullovern und auch bei Socken oder Mützen, bei denen der Anschlag oft übermäßig gedehnt wird. Legen Sie den Faden wie rechts beschrieben um die linke Hand. Der Endfaden muß hier etwa doppelt so lang sein.

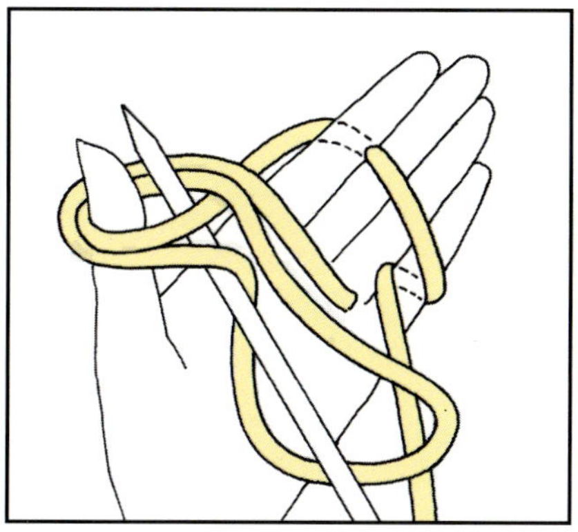

1 Legen Sie das Ende des Daumenfadens ebenfalls über die Daumen und beginnen Sie den Kreuzanschlag, wie auf Seite 18 beschrieben.

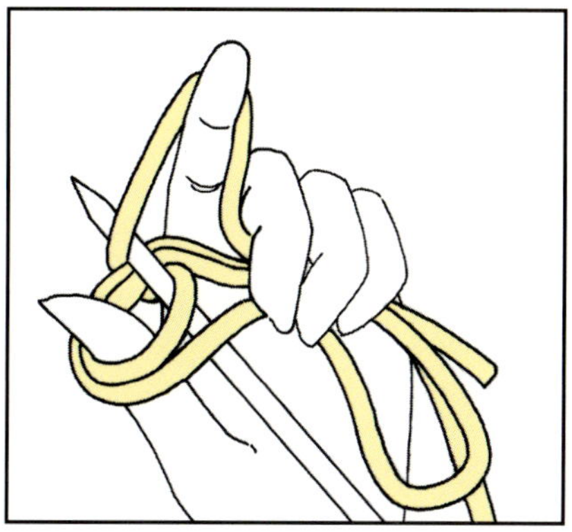

2 Legen Sie nach dem Festziehen der ersten Masche das kurze Endstück zur Seite und arbeiten Sie mit den zwei Daumenfäden weiter.

Kreuzanschlag für breite Teile

Für breite Pulloverteile ist es schwierig, die richtige Länge des Unterfadens abzuschätzen. Nehmen Sie für Ober- und Unterfaden je ein Knäuel und verknoten die Fadenenden locker miteinander. So können Sie endlos Maschen anschlagen. Den Unterfaden am Ende der Anschlagreihe abschneiden, mit dem Oberfaden weiterarbeiten.

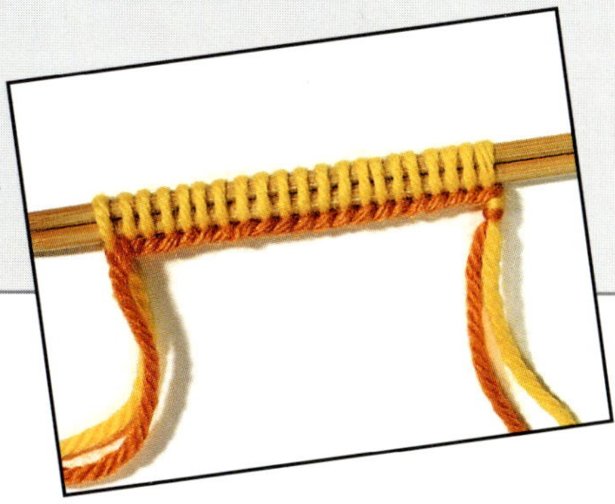

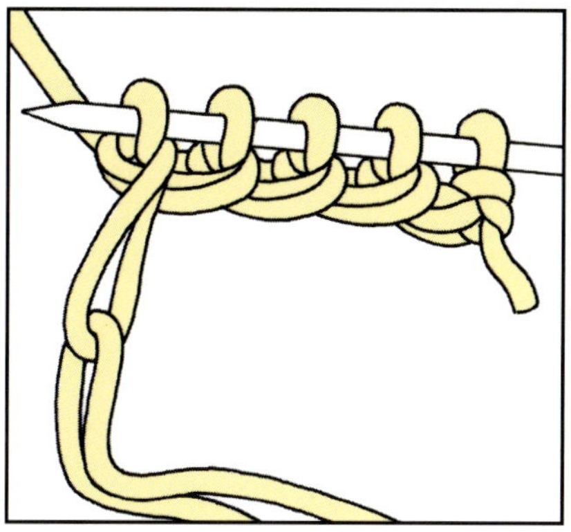

3 Wenn hier der Unterfaden nicht reicht, können Sie ihn leicht verlängern, indem Sie einen zusätzlichen Faden in die Schlinge einlegen.

Offener Anschlag

Wenn Sie nachträglich Bündchen oder Blenden anstricken möchten, empfiehlt sich der offene Anschlag. Auch bei Quergestricktem können Sie so eine dicke Naht vermeiden.

Mit kontrastfarbenem Garn etwa gleicher Stärke eine Luftmaschenkette häkeln. Aus den hinteren, querliegenden Maschenteilen je 1 Masche aufnehmen. Fassen Sie die Maschen sauber auf, dann läßt sich die Luftmaschenkette leicht lösen.

Nach Fertigstellung des Teils die Maschen der ersten Reihe auf eine dünnere Nadel nehmen und die Luftmaschenkette auftrennen.

Stricken Sie nun mit der dünneren Bündchen-Stricknadel die erste

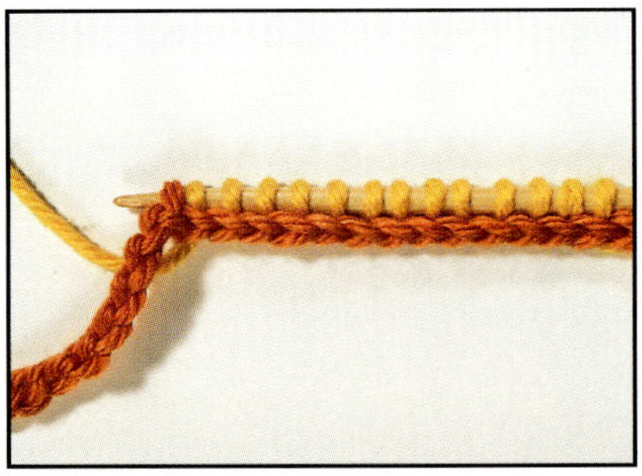

Reihe auf der rechten Seite rechts, auf der linken Seite links. Ohne diese Reihe sind die Schlingen der vorher mit dickeren Nadeln glatt rechts gestrickten Maschen deutlich zu sehen (Foto rechts, unten).

Auch wenn Sie das Bündchen in der Grundfarbe stricken, ist diese zusätzliche Reihe empfehlenswert.

Aufschlingen

Für den normalen Anschlag vieler Maschen ist das Aufschlingen nicht geeignet. Die Schlingen lassen sich relativ schlecht abstricken, und die Anschlagreihe ist nicht elastisch.

Aufgeschlungen werden Maschen für kurze Stücke, z. B. für die obere Kante von Knopflöchern. Am Anfang einer Reihe brauchen Sie zum Aufschlingen einen Anfangsknoten.

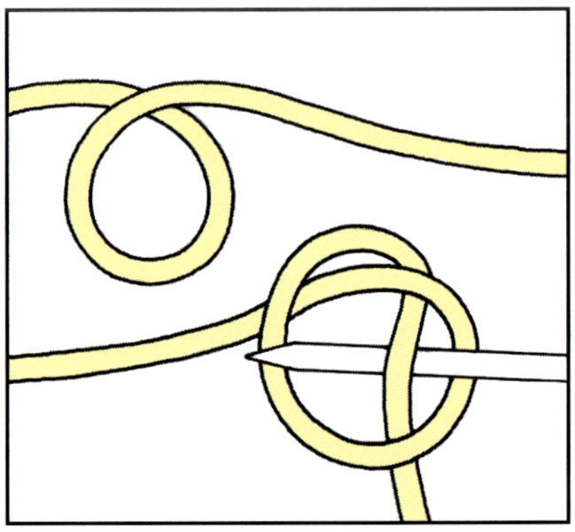

1 Für den Anfangsknoten das Fadenende zu einer Schlinge legen. Das Fadenende unter die Schlinge legen und mit der Nadel erfassen.

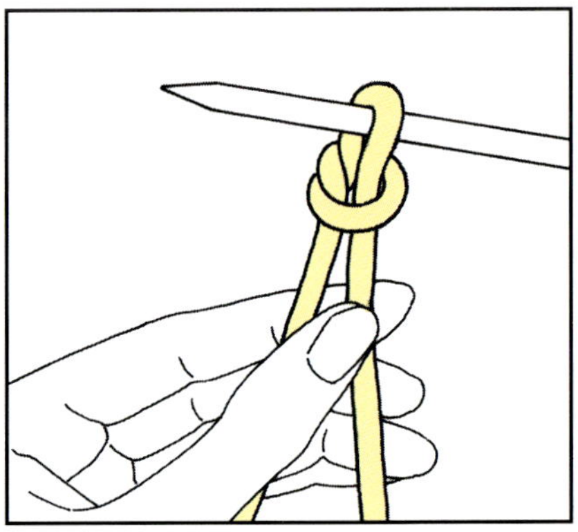

2 Beide Fadenenden anziehen, dabei den Knoten zur Nadel ziehen.

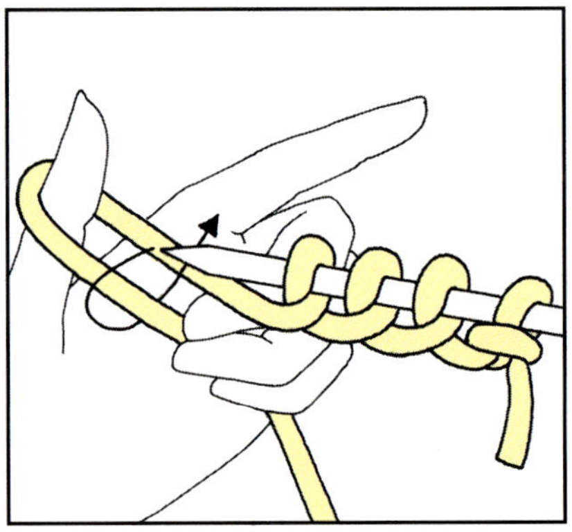

3 Für das Aufschlingen nun den Faden um den Daumen legen …

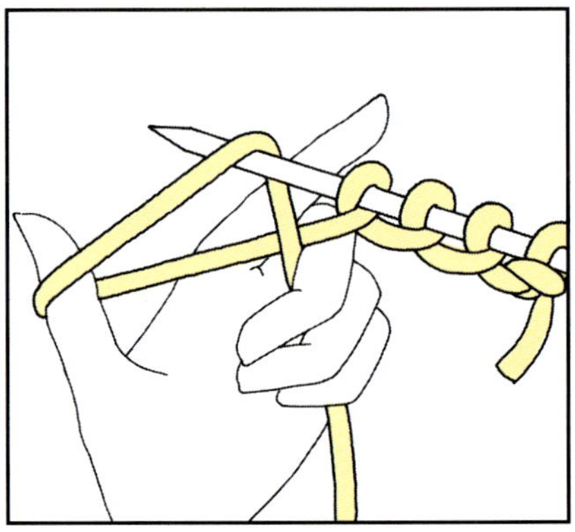

4 … und den vorderen Faden von unten auf die Nadel heben.

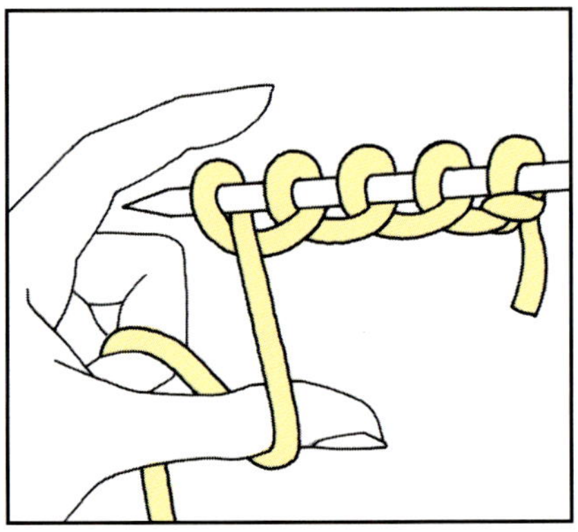

5 Die Schlinge mit dem Daumen festziehen.

Aufstricken

Das Aufstricken empfiehlt sich immer dann, wenn an den Seiten mehrere Maschen zugenommen werden müssen, z. B. bei quergestrickten Pullovern, bei denen Sie am Ende eines Ärmels viele Maschen für die Seitenkanten benötigen.

Zum Aufstricken als Anschlag benötigen Sie eine Anfangsschlinge. Beim Aufstricken von Maschen an Strickstücke arbeiten Sie immer am Anfang der Reihe.

Für Bündchen ist dieser Maschenanschlag nicht geeignet, weil er dafür zu locker ist.

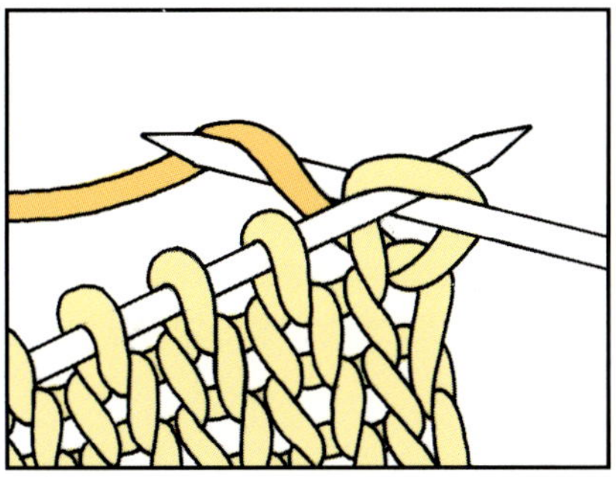

1 Aus der ersten Masche der Reihe (bzw. dem Anfangsknoten) eine Masche herausstricken und die Schlinge etwas länger ziehen.

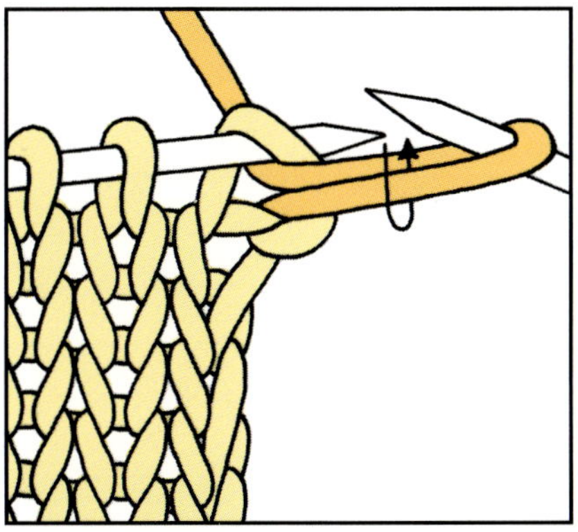

2 Nun mit der linken Nadel von unten nach oben durch die Schlinge fassen, …

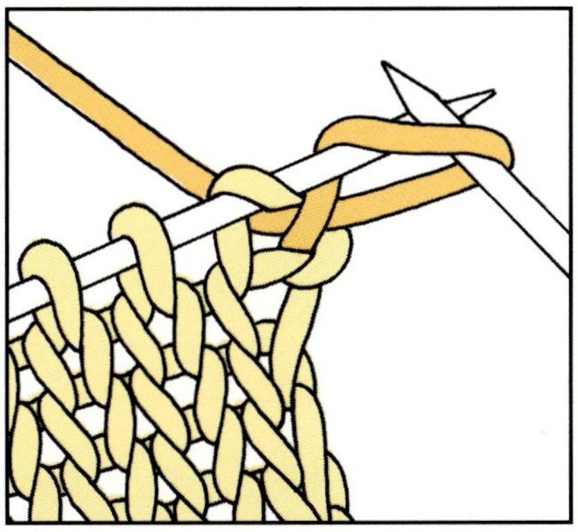

3 … die Schlinge auf die linke Nadel heben und den Arbeitsfaden anziehen.

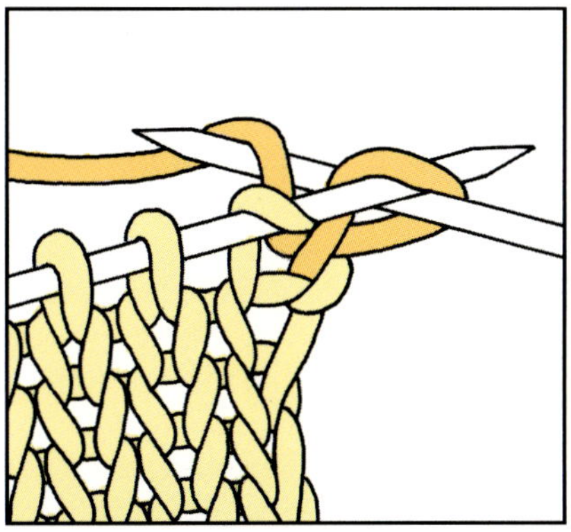

4 Die rechte Nadel nicht herausnehmen, sondern wieder eine Schlinge durchziehen und auf die linke Nadel heben, usw.

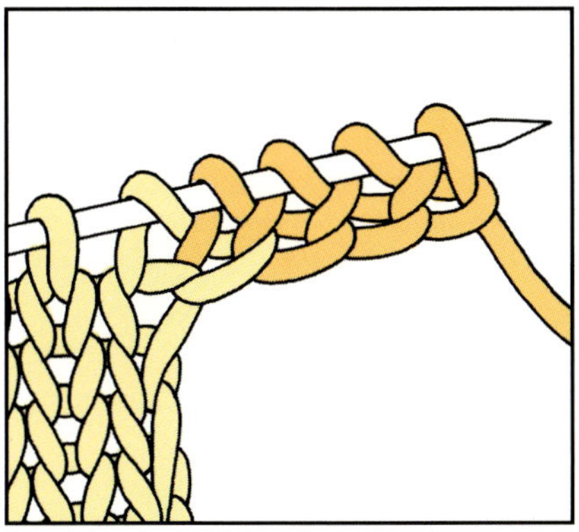

5 Es entsteht ein lockerer Rand, der sich leicht abstricken und später gut zusammennähen läßt.

Immer aus der Mitte

Es ist Glücksache, wenn man das Fadenende in der Mitte eines Knäuels auf Anhieb erwischt, meist zieht man etwas zuviel Garn heraus. Doch nur wenn Sie ein Knäuel von innen nach außen verarbeiten, bleibt es stets an derselben Stelle liegen und kugelt beim Abwickeln nicht überall herum. Das ist besonders beim Stricken mit mehreren Garnen wichtig. Und außerdem läßt sich das kleine Anfangsknäuel leicht entwirren und ist schnell verstrickt.

Runder Anschlag

Damit Ihr selbstgestricktes Modell möglichst perfekt aussieht, sollten Sie einmal den runden Anschlag ausprobieren. Er wird auch „italienischer Anschlag“ genannt.

Sie können hierfür mit einem kontrastfarbenen Garn zunächst den Kreuzanschlag stricken oder eine Luftmaschenkette häkeln, oder Sie schlingen mit dem Originalgarn gleich die vorgesehene Maschenzahl auf die Nadel. Auf diesen Seiten finden Sie beide Möglichkeiten ausführlich erklärt.

Der runde Anschlag beginnt immer mit vier Reihen, die mit einer halben Nadelstärke dünner als das übrige Bündchen gestrickt werden. In diesen Reihen werden nur die rechten Maschen gestrickt, die linken Maschen abgehoben. Diese vier Reihen werden genauso gestrickt wie die Double-face-Arbeiten (ab Seite 160). Wenn Sie die rechten und die linken Maschen getrennt auf zwei Nadeln legen, sind auf beiden Seiten nur rechte Maschen.

Runder Anschlag mit kontrastfarbenem Garn

Hier gibt es zwei Möglichkeiten: das Häkeln einer Luftmaschenkette oder den normalen Kreuzanschlag. Wählen Sie als Kontrastgarn ein etwa gleich starkes, möglichst glattes Garn. So lassen sich die Luftmaschenkette bzw. der Anschlag nach Fertigstellung des Teils leicht abtrennen.

Maschenzahl
Bei beiden Möglichkeiten müssen Sie die Hälfte der benötigten Maschenzahl plus 1 Masche häkeln bzw. anschlagen. Oder Sie berechnen die Maschenzahl wie folgt: Außer den Randmaschen wird jede Masche verdoppelt:
24 mal 2 = 48 Maschen plus 2 Randmaschen. Für 80 Maschen brauchen Sie also 41, für 90 Maschen 46 Anschlagmaschen.

Nadelstärken
Wenn Sie z. B. das Grundmuster Ihres Modells mit Nadeln Nr. 4 stricken, sollten Sie für die Anschlagreihe ebenfalls Nadeln Nr. 4 verwenden. Die ersten 4 bzw.

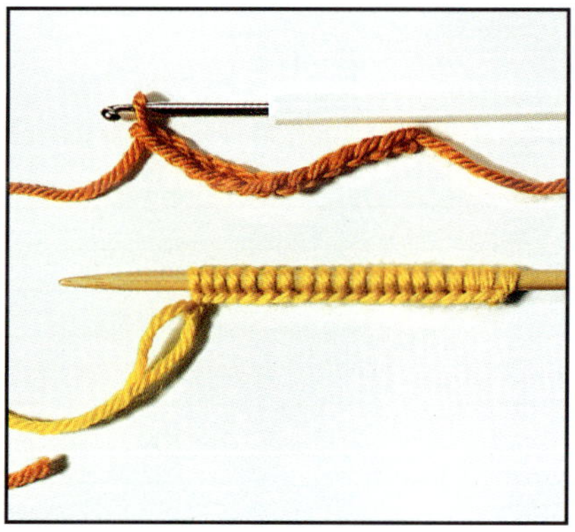

1 Schlagen Sie die Hälfte plus 1 Masche der benötigten Maschenzahl mit einem kontrastfarbenen Garn und der größten Nadelstärke (z. B. Nadeln 4) an und verknoten Sie die Enden (unten). Oder häkeln Sie eine entsprechend lange lockere Luftmaschenkette (oben).

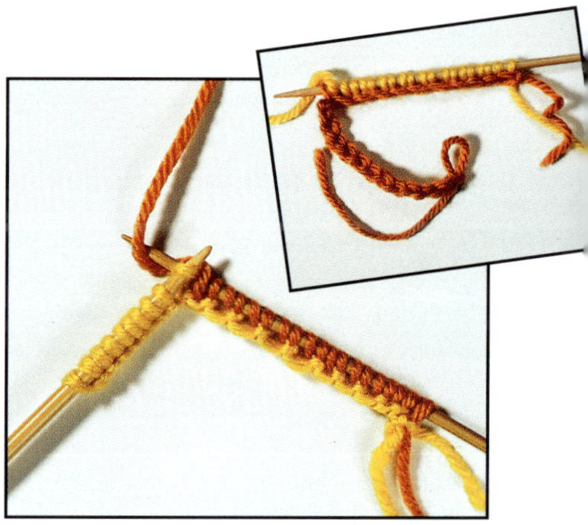

2 Dann mit der kleinsten Nadelstärke (z. B. Nadeln 3) wie folgt stricken bzw. aus den hinteren, querliegenden Maschenteilen herausstricken: Nach der Randmasche immer im Wechsel 1 Masche rechts …

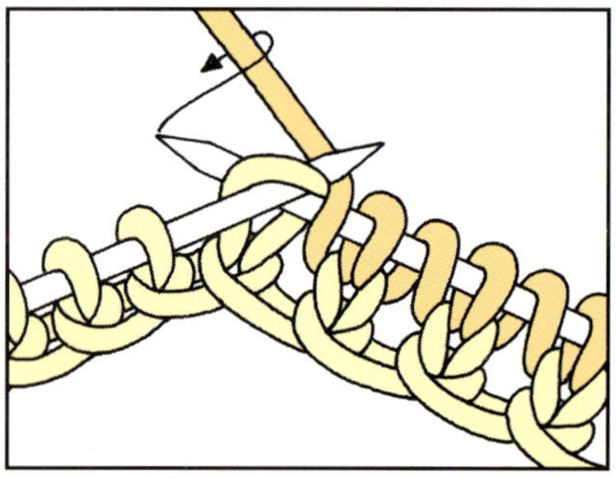

… aus der folgenden Masche bzw. Luftmasche stricken und einen Umschlag arbeiten, mit einer Randmasche enden.

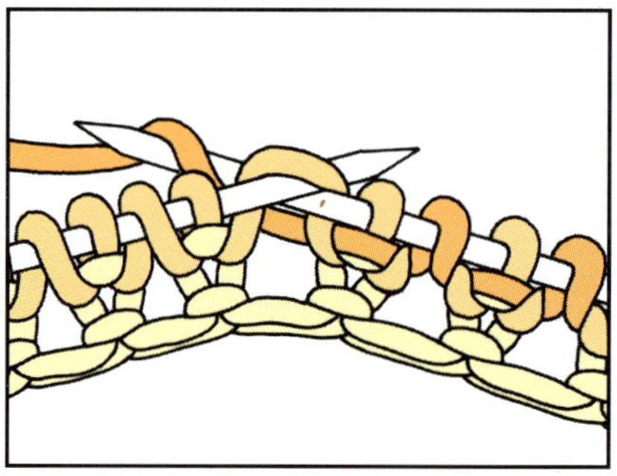

3 In der folgenden Reihe die Umschläge rechts stricken und …

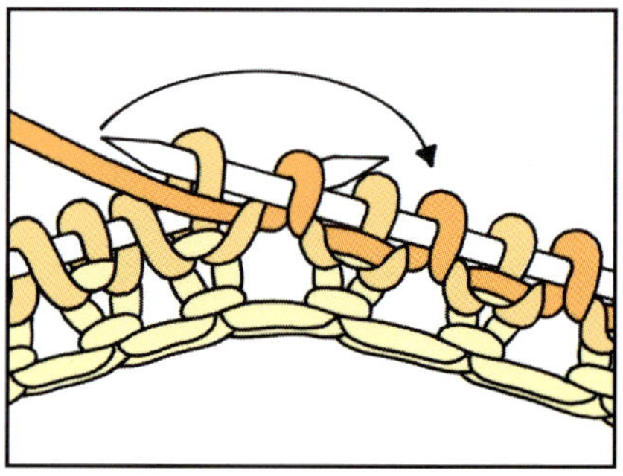

4 … die linken Maschen wie zum Linksstricken abheben, der Faden liegt vor der Arbeit.

5 Reihen mit dem Originalgarn werden dann mit Nadeln Nr. 3, das übrige Bündchen mit Nadeln Nr. 3 1/2 gestrickt.

Nach den Arbeitsschritten 1 bis 4 müssen Sie in den folgenden drei Reihen zwischen den Randmaschen immer die rechten Maschen rechts stricken und die linken Maschen wie zum Linksstricken abheben, der Faden liegt dabei vor der Arbeit.

Nach diesen vier Reihen mit der Nadelstärke für das Bündchen (z. B. Nadeln Nr. 3 1/2) weiter immer je eine Masche rechts und links im Wechsel stricken.

Zum Schluß den kontrastfarbenen Anschlag im Abstand von 3 bis 4 Maschen durchschneiden …

… und die Fäden herausziehen bzw. die Luftmaschenkette auftrennen.

Verkreuzen für 2/2-Bündchen

Wenn Sie für das Bündchen 2 Maschen rechts und 2 Maschen links im Wechsel stricken möchten, beginnen Sie genauso wie für das 1/1-Bündchen. Nach den 4 Reihen, bei denen nur die rechten Maschen gestrickt und die linken abgehoben werden, verkreuzen Sie von 4 Maschen jeweils 2 Maschen, so daß dann immer 2 rechte und 2 linke Maschen nebeneinander liegen.

Wählen Sie immer eine Maschenzahl, die durch 4 teilbar ist, plus 2 Randmaschen. Dann ist das Muster auch nach dem Zusammennähen der Teile vollständig.

Stricken Sie nach der Randmasche die folgende Masche wie vorher rechts ab. Danach immer im Wechsel 2 Maschen wie rechts beschrieben verkreuzen und 2 Maschen stricken, wie sie erscheinen.

Das Verkreuzen der Maschen können Sie auch mit einer Hilfsnadel arbeiten. Dann legen Sie jede zweite linke Masche auf einer Hilfsnadel hinter die Arbeit, stricken zunächst die rechte Masche der linken Nadel rechts, dann die linke Masche der Hilfsnadel links ab.

Ob je eine oder je zwei Maschen rechts und links im Wechsel gestrickt sind – der runde Anschlag sieht bei beiden Mustern einfach gut aus.

1 Zuerst die übernächste Masche rechts stricken, die Masche also vor der linken Masche vorbei stricken. Beide Maschen noch auf der linken Nadel lassen.

2 Nun den Faden nach vorn nehmen und die davorliegende linke Masche links stricken, dann erst beide Maschen von der linken Nadel gleiten lassen. Die nächsten 2 Maschen „normal“ stricken.

Runder Anschlag mit dem Originalgarn

Legen Sie den Faden wie gewohnt um die linke Hand und dann über den Daumen. Das Fadenende hängt über dem Daumen und muß, wie bei allen anderen Anschlägen, etwa dreimal so lang sein, wie das Strickstück breit sein soll.

Halten Sie das Fadenende zwischen Mittel- und Ringfinger fest. Arbeiten Sie die Anschlag- und die folgenden 4 Reihen mit einer halben Nadelstärke kleiner als für das Bündchen vorgesehen.

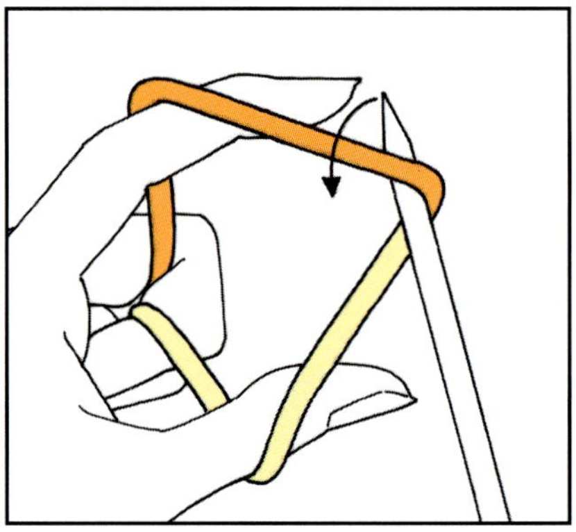

1 Legen Sie die Nadelspitze von links nach rechts unter den Faden und drehen Sie sie, gegen den Uhrzeigersinn, nach rechts herum, …

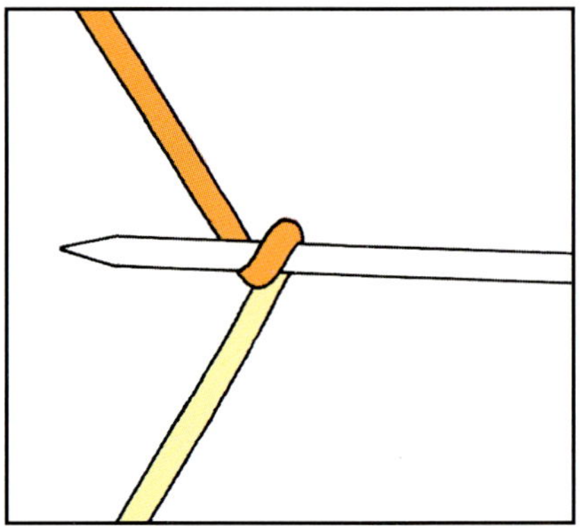

2 … so daß eine Schlinge auf der Nadel entsteht. Halten Sie diese Schlinge bzw. die Randmasche mit dem rechten Daumen fest.

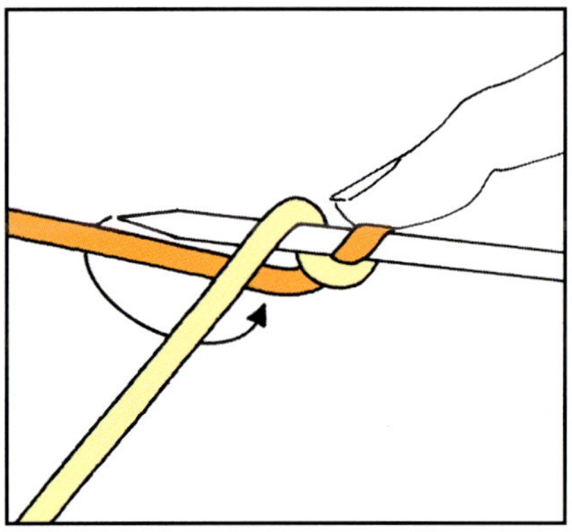

3 Führen Sie nun die Nadel unter dem Daumenfaden hindurch, fassen Sie den Zeigefingerfaden von oben nach unten und ziehen ihn unter dem Daumenfaden hinweg nach vorn.

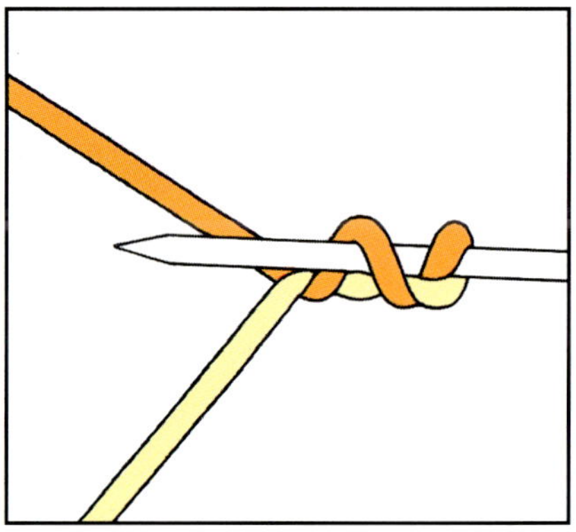

4 Der Daumenfaden liegt jetzt hinter der ersten (rechten) Masche bzw. hinter der Nadel.

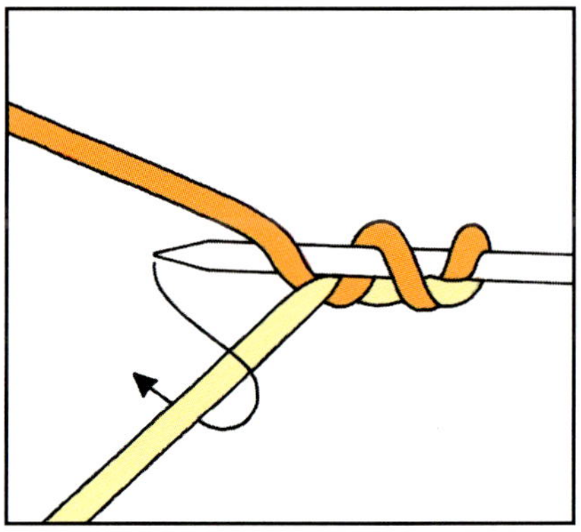

5 Führen Sie nun die Nadel von hinten nach vorn unter dem Zeigefingerfaden hindurch, fassen von oben nach unten den Daumenfaden und ziehen ihn unter dem Zeigefingerfaden nach hinten durch.

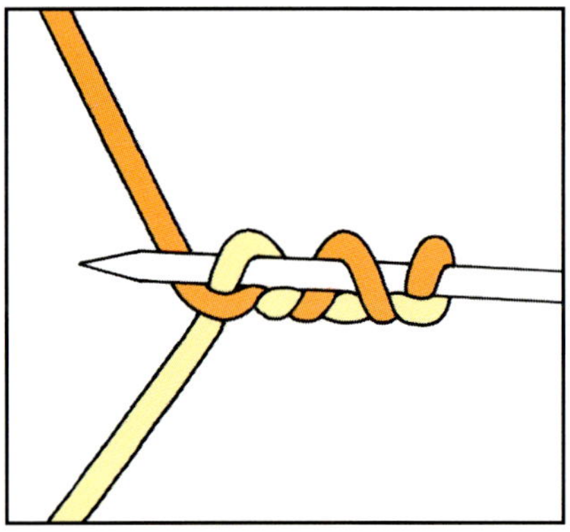

6 Jetzt liegt der Zeigefingerfaden vor der (linken) Masche bzw. vor der Nadel. Diese linke Masche liegt „falsch" auf der Nadel und wird in der ersten Hinreihe verschränkt abgestrickt.

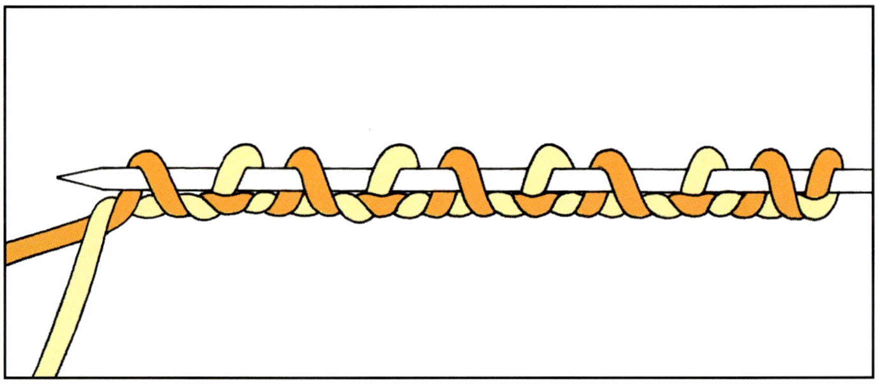

7 Die Arbeitsgänge von Zeichnung 3 bis 5 stets wiederholen und die Reihe mit einer „rechten" Masche bzw. mit Arbeitsgang 3 bzw. 4 beenden. Nun die Arbeit wenden und die erste Masche als Randmasche stricken.

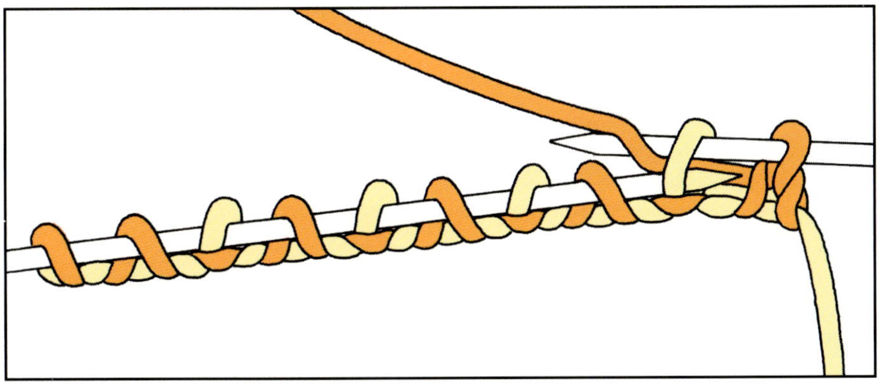

8 Die nächste Masche ist eine rechte Masche und liegt verschränkt auf der Nadel. Stechen Sie von rechts nach links in das hintere Maschenteil ein und stricken Sie diese Masche rechts verschränkt ab.

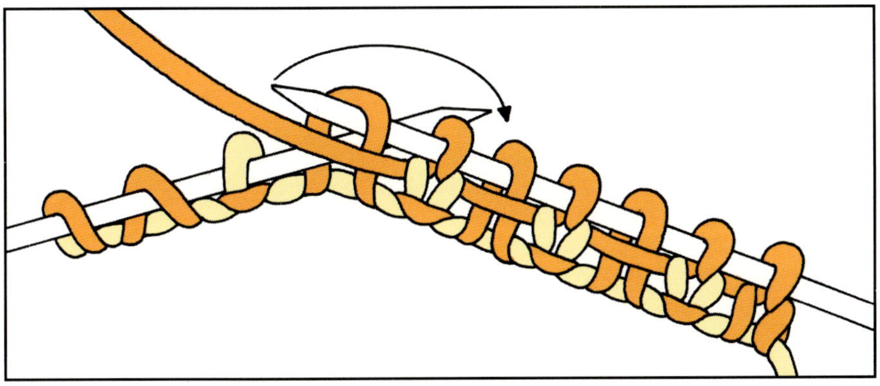

9 Legen Sie den Faden vor die Arbeit und heben Sie die folgende Masche wie zum Linksstricken ab.

Wenn Sie nach den Arbeitsschritten 1 bis 7 die erforderliche Maschenzahl angeschlagen haben, wenden Sie die Arbeit. Danach müssen Sie die Arbeitsschritte 8 und 9 stets wiederholen; also die rechten Maschen, da sie „falsch" auf der Nadel liegen, rechts verschränkt abstricken, die linken Maschen wie zum Linksstricken abheben und den Faden vor der Arbeit mitführen.

Bei den 3 folgenden Reihen weiter mit der kleineren Nadelstärke immer die rechten Maschen rechts stricken und die linken Maschen wie zum Linksstricken abheben.

Nach diesen 4 Reihen mit einer halben Nadelstärke größer im Bündchenmuster weiterarbeiten, wie beim Anschlag mit kontrastfarbenem Garn beschrieben.

Das fertige Bündchen sieht von beiden Seiten gleich gut aus. Nach dem Abstricken bilden die (in den Zeichnungen gelben) Schlingen des Daumenfadens rechte Maschen auf der einen, die (in den Zeichnungen orangefarbenen) Schlingen des Zeigefingerfadens rechte Maschen auf der anderen Seite.

Zum besseren Verständnis der einzelnen Arbeitsgänge haben Daumen- und Zeigefingerfaden in den Zeichnungen und in dem gestrickten Beispiel unterschiedliche Farben.

Randmaschen

Ein wichtiges Thema beim Stricken sind perfekte Ränder. Sie erleichtern zum einen das Zusammennähen der Strickstücke, zum anderen sollen Ränder, die nicht in Nähten verschwinden, besonders dekorativ aussehen.

Für alle Strickstücke, die später zusammengenäht werden, sind zweimal bzw. in jeder Reihe gestrickte Randmaschen empfehlenswerter als einmal gestrickte. Die Maschen neben den Randmaschen werden dabei gleichmäßiger, und außerdem lassen sich die Teile auch schöner zusammennähen, denn bei einmal gestrickten Randmaschen entstehen oft kleine Löcher.

Nahtrand

Beim Nahtrand werden bei glatt rechten Strickstücken alle Maschen glatt rechts gestrickt, d. h. die erste und die letzte Masche in den Hinreihen immer rechts, in den Rückreihen immer links stricken; bei glatt linken Strickstücken umgekehrt.

Dieser feste Rand ist für alle Teile geeignet, die später zusammengenäht werden. Damit die Naht flacher wird, können bei dickeren oder flauschigen Garnen auch halbe Maschen zusammengenäht werden.

Außerdem ist er der am besten geeignete Rand, wenn Sie später Blenden quer anstricken möchten.

Knötchenrand

Für diesen Knötchenrand werden die Randmaschen am Anfang jeder Reihe rechts abgehoben, am Ende jeder Reihe rechts gestrickt. Oder umgekehrt: Die Randmaschen werden am Anfang jeder Reihe rechts gestrickt und am Ende jeder Reihe rechts abgehoben. Doch hat sich gezeigt, daß diese Art des Strickens einige Nachteile hat. Alle zwei Reihen ergibt sich nämlich im Gestrick ein Absatz, der einige Maschen in das Strickstück hineinreicht und auch nach dem Zusammennähen sichtbar bleibt.

Besser geeignet sind daher der **rechts gestrickte** oder der **links gestrickte** Knötchenrand, bei dem die Randmaschen am Anfang und

Der Nahtrand

Rechts gestrickter Knötchenrand

Links gestrickter Knötchenrand

Die klassische Kettrandmasche

Die Zier-Kettrandmasche

Die patente Randmasche

am Ende in jeder Reihe rechts oder links gestrickt werden.

Der rechts gestrickte Knötchenrand ist für alle kraus rechten Strickstücke geeignet, da sich dabei die Reihen mehr zusammenziehen als bei glatt rechten. Ebenfalls geeignet ist er auch bei sehr langhaarigem Mohairgarn, denn die Knötchen können für flachere Nähte so zusammengenäht werden, daß sie wie bei einem Reißverschluß ineinandergreifen (siehe Nähte, Seite 113).

Beim links gestrickten Knötchenrand lassen sich die Maschen noch fester anziehen. Deshalb ist er besonders für Patent- oder Halbpatentmuster geeignet.

Kettrandmaschen

Kettrandmaschen können auf zwei Arten gestrickt werden: die klassische Kettrandmasche und die Zier-Kettrandmasche.

Für die **klassische Kettrandmasche** am Anfang der Hinreihe den Faden nach vorn nehmen und die Randmasche wie zum Linksstricken abheben, vor der letzten Masche den Faden wieder nach vorn nehmen und die letzte Masche wie zum Linksstricken abheben; in der Rückreihe die erste Masche rechts verschränkt stricken, dafür in das hintere Maschenglied einstechen, und die letzte Masche rechts stricken.

Für die **Zier-Kettrandmasche** in der Hinreihe die erste Masche rechts verschränkt stricken, dabei in das hintere Maschenglied einstechen, die letzte Masche rechts stricken; in der Rückreihe die erste und letzte Masche wie zum Linksstricken abheben, der Faden liegt dabei vor der Arbeit.

Patente Randmaschen

Für Ränder bei Patentgestricktem, die später nicht in Nähten verschwinden, ist dieser Rand besonders schön. Er wird am Anfang und am Ende der Reihen über jeweils 3 Maschen gearbeitet. Damit der Rand später nicht ausleiert, sollten Sie diese 3 Maschen so fest wie möglich stricken.

Hinreihe: Die Randmasche rechts stricken, die folgende Masche wie zum Linksstricken abheben, den Faden dabei vor die Arbeit legen, dann 1 Masche rechts stricken. Nun im Patentmuster weiterarbeiten, dabei mit einer linken Patentmasche beginnen und enden. Über die letzten 3 Maschen 1 Masche rechts stricken, 1 Masche wie zum Linksstricken abheben, den Faden dabei vor die Arbeit legen, und die Randmasche rechts stricken.

Rückreihe: Die Randmasche links abheben, den Faden dabei vor die Arbeit legen, 1 Masche rechts stricken, 1 Masche wie zum Linksstricken abheben, den Faden dabei vor die Arbeit legen. Dann im Patentmuster stricken, mit einer rechten Patentmasche beginnen und enden. Zum Schluß 1 Masche wie zum Linksstricken abheben, den Faden dabei vor die Arbeit legen, 1 Masche rechts stricken und die Randmasche links abheben, den Faden dabei vor die Arbeit legen.

Ein Tip

Stricken Sie in jeder Reihe die ersten 4 bis 5 Maschen sehr fest, dann werden auch die Maschen neben den Randmaschen gleichmäßiger (siehe auch Seite 29).

Rechte und linke Maschen

Rechte und linke Maschen sind die Basis für jede Strickarbeit. Ob Struktur- oder Lochmuster, ob Zopf- oder auch Patentmuster, immer sind diese Grundstrickarten dabei.

Glatt rechts: *In den Hinreihen rechte Maschen, in den Rückreihen linke Maschen stricken.*

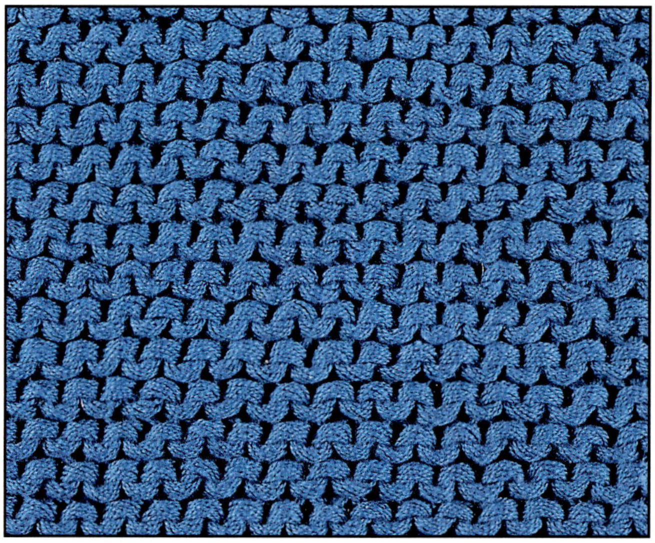

Kraus rechts: *In den Hin- und Rückreihen immer rechte Maschen stricken.*

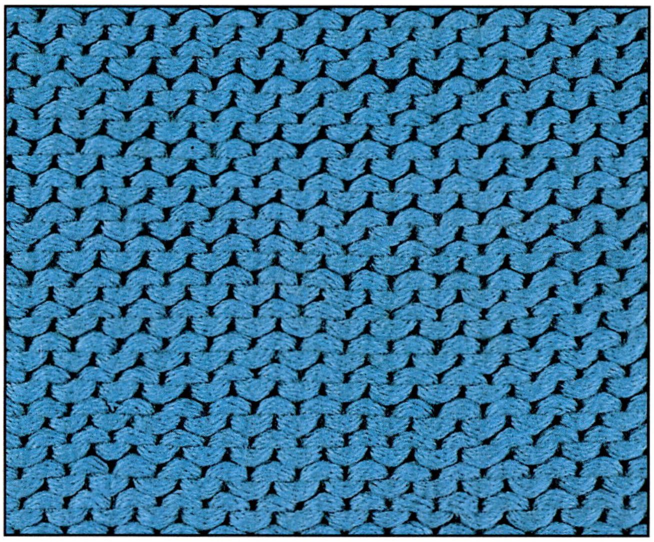

Glatt links: *In den Hinreihen linke Maschen, in den Rückreihen rechte Maschen stricken.*

Glatt rechts Gestricktes zeigt eine flache, gleichmäßige Oberfläche, glatt links gestrickte Flächen haben ein körniges Maschenbild. Kraus rechte Maschen bilden eine stark gerippte Oberfläche.

Für Anfänger sind Strukturmuster aus rechten und linken Maschen am besten geeignet. Die Kombinationsmöglichkeiten sind dabei unendlich. Bei senkrechter Anordnung der rechten und linken Maschen, also bei Rippenmustern, treten die rechten Maschen stärker hervor. In waagerechten Streifen gestrickt, bilden die linken Maschen eine deutlich hervortretende Querrippe.

Einige Beispiele für einfache Rechts-Links-Muster sehen Sie auf Seite 30.

Rechte Maschen

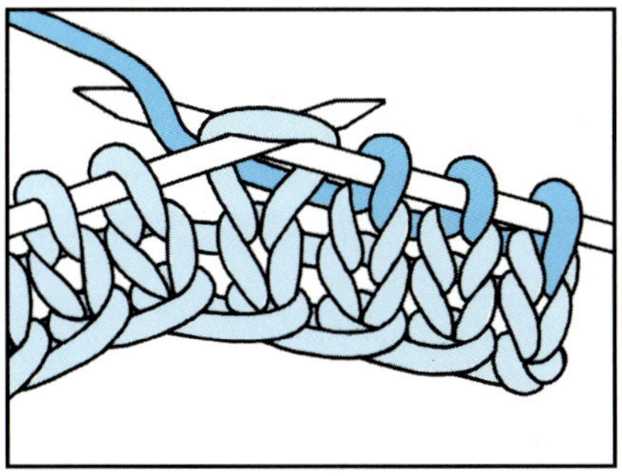

1 Mit der rechten Nadel stechen Sie in die erste Masche der linken Nadel von vorn nach hinten ein.

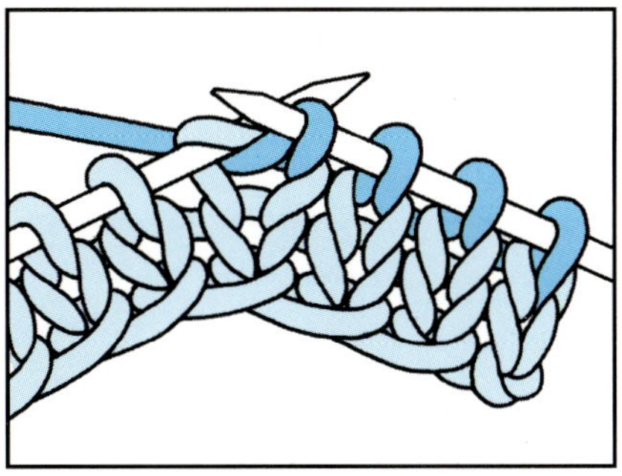

2 Ziehen Sie mit der rechten Nadel den Faden nach vorn durch. Dann die Schlinge von der linken Nadel gleiten lassen, den Faden leicht anziehen.

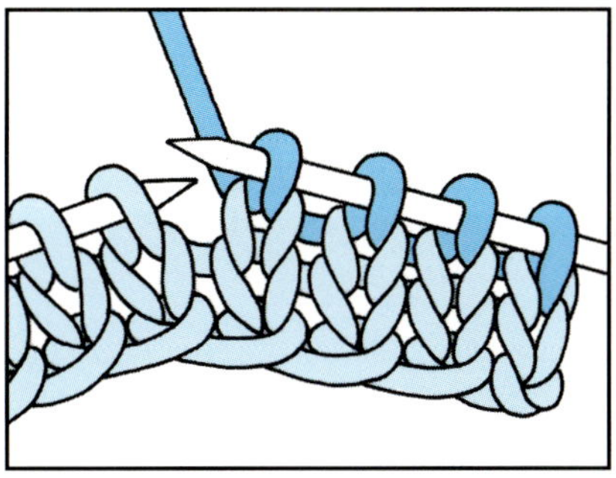

3 Die Schlinge der Vorreihe bildet eine rechte Masche.

Linke Maschen

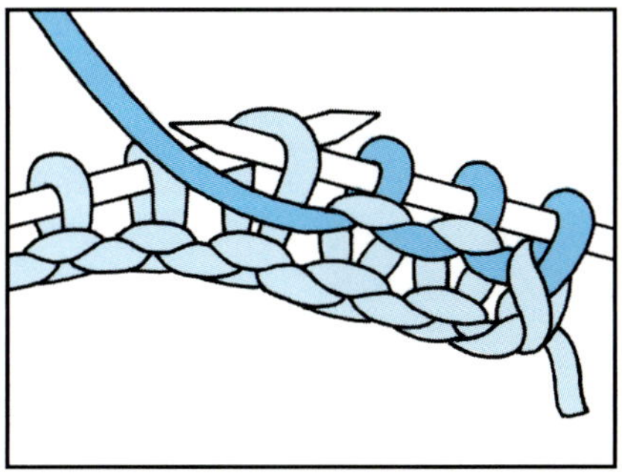

1 Den Faden vor die Arbeit legen, mit der rechten Nadel in die erste Masche von rechts nach links einstechen.

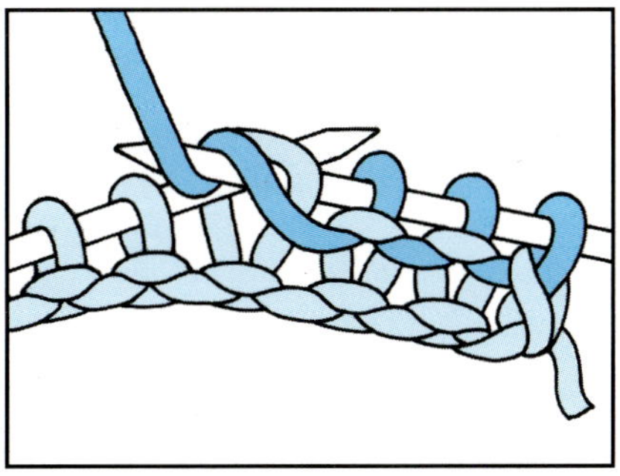

2 Den Faden von vorn nach hinten um die rechte Nadel legen und die Schlinge nach hinten durchziehen.

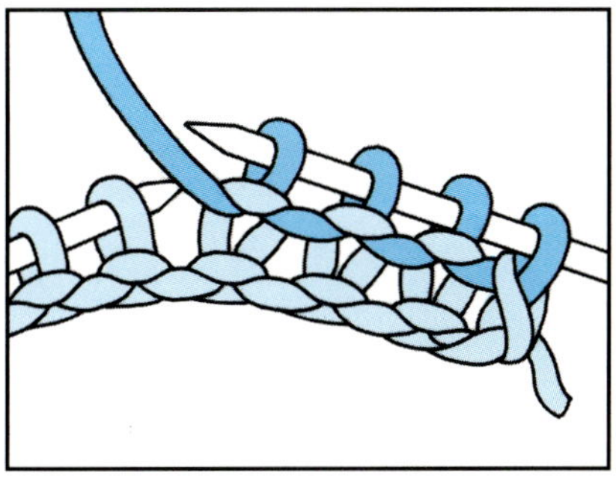

3 Die Masche von der linken Nadel gleiten lassen, den Faden dabei leicht anziehen. Die Schlinge der Vorreihe bildet eine linke Masche.

Das ist wichtig für schönere Ränder

Viele Strickerinnen kennen dieses Problem: Besonders bei einfach glatt rechts gestrickten Teilen erscheinen an den Seiten direkt neben den Randmaschen immer einige Maschen sehr fest, in der Reihe darüber sehr locker. An der linken Kante ist dieses Übel meist noch etwas deutlicher zu sehen.

Der Grund hierfür liegt jeweils in der Vorreihe! Beim Einstechen in die Masche wird der Faden der Vorreihe meist etwas zu sehr in die Höhe gezogen und dann abgestrickt. So schiebt sich bei jeder Masche fast unsichtbar ein kleines Stückchen mehr Garn zur nächsten Masche. Innerhalb der Reihe fällt dieses Weiterschieben nicht auf, doch am Ende der Reihe verteilt sich das überschüssige Garn auf die letzten Maschen vor der Randmasche.

Diese unschönen Ränder sind mit etwas Übung leicht zu verhindern:

Sie müssen in jeder Reihe die ersten 3 bis 4 Maschen nach der Randmasche sehr fest anziehen und die letzten 3 bis 4 Maschen eher etwas lockerer stricken.

Grundmuster und Farbübergänge

Mit rechten und linken Maschen können Sie die schönsten Strukturmuster stricken. Hier einige Beispiele:

Kleines Perlmuster

Großes Perlmuster

Kästchenmuster

Rippenmuster

Querrippen

Kleines Perlmuster

Dafür werden immer 1 Masche rechts und 1 Masche links im Wechsel gestrickt. In allen folgenden Reihen wird das Muster versetzt gearbeitet, d. h. über der links erscheinenden Masche wird rechts, über der rechts erscheinenden Masche links gestrickt.

Großes Perlmuster

Wie beim kleinen Perlmuster wird je 1 Masche rechts und links im Wechsel gestrickt, aber nach jeder zweiten Reihe versetzt gearbeitet.

Kästchenmuster

Für dieses Muster brauchen Sie eine gerade Maschenzahl. Es werden je 2 Maschen rechts und links im Wechsel gestrickt und nach jeder zweiten Reihe versetzt gearbeitet.

Rippenmuster

Dafür werden 2 Maschen glatt rechts und 3 Maschen glatt links im Wechsel gestrickt. Damit das Muster an den Nähten zusammenpaßt, sollten Sie in einer Hinreihe mit 1 Masche rechts, in einer Rückreihe mit 1 Masche links beginnen.

Querrippen

Nach jeweils 5 glatt rechten Reihen stricken Sie eine Rückreihe rechts. Diese Reihe bildet die Querrippe auf der rechten Seite.

Farbübergänge bei links gestrickten und gemusterten Streifen

Manche mögen sie, manche nicht, die „Kette", die entsteht, wenn bei Querstreifen mit Strukturmustern rechte und linke Maschen übereinanderliegen. Um bei diesen Mustern auf der Vorderseite eine klare Farbabgrenzung zu erhalten, müssen die Maschen in der ersten Reihe einer neuen Farbe in einer Hinreihe rechts, in einer Rückreihe links gestrickt werden. So erscheint die zweifarbige Kette auf der Rückseite der Arbeit.

Je 4 Reihen in Petrol und Weiß – immer glatt links gestrickt. Die Kette entsteht bei jedem Farbübergang jeweils in der 1. Reihe einer neuen Farbe.

Ganz klar wird das Farbbild, wenn Sie nach den ersten 4 Reihen immer 1 Hinreihe rechte Maschen und 3 Reihen glatt links in jeder Farbe stricken.

Ein Tip

Arbeiten Sie Farbmuster mit ungeraden Reihenzahlen, wie beim Kästchenmuster ohne „Kette" (Foto Mitte rechts), auf einer Rundstricknadel. Dann können Sie die Maschen immer an das Ende der Nadel schieben, wo sich der Faden der neuen Farbe befindet. Das lästige Fädenvernähen nach jedem Farbwechsel bleibt Ihnen so erspart.

Hier sind je 2 Maschen rechts und links im Wechsel gestrickt, und nach jeder 2. Reihe, also in jeder Hinreihe, ist das Muster versetzt gestrickt. Nach je 6 Reihen ist eine neue Farbe eingesetzt. Bei allen Perl- oder Kästchenmustern erscheinen jeweils die in der neuen Farbe links gestrickten Maschen als Kette.

Das Kästchenmuster ist hier über 7 Reihen gestrickt. Jeweils die 1. Reihe in einer neuen Farbe wird zusätzlich gestrickt. Sie ist in den Hinreihen rechts, in den Rückreihen links gestrickt. Diese zusätzliche Reihe fällt beim Musterverlauf kaum auf, der Streifen wird nur wenig breiter.

Im unteren Teil sind die Maschen zwischen den Zöpfen immer glatt links gestrickt. Im oberen Teil sind diese Maschen bei jedem Farbwechsel in der 1. Hinreihe rechts gestrickt. Das Maschenbild wirkt so viel klarer.

Abnahmen

Abnahmen sollten immer so gearbeitet sein, daß sie sich möglichst perfekt dem Strickstück anpassen. Das gilt für Abnahmen an den Rändern genauso wie für Abnahmen innerhalb der Strickstücke.

Bei Rundungen oder Schrägungen an den Seitenkanten, wie z. B. bei Armausschnitten, V-Ausschnitten oder Raglanmodellen, müssen einzelne Maschen **an den Rändern** abgenommen werden. Diese Abnahmen sollten immer zu Schnitt und Muster passen, also nach rechts oder links gerichtet sein.

Wenn bei Arm- oder Halsausschnitten nur eine Masche abgenommen werden muß, können Sie die Randmasche mit der folgenden Masche rechts oder links zusammenstricken. Bei allen Raglan- oder V-Ausschnitt-Schrägungen sieht es jedoch besser aus, wenn Sie die Abnahme um 1 oder 2 Maschen nach innen verlegen und die 2. und 3. oder die 3. und 4. Masche zusammenstricken. Bei den gezeigten Beispielen sind jeweils die 3. und 4. Masche zusammengestrickt bzw. überzogen gearbeitet.

Abnahmen **in den Strickstücken** werden genauso gearbeitet wie an den Rändern. Wenn Sie nun an beiden Seiten symmetrisch abnehmen möchten, müssen Sie 2mal 2 Maschen zusammenstricken bzw. überzogen zusammenstricken. Diese doppelten Abnahmen benötigen Sie z. B. bei V-Ausschnitt-Blenden oder bei Zacken- oder Lochmustern.

Nach links gerichtete Abnahmen: *Nach der Randmasche 1 Masche rechts stricken, dann einen einfachen Überzug arbeiten: die folgende Masche wie zum Rechtsstricken abheben, 1 Masche rechts stricken und die abgehobene Masche überziehen.*

Nach rechts gerichtete Abnahmen: *Bis 4 Maschen vor Ende der Reihe stricken, die folgenden 2 Maschen rechts zusammenstricken und noch 1 Masche rechts und die Randmasche stricken.*

Auf der rechten Seite wird mit der letzten Masche der glatt rechten Rippe und der nächsten Masche ein Überzug gearbeitet, auf der linken Seite ist die erste rechte Masche der Rippe mit der davorliegenden Masche rechts zusammengestrickt.

2 Maschen rechts zusammenstricken

Für eine nach rechts gerichtete Abnahme einer Masche innerhalb eines Strickstücks werden 2 Maschen rechts zusammengestrickt.

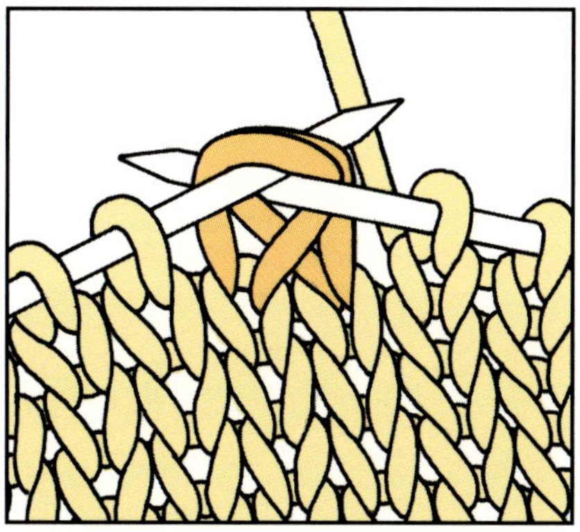

1 Stechen Sie von links nach rechts in die vorderen Maschenglieder der 2 rechten Maschen ein.

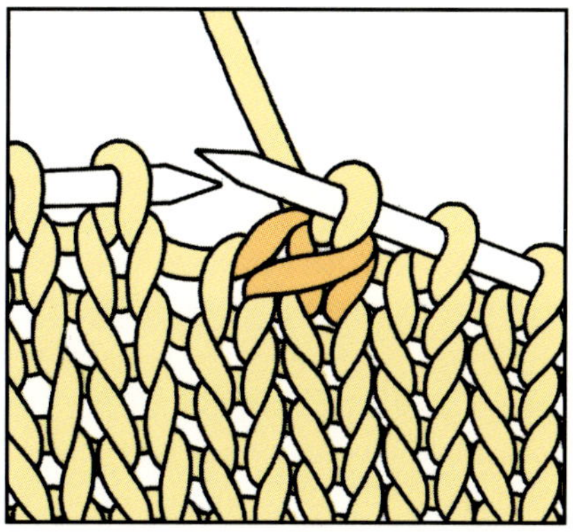

2 Ziehen Sie den Faden wie zum Rechtsstricken nach vorn durch und lassen Sie beide Maschen von der Nadel gleiten.

2 Maschen rechts überzogen zusammenstricken

Für eine nach links gerichtete Abnahme einer Masche wird ein einfacher Überzug gearbeitet.

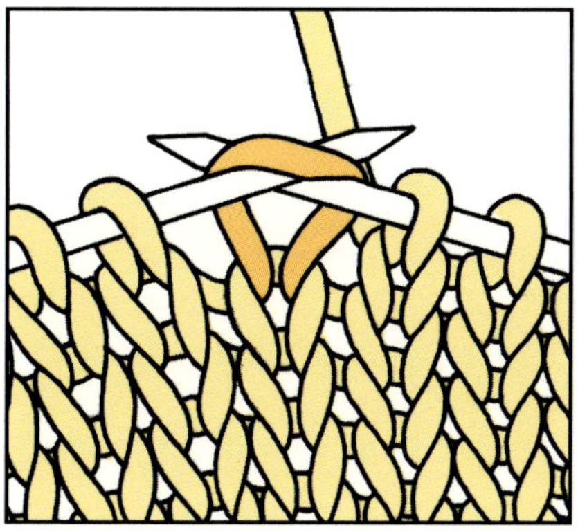

1 Heben Sie die erste Masche wie zum Rechtsstricken ab.

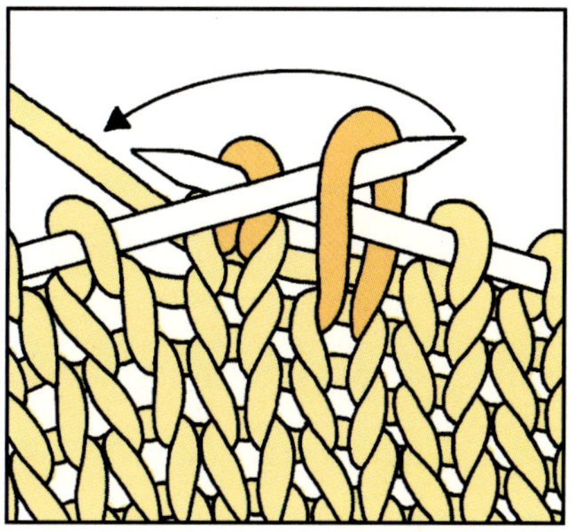

2 Stricken Sie die folgende Masche rechts und heben Sie die abgehobene Masche über die gestrickte.

2 Maschen rechts verschränkt zusammenstricken

Die nach links gerichteten Abnahmen einer Masche können Sie auch verschränkt arbeiten, dann verdreht sich die obenauf liegende Masche.

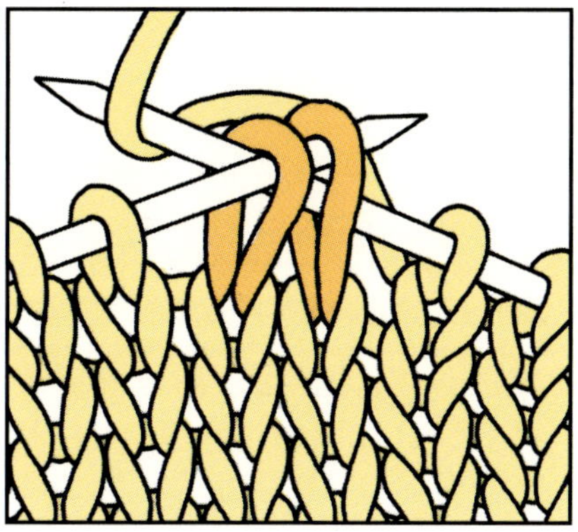

1 Stechen Sie von rechts nach links in die hinteren Maschenglieder der 2 rechten Maschen ein.

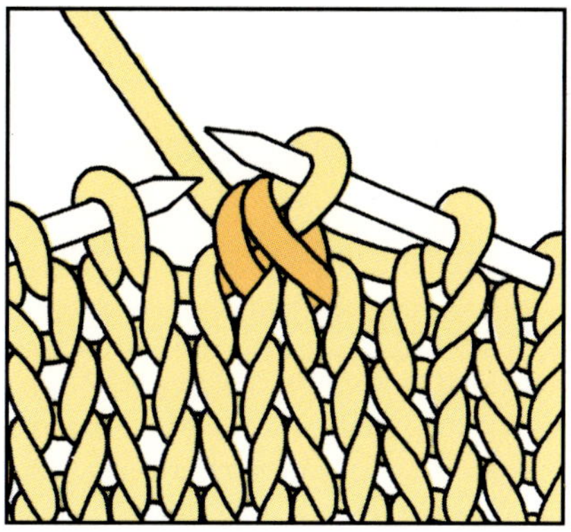

2 Ziehen Sie den Faden wie zum Rechtsstricken nach vorn durch und lassen Sie beide Maschen von der Nadel gleiten.

2 Maschen links zusammenstricken

Bei glatt linken Flächen können Sie alle Abnahmen links zusammenstricken. Soll die Abnahme jedoch auf der glatt rechten Seite symmetrisch sein, stricken Sie für die nach rechts gerichtete Abnahme 2 Maschen links zusammen.

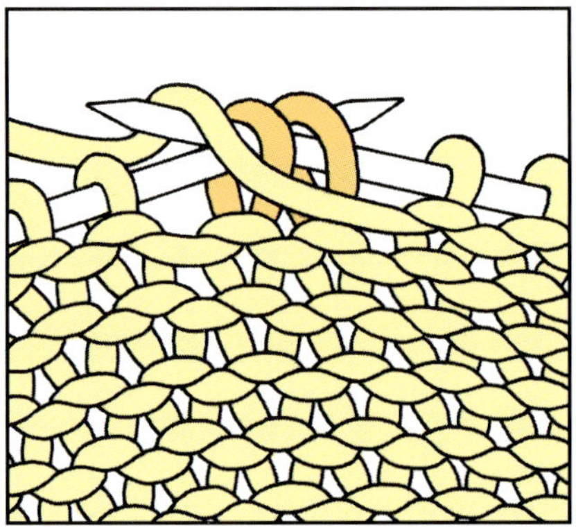

1 Stechen Sie von rechts nach links in die vorderen Maschenglieder ein.

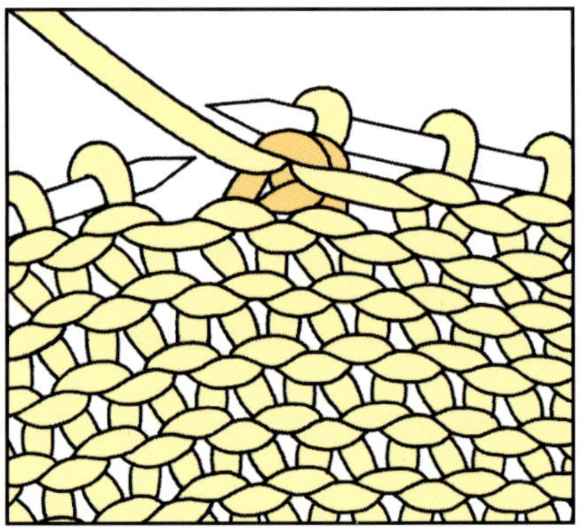

2 Ziehen Sie den Faden wie zum Linksstricken durch beide Maschen und lassen Sie diese Maschen von der Nadel gleiten.

2 Maschen links überzogen zusammenstricken

Für eine auf der glatt rechten Seite nach links gerichtete Abnahme wird der Überzug auf der Rückseite wie rechts beschrieben gearbeitet.

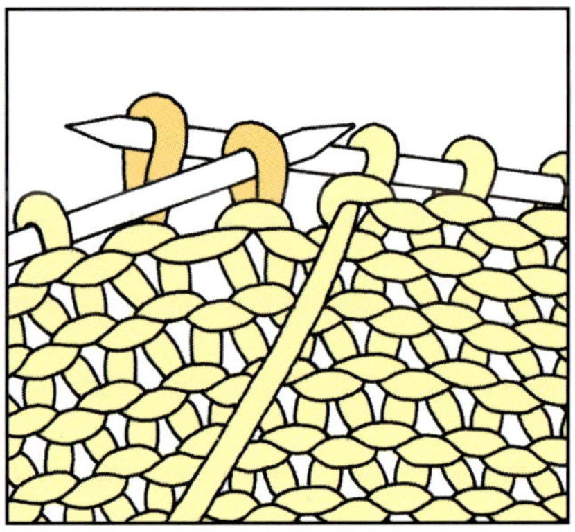

1 Mit der rechten Nadel hinter der Arbeit von rechts nach links in die 2. Masche einstechen. Die 1. Masche von der Nadel gleiten lassen und mit der linken Nadel gleich wieder auffassen.

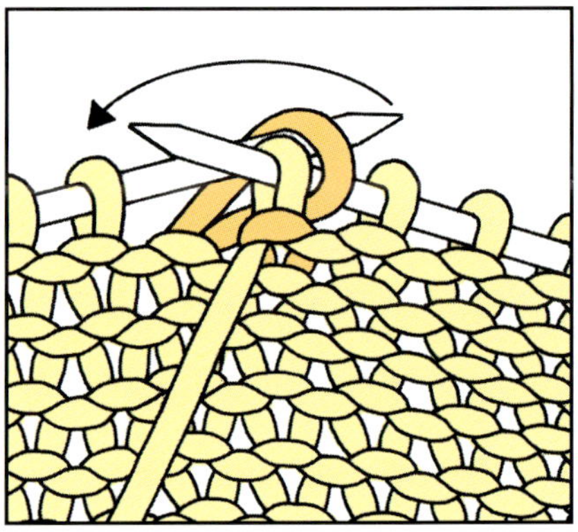

2 Nun die 1. Masche links stricken (die Masche der linken Nadel), dann hinter der Arbeit die 2. Masche über die 1. Masche ziehen.

2 Maschen links verschränkt zusammenstricken

Für eine auf der glatt rechten Seite nach links gerichtete Abnahme können Sie auch 2 Maschen links verschränkt zusammenstricken. Dabei verdreht sich die rechte Masche der Rückseite wie beim rechts verschränkten Zusammenstricken.

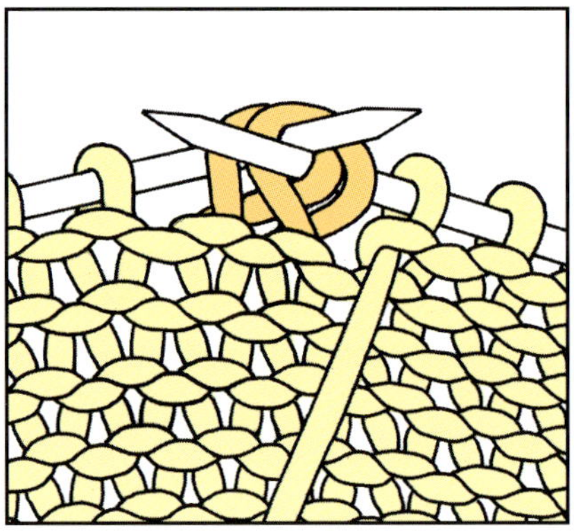

1 Stechen Sie auf der Rückseite der Arbeit von links nach rechts durch die hinteren Maschenglieder beider Maschen ein.

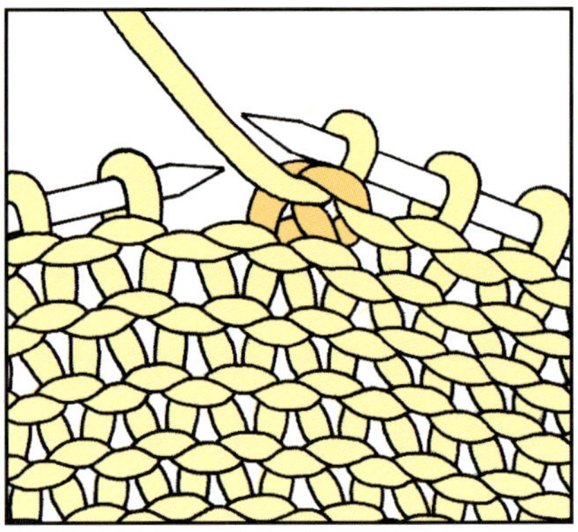

2 Ziehen Sie den Faden wie zum Linksstricken durch die Maschen und lassen Sie beide Maschen von der linken Nadel gleiten.

Doppelte Abnahmen, nach links bzw. rechts gerichtet

Möchten Sie 2 Maschen abnehmen, können Sie für eine nach **rechts gerichtete** Abnahme 3 Maschen zusammenstricken. Für eine nach **links gerichtete** Abnahme können Sie 3 Maschen rechts verschränkt zusammenstricken oder wie rechts beschrieben arbeiten.

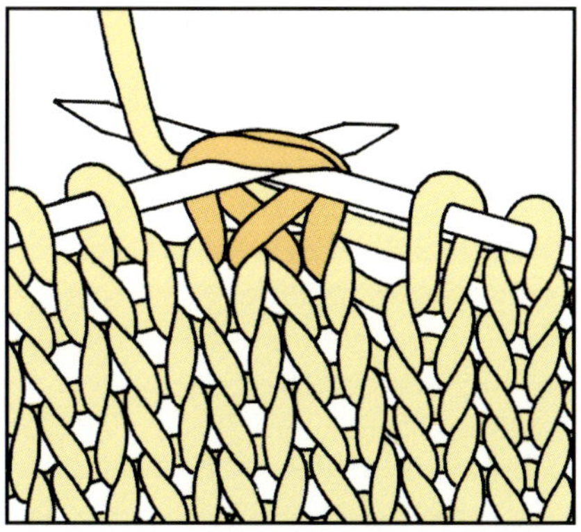

1 Für eine nach links gerichtete doppelte Abnahme die 1. Masche wie zum Rechtsstricken abheben, die folgenden 2 Maschen rechts zusammenstricken, …

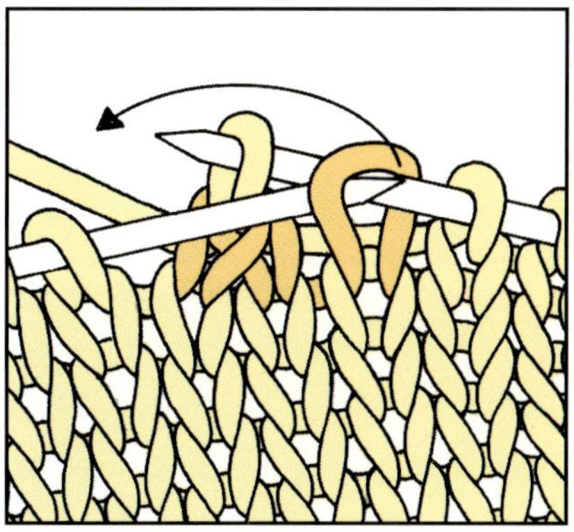

2 … dann die abgehobene Masche über die zusammengestrickten Maschen ziehen.

Doppelte Abnahme mit obenauf liegender Mittelmasche

Diese Abnahme, auch doppelter Überzug genannt, brauchen Sie häufig bei filigranen Lochmustern. Sie ist außerdem die schönste Abnahme für die vordere Spitze bei angestrickten Blenden in V-Ausschnitten (ab Seite 80). Eine doppelte Abnahme mit obenauf liegender Mittelmasche wird wie rechts beschrieben gearbeitet.

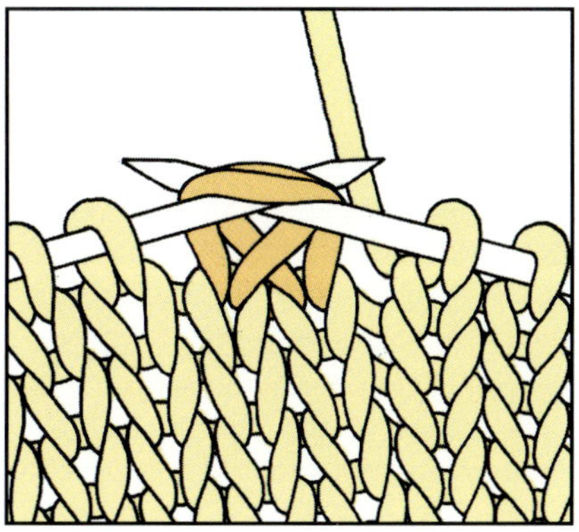

1 Die Masche vor der Mittelmasche mit der Mittelmasche zusammen wie zum Rechtsstricken abheben, …

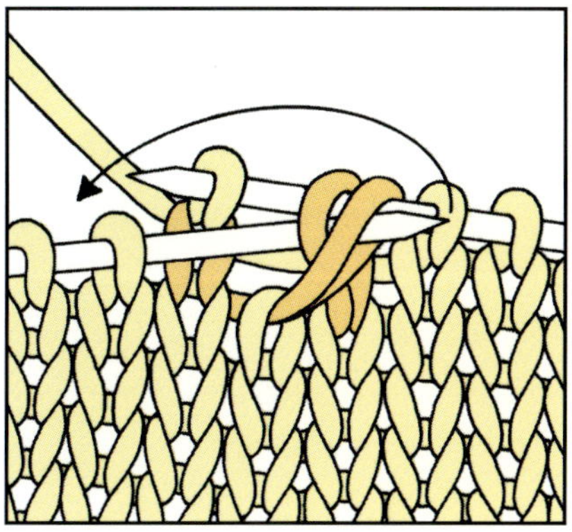

2 … die folgende Masche rechts stricken und die abgehobenen Maschen überziehen.

Für die Abnahmen in den Rückreihen 1 Masche abheben. Auf der rechten Seite diese Masche mit der davorliegenden Masche rechts zusammenstricken, auf der linken einen Überzug arbeiten.

Beidseitig der Zierkante sind immer 2 Maschen links zusammengestrickt. Für die Blendenspitze werden rechts von der Mitte 2 Maschen zusammengstrickt, links ist ein einfacher Überzug gearbeitet.

Für diese Blende sind in der Ausschnittmitte 3mal 3 Maschen links zusammengestrickt. Die letzte Abnahme ist mit rechten Maschen nach links gerichtet gearbeitet (siehe oben).

Zunahmen

Für Ärmel- oder Seitenschrägungen, bei Erweiterungen nach dem Bündchen und auch bei vielen Mustern müssen Maschen auf unterschiedliche Weise zugenommen werden. Auf den folgenden Seiten sind alle Zunahmen genau erklärt.

Zunahmen für Schrägungen

Diese Zunahmen werden meist verschränkt aus dem Querfaden herausgestrickt, damit sich keine Löcher bilden. Am besten ist es hier, die Zunahmen nicht direkt neben den Randmaschen, sondern 2 bis 3 Maschen vom Rand entfernt einzuarbeiten. Beim späteren Zusammennähen im Matratzenstich können so die Querfäden genau erfaßt werden. Besonders bei Lochmustern ist die Zunahme neben der 2. Masche zu empfehlen, da sich die Querfäden durch die Umschläge noch mehr verziehen (siehe auch Ärmelzunahmen im Lochmuster, Seite 192).

Zunahme mehrerer Maschen

Wenn an den Seiten **mehrere Maschen** zugenommen werden müssen, wie z. B. für den Rumpf eines quergestrickten Pullovers, können Sie die Maschen jeweils am Anfang der Reihe **aufstricken** oder **aufschlingen** (siehe Anschläge, Seite 20/21). Aufgestrickte Maschen sind hier jedoch ratsamer. Bei aufgeschlungenen Maschen wird die Kante nicht so elastisch; außerdem lassen sich diese Maschen viel schlechter abstricken.

Zunahmen nach dem Bündchen

Auch nach den Bündchen müssen Maschen zugenommen werden. Am Rumpf reichen meist einige Zunahmen, um die gewünschte Weite zu erhalten, nach engen Ärmelbündchen ist die fehlende Maschenzahl größer. Diese Zunahmen sollten gleichmäßig auf die gesamte Breite verteilt werden, damit keine häßlichen „Beulen" entstehen. Und sie sollten verschränkt gestrickt werden, damit keine Löcher zu sehen sind.

Wenn nach dem Bündchen ein einfaches Muster gestrickt wird, wie z. B. glatt rechts, können die Zunahmen in der ersten Musterreihe gearbeitet werden. Wird jedoch ein komplizierteres Zopf-, Loch- oder Jacquardmuster gearbeitet, ist es einfacher, die Zunahmen in der letzten Reihe des Bündchenmusters zu stricken. Dann hat man in der ersten Musterreihe schon die richtige Maschenzahl zum Einordnen des Musterrapports.

Einige Muster erfordern nach dem Bündchen auch doppelte Zunahmen, z. B. wenn Sie weiter im Rippen- oder Patentmuster arbeiten. Hier sieht es am schönsten aus, wenn Sie vor und nach der linken Masche eine links verschränkte Zunahme arbeiten und die linke Masche jetzt rechts stricken.

Doppelte Zunahmen im Strickstück

Bei einigen Schnittformen müssen innerhalb des Strickstücks **doppelte Zunahmen** gearbeitet werden, d. h. zu beiden Seiten einer oder auch mehrerer Mittelmaschen wird je eine Masche zugenommen. Wenn Sie diese Zunahmen beidseitig dieser Mittelmasche gleich

*Immer wenn Sie mehrere Maschen an den Seiten zunehmen müssen, wie z. B. bei quergestrickten Modellen, empfiehlt sich das **Aufstricken** der Maschen (siehe Anschläge, Seite 21).*

arbeiten, erscheinen die verschränkt abgestrickten Maschen bzw. Umschläge beide nach links gerichtet, also asymmetrisch.

Für ein symmetrisches Maschenbild bei **Zunahmen mit Umschlägen** arbeiten Sie den Umschlag vor der Mittelmasche „falsch“, d. h. Sie legen den Faden von hinten nach vorn über die rechte Nadel, den Umschlag nach der Mittelmasche wie gewohnt. In der nächsten Rückreihe stricken Sie den normalen Umschlag vor der Mittelmasche links verschränkt, den „falschen“ Umschlag nach der Mittelmasche links ab.

Bei **Zunahmen aus den Querfäden** heben Sie den Querfaden vor der Mittelmasche von hinten nach vorn auf und stricken ihn rechts ab, nach der Mittelmasche heben Sie den Querfaden von vorn nach hinten auf und stricken ihn rechts verschränkt ab.

Diese symmetrischen Zunahmen sind wichtig bei betonten Schrägungen, die von oben nach unten gestrickt werden. Hier wird das Muster beidseitig der mittleren Maschen gleichmäßig erweitert, und die Zunahmen fügen sich besonders unauffällig in das Muster ein.

Bei den gestrickten Beispielen auf den folgenden Seiten sind die Zunahmen zu beiden Seiten hin gearbeitet; sie können aber entweder nur zu einer Seite oder zu beiden Seiten vorgenommen werden.

Muster mit Ab- und Zunahmen

Hier noch zwei Musterbeispiele, bei denen doppelte Ab- und Zunahmen die Grundlage bilden. Die Zunahmen sind mit Umschlägen, die doppelten Abnahmen mit obenauf liegender Mittelmasche gearbeitet.

Für diese seitliche Zunahme wird in jeder 4. Reihe 1 Masche rechts verschränkt aus dem Querfaden gestrickt.

Für diese Schrägung wird beidseitig des großen Perlmusters in jeder 2. Reihe ein Umschlag gearbeitet und in der Rückreihe links gestrickt.

Bei diesen beiden Mustern bildet sich die charakteristische Wellenform durch Ab- und Zunahmen.

Nicht verschränkte rechte Zunahme

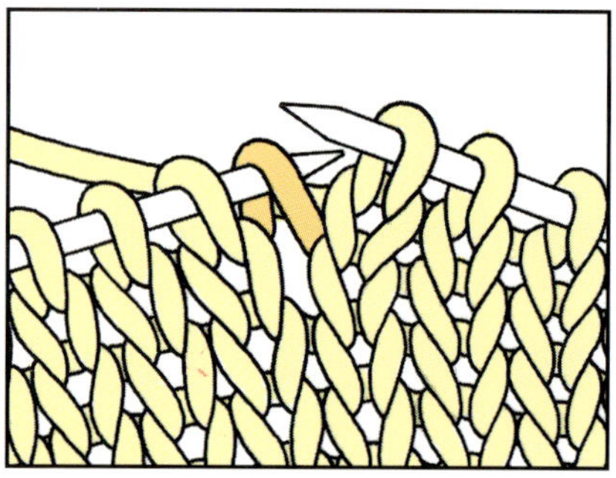

1 Mit der linken Nadel den Querfaden zwischen 2 Maschen von vorn nach hinten aufnehmen und ...

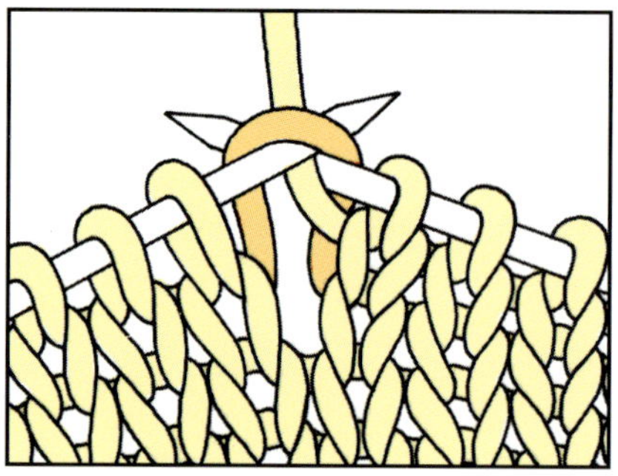

2 ... rechts abstricken. Die neue rechte Masche liegt auf der rechten Nadel. Diese Zunahme zeigt ein sichtbares kleines Loch.

Beidseitig der Mittelmasche wird je 1 Masche unverschränkt aus dem Querfaden zugenommen; hier sind zwei kleine Löcher sichtbar.

Verschränkte rechte Zunahme

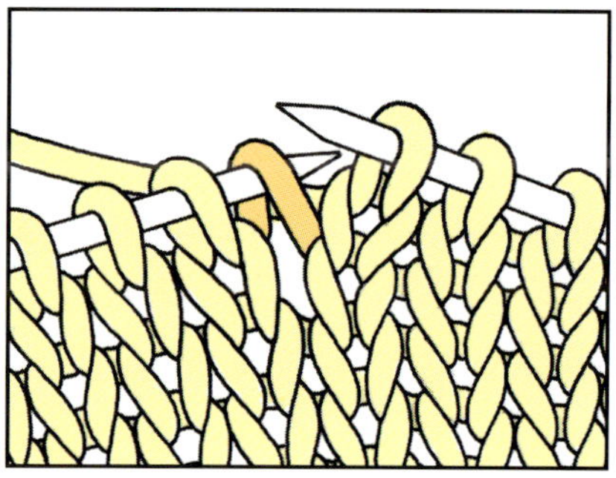

1 Mit der linken Nadel den Querfaden zwischen 2 Maschen von vorn nach hinten aufnehmen und ...

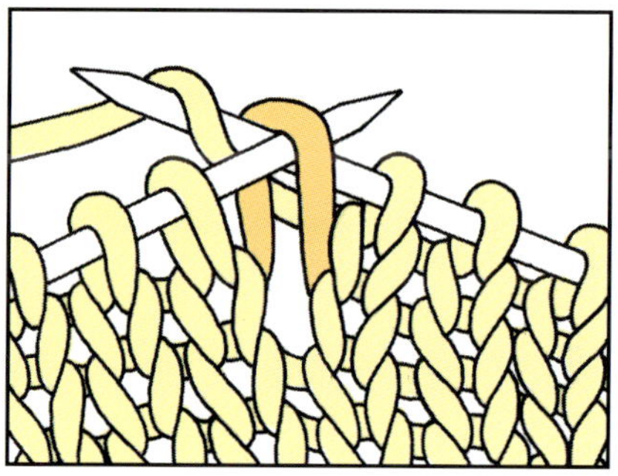

2 ... rechts verschränkt abstricken, d. h. in den hinteren Schlingenteil einstechen.

Beidseitig der Mittelmasche wird je 1 Masche verschränkt aus dem Querfaden zugenommen; so entsteht ein geschlossenes Maschenbild.

Symmetrische Zunahmen aus dem Querfaden

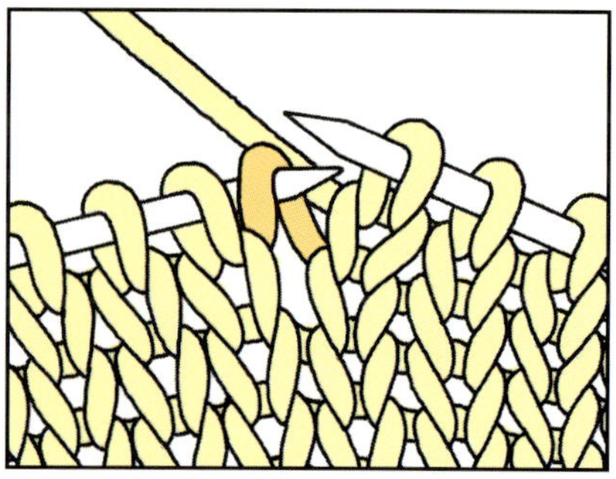

1 Für symmetrische Zunahmen den Querfaden vor der Mittelmasche von hinten nach vorn aufnehmen ...

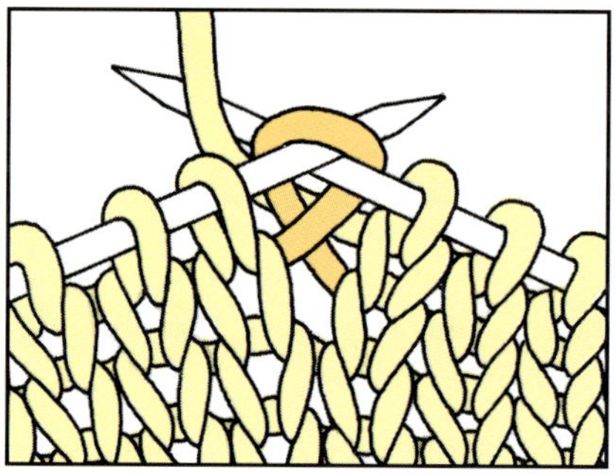

2 ... und rechts abstricken. Den Querfaden nach der Mittelmasche wie die verschränkte rechte Zunahme (oben) arbeiten.

Symmetrisch werden die Zunahmen, wenn der Querfaden vor und nach der Mittelmasche wie links beschrieben abgestrickt wird.

Nicht verschränkte linke Zunahme

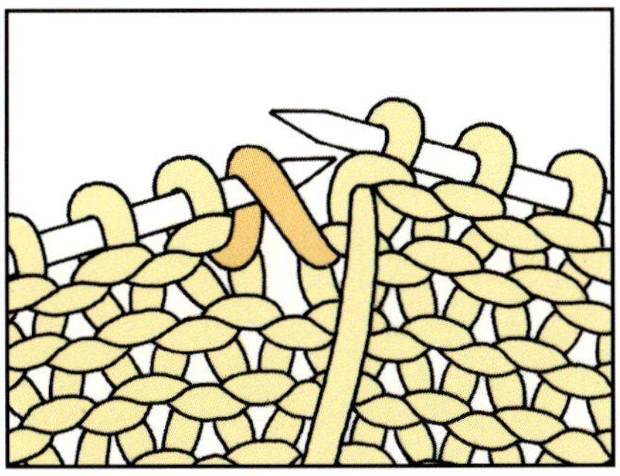

1 Mit der linken Nadel den Querfaden zwischen zwei Maschen von vorn nach hinten aufnehmen und ...

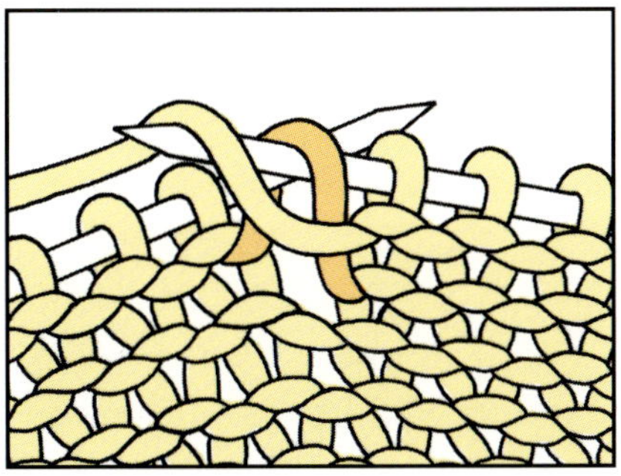

2 ... links abstricken. Die neue linke Masche liegt auf der rechten Nadel. Diese Zunahme zeigt ein sichtbares kleines Loch.

Verschränkte linke Zunahme

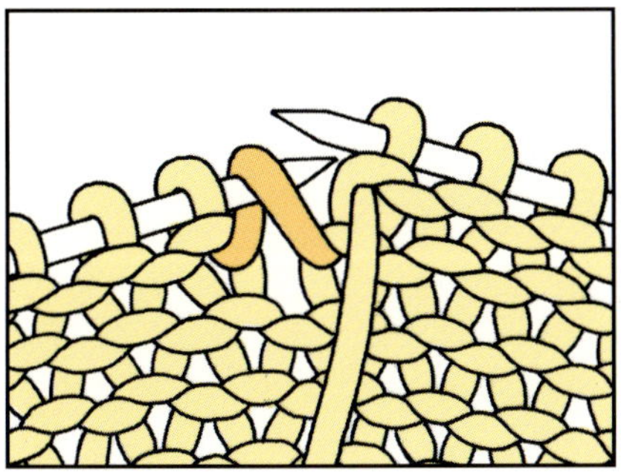

1 Mit der linken Nadel den Querfaden zwischen 2 Maschen von vorn nach hinten aufnehmen und links verschränkt abstricken, ...

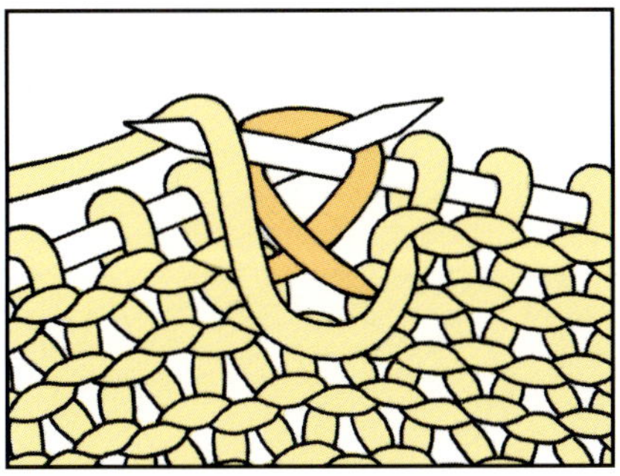

2 ... d. h. von links nach rechts in den hinteren Schlingenteil einstechen. So entsteht ein geschlossenes Maschenbild. Auf der Vorderseite ist diese Zunahme nach links gerichtet.

Symmetrische verschränkte linke Zunahme

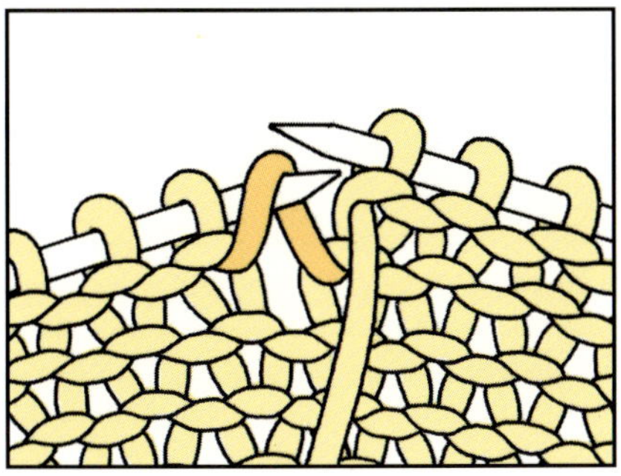

1 Diese Zunahme ist für das symmetrische Bild glatt rechter Vorderseiten wichtig: Mit der linken Nadel den Querfaden zwischen 2 Maschen von hinten nach vorn aufnehmen und ...

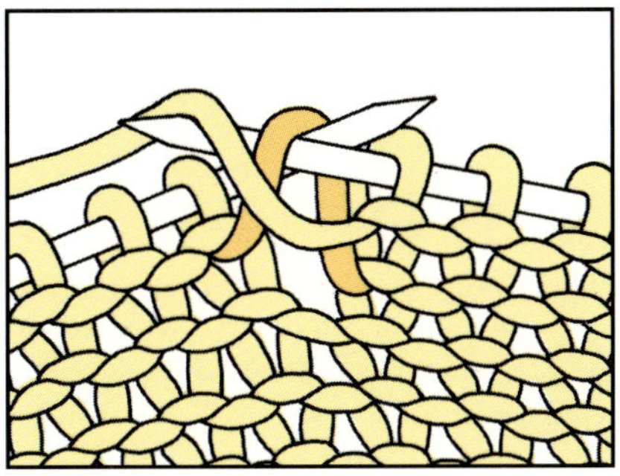

2 ... links abstricken, d. h. von rechts nach links in den vorderen Schlingenteil einstechen. Die Schlinge verdreht sich hier von selbst. Auf der Vorderseite ist diese Zunahme nach rechts gerichtet.

Zunahmen bei Rippenmustern

Bei 1/1-Gestricktem sollten Sie immer doppelte Zunahmen arbeiten. Dafür nach einer rechten Masche aus dem Querfaden 1 Masche links verschränkt zunehmen, die folgende (bisher linke) Masche rechts stricken, dann aus dem folgenden Querfaden noch 1 Masche links verschränkt zunehmen. Auf diese Weise bleibt das Rippenmuster auch oberhalb der Zunahmen erhalten.

Zunahme mit einfach gestricktem Umschlag

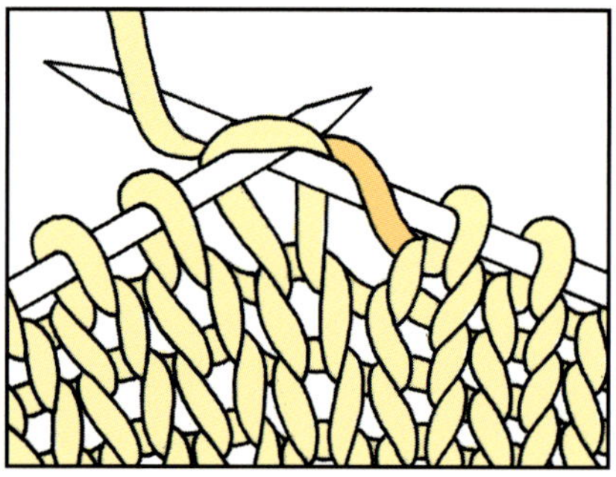

1 Den Faden von vorn nach hinten über die rechte Nadel legen und normal weiterstricken.

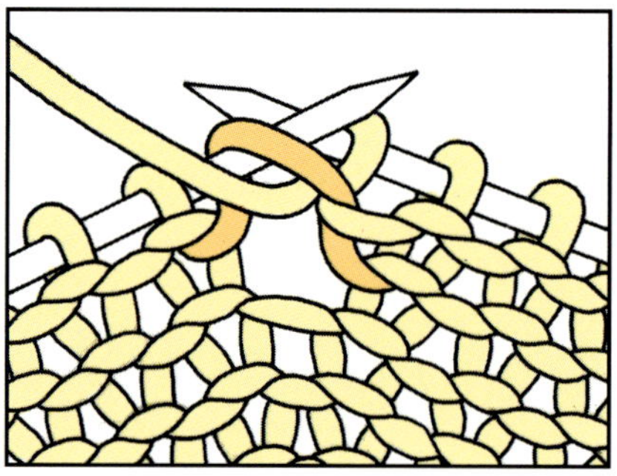

2 In der folgenden Rückreihe die Schlinge links abstricken.

Beidseitig der Mittelmasche je 1 Masche durch einen Umschlag zunehmen und in der Rückreihe links abstricken. Es entstehen zwei relativ große Löcher.

Zunahme mit verschränkt gestricktem Umschlag

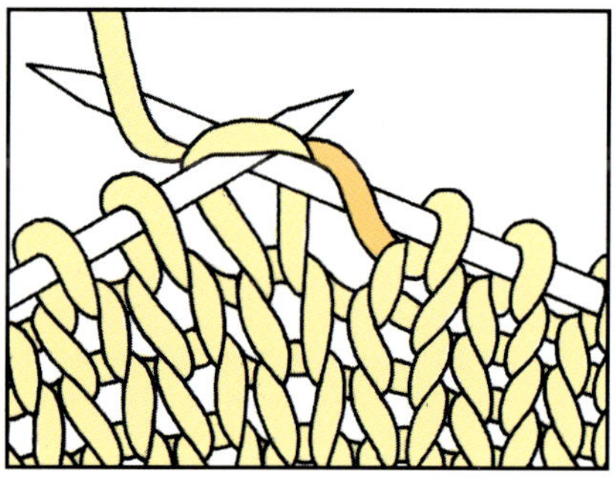

1 Den Faden von vorn nach hinten über die rechte Nadel legen und normal weiterstricken. In der folgenden Rückreihe die Schlinge …

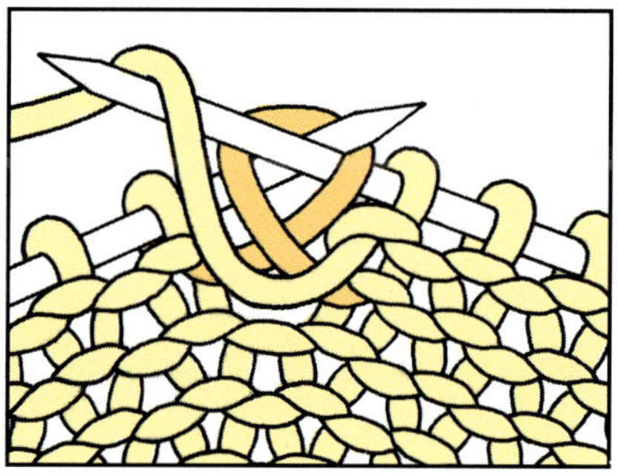

2 … links verschränkt abstricken, dafür von links nach rechts in den hinteren Schlingenteil einstechen. Auf der Vorderseite ist diese Zunahme nach links gerichtet.

Beidseitig der Mittelmasche je 1 Masche durch einen Umschlag zunehmen und in der folgenden Rückreihe links verschränkt abstricken. Die Löcher werden dadurch kleiner.

Symmetrische Zunahmen mit Umschlägen

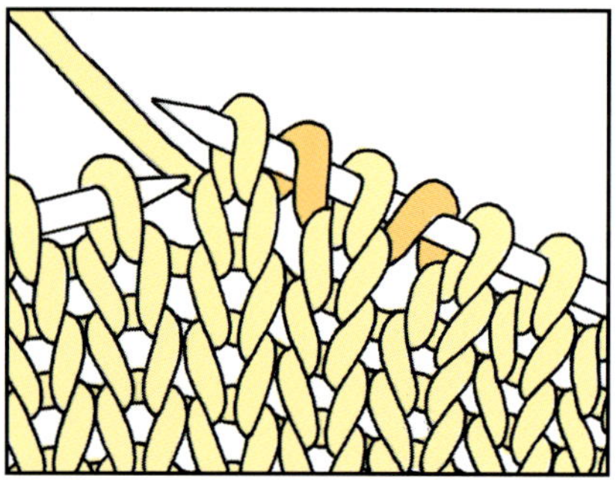

1 Für symmetrische Zunahmen beidseitig der Mittelmasche den Umschlag vor der Mittelmasche „falsch“, also von hinten nach vorn über die rechte Nadel legen, den Umschlag nach der Mittelmasche „normal“.

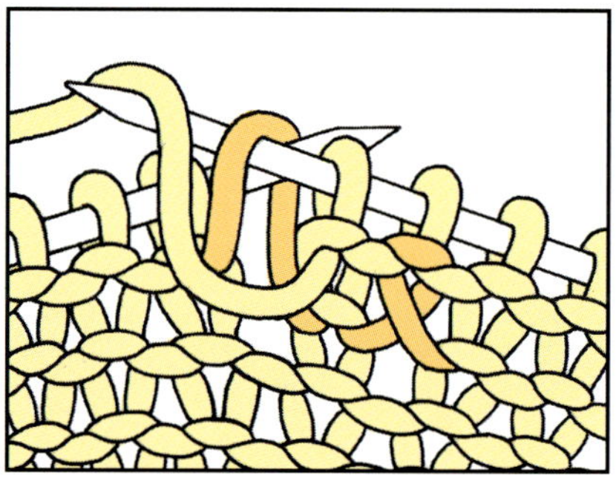

2 In der Rückreihe den „normalen“ Umschlag links verschränkt stricken. Den „falschen“ Umschlag wie gezeichnet links stricken. Auf der Vorderseite ist diese Zunahme nach rechts gerichtet.

Für symmetrische Zunahmen werden die Umschläge vor und nach der Mittelmasche unterschiedlich gearbeitet.

Zunahme aus der Masche der Vorreihe

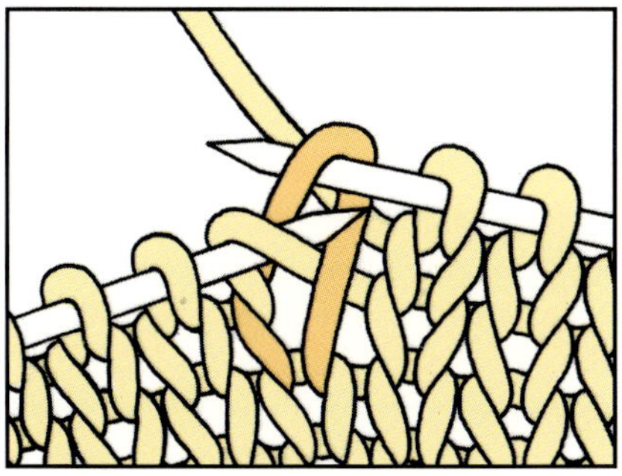

1 Mit der rechten Nadel auf der Rückseite den Querfaden der Masche der Vorreihe erfassen und rechts abstricken.

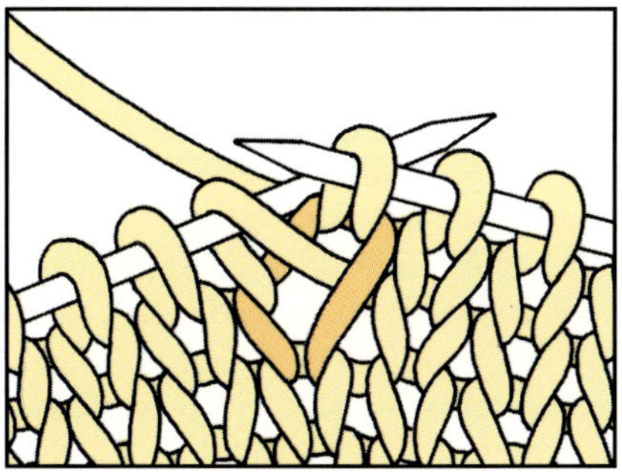

2 Danach die Masche rechts stricken.

Besonders für Ärmelschrägungen ist die Zunahme aus der Masche der Vorreihe geeignet. Sie wird jeweils 2 bis 3 Maschen von den Seitenkanten entfernt gearbeitet (siehe Zeichnungen links).

Tiefer eingestochene Masche

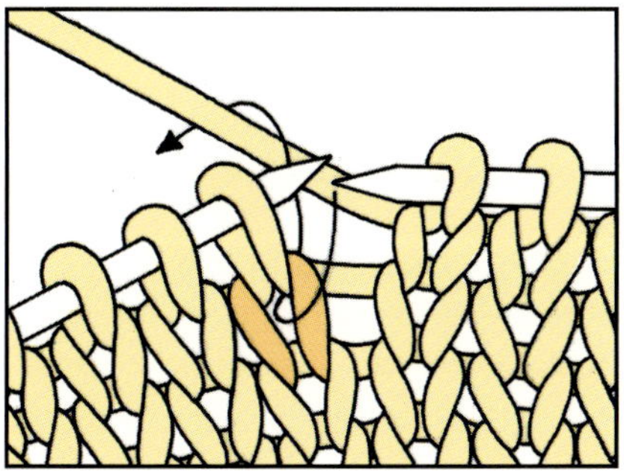

Für die tiefer eingestochene Masche nicht in die Schlinge auf der Nadel, sondern in die Masche darunter einstechen und rechts abstricken.

Aus einer Masche 1 tiefer eingestochene Masche rechts, 1 Masche rechts und 1 tiefer eingestochene Masche rechts stricken. Die Masche der linken Nadel erst nach dem Stricken der 3 neuen Maschen von der Nadel gleiten lassen.

Aus einer Masche 1 Masche rechts, 1 tiefer eingestochene Masche rechts und 1 Masche rechts stricken. Die Masche der linken Nadel erst nach dem Stricken der 3 neuen Maschen von der Nadel gleiten lassen.

Für diese dekorative Ecke werden die Zunahmen mit Umschlägen gearbeitet, die Mittelmasche wird in den Hinreihen nur abgehoben und in den Rückreihen links gestrickt.

Abketten

Maschen abketten müssen Sie am Ende von Strickstücken, bei Arm- und Halsausschnitten oder auch für Knopflöcher. Drei verschiedene Möglichkeiten stehen dabei zur Auswahl: das Überziehen, das Zusammenstricken und das Abhäkeln.

Abketten durch Überziehen

Die Maschen der Abkettreihe werden dem Muster angepaßt. Bei Strukturmustern z. B. sollten Sie mustergemäß stricken, bei rechtsgrundigen Mustern rechts, bei linksgrundigen Mustern links.

Der Abkettrand von Bündchenmustern kann ganz rechts gestrickt werden; der Rand legt sich dann leicht nach vorn (siehe angestrickte Blenden, Seite 62). Doch ist der ganz rechts gestrickte Abkettrand weniger elastisch als ein im Maschenrhythmus abgeketteter Rand, z. B. je 1 Masche rechts und links im Wechsel.

Arbeiten Sie immer so nah wie möglich an der Nadelspitze und achten Sie beim Überziehen der Abkettmaschen darauf, daß Sie diese Maschen nicht lang ziehen.

Achten Sie bei der Abkettreihe auf das Muster, denn auch diese Reihe ist nach dem Zusammennähen der Strickteile noch etwas zu sehen.

Abketten durch Zusammenstricken

Beim Abketten durch Zusammenstricken entsteht ein fester, wenig elastischer Rand, denn die Abkettmasche ist durch das Zurückheben auf die linke Nadel nur so groß wie eine normale Masche. Beim normalen Abketten wird die Masche dagegen beim Überziehen meist etwas lang gezogen.

Das Zusammenstricken eignet sich daher sehr für Muster, bei denen sich die Maschen zusammenziehen, wie z. B. bei Zopfmustern, aber auch für Jacken- oder Taschenblenden, die sich nicht nachträglich ausdehnen sollen. Außerdem ist es zum Abketten von Schultermaschen sehr geeignet, da die Nähte hier später weniger ausleiern können.

Abketten durch Abhäkeln

Einige Strickerinnen bevorzugen auch das Abhäkeln. Hier wird die Festigkeit des Randes schon durch die Größe der Häkelnadel beeinflußt.

Für einen normalen, relativ elastischen Rand ist eine Häkelnadel der gleichen Stärke wie die Stricknadeln geeignet. Für einen besonders festen Rand, z. B. für Blenden, nehmen Sie eine feinere Häkelnadel, für einen etwas lockereren Rand eine dickere, beispielsweise für Halsblenden, die später zur Hälfte nach innen umgenäht werden.

Stechen Sie mit der Häkelnadel immer so in die Masche ein, wie Sie sie dem Muster entsprechend stricken würden: bei rechts Gestricktem von vorn nach hinten, bei links Gestricktem von rechts nach links.

Ganz gleich, welche Art des Abkettens Sie bevorzugen, am Ende der Reihe bleibt stets eine Masche übrig. Ziehen Sie das Fadenende durch diese Masche und ziehen Sie es sehr fest an. Dann können Sie den Faden in den Randmaschen vernähen oder ihn zum Zusammennähen der Teile verwenden.

Abketten durch Überziehen bei glatt rechts Gestricktem: *Bei Mustern mit rechten Maschen werden die Maschen rechts gestrickt und dann überzogen abgekettet.*

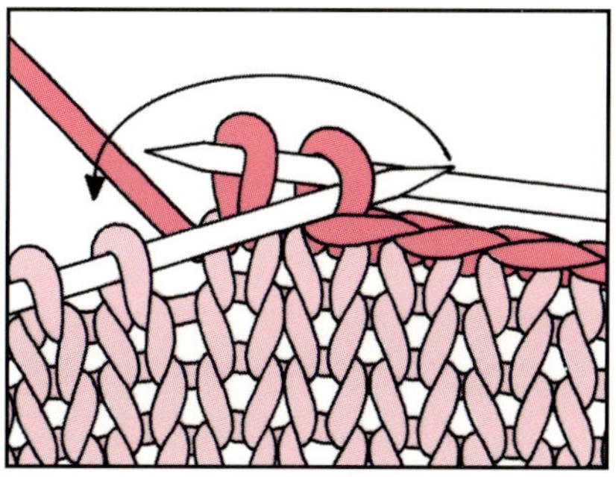

Bei rechtsgrundigen Mustern stricken Sie die Randmasche und die folgende Masche rechts und heben die Randmasche über die 2. gestrickte Masche. Dann immer 1 Masche stricken und die vorherige überziehen, bis alle Maschen abgekettet sind.

Abketten durch Überziehen bei glatt links Gestricktem: *Bei Mustern mit linken Maschen werden die Maschen links gestrickt und dann überzogen abgekettet.*

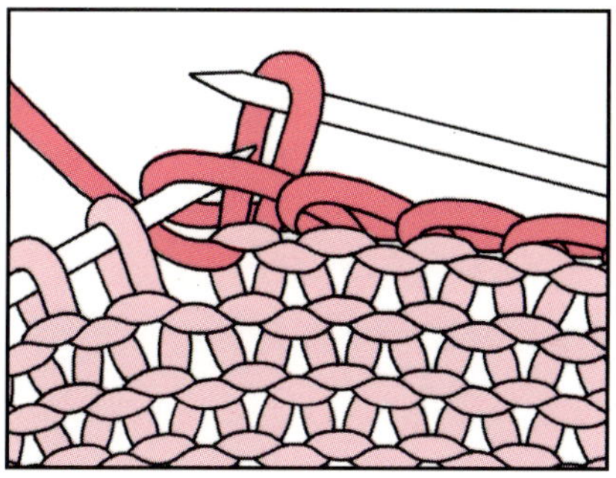

Bei linksgrundigen Mustern stricken Sie die Randmasche wie gewohnt und die folgende Masche links und heben dann die Randmasche über die 2. gestrickte Masche. Dann immer 1 Masche stricken und die vorherige überziehen, bis alle Maschen abgekettet sind.

Abketten durch Zusammenstricken: *Es entsteht ein fester, wenig elastischer Rand, der besonders für „zusammenziehende" Muster, z. B. für Zöpfe, oder für Blenden und Knopflöcher geeignet ist.*

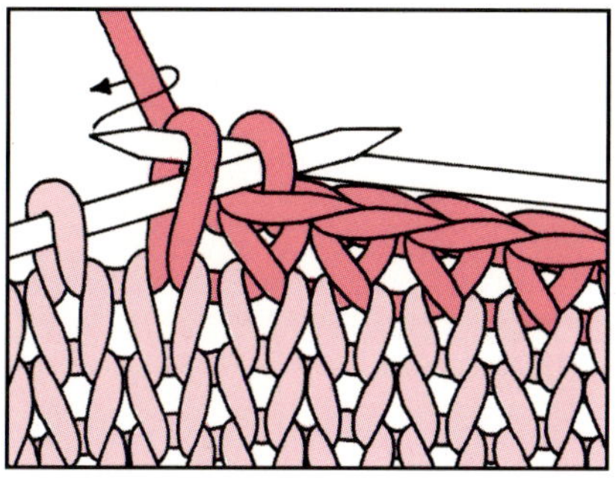

Stricken Sie die ersten beiden Maschen der linken Nadel rechts verschränkt zusammen und heben Sie die Masche zurück auf die linke Nadel. Dann stricken Sie wieder 2 Maschen zusammen, bis alle Maschen abgekettet sind.

Auch beim Abhäkeln *entsteht ein sauberer Abkettrand. Die Stärke der Häkelnadel bestimmt hier die Elastizität.*

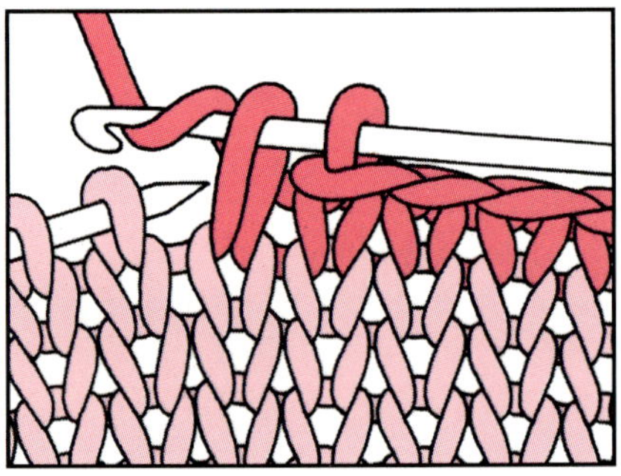

Beim Abhäkeln wird zuerst eine Schlinge durch die Randmasche gezogen. Dann heben Sie immer 1 Masche der Stricknadel zu der Masche auf der Häkelnadel und häkeln beide Maschen wie eine Kettmasche ab, ziehen also den Arbeitsfaden mit der Häkelnadel durch.

Damit Strickstücke nach dem Abketten von ***Zopfmuster-Maschen*** *nicht zu breit werden, sollten innerhalb der Zöpfe immer wieder mal zwei Maschen zusammengestrickt werden.*

Abketten bei Zöpfen

Der Abkettrand bei größeren Zöpfen wird meist sehr wellig, wenn jede Masche einzeln gestrickt und abgekettet wird. Beim Zusammennähen von Schultern und auch beim Annähen von Ärmeln treten dann leicht Probleme auf.

Diese Mehrweite können Sie einhalten, indem Sie beim Abketten die mittleren Maschen der Zöpfe zusammenstricken. Bei sehr breiten Zöpfen können auch 2- oder 3mal jeweils 2 Maschen zusammengestrickt werden.

Patentgestricktes *leiert an besonders beanspruchten Stellen, z.B. an den Schultern, sehr aus. Deshalb muß hier auf festes Abketten geachtet werden.*

Abketten bei Patentmustern

Patentmuster werden im Maschenrhythmus abgekettet. Dabei wird der Umschlag mit der entsprechenden rechten Masche zusammengestrickt, die linke Masche links gestrickt.

Einen festeren Rand erhalten Sie hier, wenn Sie die letzte Reihe vor der Abkettreihe nicht im Patentmuster, sondern ohne Umschläge je 1 Masche rechts und links im Wechsel stricken. Dann können Sie die Maschen auch durch Zusammenstricken abketten.

Sollte der Abkettrand doch einmal zu locker oder unregelmäßig sein – nicht verzweifeln: Sie können die Maschen so nachziehen, daß sie perfekt passen.

Viele Strickerinnen haben Probleme mit dem gleichmäßigen und maßgenauen Abketten. Beim Abketten von Ärmelmaschen ist das nicht so wichtig, da die Abkettreihen später in der Naht verschwinden. Doch bei Jacken- und Taschenblenden oder auch bei Schultern, wo sich die Nähte später nicht zu sehr in die Länge ziehen sollen, sind feste Abkettränder das A und O.

Beginnen Sie immer am Reihenanfang, damit Sie den überschüssigen Faden gleich mit vernähen können; wenn Sie in die andere Richtung arbeiten, entsteht am Ende der Reihe eine Schlinge.

Wenn Sie in einer Hinreihe abgekettet haben, wenden Sie das Teil. Arbeiten Sie dann von links nach rechts. Ziehen Sie Masche für Masche zunächst das hintere Maschenglied, also das zur Vorderseite geneigte, dann das vordere Maschenglied jeder einzelnen Masche an.

Wenn Sie in einer Rückreihe abgekettet haben, können Sie die Maschen auf der Vorderseite nachziehen. Ziehen Sie auch hier zuerst das hintere, dann das vordere Maschenglied jeder einzelnen Masche an.

Selbst die mit vielen Maschen locker gestrickte Blende sitzt nach dem Anziehen der Maschen perfekt. Die Abkettmaschen liegen in der passenden Größe exakt und gleichmäßig auf der oberen Kante.

Abnähen

Analog zum runden oder „italienischen“ Anschlag gibt es auch einen besonders dekorativen Abschluß, das Abnähen oder „italienische Abketten“. Hier bildet sich auf der oberen Kante eine runde Masche.

Dieser Rand wird besonders elastisch, wenn Sie die letzten beiden Reihen vorher genauso arbeiten wie beim runden Anschlag (Seite 22 bis 25). Sie stricken also in der letzten Hinreihe und in der letzten Rückreihe jeweils nur die rechten Maschen und heben die linken Maschen ab. Arbeiten Sie diese zwei Reihen mit einer halben Nadelstärke dünner, bei dickeren Garnen können Sie je nach Strickart auch eine ganze Nadelstärke kleiner wählen. Das sollten Sie ausprobieren.

Abgenäht wird mit einer dicken Wollnadel oder einer Sticknadel ohne Spitze. Der Faden muß etwa dreimal so lang sein, wie das Strickstück breit ist. Lassen Sie den Faden lieber etwas länger, denn ein späteres Ansetzen ist beim Abnähen nicht möglich!

Nach der bzw. den Randmaschen werden die Arbeitsgänge 3 bis 5 (Seite 47) stets wiederholt. Ziehen Sie nach jedem Arbeitsgang den Faden relativ fest an.

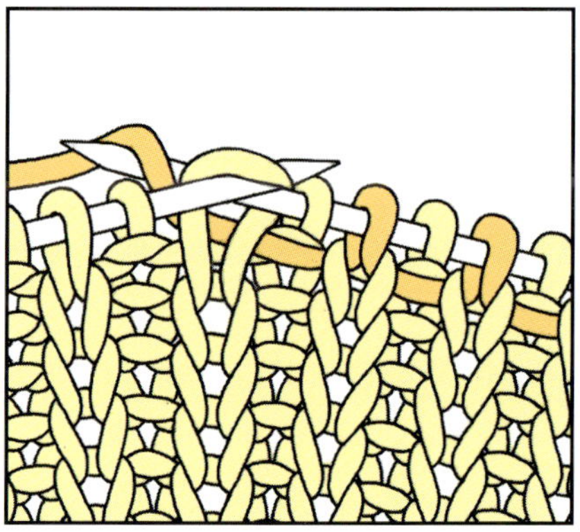

1 Stricken Sie in den letzten 2 Reihen jeweils nur die rechten Maschen und heben Sie die linken Maschen ab, der Faden liegt dabei vor der Nadel.

2 Stechen Sie von vorn nach hinten bzw. von links nach rechts in die Randmasche ein. Wenn darauf eine rechte Masche folgt, stechen Sie in beide Maschen gleichzeitig ein. Die Masche bzw. die 2 Maschen von der Stricknadel gleiten lassen und den Faden fest anziehen.

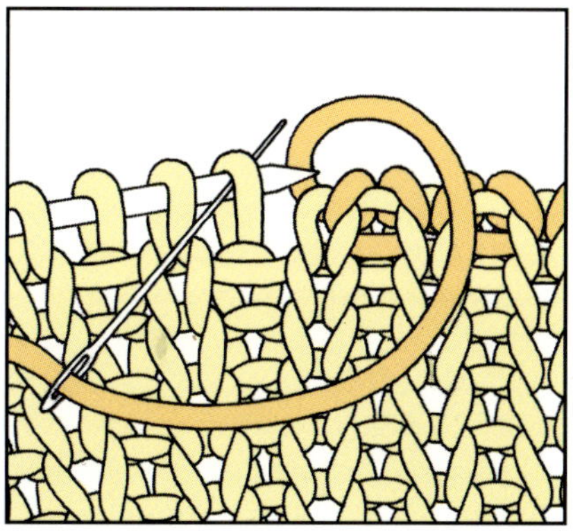

3 Nun von links nach rechts bzw. von vorn nach hinten in die linke Masche einstechen, den Faden anziehen. Die Masche noch auf der linken Nadel lassen.

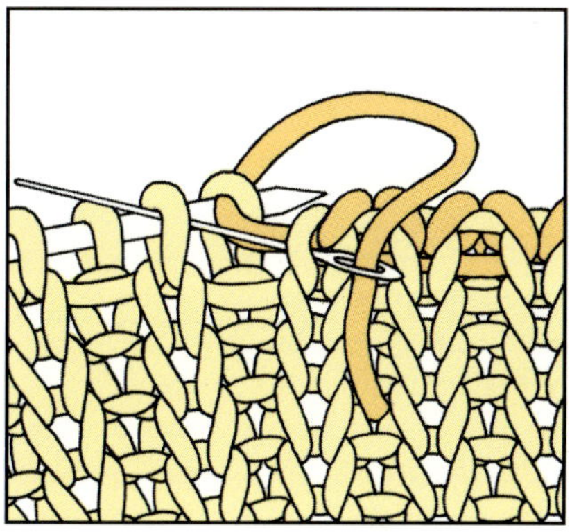

4 Von rechts nach links durch die letzte rechte, nicht mehr auf der Nadel liegende Masche und gleichzeitig durch die folgende rechte Masche einstechen und den Faden anziehen.

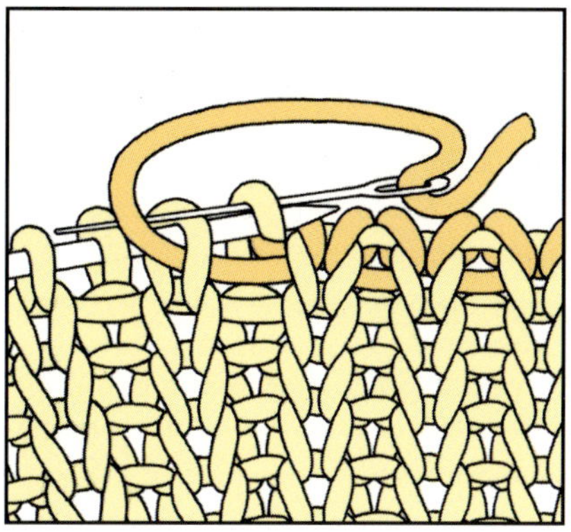

5 Danach von rechts nach links noch mal durch die linke Masche stechen, den Faden anziehen. Dann die 2 Maschen, 1 linke und 1 rechte, von der Nadel gleiten lassen.

Abnähen bei 2/2-Bündchen

Da das eigentliche Abnähen nur bei 1 Masche rechts, 1 Masche links im Wechsel möglich ist, muß das Bündchen entsprechend vorbereitet werden.

In der drittletzten Reihe, also in einer Rückreihe, werden jeweils 2 Maschen „vertauscht“. Wenn Sie das Bündchen in einer Hinreihe beginnen, stricken Sie nach der Randmasche 1 Masche links, dann 2 Maschen rechts, 2 Maschen links, usw. Fangen Sie das Bündchen in einer Rückreihe an, beginnen Sie mit 1 Masche rechts.

Nun stricken Sie in einer Rückreihe die Randmasche und je 1 Masche rechts und links. Die folgenden 2 Maschen tauschen Sie aus, stricken also zunächst die übernächste rechte Masche von vorn ab, lassen sie jedoch noch auf der Nadel liegen. Dann legen Sie den Faden vor die Arbeit, stricken die davorliegende linke Masche links ab und lassen beide Maschen von der Nadel gleiten.

Nun im Wechsel immer je 1 Masche rechts und links stricken und 2 Maschen austauschen.

Wenn Sie relativ fest stricken, ziehen Sie die rechte Masche mit der rechten Nadel etwas nach vorn, dann können Sie für das Abstricken leichter von links nach rechts in die Masche einstechen. Das Austauschen der Maschen können Sie auch, wie beim Verkreuzen, mit einer Hilfsnadel arbeiten. Doch dauert das meist länger und ist noch mühsamer.

Nun noch 2 Reihen wie beim 1/1-Bündchen stricken und dann die Maschen abnähen.

Stricken Sie in der Rückreihe nach der Randmasche 1 Masche rechts und 1 Masche links. Die folgenden 2 Maschen verkreuzen Sie: Stricken Sie zunächst die übernächste rechte Masche, dann legen Sie den Faden vor die Arbeit, …

… stricken die davorliegende linke Masche und lassen beide Maschen von der linken Nadel gleiten. Diese Arbeitsgänge über je 4 Maschen stets wiederholen. Danach liegen immer je 1 Masche rechts und links im Wechsel auf der rechten Nadel.

Zum Schluß 2 Reihen mit abgehobenen linken Maschen stricken und die Maschen wie beim 1/1-Bündchen abnähen.

Abnähen bei Rundgestricktem

Enge Halsbündchen werden meist mit kurzen Rundstricknadeln gestrickt. Das sieht am schönsten aus, denn eine Naht wird hierbei vermieden.

Auch hier müssen die letzten beiden Runden mit abgehobenen Maschen gestrickt werden. Stricken Sie dafür in der ersten Runde alle rechten Maschen und heben die linken Maschen ab, der Faden liegt dabei vor der Arbeit. In der folgenden Runde stricken Sie alle linken Maschen und heben die rechten Maschen ab, der Faden muß hier hinter der Arbeit liegen.

Nach diesen zwei Runden beginnen Sie das Abnähen mit einer linken Masche:

Stechen Sie von links nach rechts in die linke Masche und ziehen Sie den Faden an. Lassen Sie diese Masche noch auf der Stricknadel. Dann stechen Sie von rechts nach links durch die letzte rechte Masche der rechten Nadel und gleichzeitig durch die folgende rechte Masche der linken Nadel und ziehen den Faden an. Die Masche der rechten Nadel bleibt auf der Nadel. Nun wieder von rechts nach links in die linke Masche stechen und die ersten zwei Maschen von der linken Nadel gleiten lassen.

Weiter bis zum Ende der Runde wie beim offenen Bündchen arbeiten. Den Faden nach dem Abnähen der letzten linken Masche nach innen ziehen und auf der Rückseite vernähen.

Nach dem Abnähen der linken Masche die letzte rechte Masche der rechten Nadel und die erste rechte Masche der linken Nadel zusammen abnähen. Dann nochmals die linke Masche abnähen. Am Ende der Runde den Faden an der Innenseite vernähen.

Zweimal abgenäht: Auf diese Art können Sie einen zu weiten Halsausschnitt retten: Unter der ersten Blende wird eine zweite, etwas längere Blende in derselben oder in einer Kontrastfarbe angestrickt (siehe auch Ausschnitte, Seite 77).

Ein Tip

Achten Sie immer darauf, daß der Faden zum Abnähen lang genug ist. Sie brauchen etwa dreimal die Länge des Strickstücks. Das Ansetzen eines neuen Fadens während des Abnähens ist nicht möglich.

Maschenprobe

Bevor Sie mit dem Stricken eines Modells anfangen, sollten Sie immer eine Maschenprobe machen! Das ist unbedingt nötig, denn jede Strickerin strickt anders, braucht mal mehr oder weniger Maschen und Reihen für dieselbe Breite. Sie sparen trotz des kleinen Aufwands Zeit – und häufig auch Geld und Ärger.

Zopfmuster *ziehen sich im Vergleich zu glatt rechten Strickstücken sehr stark zusammen. Deshalb muß von jedem Muster eine separate Maschenprobe gestrickt und ausgemessen werden.*

Im ***Patentmuster*** *Gestricktes weitet sich beim Tragen stark: Halbpatent zieht sich sehr in die Länge, Vollpatent eher in die Breite. Die Maschenprobe sollte also entsprechend gedehnt werden, bevor Maschen und Reihen ausgezählt werden.*

Benutzen Sie das Garn, aus dem Sie später Ihren Pullover oder Ihre Jacke stricken möchten. Beachten Sie dabei auch die Angaben auf der Banderole.

Machen Sie grundsätzlich eine Maschenprobe, die mindestens 12 mal 12 cm groß ist. Randmaschen sowie Anschlag- und Abkettreihen ergeben meist keine zuverlässigen Meßwerte. Vor dem Messen sollten Sie das Probestück etwas anfeuchten, leicht spannen und trocknen lassen – also genauso behandeln wie später das fertige Strickstück.

Legen Sie nun die Maschenprobe auf eine glatte Unterlage, eventuell müssen Sie sie auch mit Stecknadeln befestigen.

Mit Hilfe einer speziellen Schablone (erhältlich in Handarbeitsgeschäften) können Sie die Maschen und Reihen leicht auszählen. Aber es geht auch mit einem einfachen Zentimetermaß; dann sind an den entsprechenden Stellen eingesteckte Stecknadeln hilfreich.

Wenn Maschen- und Reihenzahl mit den Angaben auf der Banderole oder der jeweiligen Anleitung übereinstimmen, können Sie mit dem Stricken beginnen.

Wenn Sie **mehr** Maschen und Reihen gezählt haben, stricken Sie zu fest. Benutzen Sie dann bitte eine größere Nadelstärke.

Wenn Sie **weniger** Maschen und Reihen gezählt haben, stricken Sie zu locker. Benutzen Sie dann eine kleinere Nadelstärke.

Maschenprobe bei Mustern

Bei der Maschenprobe von glatt rechten und glatt linken Strickteilen ist das Verhältnis von Maschen zu Reihen etwa 2:3. Das gilt auch für Strukturmuster und glatt rechts gestrickte Intarsienarbeiten.

Bei **Jacquardmustern** stimmt die Maschenzahl meist mit der glatt rechten Maschenzahl überein; doch brauchen Sie im Verhältnis weniger

*Bei **Jacquardmustern** entspricht die Maschenbreite glatt rechten Strickstücken, doch braucht man weniger Reihen für die gleiche Höhe.*

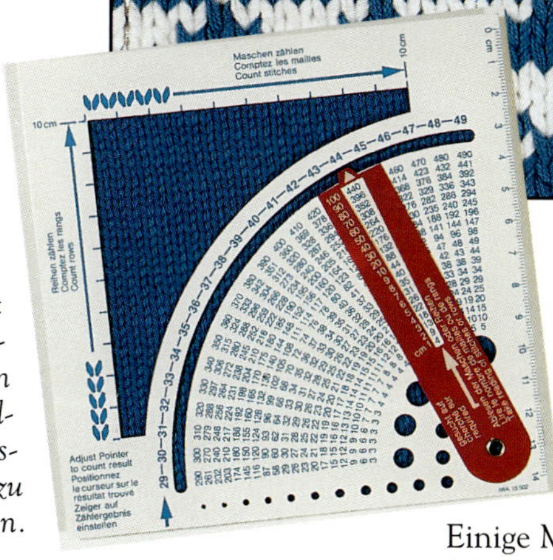

Maschen- und Reihenzähler gibt es im Fachhandel in unterschiedlichen Ausführungen zu kaufen.

Reihen auf 10 cm. Bei gleichmäßigen Jacquards ist das Verhältnis sogar nur 1:1, d. h. Sie brauchen gleich viele Maschen wie Reihen auf 10 cm im Quadrat.

Einige Muster müssen leicht gedehnt gemessen werden, z. B. sollten Sie Rippenmuster etwas in die Breite ziehen, bevor Sie messen.

Auch **Patentmuster**-Modelle weiten sich beim Tragen aus. Maschenproben im Halbpatent sollten Sie etwas in der Länge, im Vollpatent eher in der Breite dehnen, bevor Sie Maschen und Reihen auszählen.

Bei **Zopfmustern** benötigen Sie mehr Maschen als bei glatten Strickstücken. Wenn Sie Zöpfe und glatt rechts kombinieren, müssen Sie von beiden Mustern eine Maschenprobe machen. Das gilt auch für alle anderen „zusammenziehenden" Muster.

Ein Tip

Auch wenn Ihre Maschenprobe den Angaben entspricht, kontrollieren Sie Ihr Strickstück in etwa 30 cm Höhe noch einmal. Es gibt viele Strickerinnen, die mit vielen Maschen auf der Nadel fester oder lockerer stricken als bei der kleinen Maschenprobe.

Mit der folgenden Tabelle können Sie die nötige Maschenzahl für die gewünschte Breite Ihres Strickstücks leicht ausrechnen. Die Randmaschen müssen immer zusätzlich gearbeitet werden. Bei einer Maschenprobe von 22 Maschen und einer gewünschten Breite von 55 cm brauchen Sie also 110+11+2 Randmaschen = 123 Maschen insgesamt.

	Maschenzahl pro 10 cm																						
M/cm	**10**	**11**	**12**	**13**	**14**	**15**	**16**	**17**	**18**	**19**	**20**	**21**	**22**	**23**	**24**	**25**	**26**	**27**	**28**	**29**	**30**	**31**	**32**
1 cm	1	1	1	1	1	2	2	2	2	2	2	2	2	2	2	3	3	3	3	3	3	3	3
2 cm	2	2	2	3	3	3	3	3	4	4	4	4	4	5	5	5	5	5	6	6	6	6	6
3 cm	3	3	4	4	4	5	5	5	5	6	6	6	7	7	7	8	8	8	8	9	9	9	10
4 cm	4	4	5	5	6	6	6	7	7	8	8	8	9	9	10	10	10	11	11	12	12	12	13
5 cm	5	6	6	7	7	8	8	9	9	10	10	11	11	12	12	13	13	14	14	15	15	16	16
6 cm	6	7	7	8	8	9	10	10	11	11	12	13	13	14	14	15	16	16	17	17	18	19	19
7 cm	7	8	8	9	10	11	11	12	13	13	14	15	15	16	17	18	18	19	20	20	21	22	22
8 cm	8	9	10	10	11	12	13	14	14	15	16	17	18	18	19	20	21	22	22	23	24	25	26
9 cm	8	10	11	12	13	14	14	15	16	17	18	19	20	21	22	23	23	24	25	26	27	28	29
10 cm	10	11	12	13	14	15	16	17	18	19	20	21	22	23	24	25	26	27	28	29	30	31	32
20 cm	20	22	24	26	28	30	32	34	36	38	40	42	44	46	48	50	52	54	56	58	60	62	64
30 cm	30	33	36	39	42	45	48	51	54	57	60	63	66	69	72	75	78	81	84	87	90	93	96
40 cm	40	44	48	52	56	60	64	68	72	76	80	84	88	92	96	100	104	108	112	116	120	124	128
50 cm	50	55	60	65	70	75	80	85	90	95	100	105	110	115	120	125	130	135	140	145	150	155	160
60 cm	60	66	72	78	84	90	96	102	108	114	120	126	132	138	144	150	156	162	168	174	180	186	192

Perfekte Details

Auf die Feinheiten kommt es an! Ob einfaches Bündchen oder doppelte Blenden, Ausschnitte oder Kragen, Taschen oder Knopflöcher – die perfekt ausgeführten Details entscheiden über die Qualität des fertigen Strickstücks.

Bündchen

Schöne Bündchen sind der erste Blickfang bei jedem Pullover; je dekorativer die Abschlüsse, desto perfekter das Kleidungsstück. Welche Anschlagmethode Sie auch bevorzugen, die Bündchen sollten Sie so gut wie möglich dem Muster des Modells anpassen.

Beginnen Sie das Bündchen immer mit einer Rückreihe, damit die krausen Maschen der Anschlagreihe auf der Innenseite Ihres Pullovers liegt.

Als Bündchen bezeichnet man den Rand am Beginn eines Strickteils, sei es an Ärmeln, Vorder- oder Rückenteil. Angefangen beim klassischen Rand – 1 bzw. 2 Maschen rechts und links im Wechsel, mal normal, mal verschränkt gestrickt – über doppelt gestrickte Säume bis hin zu mustergültigen Bündchen mit Zopf- oder Lochmustern ist alles möglich. Sehr einfach zu stricken und doch dekorativ ist auch der glatt rechts gestrickte Rollrand.

Achten Sie darauf, daß nach dem Anschlag (ausgenommen beim offenen Anschlag) immer **zuerst eine Rückreihe** gestrickt wird, denn der Maschenanschlag selbst bildet eine krause Reihe, die in vielen Fällen nicht zum Muster paßt.

Bündchen sollen elastisch sein und das Strickteil etwas raffen, deshalb werden sie meist mit einer halben bis ganzen **Nadelstärke kleiner** gestrickt. Das gilt auch für doppelt gestrickte Bündchen.

Damit's auch an den Nähten paßt

Wenn für das Bündchen 2 Maschen rechts und 2 Maschen links im Wechsel vorgesehen sind, sollte die Maschenzahl durch 4 teilbar sein, plus 2 Randmaschen, z. B. 50 oder 98 Maschen betragen. Dann bleibt, egal ob Sie mit 1 oder 2 rechten oder linken Maschen beginnen, der Musterrhythmus nach dem Zusammennähen der Teile erhalten.

Stricken Sie in der Rückreihe nach der Randmasche 1 Masche links, die Reihe endet dann ebenfalls mit 1 linken Masche und Randmasche. Nach dem Zusammennähen im Matratzenstich (siehe Seite 112) stoßen dann 2 rechte Maschen aneinander. Oder Sie beginnen in der Rückreihe nach der Randmasche mit 2 Maschen links, dann enden Sie automatisch mit 2 Maschen rechts. Auch hier ist nach dem Zusammennähen das Muster wieder vollständig.

Schlagen Sie für ein Bündchen im Zweierrhythmus eine Maschenzahl an, die durch 4 teilbar ist, plus 2 Randmaschen. Nach dem Zusammennähen der Teile paßt das Muster auch an den Nähten – egal ob Sie nach der Randmasche mit 1 oder mit 2 Maschen rechts oder links beginnen.

Mit verschränkten Maschen

Mit Perlmustermasche

Rollrand

Perlmuster-Umrandung

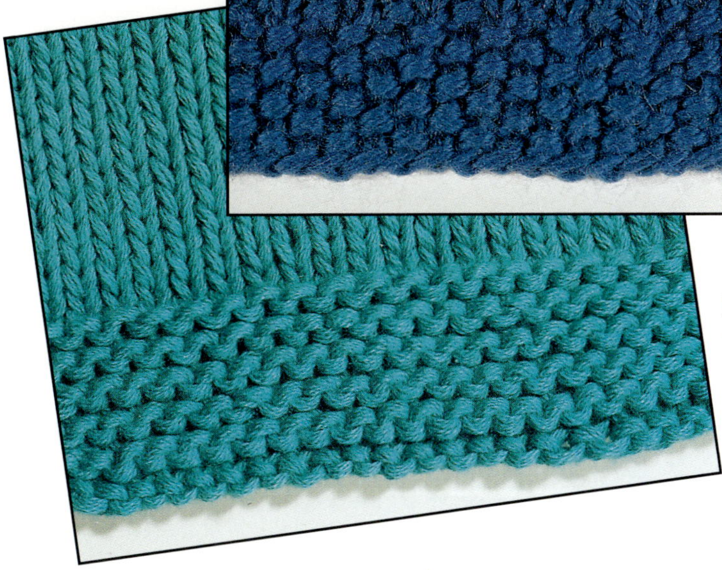

Kraus rechts

Mit verschränkten Maschen

In den Hinreihen 1 Masche rechts verschränkt und 1 Masche links im Wechsel stricken, in den Rückreihen 1 Masche rechts und 1 Masche links verschränkt im Wechsel.

Mit Perlmuster-Masche

Nach dem Anschlagen mit einer Rückreihe 1 Masche rechts und 1 Masche links im Wechsel beginnen, in der Hinreihe alle Maschen rechts stricken. Diese beiden Reihen stets wiederholen.

Dieses Bündchen ist weniger elastisch. Es ist für gerade geschnittene, kastige Pullover, aber auch für gerade Blenden geeignet, wie z. B. bei Poloausschnitten oder Seitenschlitzen.

Rollrand

Für diesen Abschluß werden etwa 2 bis 3 cm glatt links, dann glatt rechts gestrickt. Die Reihen dafür mit einer halben Nadelstärke kleiner stricken, damit die Kante nicht zu weit wird.

Perlmuster-Umrandung

Für Bündchen und Blenden gleichermaßen geeignet ist das kleine Perlmuster. Es ist jedoch nicht elastisch. Gestrickt wird 1 Masche rechts und 1 Masche links im Wechsel, in der Rückreihe wird das Muster versetzt gearbeitet.

Kraus rechts

Auch kraus rechts Gestricktes rollt sich nicht auf. Hier werden alle Reihen rechts gestrickt.

Runder Anschlag und Streifen

Mit einigen kontrastfarbenen Streifen im Bündchen sieht ein ansonsten einfarbig gestrickter Pullover gleich viel frischer aus. Der runde Anschlag wird ab Seite 22 beschrieben.

Runder Anschlag und Streifen

Mini-Bündchen und Jacquardbordüre

Wenn Sie in die Bündchen ein Jacquardmuster einarbeiten möchten, müssen Sie wegen der Spannfäden entweder doppelte Bündchen (Seite 58) stricken, oder Sie beginnen mit einem sehr schmalen Bündchen im Rippenmuster (im Foto mit rundem Anschlag).

Die glatt rechte Bordüre ist nicht elastisch. Sie eignet sich deshalb z. B. für taillenkurze Pullis oder für lange Pullover mit Seitenschlitzen. Bis zum Ende der Bordüre wird mit einer halben Nadelstärke kleiner gestrickt, als das Grundmuster es erfordert.

Mini-Bündchen und Jacquardbordüre

Zweifarbige Bündchen

Hier werden die zweifarbigen Reihen in Jacquardtechnik (ab Seite 142) gearbeitet, die Randmaschen müssen immer mit beiden Fäden gestrickt werden.

Nach der Anschlagreihe in der folgenden Rückreihe 1 Masche rechts und 1 Masche links im Wechsel stricken, dann zweifarbig weiterarbeiten: In den Hinreihen die rechte Masche mit der ersten Farbe stricken, die linke Masche mit der zweiten Farbe, in den Rückreihen umgekehrt. Achten Sie darauf, daß der nicht verwendete Faden in den Hinreihen hinter der Arbeit, in den Rückreihen vor der Arbeit mitgeführt wird. Zum Schluß, weiter im Bündchenmuster, noch 2 Reihen in der ersten Farbe stricken, dann im gewünschten Muster weiterarbeiten.

Zweifarbige Bündchen

Zweifarbige Bündchen

Mit großen Zöpfen

Mit kleinen Zöpfen

Lochmuster mit Spitze

Lochmuster mit krausen Maschen

Mit großen Zöpfen

Wenn Sie z. B. einen Pullover mit Rippen und Zöpfen stricken möchten, ist dieses Bündchen ein schöner „Abschluß“: Die breiten Zöpfe (über 8 Maschen) werden über den ganzen Pullover gestrickt, aus den schmalen Zöpfen (über 4 Maschen) wachsen glatt rechte Rippen (siehe Zopfmuster, Seite 132).

Mit kleinen Zöpfen

Links sind 2 Maschen in jeder 2. Reihe nach links gekreuzt, rechts in jeder 4. Reihe. Dazwischen ist 1 Masche links gestrickt. Zöpfe ziehen die Maschen stark zusammen. Wenn Sie weiter glatt rechts arbeiten, dürfen Sie nach dem Bündchen keine Maschen mehr zunehmen; soll der Pullover kastig werden, müssen Sie einige Maschen abnehmen (siehe Zopfmuster, Seite 132).

Lochmuster mit Spitze

Sehr dekorativ bei einfach glatt rechts gestrickten Pullovern sind auch Bündchen mit Lochmuster. Durch die Ab- und Zunahmen ergibt sich meist ein welliger Rand, der sich nicht oder nur ganz wenig aufrollt (Strickschrift Seite 218).

Lochmuster mit krausen Maschen

Auch dieses Muster eignet sich für Bündchen, da es sich durch die kraus rechten Maschen nicht aufrollen kann. Die Höhe des Musters ist variabel, es wird immer um einen halben Rapport versetzt (Strickschrift Seite 219).

Zusammengestrickte doppelte Bündchen

Die Maschen auf zwei Nadeln (oder mit einer ganzen Nadelstärke größer) anschlagen, dann mit den Bündchennadeln 6 oder 8 Reihen glatt rechts stricken, mit einer Rückreihe linker Maschen beginnen. Nach den 8 Reihen eine Rückreihe rechte Maschen und noch 6 oder 8 Reihen glatt rechts stricken. Danach mit einer dünnen Nadel die Maschen der Anschlagkante aufnehmen und immer 1 Masche der Hauptnadel mit 1 Masche der Anschlagkante rechts zusammenstricken.

Wenn Sie für die gewünschte Bündchenhöhe eine ungerade Reihenzahl brauchen, stricken Sie z. B. nach 7 oder 9 Reihen glatt rechts 1 Hinreihe linke Maschen und wieder 7 oder 9 Reihen glatt rechts. Auch dann werden die Maschen in einer Hinreihe mit den Maschen der Anschlagkante zusammengestrickt.

Die Maschen der Anschlagkante auf eine dünne Nadel heben.

Nun immer eine Masche der Stricknadel und eine Masche der Anschlagkante rechts …

… zusammenstricken und so bis zum Ende weiterarbeiten.

Sollte das Bündchen etwas zu weit geraten sein, können Sie auch ein breites Gummiband einziehen.

Mäusezähnchen-Kante

Für diese Zierkante wird anstelle der linken Bruchreihe in einer Hinreihe 1 Reihe mit Umschlägen gestrickt. Sie brauchen dafür eine gerade Maschenzahl und stricken diese Reihe wie folgt: Randmasche, * 2 Maschen rechts zusammenstricken, 1 Umschlag arbeiten, ab * stets wiederholen, Randmasche. Danach 1 Rückreihe links stricken und die gleiche Reihenzahl wie vor der Lochreihe anfügen. Dann die Maschen mit den aufgenommenen Maschen der Anschlagkante zusammenstricken.

Für die Lochreihe im Wechsel 2 Maschen rechts zusammenstricken und 1 Umschlag arbeiten. Die Maschen der Anschlagreihe wie bei den zusammengestrickten Bündchen aufnehmen und …

… mit den Maschen der Arbeitsnadel zusammenstricken. Oder weiterstricken und die Blende je nach Fertigstellung des Strickstücks in der Lochreihe umschlagen und in entsprechender Höhe gegennähen.

Die Blende in der linken Bruchreihe umschlagen und über die ganze Breite sorgfältig feststecken. Beim Zusammennähen jede zweite Masche erfassen.

Die fertige Blende von der rechten Seite. Ziehen Sie den Faden beim Zusammennähen nicht zu fest an, sonst kippt das Bündchen leicht nach außen um.

Nehmen Sie an den Ecken bis zur gewünschten Bündchenhöhe und Blendenbreite in jeder 2. Reihe 1 Masche zu.

Nähen Sie zunächst das doppelte Bündchen wie oben beschrieben an.

Dann schlagen Sie die Blende in der Hebemaschenreihe nach innen um und nähen sie an.

Von rechts ist eine saubere flache Ecke zu sehen.

Zusammengenähte doppelte Bündchen

Anstelle des Zusammenstrickens können Sie nach der krausen Bruchreihe (bzw. in der Lochreihe) auch einfach weiterstricken und zum Schluß den Saum an dieser Kante nach innen umschlagen und annähen. Stecken Sie dazu die Maschen ganz sorgfältig übereinander, denn nur eine einzige, leicht verschobene Masche läßt das Bündchen schief erscheinen. Nähen Sie dann die Maschen locker an die rückwärtigen Maschenglieder der entsprechenden Reihe.

Bündchen und Blende mit Briefecke

Wenn Sie ein Strickstück mit doppelten Bündchen und angestrickten Blenden arbeiten möchten, sollten Sie eine Briefecke einarbeiten, damit an der unteren Kante kein dicker Wulst entsteht.

Schlagen Sie je nach Maschenprobe 4 bis 6 Maschen weniger an als Sie brauchen. Nehmen Sie danach in jeder 2. Reihe an der Außenkante immer 1 Masche zu. In der gewünschten Bündchenhöhe die linke Bruchreihe arbeiten und dann weiter im Muster stricken. Die in der Bruchkante zugenommene Masche als Außenkante für die Längsblende in jeder 2. Reihe nur abheben und nicht stricken. Dann in jeder 2. Reihe noch einmal genauso viele Maschen zunehmen wie vorher für das Bündchen.

Angestrickte Blenden

Bei nachträglich angestrickten Blenden sind die genaue Maschenaufnahme und das richtige Abketten besonders wichtig. Denn die fertige Blende darf sich weder zusammenziehen noch unschön dehnen. Beachten Sie einfach die folgenden Tips – und Ihre Blende wird perfekt!

Einfache Blenden

Für die Maschenaufnahme gilt folgende Grundregel: immer 3 Maschen aus 4 Reihen herausstricken. Dies ist bei glatt rechten oder kraus rechten Blenden fast immer der Fall. Bei Rippenmustern, die im Wechsel je 1 oder 2 Maschen rechts und links gestrickt werden, oder bei Zopfmustern müssen Sie den richtigen Aufnahmerhythmus vorher an Ihrer Maschenprobe ausprobieren. Wenn die Blende sich nicht zu sehr zusammenziehen soll, sind mehr Maschen nötig, z. B. 4 Maschen aus 5 Reihen oder 5 Maschen aus 6 Reihen.

Achten Sie bei allen Jackenblenden darauf, daß das Rippenmuster symmetrisch angeordnet ist.

Wenn Sie sehr fest oder auch mit einer ganzen Nadelstärke weniger stricken, oder wenn Sie die Blende z. B. mit kleinem Zopfmuster stricken, müssen Sie eventuell aus jeder Reihe eine Masche aufnehmen.

Bei sehr kleinen Maschenproben, z. B. wenn Sie mit Nadeln 7 oder 8 stricken und nur etwa 16 Reihen für 10 cm Länge brauchen, können beim Aufnehmen der Maschen kleine Löcher entstehen, wenn Sie die Reihen überspringen. Dann nehmen Sie am besten aus jeder Reihe eine Masche auf und stricken in der 1. Rückreihe in regelmäßigen Abständen jeweils 2 Maschen zusammen. Auch das sollten Sie an Ihrer Maschenprobe ausprobieren.

Für die Aufnahme der Blendenmaschen ist die richtige Randmasche wichtig: Sie sollte immer glatt rechts oder glatt links in jeder Reihe gestrickt sein. Nur dann können die Maschen gleichmäßig aufgenommen werden. Damit die Blende später nicht nach außen kippt, muß außerdem immer die ganze Randmasche erfaßt werden.

Wenn die Randmaschen schlecht oder zu locker gestrickt sind, können Sie die Kante mit gehäkelten Kettmaschen festigen. Achten Sie beim Häkeln auf den Rhythmus, dann können Sie später aus jeder Kettmasche eine Blendenmasche aufnehmen. Die Kettmaschen können Sie auch einige Maschen vom Rand entfernt aufhäkeln und die Kante dann nach innen umnähen.

Wichtig ist auch das richtige Abketten (ab Seite 42). Normalerweise wird eine im Maschenrhythmus abgekettete Blende sehr elastisch. Deshalb sollten Sie auf jeden Fall fest abketten. Arbeiten Sie immer so nah wie möglich an der Nadelspitze und achten Sie beim Überziehen der Abkettmaschen darauf, daß Sie diese Maschen nicht langziehen.

Den festesten Rand erhalten Sie, wenn Sie die Maschen durch Zusammenstricken abketten.

Aus den Randmaschen werden für glatte oder krause Blenden normalerweise aus 4 Reihen 3 Maschen herausgestrickt. Der Dreierrhythmus ist deutlich zu erkennen. Bei Blenden mit Mustern, also auch bei Bündchenmustern, sollten Sie Ihren Aufnahmerhythmus an der Maschenprobe ausprobieren.

Einen zu locker oder schlecht gestrickten Rand können Sie mit einer Reihe aufgehäkelter Kettmaschen (Seite 73) festigen.

Danach die Blendenmaschen aus beiden Kettmaschengliedern aufnehmen. Verwenden Sie dafür eine dünnere Stricknadel oder ziehen Sie den Strickfaden mit einer Häkelnadel durch und heben die Schlinge dann auf die Stricknadel.

Sehr elastisch ist die Blende im einfachen Bündchenmuster, wenn sie später im Maschenrhythmus abgekettet wird.

Weniger elastisch ist die Blende, wenn Sie beim Abketten immer rechts stricken.

Die gleiche Blende mit abgenähtem Rand (ab Seite 46).

Für diese Blende wird im Wechsel 1 Masche glatt rechts und 1 Masche im Perlmuster gestrickt: Sie stricken in Hinreihen nur rechte Maschen und in Rückreihen je 1 Masche rechts und links im Wechsel. Die Blende können Sie in einer Hinreihe rechts abketten oder, wie hier, in einer Rückreihe im Maschenrhythmus.

Für den Rollrand werden etwa 3 cm glatt rechts angestrickt. So rollt sich der Rand nach außen.

Für die Blende mit Minizöpfen muß aus jeder Reihe eine Masche aufgenommen werden. Zwischen jedem Zopf ist eine glatt linke Masche. Die Maschen sehr fest abketten, dabei die Zopfmaschen auch in der Abkettreihe verkreuzen.

Die Zweier-Blende wird im Maschenrhythmus, 2 Maschen rechts, 2 Maschen links, abgekettet.

Einfach zu arbeiten und auch schöner ist die Blende bei diagonal Gestricktem, wenn Sie entlang der Kante durch jede Reihe eine Kettmasche häkeln.

Dann aus jeder Kettmasche eine Masche herausstricken, dabei immer beide Maschenteile erfassen. Bei dieser Blende wurden die Maschen von vorn …

… und bei dieser von hinten aufgenommen. Hier ergibt die Kettmaschenkante einen schönen Übergang.

Für die kraus rechts gestrickte Blende werden die Maschen in einer Rückreihe rechts abgekettet.

Um die Ecke gestrickt. Wenn Blenden rundum gestrickt werden sollen, müssen an allen Ecken Maschen zugenommen werden. Diese Zunahmen werden mit verschränkt abgestrickten Umschlägen am saubersten. Stricken Sie an jeder Ecke aus den Eckrandmaschen eine zusätzliche rechte Masche heraus. Beidseitig dieser Masche werden nun die Zunahmen abwechselnd rechts und links verschränkt gearbeitet. Um einen schönen Winkel zu erhalten, müssen immer 2 Reihen mit Zunahmen und 1 Reihe ohne Zunahmen gearbeitet werden. Achten Sie bei rechten Zunahmen auch auf das symmetrische Maschenbild (siehe symmetrische Zunahmen mit Umschlägen, Seite 40). In der gewünschten Höhe die Maschen abketten.

Zu lockere oder unregelmäßige Abkettmaschen können schnell und einfach korrigiert werden (siehe auch Seite 45).

Doppelte Blenden

Grundsätzlich geben doppelte Blenden, z. B. an Jackenkanten, mehr Halt. Sie sehen außerdem von beiden Seiten gut aus und kippen nicht so leicht nach innen oder außen um.

Fassen Sie die Blendenmaschen wie für die einfache Blende von rechts auf. Nun stricken Sie im Bündchenmuster oder glatt rechts bis zur gewünschten Höhe, dann eine Hinreihe linke Maschen oder eine Rückreihe rechte Maschen und weiter im entsprechenden Muster.

Damit die Blende über die Aufnahmekante genäht werden kann, benötigt man für die rückwärtige Hälfte eine Reihe mehr.

Beim Bündchenmuster wird die Blende etwas flacher, wenn Sie das Muster in der zweiten Hälfte um eine Masche versetzt stricken.

5 Reihen glatt rechts, 1 Hinreihe linke Maschen und 6 Reihen glatt rechts sind für diese Blende gestrickt.

Legen Sie die Blende nach innen um und stecken Sie sie sorgfältig fest, so daß die Maschen genau übereinander liegen. Erfassen Sie beim Nähen immer eine Masche des Gestricks und eine halbe Randmasche.

Die fertige Blende kann sich von beiden Seiten sehen lassen.

Bei der doppelten Blende im Bündchenmuster wird das Muster in der 2. Hälfte um 1 Masche versetzt gestrickt ...

... und auf die gleiche Weise festgenäht wie die glatt rechte Blende.

Der besondere Tip für Armausschnittblenden bei Pullundern und Westen

Damit Armausschnittblenden an der Schulter nicht hochstehen, werden in der Abkettreihe vor und nach der Schulter insgesamt 4mal 2 Maschen zusammengestrickt; bei 2/2-Blenden werden die beiden linken Maschen links zusammengestrickt, bei 1/1-Blenden jeweils eine linke mit der folgenden rechten Masche rechts zusammengestrickt.

Die zweite Möglichkeit, Armausschnittblenden leicht abzuschrägen, sind doppelte Abnahmen an der Schulter. Ordnen Sie dafür an der Schulternaht eine rechte Masche an. In der vorletzten und in der letzten Hinreihe wird nun diese Masche mit der davorliegenden Masche wie zum Rechts-Zusammenstricken abgehoben, die folgende Masche rechts gestrickt und die abgehobenen Maschen übergezogen (siehe auch Abnahmen, Seite 35). Die Maschen in der letzten Hinreihe oder in der folgenden Rückreihe im Maschenrhythmus abketten.

Foto oben: Bei der orangefarbenen Blende sind alle Maschen normal abgekettet; die Blende steht gerade von der Schulter ab.
Bei der gelben und der hellgelben Blende sind 4mal 2 Maschen zusammengestrickt; so liegt die Blende fester an.

Foto unten: Zwei doppelte Abnahmen an der Schulter sorgen bei der Armausschnittblende für gute Paßform.

Einen zu lockeren Abkettrand ...

... können Sie nachträglich korrigieren: Ziehen Sie die Maschen der Abkettreihe mit der Stricknadelspitze einzeln fest (siehe auch Seite 45). Nach dem Anziehen liegen die Abkettmaschen in der richtigen Größe exakt auf der oberen Kante.

Mitgestrickte Blenden

Bei Jacken oder Westen können die vorderen Blenden auch gleich mitgestrickt werden. Besonders sauber sehen doppelte mitgestrickte Blenden aus. Sie verleihen Dem Kleidungsstück den professionellen Touch und geben außerdem mehr Halt.

Die glatt rechts gestrickte Blende mit erhabener Hebemasche vor dem Umnähen

Beim Umnähen auf der Rückseite werden jeweils ein Maschenteil der zweiten Masche und der Masche neben der Blende verbunden.

Die fertige Blende von der Vorderseite

Die fertige Blende von der Rückseite

Glatt rechts gestrickte doppelte Blende

Bei der glatt rechts gestrickten doppelten Blende wird die nach innen genähte Blendenhälfte eine Masche breiter gestrickt. Bei dem gezeigten Beispiel ist die Blende der Vorderseite 5 Maschen breit, die Blende der Innenseite ist mit der Randmasche 6 Maschen breit. Dazwischen sorgt die Hebemasche für eine schöne Bruchkante.

Für das Zusammennähen ist außerdem wichtig, daß Sie zwischen Jackenteil und Blende eine glatt linke Masche stricken. Diese linke Masche ist bei glatt rechts Gestricktem oder Strukturmustern von der Vorderseite kaum zu sehen und paßt sich auch fast allen anderen Mustern an.

Die Hebemasche wird nur in jeder 2. Reihe gestrickt, d. h. sie wird entweder in den Hinreihen wie zum Linksstricken abgehoben (der

Die glatt links gestrickte Blende mit glatt rechts gestrickter Bruchkante und Nahtrandmasche vor dem Umnähen

Beim Umnähen auf der Rückseite werden jeweils der erste Teil der ersten Blendenmasche und der letzte Teil der Randmasche verbunden.

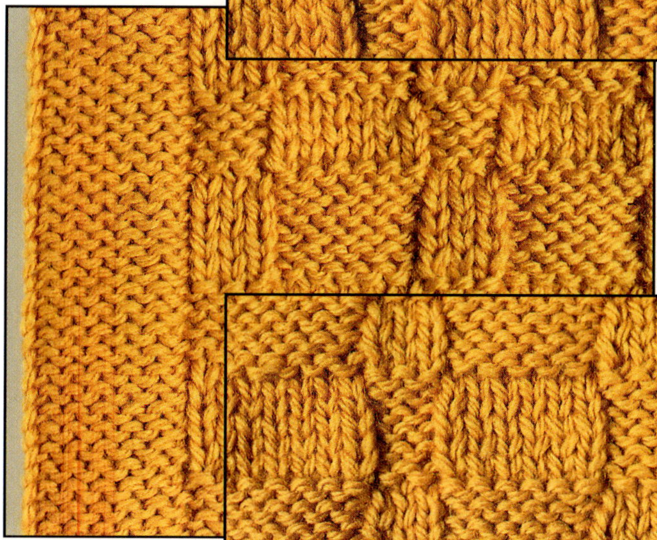

Die fertige Blende von der Vorderseite

Die fertige Blende von der Rückseite

Faden wird dabei hinter der Arbeit mitgeführt) und in den Rückreihen links gestrickt, oder in den Hinreihen rechts gestrickt und in den Rückreihen wie zum Linksstricken abgehoben (der Faden wird dabei vor der Arbeit mitgeführt).

Beim Umnähen werden auf der linken Seite der äußere Maschenteil der glatt links gestrickten, hier rechts erscheinenden Masche mit der linken Hälfte der ersten Masche neben der Randmasche verbunden. Nähen Sie dabei in Schlangenlinien abwechselnd von links nach rechts und von rechts nach links. Arbeiten Sie dabei die Stiche in jeder Reihe und ziehen Sie den Faden so fest an, daß das Strickstück noch elastisch ist, die einzelnen Maschen aber nicht zusammengezogen werden. Die Naht ist auf der linken Seite fast nicht erkennbar und auf der Vorderseite gar nicht zu sehen.

Glatt links gestrickte doppelte Blende

Für die glatt links gestrickte doppelte Blende stricken Sie rechts und links neben der Bruchkante die gleiche Maschenzahl glatt links. Als Bruchkante wird hier 1 Masche glatt rechts gestrickt. Wichtig für das spätere Umnähen ist hier der Nahtrand, also die in jeder Reihe gestrickte Randmasche. Sie wird in den Hinreihen links, in den Rückreihen rechts gestrickt und dabei fest angezogen.

Beim Umnähen wird in Schlangenlinien wie bei der glatt rechts gestrickten doppelten Blende gearbeitet. Doch wird nun auf der linken Seite der linke Maschenteil der 1. Blendenmasche mit dem äußeren Maschenteil der Randmasche verbunden. Dabei entsteht auf der Innenseite eine neue „rechte“ Masche, auf der Vorderseite ist die Naht nicht zu sehen.

Einfache mitgestrickte Blenden

Die Blende über 10 Maschen endet mit 4 glatt rechts gestrickten Maschen incl. Randmasche. Diese Blende rollt sich von selbst nach innen auf.

Sollte die Blende ausleiern, kann der äußere Teil der Randmasche mit dem ersten Maschenteil der rechten Rippe verbunden werden. Von vorne ist die Naht nicht sichtbar.

Hier wird fast immer im Bündchenmuster gestrickt – 1 oder 2 Maschen rechts und links im Wechsel. Noch wichtiger als bei den doppelten Blenden ist hier die Randmasche. Sie sollte sich dem Strickteil möglichst gut anpassen und außerdem dem Längen der Teile vorbeugen. Das ist beim Nahtrand der Fall, wenn Sie die Randmaschen in jeder Reihe (in den Hinreihen rechts, in den Rückreihen links) stricken und dabei fest anziehen. Doch auch der links gestrickte Knötchenrand eignet sich, da er fester und gleichmäßiger gestrickt werden kann als der rechts gestrickte Knötchenrand (siehe auch Randmaschen, Seite 26).

Für den perfekten Rand gibt es bei der 2/2-Blende einen Trick: Stricken Sie an der äußeren Kante 4 statt 2 Maschen glatt rechts (incl. Randmasche). Die äußeren Maschen rollen sich von selbst auf und halten auch meist diese Form.

Nach häufigem Tragen und Waschen kann die Kante jedoch ausleiern. Dann ist das Nachnähen einfach: Nähen Sie auf der Rückseite den äußeren Teil der Randmasche an den ersten Maschenteil der rechten Rippe. Arbeiten Sie die Stiche in jeder Reihe und in Schlangenlinien, immer im Wechsel von rechts nach links und von links nach rechts (siehe auch doppelte Blende, Seite 66).

Bei der 1/1-Blende erreichen Sie den gleichen Effekt, wenn Sie an der Außenkante die Randmasche und die 1. Masche der Blende glatt rechts stricken. Die Randmasche rollt sich dann zur Hälfte nach innen um und braucht auch nach langem Tragen und häufigem Waschen nicht befestigt zu werden.

Ein weiteres Problem ist das nachträgliche Längen von mitgestrickten Blenden. Das kann zum einen an der zu locker gestrickten Randmasche liegen, zum zweiten aber werden die einzelnen Maschen größer, besonders wenn je 1 Masche rechts und links im Wechsel gestrickt wurden. Außerdem sorgen Knopflöcher an der einen und das Gewicht der Knöpfe an der anderen Seite für ein zusätzliches Längen. Normalerweise werden auch aus diesem Grund für Bündchen und Blenden kleinere Nadeln verwendet.

Dem Längen können Sie vorbeugen, indem Sie **verkürzte Reihen** einarbeiten. Hier bieten sich für die gleichmäßigen Abstände die Knopflöcher bzw. die gleiche Höhe bei der Knopfblende an. Bei gemusterten Teilen können Sie sich auch eine bestimmte Musterreihe aussuchen, in der Sie das Knopfloch und damit die verkürzte Reihe arbeiten, wie bei dem auf der rechten Seite gezeigten Beispiel mit Rhombenmuster (siehe auch verkürzte Reihen, Seite 148).

Stricken Sie die Blende immer mit einer ungeraden Maschenzahl, wie z. B. mit 9 Maschen bei dem auf der rechten Seite gezeigten naturfarbenen Strickteil.

Beginnen Sie in der 1. Rückreihe beim linken Vorderteil mit Randmasche und 1 Masche links; beim rechten Vorderteil stricken Sie bis 9 Maschen vor Ende der Reihe, beginnen dann die Blende mit 1 Masche rechts und enden mit der vorletzten Masche und der Randmasche links.

Für die verkürzten Reihen bis zur Blende stricken und mit einem Umschlag wenden.

Das kleine Knopfloch in dem Beispiel links ist über einer Masche gearbeitet. Beim linken Vorderteil bis 5 Maschen vor Ende der Reihe stricken, dann 1 Umschlag arbeiten und die folgenden 2 Maschen rechts zusammenstricken. Beim rechten Vorderteil über der 4. und 5. Masche einen Überzug arbeiten: die 4. Masche abheben, die 5. Masche rechts stricken und die abgehobene Masche überziehen, dann den Umschlag arbeiten. Den Umschlag in der Rückreihe rechts stricken. Das Knopfloch liegt so immer zwischen zwei rechten Maschen. Es ist kaum zu sehen und trotzdem für kleine bis mittlere Knöpfe gut geeignet (siehe auch Knopflöcher, ab Seite 100).

Knopflöcher werden bei Damenjacken in die rechte, bei Herrenjacken in die linke Vorderteilblende gearbeitet.

In der folgenden Hinreihe den Umschlag mit der 1. Blendenmasche links zusammenstricken.

Für das Knopfloch in der linken Vorderteilblende bis 5 Maschen vor Ende der Reihe stricken, dann einen Umschlag arbeiten und 2 Maschen rechts zusammenstricken.

In der folgenden Rückreihe den Umschlag rechts stricken. Das Knopfloch liegt zwischen 2 rechten Maschen.

Angenähte Blenden

Sehr attraktiv sind auch Blenden, die mit offenen Maschen angenäht sind. Ob einfach oder doppelt, diese Blenden kippen eigentlich nie, es sei denn, Sie haben zu wenig oder zu viele Maschen angeschlagen oder aufgenommen.

Ein Bündchen bis zur gewünschten Höhe stricken, darüber noch zwei Reihen mit einer andersfarbigen Wolle arbeiten.

Danach die zusätzlichen Reihen Masche für Masche auflösen und die Blende mit Steppstichen aufnähen.

Damit sich die offenen Maschen vor dem Aufnähen nicht auflösen, werden an die Blende 2 oder 3 zusätzliche Reihen mit einem kontrastfarbenen Garn gestrickt.

Verwenden Sie für die zusätzlichen Reihen immer Wolle oder ein rauheres Garn; bei Baumwolle oder ähnlichen glatten Garnen lösen sich die Maschen zu schnell auf.

Zur Verdeutlichung ist die Naht hier mit einem kontrastfarbenem Garn gearbeitet.

Perfekt sieht die angenähte Blende im fertigen Strickstück aus.

Einfache Blenden

Für die angenähte einfache Blende schlagen Sie die entsprechende Maschenzahl an und stricken bis zur gewünschten Höhe in der Grundfarbe, dann noch 2 Reihen im Rippenmuster oder glatt rechts mit einer andersfarbigen Wolle.

Die Anzahl der Maschen richtet sich beim offenen Aufnähen nach den Reihen des Strickstücks. Auch hier gilt die Faustregel: Für 4 Reihen brauchen Sie 3 Maschen (siehe auch angestrickte Blenden, ab Seite 60). Das heißt: Wenn Sie 120 Reihen gestrickt haben, benötigen Sie für die Blende etwa 90 Maschen. Sie teilen also die Reihenzahl durch 4 und multiplizieren das Ergebnis mit 3. Einige Maschen mehr schaden normalerweise nichts, doch sollten Sie auf keinen Fall weniger Maschen anschlagen. Wenn Sie die Blenden sehr fest stricken, können Sie auch einen anderen Rhythmus wählen, z. B. 5 Maschen auf 6 Reihen.

Doppelte Blenden

Die angenähte doppelte Blende wird zunächst angestrickt. Hierfür die Maschen von der Rückseite des Strickteils aufnehmen und in der gewünschten Höhe dann die Bruchkante stricken (1 Hinreihe linke bzw. 1 Rückreihe rechte Maschen, oder eine Lochreihe für Mäusezähnchen, Seite 58). Die zweite Hälfte wird eine Reihe höher gestrickt, damit die Blende auf der Außenseite über die Aufnahmekante genäht werden kann. Danach folgen die Reihen mit kontrastfarbener Wolle.

Die Blende im Steppstich aufnähen

Der Steppstich wird von rechts nach links zwischen Randmasche und 1. Masche mit dem Originalgarn und einer stumpfen Stick- oder Wollnadel gearbeitet. Lösen Sie beim Nähen die zusätzlich gestrickten Reihen Masche für Masche auf.

Stechen Sie zunächst von unten nach oben durch die Masche der Anschlagreihe und durch die 1. Blendenmasche. Danach von oben nach unten wieder durch die Masche der Anschlagreihe und **einen Querfaden** weiter links von unten nach oben durch das Strickstück und die 2. Blendenmasche. Dann weiterarbeiten, wie bei der Zeichnung rechts unten beschrieben.

Da Sie jedoch bei den Blenden etwa 25% weniger Maschen zur Verfügung haben als Reihen am Strickstück, müssen Sie etwa nach jeder 3. Masche statt 2 Querfäden 3 Querfäden des Strickstücks umnähen. Halten Sie den vorher berechneten Rhythmus genau ein. Sonst kann es passieren, daß Sie am Ende zu wenig oder auch zu viele Blendenmaschen übrig haben. Oder stecken Sie die Blende auf der gesamten Länge des Strickstücks sorgfältig fest und nehmen Sie die Nadeln nicht zu früh heraus.

1 Für eine doppelte angenähte Blende fassen Sie die Blendenmaschen von der linken Seite durch die ganzen Randmaschen auf.

2 Für diese Blende sind 6 Reihen glatt rechts, 1 Rückreihe rechte Maschen, 7 Reihen glatt rechts und 2 zusätzliche andersfarbige Reihen gestrickt.

3 Die Nadel herausziehen und die Blende sorgfältig aufstecken, so daß die entsprechenden Maschen genau übereinanderliegen. Nun die zusätzlich gestrickten Reihen nach und nach auflösen und die Blende Masche für Masche mit Steppstichen aufnähen.

4 So sieht die fertig genähte Blende auf der rechten Seite aus.

Beim **Steppstich** stechen Sie die Nadel von oben nach unten durch eine Blendenmasche und das Strickstück, dann zwei Querfäden weiter von unten nach oben durch das Strickstück und die übernächste Blendenmasche. Danach wieder von oben nach unten durch die zurückliegende Masche und das Strickstück und zurück durch das Strickstück und die übernächste Masche, usw. Dabei die zusätzlich gestrickten Reihen Masche für Masche auflösen.

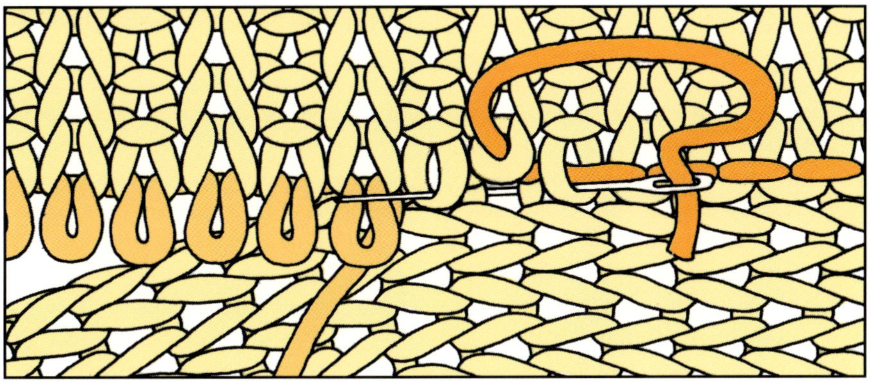

Auch bei Halsausschnitten können Sie Blenden mit offenen Maschen annähen. Das hat mehrere Vorteile: Zum einen ist die Anschlagkante meist viel elastischer als eine Abkettkante, zum anderen können Sie die Maschen gleichmäßig um den Ausschnitt verteilen.

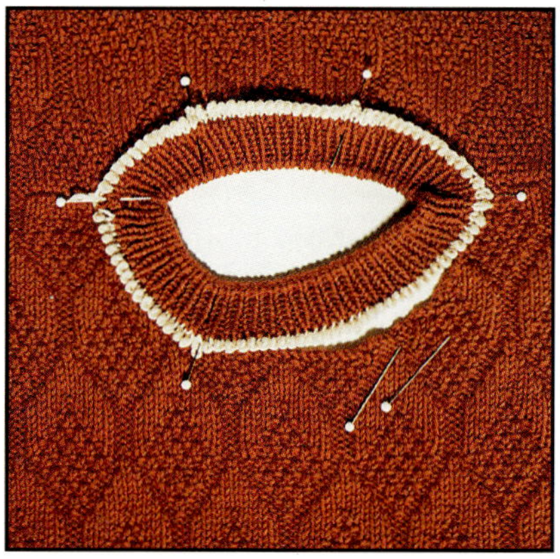

Die Blende am Ausschnittrand feststecken und dann annähen, wie auf den vorhergehenden Seiten beschrieben.

Auf diese Art wird auch ein unsauberer Ausschnittrand verdeckt.

Längsgestrickte Blende

Senkrechte Jackenblenden können Sie auch extra stricken und dann im Matratzenstich annähen. Das hat den Vorteil, daß Sie die Blende – wie das Bündchen – mit einer kleineren Nadelstärke stricken können, um so dem Längen vorzubeugen. Außerdem können Sie an den fertigen Vorderteilen auch den genauen Sitz der Knopflöcher überprüfen.

Achten Sie schon beim Stricken der Vorderteile darauf, daß Sie an den vorderen Kanten auf beiden Seiten gleich anfangen, z. B. mit Randmasche, 2 Maschen glatt rechts. Dann können Sie die Blende dem Muster gemäß anpassen. Beim hier gezeigten Beispiel enden bzw. beginnen Sie bei der Blende in einer Rückreihe mit 2 Maschen glatt links plus Randmasche. Noch besser sieht es meist aus, wenn Sie die Blende bis zur Bündchenhöhe mitstricken, die Blendenmaschen stillegen und zunächst das Vorderteil stricken. An der Außenkante des Vorderteils und an der Innenkante der Blende müssen Sie dann jeweils 1 Randmasche zusätzlich anschlagen, damit das Muster auch nach dem Annähen der Blende wieder vollständig ist.

Für die längsgestrickte Blende sollten Sie genauso viele Reihen arbeiten, wie Sie für die Vorderteile gestrickt haben. Beim reihengeraden Annähen muß die Blende zwar etwas gedehnt werden, doch wird sie nie länger als die übrigen Teile werden. Selbst bei Schrägungen brauchen Sie in den meisten Fällen nicht mehr Reihen zu stricken.

Stricken Sie beide Blenden so lang, daß sie bis zur Mitte des hinteren Halsausschnittes reichen. Ketten Sie die Maschen jedoch nicht ab. Nähen Sie zunächst beide Blenden bis zur Schulter an. Dann können Sie die verbleibende Länge überprüfen und eventuell einige Reihen anstricken oder auch auftrennen. Danach werden die Blendenmaschen im Maschenstich verbunden (siehe ab Seite 114).

Die nachträglich längsgestrickte Blende wird im Matratzenstich an das Vorderteil genäht.

Gehäkelte Abschlüsse

Auch wenn Häkeln nicht das Thema dieses Buches ist, einige Tips für die Verschönerung von Kanten sind dennoch sehr hilfreich und nützlich.

Die Kettmaschen sind hier über je eine gestrickte Reihe gehäkelt. Mit der 2. Kettmaschenreihe legt sich der Rand sauber nach innen um.

Mit dem Garn in derselben Farbe gehäkelt, ist die doppelte Kettmaschenreihe kaum zu sehen.

Wenn Sie auf Bündchen ganz verzichten möchten oder wenn Ränder mal nicht besonders schön geraten sind, bietet sich das Häkeln an. So können Sie manche schlechte Kante „retten".

Bei flachen Halsausschnitten und geraden U-Boot-Ausschnitten sehen angestrickte Blenden manchmal nicht gut aus. Krebsmaschen oder kleine Picots bilden dann einen schönen Abschluß. Sind die Abkettmaschen unregelmäßig geraten, wird die Kante zunächst mit einer Reihe fester Maschen begradigt.

Hier sind die Kettmaschen über 2 gestrickte Reihen gehäkelt, d. h. es liegen immer 2 Querfäden des Gestricks zwischen den Kettmaschen.

Mit Kettmaschen umhäkeln

Bei allen geraden Kanten, wie bei Seitenschlitzen oder Schlitzen von Polopullovern, ist ein sauberer Rand wichtig. Hier bewirken zwei gehäkelte Kettmaschenreihen kleine Wunder: Der Rand legt sich sauber nach innen um.

Die Kettmaschen können zwischen Randmasche und 1. Masche oder weiter innen im Strickstück gearbeitet werden. Sie werden auf der Vorderseite der Arbeit immer von rechts nach links gehäkelt. Lassen Sie am Anfang der 1. Kettmaschenreihe einen entsprechend langen Faden hängen, mit dem Sie dann die 2. Reihe häkeln. Die 1. Reihe wird durch das Strickstück gehäkelt, die 2. Reihe nur durch den oberen Teil der ersten Kettmaschen.

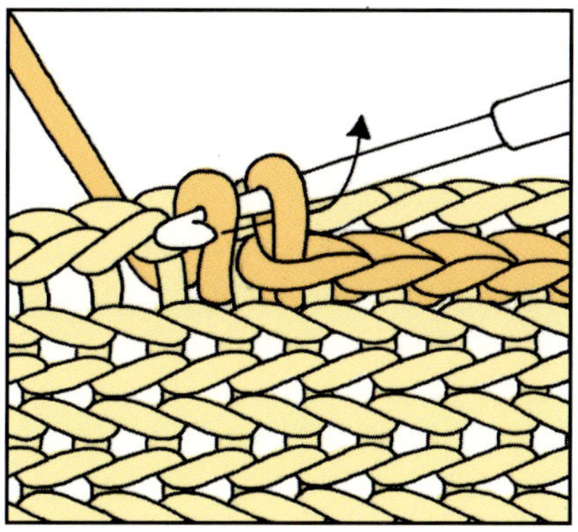

Kettmaschen häkeln: Den Faden unter die Arbeit legen. Mit der Häkelnadel zwischen 2 Maschen von oben nach unten durchstechen, den Faden nach oben holen. 1 oder 2 Reihen weiter wieder von oben nach unten durchstechen, eine weitere Schlinge durchholen und durch die auf der Nadel liegende Schlinge ziehen.

Mit Krebsmaschen umhäkeln

Krebsmaschen sind der „Klassiker" für umhäkelte Halsausschnitte, denn sie geben besonders guten Halt. Es handelt sich hier um einfache feste Maschen, die, im Gegensatz zu allen anderen Häkeltechniken, von links nach rechts gehäkelt werden.

Krebsmaschen können direkt auf die Kante gehäkelt werden. Meist sieht es jedoch besser aus, wenn darunter 1 oder auch 2 Reihen feste Maschen gehäkelt sind.

Auf der rechten Arbeitsseite gehäkelt, legen sich Krebsmaschen wie kleine Kordeln um die Abkettkanten (oberes Foto). Werden sie auf der linken Seite gehäkelt, bilden sie eine Zierkante, die leicht an Kreuzstiche erinnert (Foto unten). Wenn der Häkelrand der auf der linken Seite gearbeiteten Krebsmaschen niedriger werden soll, können Sie auf die 1. Reihe fester Maschen verzichten. Häkeln Sie dafür auf der Rückseite 1 Reihe feste Maschen und dann, ohne zu wenden, die Reihe Krebsmaschen.

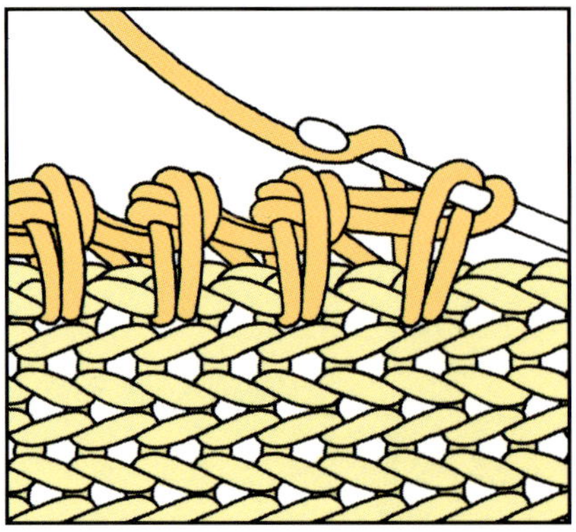

Krebsmaschen sind feste Maschen, die von links nach rechts gehäkelt werden: Den Faden durch die 1. Masche von hinten nach vorn durchholen und den Arbeitsfaden durch die Schlinge ziehen. * Rechts daneben durch die nächste Masche stechen und eine Schlinge durchholen. Den Faden um die Nadel legen und durch beide Schlingen ziehen. Ab * stets wiederholen, dabei immer 1 Masche weiter rechts einstechen.

Für die auf der rechten Arbeitsseite gehäkelten Krebsmaschen 1 Reihe feste Maschen häkeln. Die Arbeit dann nicht wenden, sondern in jede Masche der Vorreihe von links nach rechts 1 Reihe Krebsmaschen häkeln.

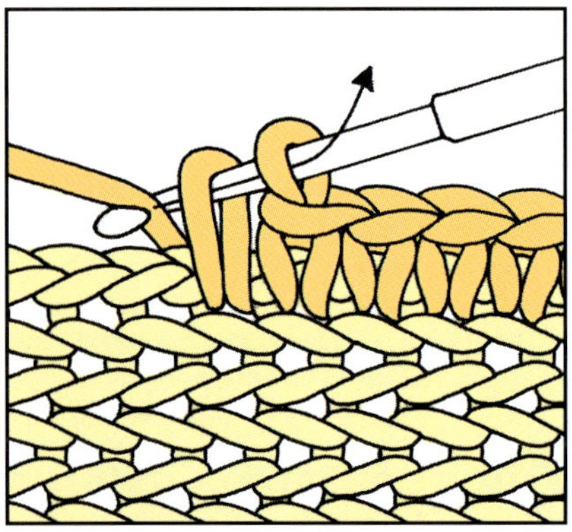

Feste Maschen häkeln: Mit der Häkelnadel zwischen Randmasche und 1. Masche von oben nach unten einstechen und den Faden nach oben holen. Dann 1 oder 2 Reihen weiter links die 2. Schlinge nach oben durchholen, den Faden wieder um die Häkelnadel legen und durch beide Schlingen ziehen.

Für die auf der linken Arbeitsseite gehäkelten Krebsmaschen zunächst auf der rechten Arbeitsseite 1 Reihe feste Maschen häkeln, dann die Arbeit mit einer Luftmasche wenden und nochmal 1 Reihe feste Maschen häkeln. Danach ohne zu wenden noch 1 Reihe Krebsmaschen darüberhäkeln.

Mit Picots umhäkeln

Einen hübschen Zackenrand ergeben kleine Picots, die Sie statt Bündchen auch an Ärmel- und untere Pulloverkanten häkeln können.

Picots werden von rechts nach links gehäkelt. Für ein Picot häkeln Sie 1 feste Masche in das Strickstück, danach 3 Luftmaschen und 1 feste Masche in die erste der 3 Luftmaschen, dann wieder 1 feste Masche in das Strickstück. Bei jeder festen Masche, die in das Strickstück gehäkelt wird, je nach Maschenprobe etwa 2 Reihen bzw. 1 Masche übergehen.

An Längs- und Querkanten sehen Picots gleichermaßen gut aus.

Picots mit Stäbchen

Bei den Picots dieser Häkelkante ist anstelle der festen Masche ein Stäbchen in die erste Luftmasche gehäkelt. Da hierbei das Picot länger wird, werden etwa 3 Reihen des Strickteils übergangen.

Stäbchen: Den Faden von hinten nach vorn um die Häkelnadel legen, durch die erste feste Masche des Picots holen, den Faden wieder über die Häkelnadel legen und durch die Masche und den Umschlag ziehen. Den Faden erneut um die Nadel legen und durch die beiden auf der Nadel liegenden Schlingen ziehen.

Hier sind die Picots mit Stäbchen gehäkelt.

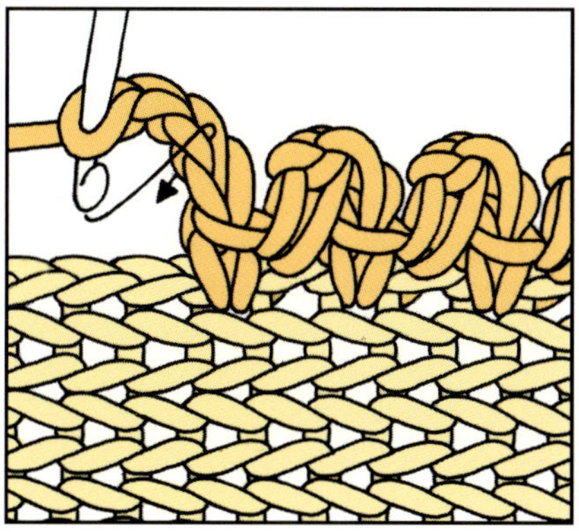

1 Für ein Picot 1 feste Masche in das Strickstück, 3 Luftmaschen, 1 feste Masche in die erste der 3 Luftmaschen häkeln, …

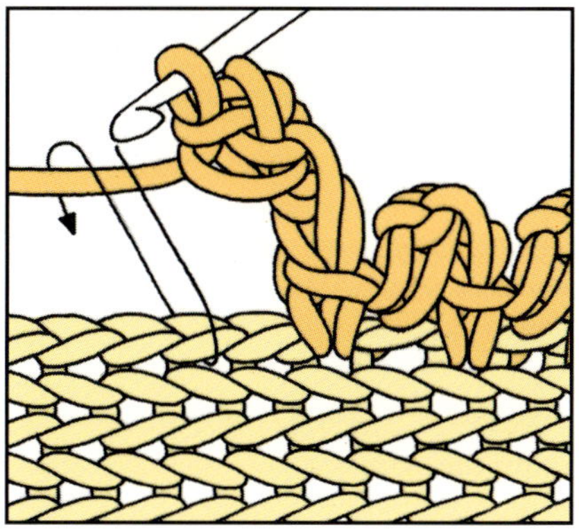

2 … dann wieder 1 feste Masche in das Strickstück häkeln. Bei jeder festen Masche in das Strickstück 1 Masche oder 2 Reihen übergehen.

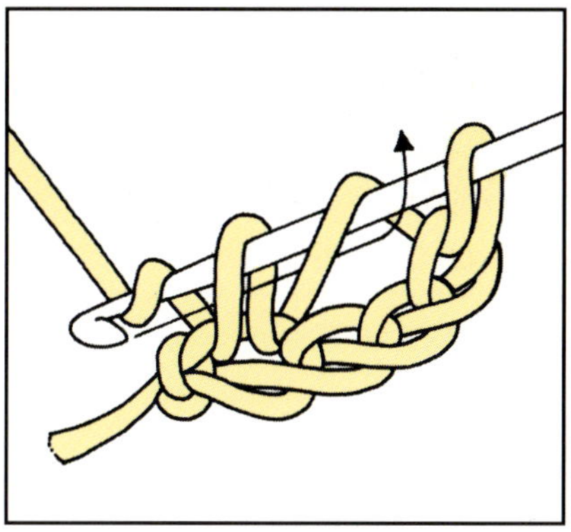

Picots mit Stäbchen (Anleitung oben) werden länger und auch etwas höher als Picots mit festen Maschen.

Ausschnitte, rund und eckig

Der am häufigsten gestrickte Halsausschnitt ist wohl der runde Ausschnitt. Hier kommt es auf sorgfältige Arbeit an, denn Ausschnitt und Blende fallen immer zuerst ins Auge.

Wenn alle Halsausschnittmaschen in jeder zweiten Reihe normal abgekettet werden, entstehen eckige Stufen, wie bei diesem Foto deutlich zu sehen ist.

Über die ersten 2 Maschen jeder Abnahme wird links von der Mitte ein Überzug gearbeitet, rechts von der Mitte werden 2 Maschen links zusammengestrickt. So entsteht eine saubere Rundung.

Die Halsausschnittweite beträgt bei normalen Schnitten etwa ein Drittel der gesamten Rückenbreite. Der vordere Ausschnitt ist normalerweise 5 bis 7 cm, der rückwärtige 2 bis 3 cm tief. Je weiter der Halsausschnitt ist, desto flacher sollte er gearbeitet werden. Die weiteste Öffnung braucht der gerade abgekettete U-Boot-Ausschnitt, bei dem auf eine Rundung ganz verzichtet wird.

Mit dem Abnehmen wird über den mittleren Maschen begonnen. Hierfür die Maschen etwa eines Drittels der Halsausschnittweite abketten oder zum Anstricken der Blende auf einer Hilfsnadel stillegen. Die übrigen Abnahmen so arbeiten, daß eine Rundung entsteht: Wenn der Ausschnitt z. B. 32 Maschen breit ist, ketten Sie beim Vorderteil zunächst die mittleren 12 Maschen ab. Beidseitig davon ketten Sie dann in jeder 2. Reihe 1mal 3, 2mal 2 und 3mal 1 Masche ab. Dann je nach Maschenprobe noch einige Reihen gerade hochstricken. Im Rückenteil können Sie in diesem Fall die mittleren 20 Maschen abketten oder stillegen, beidseitig in jeder 2. Reihe dann noch 1mal 4 und 1mal 2 Maschen abketten.

Da die Abnahmen nicht in jeder Reihe gearbeitet werden, ergeben sich Stufen. Um diese abzuflachen, wird nach dem Abketten oder Stilllegen der mittleren Maschen für die erste Abnahme von 3 Maschen links von der Mitte zunächst ein einfacher Überzug gearbeitet, danach werden dann die übrigen 2 Maschen abgekettet. Soll nur 1 Masche abgenommen werden, wird nur der Überzug gearbeitet. Rechts von der Mitte werden für jede Abnahme die ersten 2 Maschen links zusammengestrickt und die übrigen Maschen normal abgekettet, für eine einzelne Abnahme werden nur 2 Maschen links zusammengestrickt.

Mit dem Ansatzfaden zunächst die Stufe begradigen. Dafür den Faden durch die erste Abkettmasche ziehen und dann auf der Rückseite vernähen.

Nach dem Zusammennähen oder -stricken der Schultermaschen wird die Blende mit einer kurzen Rundstricknadel angestrickt, mit dem Aufnehmen der Blendenmaschen dabei immer an einer Schulternaht beginnen. An den kurzen Geraden vor der Rundung werden zwischen Randmasche und erster Masche etwa 4 Maschen aus 5 Reihen aufgenommen, ab Beginn der größeren Abnahmen (2 Maschen und mehr) aus jeder Masche 1 Masche. Achten Sie beim Aufnehmen der Maschen darauf, daß Sie die Blendenmaschen nicht aus den Abkettmaschen, sondern aus den ganzen darunterliegenden Maschen aufnehmen. Sonst entsteht ein unschöner Versatz der Maschen (siehe Detailfotos und Zeichnung).

Richtig: Nehmen Sie die Blendenmaschen immer aus den ganzen Maschen unter den Abkettmaschen auf, …

… nur dann erhalten Sie einen sauberen Übergang zur Blende.

Falsch: Wenn die Maschen aus der Abkettreihe aufgenommen werden, …

… erscheinen sie um eine halbe Masche versetzt zum Grundmodell.

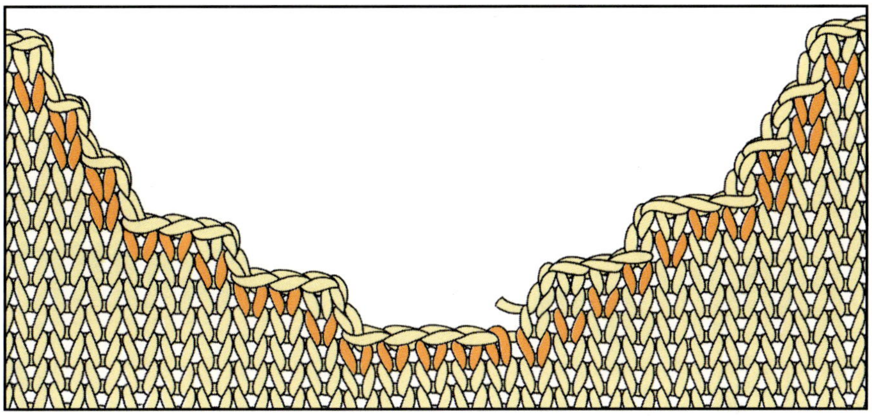

Gezeichnet ist hier die Halsausschnittabnahme mit „Stufen"; deutlich zu sehen ist der größere Absatz über 3 Reihen an der rechten Ausschnittkante. Die farbig unterlegten Maschen zeigen die Aufnahmestellen für die Blendenmaschen. Stufen von 2 Reihen werden ausgeglichen, indem die Blendenmaschen bei den davor- bzw. dahinterliegenden Maschen nicht aus den oberen, sondern aus den eine Reihe tiefer liegenden Maschen herausgestrickt werden.

Einfache und doppelte Halsblende

Etwa 3 bis 5 cm hoch ist die „normale", im Maschenrhythmus abgekettete Halsblende.

Sollte der Ausschnitt einmal zu weit geraten sein, können Sie ihn mit einer doppelten Blende retten. Stricken Sie zunächst die äußere Blende. Nehmen Sie dann von innen die Maschen für die zweite Blende auf und stricken Sie diese 1 bis 2 cm höher als die erste. Die Maschen bei der rechts gezeigten doppelten Blende sind abgenäht (Seite 46 bis 49).

Einfache Halsblende

Doppelte Halsblende

Umgenähte Halsblende

Die Rippenblende in doppelter Höhe stricken und sehr locker abketten. Dann die Blende zur Hälfte locker nach innen umnähen. Die umgenähte Halsblende ist besonders für Kinderpullis geeignet, bei denen der relativ kleine Ausschnitt sehr dehnbar sein muß. Auch bei dickeren Pullovern sieht sie sehr gut aus.

Doppelte, glatt rechts gestrickte Blende

Besonders unauffällig ist die glatt rechte Blende. Hier ist als Bruchkante eine Runde linker Maschen gestrickt; je nach Muster können Sie statt dessen auch die Mäusezähnchen-Kante stricken.

Damit der Ausschnitt enger anliegt und nicht wie ein Stehkragen nach oben absteht, werden an der Schulter Ab- bzw. Zunahmen gearbeitet: In jeder 2. Runde beidseitig der Schultermasche vor der Bruchkante einen doppelten Überzug arbeiten (Seite 35), nach der Bruchkante in jeder 2. Runde je 1 Masche rechts verschränkt aus den Querfäden zunehmen.

Rollrand-Blende

Sehr einfach zu stricken ist der leger wirkende Rollrand. Wenn Sie einen weiteren Ausschnitt wünschen, können Sie nach dem Aufnehmen der Blendenmaschen gleich glatt rechts arbeiten. Etwas mehr Halt bekommt die Blende, wenn Sie zunächst 2 cm im Rippenmuster und dann erst etwa 3 cm glatt rechts stricken. Die Maschen locker abketten.

Rollkragen

Für einen fest sitzenden Rollkragen die Maschen wie für eine einfache Blende aufnehmen und etwa 20 cm im Rippenmuster stricken, dann die Maschen locker abketten.

Umgenähte Halsblende

Doppelte, glatt rechts gestrickte Blende

Rollrandblende

Rollkragen

Wünschen Sie den Kragen etwas weiter, müssen nach 3 bis 5 cm etwa 10 bis 15 doppelte Zunahmen (Seite 39) gearbeitet werden. Oder Sie stricken den Kragen im Halbpatent weiter (Seite 131).

Offener Stehkragen

Beginnen Sie mit dem Aufnehmen der Blendenmaschen etwa 4 cm rechts der vorderen Mitte. Schlagen Sie nach der letzten Aufnahme für den Untertritt die nötige Maschenzahl für 8 cm zusätzlich an. Dann arbeiten Sie in Hin- und Rückreihen mit verkürzten Reihen (Seite 144). Lassen Sie nach der 2. Reihe am Ende jeder Reihe 2mal 1 Masche, dann bis zur gewünschten Höhe immer 2 Maschen mehr unbearbeitet. Dann noch eine Reihe bis zum Rand stricken, alle Maschen abketten und den Untertritt annähen.

Bei dem rechts gezeigten offenen Stehkragen sind in den Hinreihen nur rechte Maschen, in den Rückreihen immer 1 Masche rechts und links im Wechsel gestrickt.

Offener Stehkragen

Offener Kragen

Für diesen Kragen 2 bis 3 cm rechts der vorderen Mitte mit dem Aufnehmen der Blendenmaschen beginnen. Am Ende der Reihe für den Untertritt die nötige Maschenzahl für 4 bis 6 cm zusätzlich anschlagen. Dann 10 bis 12 cm im Rippenmuster stricken, die Maschen im Maschenrhythmus abketten und den Untertritt annähen.

Offener Kragen

Eckiger Halsausschnitt

Der eckige Ausschnitt ist in der Vorbereitung sehr einfach. Hier werden die Ausschnittmaschen auf einem Maschenraffer stillgelegt. Dann beidseitig davon bis zur Schulter gerade hochstricken. Die Schultermaschen abketten bzw. im Maschenstich oder durch Zusammennähen verbinden.

Für die Blende die Maschen mit einer kurzen Rundstricknadel auffassen, an einer Schulter beginnen. Dabei an den Seitenkanten etwa 4 Maschen aus 5 Reihen aufnehmen (siehe Blenden, Seite 60). An den Ecken muß jeweils eine zusätzliche Masche herausgestrickt werden. In der 1. Runde darauf achten, daß diese Eckmaschen rechts gestrickt werden. Bei der geraden Ausschnittkante muß also zwischen den Eckmaschen eine ungerade Maschenzahl gestrickt werden.

Nun im Blendenmuster stricken. Dabei in jeder 2. Runde die Eckmasche mit der davorliegenden Masche zusammen wie zum Rechtsstricken abheben, die folgende Masche rechts stricken und die abgehobenen Maschen überziehen. Bei sehr dünnem Garn können die Abnahmen auch in jeder Runde gearbeitet werden. Die 1. Runde immer ohne Abnahmen stricken.

In der gewünschten Blendenhöhe die Maschen normal abketten, die Abnahmen auch in der Abkettrunde arbeiten. Oder, wie hier, noch 2 Runden wie für das Abnähen (siehe Seite 46) beschrieben stricken und die Maschen abnähen.

Die zusätzlich herausgestrickte rechte Eckmasche ist deutlich zu sehen.

V-Ausschnitte

Ob Sie etwas mehr Haut zeigen, eine elegante Bluse oder ein lässiges T-Shirt darunter tragen möchten – V-Ausschnitte bieten jede Möglichkeit.

Die fertige Blende mit obenaufliegender Mittelmasche

Bei allen V-Ausschnitten muß schon nach dem Bündchen auf die **Maschenzahl** geachtet werden! Wenn Sie bei der Ausschnittblende eine einzelne hochlaufende Mittelmasche stricken möchten, muß die Maschenzahl ungerade sein, bei zwei mittleren Blendenmaschen dagegen gerade. Das ist auch bei Mustereinteilungen wichtig. Richten Sie die Grundmuster, egal ob Struktur-, Zopf- oder Lochmuster, so ein, daß das Muster an der Teilung so wenig wie möglich unterbrochen wird.

Randmaschen sollten Sie grundsätzlich in jeder Reihe stricken, sonst ist ein sauberes Aufnehmen der Blendenmaschen nicht möglich.

Bei den **Schrägungen** sind gleichmäßige Abnahmen wichtig. Für einen zur Spitze hin etwas runderen Ausschnitt können Sie nach der Teilung zunächst 4- bis 6mal in jeder 2. Reihe, dann in jeder 4. Reihe abnehmen. Wenn Sie in jeder 3. Reihe abnehmen wollen, wird jede 2. Abnahme in der Rückreihe gearbeitet. Auf der rechten Arbeitsseite werden dann 2 Maschen links, auf der linken 2 Maschen links überzogen zusammengestrickt (siehe Abnahmen, Seite 34).

Die **Abnahmen** der Blendenmaschen in der Ausschnittspitze werden bei sehr weiten Ausschnitten in jeder 2. Runde bzw. Reihe gearbeitet; bei schmalen Ausschnitten sollten sie in jeder Runde gestrickt werden. Sollte die Abnahme in jeder Runde zu viel, die Abnahme in jeder 2. Runde zu gering sein, können abwechselnd 2 Runden mit und 1 Runde ohne Abnahmen gestrickt werden. Die Abkettrunde wird immer mit Abnahmen gestrickt.

Blende mit obenauf liegender Mittelmasche

Hierfür ist eine ungerade Maschenzahl des Vorderteils erforderlich. Die Mittelmasche auf einer Sicherheitsnadel stillegen und über die beiden Vorderteilhälften getrennt arbeiten.

Für die Schrägung in jeder 4. Reihe auf der rechten Seite bis 3 oder 4 Maschen vor Ende der Reihe stricken, dann 2 Maschen rechts zusammenstricken, auf der linken Seite über der 2. und 3. oder der 3. und 4. Masche einen Überzug arbeiten.

Beim Aufnehmen der Blendenmaschen in der Spitze beidseitig der Mittelmasche aus den danebenliegenden Maschen jeweils 1 Masche aufnehmen, die stillgelegte Mittelmasche nur auf die Nadel heben. Nun eine Runde ohne Abnahme im Blendenmuster stricken. Darauf achten, daß die Mittelmasche rechts gestrickt wird. Dann in jeder oder jeder 2. Runde über die 3 Maschen der Ausschnittspitze einen doppelten Überzug arbeiten (Zeichnung rechte Seite). Die Abnahme auch in der Abkettrunde stricken.

1 Die Mittelmasche mit einer Sicherheitsnadel stillegen. Beidseitig davon noch je1 Masche mitfassen, damit die Mittelmasche durch die Sicherheitsnadel nicht langgezogen wird.

2 Beidseitig der Mittelmasche aus den danebenliegenden Maschen jeweils 1 Masche aufnehmen, die stillgelegte Mittelmasche nur auf die Nadel heben.

Nach außen versetzte Abnahmen mit Hebemaschen

Die Blende ist hier mit doppeltem Überzug wie unten beschrieben gestrickt.

Hebemaschen werden normalerweise in den Hinreihen abgehoben, in den Rückreihen links gestrickt. Wenn Sie bei einem solchen Muster jedoch die Abnahmen über den Hebemaschen arbeiten möchten, müssen Sie diese Maschen in den Rückreihen wie zum Linksstricken abheben und in den Hinreihen rechts stricken. Das Aussehen der Hebemaschen bleibt unverändert.

Zwischen den Hebemaschen werden immer 1 bzw. 3 Maschen glatt links gestrickt. In der Vorderteilmitte sind 3 Hebemaschen angeordnet. Für den Ausschnitt wird die mittlere dieser Maschen stillgelegt. Die Schrägung ist hier in jeder 2. Reihe gearbeitet. Auf der rechten Seite die einzelne Hebemasche mit der davorliegenden Masche rechts zusammenstricken; diese Masche in der Rückreihe wieder nur abheben. Auf der linken Seite einen einfachen Überzug arbeiten: die Hebemasche rechts abheben, die folgende Masche rechts stricken und die Hebemasche über die gestrickte Masche ziehen.

Für einen doppelten Überzug mit obenauf liegender Mittelmasche 2 Maschen zusammen wie zum Rechtsstricken abheben, die folgende Masche rechts stricken und die abgehobenen Maschen überziehen.

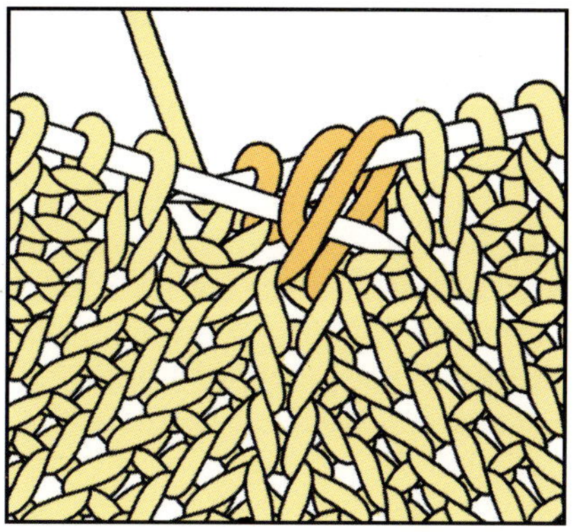

Blende mit zwei hochlaufenden Rechtsmaschen

Das Muster für diesen Ausschnitt ist wie folgt gestrickt: * 4 Maschen glatt rechts, je 1 Masche glatt links, kraus rechts, glatt rechts, kraus rechts und glatt links, ab * wiederholen. In der vorderen Mitte sind 4 glatt rechte Maschen angeordnet.

Für den Ausschnitt die mittleren 2 Maschen stillegen. Die Schrägungen um 6 Maschen nach außen verlegen, d. h. die äußeren glatt linken Maschen der danebenliegenden Musterrippen jeweils mit der davorliegenden bzw. der folgenden Masche links zusammenstricken. Die Abnahmen sind hier 5mal in jeder 2. Reihe, dann in jeder 4. Reihe gearbeitet. So verläuft der Ausschnitt nach unten hin etwas runder.

Für die Blende mit einer Rundstricknadel die Maschen aufnehmen, an einer Schulter beginnen; die 2 Mittelmaschen dabei mit auffassen. Die Maschenzahl muß bei dieser Blende durch 4 teilbar sein. Das Muster so anordnen, daß die 2 Mittelmaschen rechts gestrickt werden, beidseitig davon immer je 2 Maschen links und rechts im Wechsel stricken. Nun in jeder Runde die erste der 2 Mittelmaschen mit der davorliegenden Masche rechts zusammenstricken, über die folgenden 2 Maschen einen einfachen Überzug arbeiten. Diese Abnahmen auch in der Abkettrunde stricken!

Mustergültig: Die Strukturrippen beidseitig der Blende.

Blendeneinsatz ohne Spitze

Für diese Form des V-Ausschnitts ketten Sie in der gewünschten Höhe die mittleren 6 bis 8 Maschen ab. Nun beenden Sie zunächst die linke Arbeitshälfte. Hier ist für die Abnahme in jeder 4. Reihe über der 2. und 3. Masche ein Überzug gearbeitet. Auf der rechten Seite sind für die Schrägung die letzten 2 Maschen vor der Randmasche rechts zusammengestrickt.

Für die Blende schlagen Sie zunächst eine Randmasche neu an und beginnen dann mit dem Aufnehmen der Blendenmaschen an der linken Schrägung. Schlingen Sie auch am Ende der Reihe eine zusätzliche Randmasche auf. Achten Sie darauf, daß bei der obenauf liegenden Blende neben der Randmasche 1 Masche glatt rechts gestrickt wird. Wie auch bei Jacken liegt bei Damenpullovern die rechte Blende über der linken, bei Herrenpullovern die linke über der rechten.

Beim Aufnehmen der Blendenmaschen am Anfang und am Ende der Reihe zusätzliche Randmaschen anschlagen.

Die Schmalkante der oberen Blende im Matratzenstich, die der unteren Blende mit überwendlichen Stichen annähen.

Der fertige Ausschnitt

Der gleiche Ausschnitt mit 1/1-Blende

Übereinandergenähte Blende

Bei diesem Ausschnitt sind die Abnahmen um 2 Maschen nach innen verlegt. Dafür auf der rechten Seite bis 3 Maschen vor der Vorderteilmitte stricken, die folgenden 2 Maschen rechts zusammenstricken und die letzte Masche rechts stricken, daneben eine neue Randmasche aufschlingen. Dann zunächst die rechte Arbeitshälfte beenden.

Für die Schrägung in jeder 4. Reihe immer bis 4 Maschen vor Ende der Reihe stricken, dann 2 Maschen zusammenstricken. Auf der linken Seite die Randmasche neu anschlagen, die 1. Masche rechts stricken, über die folgenden 2 Maschen einen Überzug arbeiten. Danach in jeder 4. Reihe über der 3. und 4. Masche einen Überzug arbeiten.

Die Blende wird ohne Spitze gearbeitet und in Hin- und Rückreihen gestrickt. Schlagen Sie zunächst 1 Randmasche neu an und beginnen Sie dann mit dem Aufnehmen der Blendenmaschen an der linken Ausschnittspitze, zum Schluß noch 1 Randmasche dazu anschlagen.

Achten Sie darauf, daß zumindest bei der obenauf liegenden Blende neben der Randmasche 2 Maschen rechts gestrickt werden.

Die Seitenkanten der oberen Blende im Matratzenstich, den Untertritt auf der Rückseite mit überwendlichen Stichen annähen.

Mitgestrickte Blende im Perlmuster

Perlmuster, ob klein oder groß, ist als Abschluß sehr geeignet, da sich die Ränder hier nicht einrollen. Jeweils 8 Maschen sind bei diesem Strickstück im Wechsel glatt rechts und im großen Perlmuster gestrickt. In der Mitte des Strickstücks sind die Perlmustermaschen angeordnet.

Stricken Sie die Ausschnittschrägung hier zunächst über die linke Seite. Dafür in einer Rückreihe bis zum Ende der Perlmustermaschen stricken, die Arbeit wenden und die 1. Masche als Randmasche (glatt rechts gestrickter Nahtrand) arbeiten. Nun in jeder 4. Reihe die letzte Perlmustermasche mit der folgenden Masche mustergemäß zusammenstricken. Am schönsten ist es hier, wenn die letzte Perlmustermasche eine linke Masche ist, dann stricken Sie die beiden Maschen links zusammen. Muß die letzte Masche im großen Perlmuster rechts gestrickt werden, ist es besser, noch 2 Reihen gerade hoch zu stricken und dann erst mit den Abnahmen zu beginnen.

Die rechte Seite gegengleich arbeiten. Dabei für die Blende 8 Maschen neu anschlagen und über diese nach der Randmasche 7 Maschen im großen Perlmuster stricken. Dann die Maschen an das übrige Teil anfügen und die Arbeit gegengleich beenden. Den Untertritt auf der Innenseite mit überwendlichen Stichen annähen.

Diese Blende können Sie auch für den rückwärtigen Ausschnitt weiterstricken. Dafür in Schulterhöhe an der Innenkante nach bzw. vor den Perlmustermaschen 1 Randmasche dazu anschlagen und über diese 9 Maschen bis zur rückwärtigen Ausschnittmitte hochstricken. Die Blendenmaschen im Maschenstich verbinden und die Blende in den rückwärtigen Ausschnitt nähen.

Mal ganz ohne Blende

Dieser Ausschnitt ist ganz ohne Blende gearbeitet. Dafür sind besonders gleichmäßig und fest gestrickte Randmaschen wichtig. Die Randmasche ist hier in jeder Reihe links gestrickt und fest angezogen.

Die Mittelmasche muß bei diesem Ausschnitt eine linke Masche, die Maschenzahl deshalb teilbar durch 4 plus 1 Masche plus 2 Randmaschen sein. Dann beginnen Sie nach der Randmasche in den Hinreihen mit 1 linken, in den Rückreihen mit 1 rechten Masche.

Die Mittelmasche in der letzten Rückreihe vor der Teilung verdoppeln. Dann über die rechte Hälfte weiterarbeiten und die erste dieser

2 Maschen als Randmasche stricken. Die doppelten Abnahmen (siehe Patentmuster, Seite 130) sind hier in jeder 16. Reihe jeweils 5 Maschen von den Ausschnittkanten entfernt gearbeitet.

Polokragen

Polopullover, benannt nach dem gleichnamigen Spiel, sind Klassiker im Handstrickbereich. Hier einige Beispiele für schöne Kragen.

Bei Polopullovern können die vorderen Schlitzblenden angestrickt oder gleich mitgestrickt werden. Meist werden sie nachträglich angestrickt. Die Kragenmaschen werden dann aus jeweils den halben Schlitzblenden und dem Ausschnitt aufgefaßt. Tips zum Auffassen von Blendenmaschen finden Sie ab Seite 60. Wie die Maschen für den Kragen aufgefaßt werden, ist bei den runden Ausschnitten genau erklärt (ab Seite 76). Bei Jacken und auch bei Polopullovern liegt bei Damen die rechte Blende mit den Knopflöchern obenauf, bei Herren die linke.

Angestrickte Blenden

Für den Schlitz bei dem oben abgebildeten Kragen werden im Vorderteil die mittleren Maschen über etwa 3 cm Breite abgekettet. Je nach Garnstärke sind das ca. 6 bis 10 Maschen, bei der oben abgebildeten Blende sind es 6 Maschen.

Schlitzblenden und Kragen werden mit einer halben Nadelstärke kleiner gearbeitet. Die Maschen aus den Schlitzkanten aufnehmen, an der unteren Kante eine zusätzliche Randmasche neu anschlagen. Achten Sie bei der 1 rechts, 1 links gestrickten Blende auf eine ungerade Maschenzahl, und stricken Sie beidseitig der Randmaschen eine glatt rechte Masche.

Für die nötige Kragenweite müssen in regelmäßigen Abständen Zunahmen gearbeitet werden.

Für den Kragen aus den halben Schlitzblenden und dem Ausschnitt eine ungerade Maschenzahl aufnehmen, beidseitig der Randmaschen in der ersten Rückreihe je 1 linke Masche anordnen. Nach 4 Reihen für die nötige Weite am rückwärtigen Ausschnitt über jeder 6. Masche (= linke Maschen) eine doppelte Zunahme arbeiten (Seite 39). Den Kragen etwa 10 bis 12 cm hoch stricken. Die Kragenmaschen nicht zu fest abketten.

Die untere Kante der oberen Schlitzblende im Matratzenstich annähen, dabei abwechselnd 2 Querfäden der Blende und im Wechsel eine ganze und eine halbe Masche des Pullovers erfassen.

Mitgestrickte Blenden

Bei dem Polokragen rechts ist die Blende gleich mitgestrickt. Die obere Blende wird dabei über den rechten Maschen des Vorderteils gearbeitet, der Untertritt aus der Rückseite herausgestrickt.

Markieren Sie zunächst die mittleren 6 Maschen des Vorderteils. Soll die linke Blende über der rechten liegen, stricken Sie bis vor diese 6 Maschen. Nun 5mal abwechselnd 1 Masche links verschränkt aus dem Querfaden und 1 Masche rechts stricken, die letzte Masche als Kettrandmasche oder als glatt rechte Nahtrandmasche arbeiten. Dann gerade hochstricken. Am Anfang der Reihen müssen, besonders nach der Kettrandmasche, die Maschen sehr fest gestrickt werden.

Soll die rechte Blende über der linken liegen, stricken Sie bis zu diesen 6 Maschen. Die erste der Maschen ist die neue Randmasche. Nun 5mal im Wechsel 1 Masche rechts stricken und 1 Masche links verschränkt aus dem Querfaden zunehmen, dann im Grundmuster weiterarbeiten. Die Knopflöcher (ab Seite 100) in die obere Blende arbeiten.

Die 11 Blendenmaschen für den Untertritt auf der Rückseite aus den vorderen Blendenmaschen herausstricken. Das Rippenmuster gegengleich stricken, also mit Randmasche, 1 Masche rechts beginnen.

Am oberen Ausschnittrand die 11 Blendenmaschen stillegen und anschließend die Ausschnittrundung stricken. Dann die Schulternähte schließen.

Nun für den Kragen zunächst die ersten 5 Maschen beider Blenden ohne zu stricken abketten, dann die restlichen Blendenmaschen abstricken und aus dem Ausschnitt die übrigen Maschen für den Kragen dazu aufnehmen. Achten Sie darauf, daß neben der Randmasche eine linke Masche gestrickt wird, so daß nach dem Umschlagen des Kragens an der Außenkante eine rechte Masche liegt. Nach 4 Reihen für die nötige Weite am rückwärtigen Ausschnitt über jeder 6. Masche (= linke Maschen) doppelte Zunahmen arbeiten (Seite 39). Insgesamt etwa 10 bis 12 cm im Rippenmuster anstricken.

Damit sich der Kragen vorn gut schließt, so wie bei dem gezeigten Beispiel, werden in jeder 3. Reihe, 4 Maschen vom Rand entfernt, Maschen zugenommen; hier insgesamt 6 Maschen. Diese Zunahmen können auch in jeder 2. oder 4. Reihe gearbeitet werden. Nehmen Sie dafür mustergemäß immer im Wechsel 1 Masche rechts verschränkt und 1 Masche links verschränkt aus dem Querfaden zu.

Durch Zunahmen an den vorderen Kanten reicht der Kragen weiter nach vorn.

Für die vordere Blende die linken Maschen verschränkt aus den Querfäden herausstricken. An der oberen Kante die Blendenmaschen stillegen, dann die Ausschnittrundung arbeiten.

Die Maschen für den Untertritt auf der Rückseite der Arbeit aus den Maschen der vorderen Blende herausstricken.

Mit doppeltem Steg

Der doppelte Steg ist für Polopullover und Jacken gleichermaßen gut geeignet, da er die Form hält und von beiden Seiten gut aussieht.

Stricken Sie die doppelten Stege mit flexiblen Stricknadeln oder Rundstricknadeln. Da normale Stricknadeln starr sind, ist das Auffassen der Maschen für den zweiten Steg sonst etwas schwierig.

Für 2/2-Blenden muß die Zahl der aufgenommenen Maschen incl. der Randmaschen durch 4 teilbar sein. Die Maschen werden so gestrickt, daß auf der Oberseite neben den Randmaschen immer 2 Maschen glatt rechts erscheinen. Sie können den Kragen natürlich auch mit 1/1-Blenden stricken, dann muß die Maschenzahl ungerade sein und neben den Randmaschen 1 Masche glatt rechts gestrickt werden.

Aus den Schlitzkanten die Maschen wie bei der einfachen Blende auffassen. Dafür eine Stricknadel verwenden, die 1 ½ Nummern größer ist als die für die Blende verwendete Nadel. Dann mit den Blendennadeln 3 Reihen glatt rechts anstricken, in der 1. Reihe an der unteren Kante eine zusätzliche Randmasche anschlagen.

Auf der Innenseite aus den Querfäden der von rechts aufgenommenen Maschen die Maschen auffassen (= 1 Masche weniger). Da diese Maschen vorher mit einer dickeren Nadel aufgenommen wurden, lassen sich die Querfäden jetzt mit der Blendennadel leicht abstricken. Auch hier 3 Reihen glatt rechts anstricken.

Nun im Rippenmuster weiterarbeiten. In der folgenden Hinreihe immer 1 Masche der vorderen mit 1 Masche der hinteren Nadel zusammenstricken: bei rechten Maschen zuerst in die vordere, bei linken zuerst in die hintere Masche einstechen (siehe Arbeitsfotos unten). Damit die Maschenzahl ausgeglichen ist, in der Mitte der Arbeit einmal 1 Masche des vorderen Stegs allein abstricken.

Aus dem Halsausschnitt und den halben Schlitzblenden ebenso Maschen mit einer größeren Nadel auffassen. Bei den doppelten Stegen der Schlitzblenden die ganzen Randmaschen erfassen, so sind auch hier beide Stegseiten bedeckt. Die Stegseiten wie oben beschrieben arbeiten.

1 Für den doppelten Steg von der Außenseite die Maschen mit einer dickeren Nadel aufnehmen, auf der Innenseite aus den Querfäden des Außenstegs die Maschen mit der Blendennadel aufnehmen.

2 Die Maschen der Stege rechts bzw. links zusammenstricken.

3 Für die Zunahmen immer die 2. rechte Masche einer Rippe nur aus der vorderen, die 1. linke Masche nur aus der hinteren Nadel stricken.

Die Zunahmen im Großformat

Dieser Kragen kann sich von ...

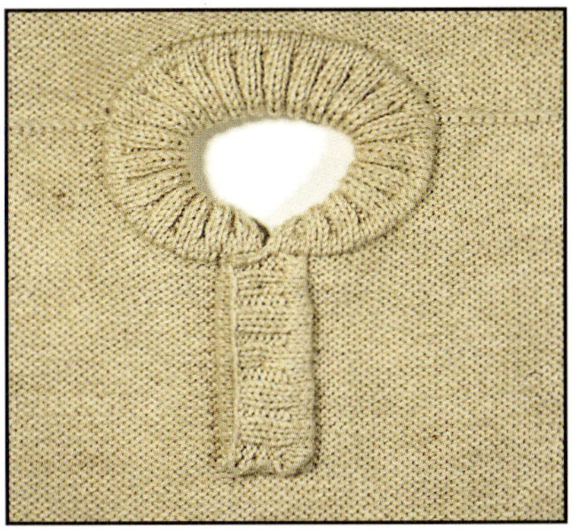

... beiden Seiten sehen lassen.

Damit der Kragen die nötige Weite erhält, müssen Zunahmen gearbeitet werden. Diese werden beim Zusammenstricken der Maschen in der 1. Rippenmusterreihe gestrickt. Hier wird jede 3. oder, je nach Maschenprobe, jede 5. Masche verdoppelt. Stricken Sie in der ersten Rückreihe nach der Randmasche zunächst 2 Maschen links und 1 Masche rechts mit den hinteren Maschen zusammen. Die folgende rechte Masche nur aus der vorderen Nadel, die nächste linke Masche nur aus der hinteren Nadel stricken. Dann wieder je 1 linke und 1 rechte Masche von beiden Nadeln zusammenstricken und wieder 2 Maschen einzeln stricken. Damit die Maschenzahl am Ende der Reihe stimmt – Sie müssen mit 2 linken Maschen und 1 Randmasche enden – können Sie an den Schultern einige Zunahmen weglassen.

Mit doppeltem Steg und Stehkragen

Für das Muster dieses Stehkragens (Abb. unten) brauchen Sie eine ungerade Maschenzahl. In den Hinreihen werden alle Maschen rechts, in den Rückreihen wird je 1 Masche links und rechts im Wechsel gestrickt. Sie stricken also abwechselnd immer eine glatt rechte und eine kraus rechte Masche.

Die doppelten Stege werden wie bei dem Beispiel auf der linken Seite gearbeitet. Die Maschen der Stege werden in einer Hinreihe immer rechts zusammengestrickt. Die Rückreihe beginnt dann mit Randmasche, 1 Masche links.

Damit der Stehkragen eng anliegt, müssen die Maschen hier sehr fest abgekettet werden.

Den Kragen können Sie auch mit 1/1- oder 2/2-Bündchen stricken.

Die Schmalkante der oberen Blende im Matratzenstich, die des Untertritts mit überwendlichen Stichen annähen.

Schalkragen

Bei dekorativen Schalkragen haben Sie zwei Möglichkeiten: das spätere Anstricken oder das Mitstricken der Blenden.

Die nötige Kragenweite erhält man durch Zunahmen am Rückenteil.

Ob bei Jacken oder Pullovern: Schalkragen sehen eng am Hals anliegend am schönsten aus. Deshalb sollte der Halsausschnitt nicht zu weit sein. 16 bis 18 cm gesamte Breite reichen völlig aus. Bei Pullovern sollte der Ausschnitt in der Höhe der Brust beginnen, also etwa 25 cm unterhalb der Schulter. Bei Jacken kann die Schrägung noch etwas tiefer beginnen.

Bei allen angestrickten Schalkragen ist die **Nahtrandmasche** am Ausschnitt besonders wichtig, denn in der Schrägung muß aus jeder Reihe eine Blendenmasche aufgenommen werden!

Zunahmen bei Schalkragen

Damit Schalkragen sich nicht wie ein Rollkragen nach oben ziehen, müssen für die nötige Weite am rückwärtigen Ausschnitt grundsätzlich Maschen zugenommen werden. Bei angestrickten Kragen im 1/1-Rippenmuster werden hier **doppelte Zunahmen** gearbeitet. Dafür nach einer rechten Masche aus dem Querfaden 1 Masche links verschränkt zunehmen, die folgende linke Masche nun rechts stricken und danach wieder aus dem Querfaden 1 Masche links verschränkt zunehmen. Dann bleibt der Maschenrhythmus beim Rippenmuster erhalten.

Bei mitgestrickten Schalkragen müssen anstelle der Zunahmen in den rückwärtigen Kragenteilen verkürzte Reihen gestrickt werden.

Angestrickter Schalkragen bei Pullovern

Bei dem oben abgebildeten Pullover sind für den Einsatz die mittleren 14 Maschen gerade abgekettet. Danach werden für die Ausschnittschrägung in jeder 6. Reihe 8mal die 2 Maschen neben der Randmasche rechts vom Ausschnitt rechts zusammengestrickt, links vom Ausschnitt wird über diese Maschen ein einfacher Überzug gearbeitet. Für den rückwärtigen Ausschnitt die mittleren 20 Maschen, dann beidseitig in jeder 2. Reihe noch 1mal 3 und 1mal 2 Maschen abketten.

Nach dem Schließen der Schulternähte für den Schalkragen mit einer Rundstricknadel oder flexiblen Stricknadeln aus dem rückwärtigen Ausschnitt eine ungerade Maschenzahl aufnehmen, dabei an einer Schulter beginnen und enden. Die Arbeit wenden, die 1. Masche wie zum Linksstricken abheben und dann im Rippenmuster stricken. Am Ende der Reihe aus der Schrägung des Vorderteils einige Maschen zunehmen. Fassen Sie aus jeder Reihe des Vorderteils die Maschen immer bis zur nächsten Schrägungsabnahme auf; hier wurde in jeder 6. Reihe abgenommen, es werden also am Ende jeder Reihe 6 Maschen zusätzlich aufgenommen! Die Arbeit wenden, die 1. Masche wieder nur abheben, dann im Rippenmuster stricken. Auf diese Art am Ende jeder Reihe immer 6 Maschen zunehmen, bis Sie an der unteren Ausschnittkante angelangt sind. Hier zum Annähen der Blende beidseitig noch eine zusätzliche Randmasche anschlagen. Achten Sie außerdem darauf, daß neben der Randmasche 1 Masche rechts gestrickt wird.

Zugleich in etwa 2 cm Höhe im rückwärtigen Ausschnitt gleichmäßig verteilt doppelte Zunahmen arbeiten – nur so läßt sich der Kragen später locker nach außen umschlagen! Etwa 2 bis 3 Maschen nach der Schulter vor und nach einer linken Masche die Zunahmen arbeiten, dann 5 Maschen stricken und wieder 2 Maschen zunehmen. Diese Zunahmen bis zur zweiten Schulter stets wiederholen. Der Zunahmerhythmus ist bei fast allen Garnstärken gleich.

Wenn alle Maschen aufgenommen wurden, bis zur Höhe der unteren Ausschnittbreite hochstricken, dann die Maschen abketten. Den oberen Teil des Schalkragens im Matratzenstich in den Ausschnitt nähen. Da Blenden mehr Reihen in der Höhe brauchen, immer 2 Querfäden der Blende erfassen und beim Pullover, je nach Maschenprobe, im Wechsel 2mal eine ganze und 1mal eine halbe Masche, oder 1mal eine ganze und 1mal eine halbe Masche erfassen. Den Untertritt mit überwendlichen Stichen annähen.

Auf der linken Pulloverseite die Maschen mit einer Häkelnadel durchziehen und auf die Stricknadel heben.

Damit sich der Kragen gut umschlagen läßt, müssen die Maschen locker abgekettet werden.

Angestrickter Schalkragen bei Jacken

Für die Schrägung dieser Jacke (Abb. unten) sind die Abnahmen in jeder 5. Reihe jeweils über der 3. und 4. Masche gearbeitet. Rechts vom Ausschnitt dafür die 2 Maschen in einer Hinreihe rechts, in einer Rückreihe links zusammenstricken; links vom Ausschnitt in einer Hinreihe einen einfachen Überzug arbeiten, in einer Rückreihe die Maschen links überzogen zusammenstricken (Seite 34). Ergibt die Maschenprobe Abnahmen in jeder 4. oder 6. Reihe, werden sie nur in den Hinreihen gearbeitet.

Für den Kragen die Maschen, wie beim Pullover beschrieben, zunächst aus dem rückwärtigen Ausschnitt, dann am Ende jeder Reihe aus den Schrägungen aufnehmen (hier sind es immer 5). Zugleich in etwa 2 cm Höhe im rückwärtigen Ausschnittbereich die Zunahmen für die nötige Weite des Kragens arbeiten.

Am Ende der vorderen Schrägung an der Geraden bis zu den Bündchen immer aus 4 Reihen 3 Maschen oder, je nach Maschenprobe und Strickart, aus 5 Reihen 4 Maschen (siehe auch angestrickte Blenden, Seite 60) aufnehmen und über alle Maschen bis zur gewünschten Blendenbreite stricken.

Von der Seite: Die vordere Kante bildet eine gerade Linie. Die Maschen des Kragens dürfen nicht zu fest abgekettet sein.

Am rückwärtigen Ausschnitt für die nötige Schalweite mehrere doppelte Zunahmen arbeiten.

Der fertige Schalkragen paßt perfekt.

Mitgestrickter Schalkragen bei Jacken

Die fertige Jacke mit Schalkragen

Für diesen Kragen wird die vordere Blende gleich vom Bündchen an mit hochgestrickt. Dafür 11 Maschen im 1/1-Rippenmuster stricken, mit Kettrandmasche und 1 Masche rechts beginnen.

25 bis 30 cm unterhalb der Schulter mit der Verbreiterung des Rippenmusters für den Schalkragen beginnen. Dafür die Blendenmaschen stricken, die folgende Masche rechts stricken und daneben 1 Masche links verschränkt aus dem Querfaden zunehmen = 13 Maschen im Rippenmuster. Dieses Versetzen mit Zunahmen weiter in jeder 6. Reihe arbeiten und jedesmal 2 Maschen mehr im Rippenmuster arbeiten, bis der Kragen etwa 31 Maschen breit ist. Dann bis zur Schulter gerade hochstricken.

Nach dem Abketten oder Stilllegen der Schultermaschen nur über die Blendenmaschen weiterarbeiten, in der 1. Reihe an der Schulterkante 1 Randmasche dazu anschlagen. Dieser Rand wird später in den rückwärtigen Halsausschnitt genäht.

Damit der Schalkragen an der äußeren Kante die nötige Weite erhält, müssen auf jeder Seite nach jeweils 4 Reihen etwa 5- bis 6mal verkürzte Reihen über etwa drei Viertel der Maschen, hier also 24, eingearbeitet werden. Diese verkürzten Reihen können mit Umschlag oder auch mit übergezogenen Maschen (Seite 144 bis 147) gearbeitet werden. Der abgebildete Schalkragen und auch die Schulterschrägungen sind mit übergezogenen Maschen gestrickt.

Den Kragen bis zur Höhe der rückwärtigen Mitte stricken, dann die Maschen stillegen. Die zweite Vorderteilhälfte gegengleich arbeiten.

Zum Schluß die rechten und linken Maschen beider Kragenhälften auf jeweils 2 Nadeln legen und die Naht im Maschenstich schließen (Seite 116). Dann die Seitenkante des Kragens an den rückwärtigen Ausschnitt nähen.

1 Für die Schrägung nach jeder 6. Reihe 2 Maschen mehr im Rippenmuster stricken, dabei die 2. Masche aus dem Querfaden zunehmen.

2 Für die nötige Kragenweite nach jeweils 4 Reihen verkürzte Reihen einarbeiten. Schulterschrägungen sorgen für eine bessere Paßform der Jacke.

3 Die rückwärtige Naht wird im Maschenstich geschlossen (siehe Seite 116).

Mitgestrickter Schalkragen bei Pullovern

Durch die verkürzten Reihen läßt sich der Kragen locker umlegen.

Der Pullover rechts ist mit einem sehr breiten Schalkragen gestrickt, es wurden die mittleren 12 Maschen verdoppelt. Sie können den Kragen, je nach Wunsch und Maschenprobe, auch über 6 oder 8 Maschen oder auch über 14 und mehr Maschen beginnen.

Markieren Sie zunächst die mittleren 12 Maschen des Vorderteils. Soll die linke Blende über der rechten liegen, stricken Sie bis vor diese 12 Maschen. Nun 11mal eine Masche links verschränkt aus dem Querfaden und 1 Masche rechts stricken, die letzte Masche als Nahtrandmasche oder als Kettrandmasche arbeiten = 23 Maschen im Rippenmuster. Dann gerade hochstricken.

Soll die rechte über der linken Blende liegen, stricken Sie ebenfalls bis vor diese 12 Maschen. Die erste der Maschen ist die neue Randmasche. Dann 11mal im Wechsel 1 Masche rechts stricken und 1 Masche links verschränkt aus dem Querfaden zunehmen, dann im Grundmuster weiterarbeiten.

Nun wie bei der Jacke das Rippenmuster in jeder 6. Reihe um 2 Maschen erweitern: Die Masche neben den Blendenmaschen rechts stricken, daneben 1 Masche links verschränkt aus dem Querfaden zunehmen. Dieser Versatz mit der Zunahme ist bei dem gezeigten Pullover 9mal gearbeitet = 18 zusätzliche Maschen bzw. 41 Blendenmaschen insgesamt.

Nun bis zur rückwärtigen Ausschnittmitte über die 41 Maschen und der danebenliegenden rechten Masche weiterarbeiten, an der Innenkante noch eine zusätzliche Randmasche (zum Einnähen) anschlagen = 43 Maschen. Für die Weite von der Schulter an nach jeweils 4 Reihen 6mal verkürzte Reihen über die äußeren 30 Maschen stricken.

Für die zweite Blende aus der Innenkante der oberen Blende 23 Maschen aufnehmen und das Teil gegengleich beenden.

Die rechten und die linken Maschen der Kragenteile jeweils auf eine Nadel legen und die Naht im Maschenstich schließen (Seite 116). Dann den Kragen in den rückwärtigen Ausschnitt nähen.

1 Für den Kragen nach jeder 6. Reihe 2 Maschen mehr im Rippenmuster stricken, die 2. Masche verschränkt aus dem Querfaden zunehmen.

2 Für die Innenblende auf der Rückseite die Maschen aus der vorderen Blende aufnehmen – oder neu anschlagen und später gegennähen.

3 Die rückwärtige Naht wird von beiden Seiten im Maschenstich geschlossen.

Taschen

Eine Jacke ohne Taschen ist nur die Hälfte wert. Und: je größer die Taschen, um so bequemer die Jacke. Taschen können unauffällig in das Strickstück eingearbeitet oder als dekoratives Element aufgesetzt werden. Ob waagerechte, senkrechte oder diagonal eingearbeitete Taschen – für jede Jacke gibt es die perfekte Lösung.

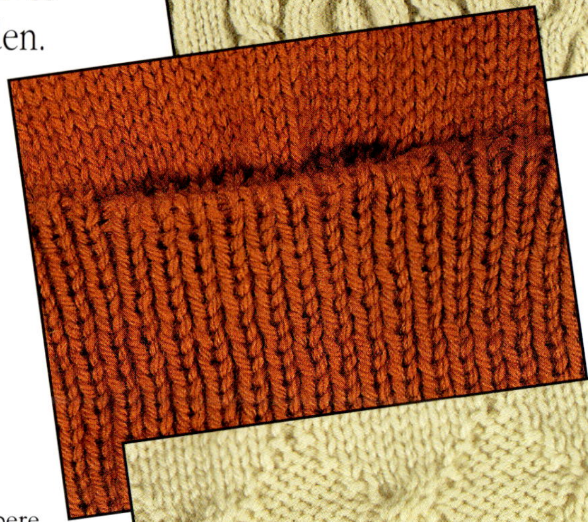

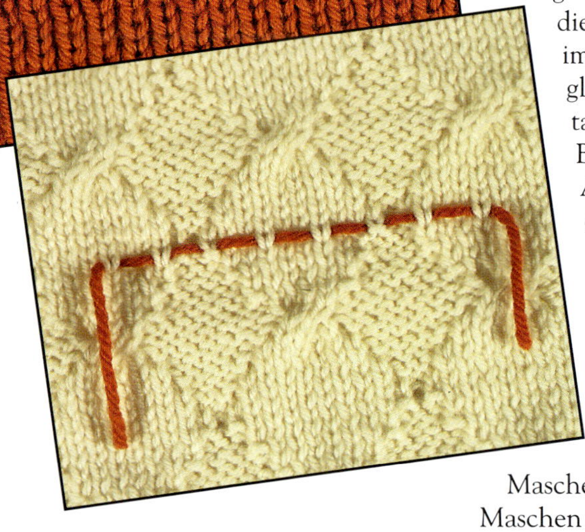

Besonders wichtig für die perfekte Tasche sind saubere Blenden. Sie können mitgestrickt oder später angestrickt und seitlich angenäht werden.

Bei der mitgestrickten Taschenblende wird mit derselben Nadelstärke gearbeitet wie bei den übrigen Teilen. Deshalb müssen Sie hier besonders auf eine feste Abkettkante achten.

Bei der später angestrickten Taschenblende können Sie mit einer halben oder ganzen Nadelstärke kleiner arbeiten. Dadurch erhalten Sie eine größere Festigkeit. Achten Sie trotzdem auf das feste Abketten, denn eine lockere Kante sieht immer unschön aus.

Rippen, Perlmuster oder auch kraus rechts Gestricktes verhindern das Einrollen der Blenden. Besonders schön ist die Kante auch bei einer doppelten Blende. Hier wird der Außenteil im Rippen- oder Perlmuster, der Innenteil mit einer kleineren Nadelstärke glatt rechts gestrickt. So trägt auch diese Blende nicht auf.

Achten Sie außerdem bei zusammenziehenden Mustern, wie z. B. bei Zopfmustern, darauf, daß Sie zu Beginn der Blende der Maschenprobe entsprechend einige Maschen abnehmen, damit die Taschenblende nicht zu weit wird.

Taschenblenden sollten immer symmetrisch gestrickt sein, d. h. neben den Randmaschen immer mit 1 oder 2 Maschen rechts beginnen und enden. Bei 1/1-Bündchen bedeutet das eine ungerade Maschenzahl, bei 2/2-Bündchen eine Maschenzahl, die teilbar ist durch 4 (incl. Randmaschen). Beachten Sie dies schon beim Aufnehmen der Maschen. Eine Masche mehr oder weniger fällt nicht auf, eine asymmetrische Blende dagegen sehr.

Eine weitere Möglichkeit ist, ganz ohne Blende zu arbeiten. Hier brauchen Sie eine Bruchkante, wie z. B. eine linke Reihe oder die dekorativen Mäusezähnchen.

Die Innentaschen sollen möglichst wenig auftragen. Bei einfachen Strukturmustern können sie auch mit Muster gearbeitet werden, bei dicken Zopfmustern würde die Jacke an dieser Stelle beulen. Deshalb werden die Innentaschen meist glatt rechts oder glatt links gestrickt. Stricken Sie jedoch die letzten 3 bis 5 cm immer im Grundmuster, damit die glatt gestrickten Innentaschen nicht unter der Blende hervorblitzen. Achten Sie dabei auch auf die Maschenzahl: Bei zusammenziehenden Mustern, wie Zopfmustern, benötigen Sie für die Innentaschen weniger Maschen, d. h. bevor Sie im Grundmuster weiterarbeiten, müssen Sie die Maschenzahl angleichen, also Maschen zunehmen (verschränkt aus dem Querfaden stricken). Bei sich dehnenden Mustern, wie z. B. bei Patentmustern, wird die Innentasche mit mehr Maschen gestrickt. Bevor Sie hier im Grundmuster weiterarbeiten, müssen Sie Maschen abnehmen. Dafür gleichmäßig verteilt immer mal 2 Maschen zusammenstricken.

Schlagen Sie für die Naht immer zwei Randmaschen zusätzlich an. Diese Maschen werden vor dem Einfügen der Innentasche in das Strickstück abgekettet.

Auf den folgenden Seiten sehen Sie alle Möglichkeiten im Detail.

Waagerechte Tasche mit angestrickter Blende

Stricken Sie in Taschenhöhe über die gewünschte Breite etwa 8 bis 10 Reihen im Rippen- oder auch im Perlmuster. Achten Sie beim Rippenmuster darauf, daß die Blende symmetrisch ist, z. B. mit einer Masche rechts beginnt und endet. Wenn das Muster eine gerade Maschenzahl erfordert, können Sie innerhalb der Taschenblende eine Masche abnehmen. Ketten Sie dann die Blendenmaschen ab. Für einen festeren Rand können Sie die Maschen auch ohne zu stricken überziehen (siehe Seite 102) oder durch Zusammenstricken abketten.

Schlagen Sie für die Innentasche die nötige Maschenzahl plus 2 Randmaschen an und stricken Sie entweder im Grundmuster oder glatt rechts oder links. Die letzten 3 bis 5 cm arbeiten Sie dann im Grundmuster. Vor dem Einfügen der Innentasche in das Strickstück die beiden Randmaschen abketten. Danach über alle Maschen weiterarbeiten.

1 Die Maschen der Taschenblende fest abketten. Hier später die Maschen der Innentasche einfügen.

2 Die Innentasche glatt rechts stricken, die letzten 3 bis 5 cm im Grundmuster arbeiten.

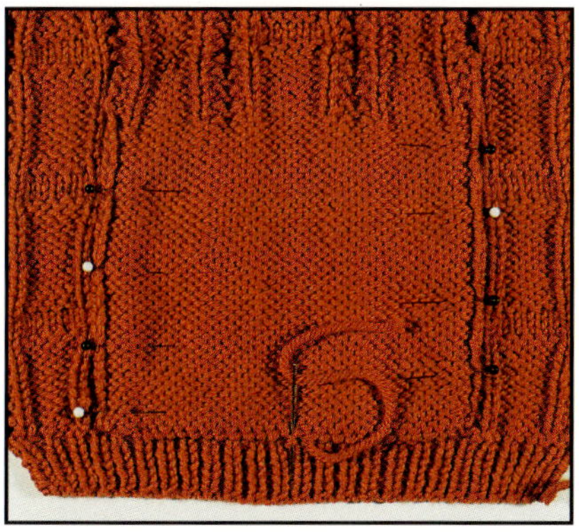

3 Die Innentasche auf der Rückseite feststecken und zunächst die untere Kante, dann die Seitenkanten annähen.

4 Die fertige Tasche mit fester Abkettkante

Wenn das Muster einen breiten Tascheneingriff nicht zuläßt ...

... können Sie den Taschenbeutel unterhalb der Blende einfach um einige Maschen verbreitern. Schlagen Sie einfach pro Seite etwa 5 bis 6 Maschen mehr an. Dann stricken Sie bis in Blendenhöhe und ketten die zusätzlichen Maschen gerade ab. Oder Sie arbeiten im oberen Taschenteil eine Schrägung ein, für die Sie in jeder 2. Reihe immer 2 Maschen zusammenstricken. Dann fügen Sie die Maschen in die Arbeit ein.

Nachträglich eingearbeitete Tasche

Einen großen Vorteil hat die nachträglich eingestrickte Tasche: Sie kann genau nach Ihren Maßen eingearbeitet werden – bei kürzeren Armen weiter oben, bei langen weiter unten. Auch die Breite können Sie genau bestimmen. Bei gemusterten Jacken sollten Sie darauf achten, daß Sie das Muster nicht an einer ungeeigneten Stelle unterbrechen; das Auftrennen in einer Reihe mit Verkreuzungen z. B. würde die Arbeit unnötig erschweren.

Die schnelle Lösung: der Rollrand

Anstelle einer Taschenblende im Bündchenmuser können Sie auch einen Rollrand von etwa 3 cm Länge anstricken. Wird der Rand glatt rechts gestrickt, rollt er sich nach außen (Foto oben), wird er glatt links gestrickt, rollt er sich nach innen (Foto unten).

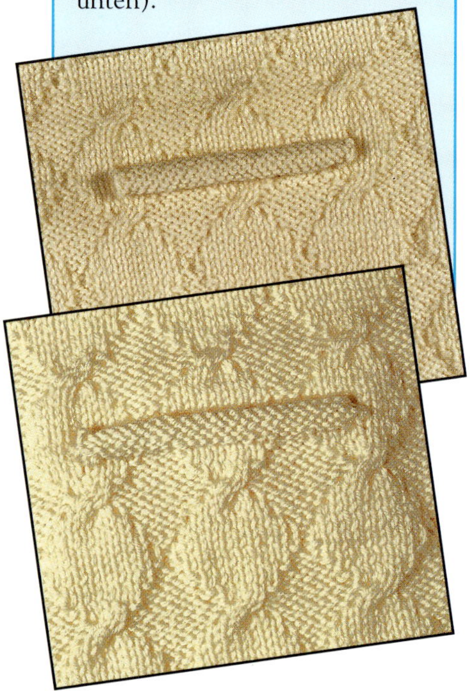

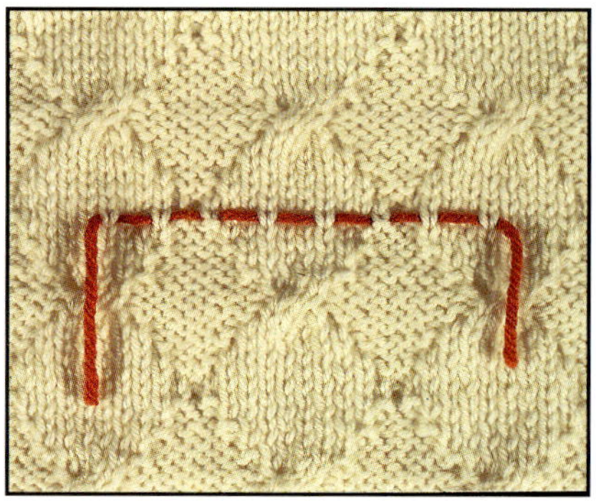

1 Markieren Sie Position und Breite der Tasche. Rechnen Sie die Taschenblende in der Höhe dazu. Schneiden Sie dann in der Mitte der Markierung eine Masche durch.

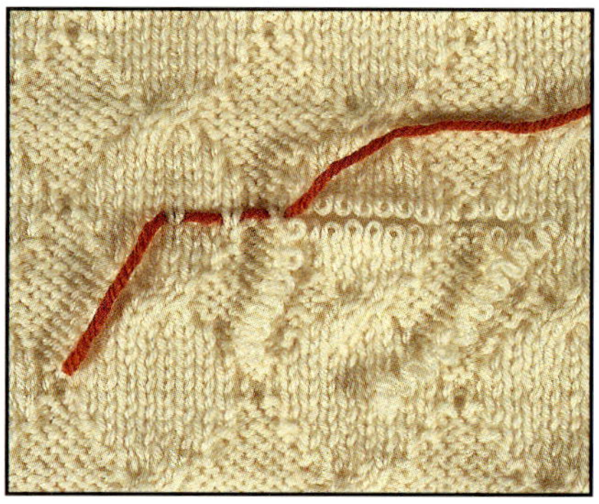

2 Nun trennen Sie die Reihe zu beiden Seiten hin bis zum Ende der Markierung auf. Die Fäden werden zum Schluß auf der Rückseite vernäht.

3 Fassen Sie mit je einer dünnen Stricknadel die oberen und die unteren Maschen auf. Bei der oberen Kante beidseitig auch die „halben" Maschen auffassen; d. h. Sie haben 1 Masche mehr auf der oberen Nadel.

4 Über die Maschen der unteren Nadel nun die Blende anstricken. Dabei in der 1. Reihe auf beiden Seiten je 1 Randmasche dazu anschlagen. Achten Sie auf eine ungerade Maschenzahl und stricken Sie beidseitig neben den Randmaschen 1 rechte Masche.

5 In der gewünschten Blendenhöhe mit einer halben Nadelstärke kleiner glatt rechts weiter die Innenblende anstricken, 1 Reihe weniger als die Rippenblende. In der ersten rechten Reihe die Randmaschen beidseitig abketten.

6 Nun über die Maschen der oberen Nadel die Innentasche glatt rechts anstricken.

7 Die Innenblende umnähen. Dann die Schmalkanten im Matratzenstich annähen. Dabei immer abwechselnd je 2 Querfäden des Vordereils und ...

8 ... der Taschenblende erfassen. Die Naht verläuft zwischen der Randmasche und der ersten rechten Masche der Blende.

9 Auch mit doppelter Blende trägt die Tasche nicht auf – und sieht perfekt aus.

Angestrickte Taschenblende mit Zopfmuster

Für diese Tasche werden die Maschen für die Blende in der gewünschten Höhe stillgelegt und die Maschen der Innentasche in die Arbeit eingefügt. Erst zum Schluß wird die Taschenblende gearbeitet.

Bei zusammenziehenden Zopfmustern müssen für die Taschenblende Maschen abgenommen bzw. zusammengestrickt werden. Bei schmalen Zöpfen reicht meist die Abnahme von einer Masche, bei breiten ist eine Abnahme von 2 bis 3 Maschen je Zopf nötig.

Bei dem Beispiel rechts laufen die schmalen Zöpfe in der Blende weiter, über den breiten Zöpfen sind 2mal 2 Maschen links zusammengestrickt. So müssen die linken Rippen neben den Zöpfen nicht versetzt gestrickt werden.

Für die doppelte Blende in der 1. Reihe beidseitig je eine Randmasche dazu anschlagen. In der gewünschten Blendenhöhe mit einer halben Nadelstärke kleiner glatt rechts weiterstricken, dabei in der 1. glatt rechten Reihe beidseitig die Randmaschen abketten und über den schmalen Zöpfen jeweils 1mal 2 Maschen rechts zusammenstricken.

1 Die Maschen für die Taschenblende dem Muster entsprechend auf einem Maschenraffer oder einem dicken Faden stillegen.

2 Den Taschenbeutel stricken und die Maschen anstelle der stillgelegten Maschen in die Arbeit einfügen und über alle Maschen weiterarbeiten.

3 Die äußere Blende so gut wie möglich dem Muster anpassen, die innere mit dünneren Nadeln glatt rechts stricken.

4 Mit den kleinen Zöpfen paßt sich die Taschenblende noch besser dem Muster der Jacke an.

Schräg gestrickte Taschen

Bei einigen Jacken bieten schräge Taschen einen zusätzlichen Blickfang. Besonders schlicht glatt rechts gestrickte lange Jacken brauchen eine optische Unterbrechung; und außerdem lassen schräge Taschen die Hüften schmaler erscheinen.

Stricken Sie Bündchen und Vorderteil bis zur Taschenunterkante. Nun das äußere Drittel der Maschen stillegen und zunächst das Vorderteil mit der Schrägung für die Tasche stricken. Dafür in jeder 2. Reihe immer 1 Masche abnehmen: Am linken Vorderteil einen Überzug arbeiten (1 Masche abheben, dann 1 Masche rechts stricken und die abgehobene Masche überziehen), am rechten 2 Maschen rechts zusammenstricken. Diese Abnahme können Sie über der Randmasche und der 1. Masche oder, wie im gezeigten Beispiel, über der 2. und 3. Masche arbeiten. Bei der Abnahme über der 2. und 3. Masche können Sie auf eine Blende verzichten, die Randmasche rollt von allein nach innen.

Für die Innentasche die Maschen neu anschlagen oder auf der Rückseite aus den Querfäden der linken Maschen der 1. Reihe oberhalb des Bündchens aufnehmen. Die Tasche muß mindestens so breit sein, wie Maschen für die Schrägung abgenommen wurden. Es bietet sich aber an, die Innentasche 10 bis 15 Maschen (je nach Maschenprobe) breiter zu arbeiten. In der vorgesehenen Taschenhöhe die zusätzlichen Maschen der Innentasche abketten oder mit den äußeren Maschen rechts zusammenstricken, dann über das gesamte Vorderteil weiterarbeiten.

Für die Taschenblende aus jeder Reihe der Kante Maschen aufnehmen (ungerade Maschenzahl!), in der 1. Reihe beidseitig noch je eine Randmasche dazu anschlagen. Die Seitenkanten der Taschenblende im Matratzenstich annähen.

1 Für die Innentasche die Maschen aus der 1. Grundmusterreihe aufnehmen oder neu anschlagen.

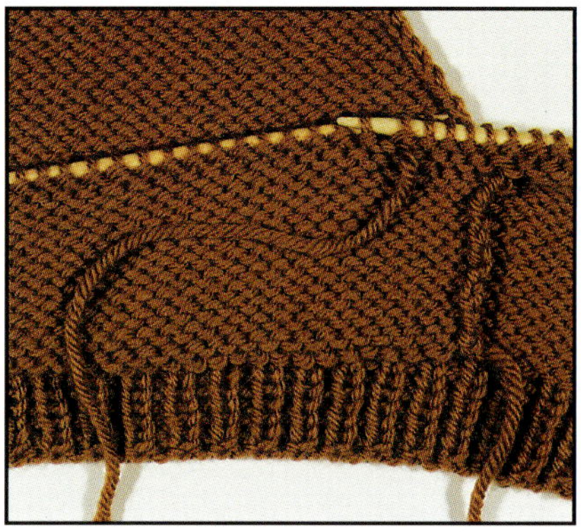

2 Bis zur unteren Taschenkante stricken, dann die Maschen an die des seitlichen Drittels fügen.

3 In Taschenhöhe über alle Maschen stricken, die zusätzlichen Maschen der Innentasche mit den äußeren Maschen rechts zusammenstricken.

4 Auch ohne zusätzliche Blende sieht der Tascheneingriff gut aus.

5 Für die Blende aus jeder Reihe der Seitenkante Maschen aufnehmen. Bis zur gewünschten Blendenhöhe stricken und die Maschen fest abketten.

6 Die fertige Tasche der linken Jackenhälfte

Senkrechte Tasche mit angestrickter Innentasche

Für diese Tasche entweder gleich über dem Bündchen oder in der gewünschten Höhe zunächst an der Seitenkante etwa ein Drittel der Maschen stillegen. Dann über die übrigen Maschen weiter bis zur gesamten Taschenhöhe stricken. Danach über das seitliche Drittel weiterarbeiten, dabei für die Tasche an der Innenseite entsprechend viele Maschen neu anschlagen und bis zur selben Höhe wie das andere Teil stricken.

Nun über alle Maschen weiterstricken, in der ersten Hinreihe die zusätzlich angeschlagenen Maschen der Innentasche mit den Maschen der Außentasche rechts bzw. links zusammenstricken. Die zusätzlichen Maschen können auch abgekettet und später angenäht werden.

Aus der Längskante der Außentasche Maschen auffassen und etwa 3 cm im Bündchenmuster anstricken. Beidseitig der Randmasche je 1 rechte Masche arbeiten.

Zum Schluß die Innentasche und die Schmalkanten der Blenden annähen.

Die Innentasche wird im Grundmuster oder auch glatt rechts gleich mitgestrickt.

Die Maschen der Innentasche abketten oder mit den Maschen der Außentasche zusammenstricken.

Zum Schluß die Taschenblende anstricken.

Ein Tip

Wenn die Tasche nicht direkt über dem Bündchen, sondern weiter oben gestrickt wird, kann die Innentasche, wie bei der schräg gestrickten Tasche, nach unten entsprechend vergrößert werden. Schlagen Sie dann die Maschen für die Innentasche getrennt an, stricken etwa 5 bis 8 cm im Muster und fügen diese Maschen an die Maschen des Seitenteils.

Aufgesetzte Taschen

Eine Vielfalt von dekorativen Möglichkeiten bieten aufgesetzte Taschen. Rechts ein Beispiel mit Streifen: Das Strickteil ist quer-, die Tasche längsgestreift. Hier können Sie auch mit diagonalen Streifen, mit Loch- oder Strukturmustern oder auch mit Stickereien arbeiten. Außerdem können Sie die Taschen an jeder beliebigen Stelle aufnähen, z. B. eine große über der Hüfte, eine kleine in Brusthöhe, usw.

Da sich bei glatt rechts Gestricktem die Kanten aufrollen, brauchen Sie hier immer eine Eingriffblende. Dafür nehmen Sie bei Quergestricktem aus einer Seitenkante aus jeweils 4 Reihen 3 Maschen auf (siehe auch Blenden, ab Seite 60).

Sie können natürlich auch die ganze Tasche z. B. im Perlmuster stricken, dann können Sie auf die Blende verzichten.

Stecken Sie die Tasche paßgenau auf dem Strickteil fest. Dieses Feststecken ist besonders bei quer- oder diagonalgestrickten Taschen wichtig, da Maschen und Reihen eine unterschiedliche Höhe haben. Beim Aufnähen im Matratzenstich müssen Sie sehr darauf achten, daß keine Wellen oder Beulen in den Strickteilen entstehen.

1 Die quergestrickte Tasche auf dem Strickteil feststecken.

2 Fassen Sie immer eine Masche der Tasche ...

3 ... und 1 bis 2 Querfäden des Strickteils.

4 Bei der Blende fassen Sie dann jeweils 2 Querfäden von Strickteil und Blende im Wechsel.

Bündchen-Tasche

Bei sehr hohen Bündchen können Sie besonders unauffällige Taschen einarbeiten. Stricken Sie das Bündchen bis zur gewünschten Höhe und ketten Sie dann die Maschen für die Tasche fest ab. Statt die Maschen beim Abketten zu stricken, können Sie sie auch einfach überheben (siehe waagerechte Knopflöcher, Seite 102), die Abkettkante wird dann besonders fest.

Noch unauffälliger wird die Bündchen-Tasche, wenn Sie die Maschen abnähen (ab Seite 45).

Nehmen Sie die Maschen für die Innentasche aus der Anschlagkante auf der Rückseite der Arbeit auf; bei den linken Maschen die Querfäden, bei den rechten Maschen jeweils einen Maschenteil erfassen.

Stricken Sie bis zur Bündchenhöhe, fügen Sie dann die Maschen in die Arbeit ein und stricken Sie glatt rechts oder im Grundmuster weiter. Die Seitenkanten der Innentasche werden später angenäht.

1 Die Maschen für die Innentasche auf der Rückseite der Arbeit aus der Anschlagreihe aufnehmen …

2 … und im Rippenmuster stricken. Das Bündchen nach oben klappen und über alle Maschen weiterarbeiten.

Die fertige Tasche mit „normal" abgekettetem Rand …

… und mit abgenähtem Rand.

Doppelte eingestrickte Tasche

1 Die Innentasche in doppelter Taschenhöhe stricken.

2 Mäusezähnchen bilden bei dieser Tasche eine schöne Bruchkante.

Sie trägt zwar etwas mehr auf, doch belastet sie das Strickstück nicht durch eine angenähte Innentasche.

Stricken Sie das Vorderteil bis zur gewünschten Höhe der Taschenoberkante. Dann legen Sie die Maschen beidseitig der Tasche still und stricken über den Maschen für die Tasche zunächst eine Hinreihe rechte Maschen. In der Rückreihe stricken Sie für die Mäusezähnchen-Bruchkante immer im Wechsel 2 Maschen links zusammen und arbeiten danach einen Umschlag, in der nächsten Hinreihe stricken Sie alle Maschen und Umschläge rechts.

Danach weiter bis zur doppelten Taschenhöhe glatt rechts stricken, die letzten 4 bis 5 cm wieder im Grundmuster arbeiten (achten Sie auf die Maschenzahl). Nun den Taschenbeutel rechts auf rechts zusammenlegen und das Vorderteil über alle Maschen weiterarbeiten. Zum Schluß die Seitennähte der Tasche schließen, die äußeren Maschen an den oberen Taschenkanten mit einigen Stichen befestigen.

Knopflöcher

Ob rund, waagerecht oder senkrecht, ob eingestrickt, angehäkelt oder angenäht – hier gibt's für jedes Strickstück das passende Knopfloch.

Bevor Sie die Knopflöcher arbeiten, müssen Sie natürlich wissen, wie groß die Knöpfe sind – und auch, wie viele Knopflöcher Sie arbeiten möchten. Wenn es möglich ist, stricken Sie nur eine Blende an und bestimmen darauf Anzahl und Größe der Knöpfe. Bei einer mitgestrickten Blende muß die Lage der Knopflöcher vorher im Schnitt festgelegt werden.

Zum Bestimmen der Knopflochgröße legen Sie den Knopf auf die Blende, dehnen das Gestrickte etwas und zählen dann die Maschen aus. Stricken Sie die Knopflöcher eher etwas kleiner, da sich Gestricktes mit der Zeit sowieso dehnt und die Knöpfe sich sonst sehr leicht von selbst lösen.

Runde Knopflöcher

Bei **1/1-Blenden** wird das kleine Knopfloch wie ein Lochmuster mit einem Umschlag gestrickt. Es ist in der fertigen Blende kaum zu sehen, da es sich zwischen zwei rechten Maschen befindet.

Dieses Knopfloch hat meist die richtige Größe für Schulterblenden bei Kinderpullovern oder für Knopfleisten bei Polopullovern.

Bei senkrecht gestrickten Blenden sollte in der Mitte eine linke Masche sein, über der Sie das Knopfloch stricken. Vor dieser linken Masche (bzw. nach einer rechten Masche) arbeiten Sie einen Umschlag und stricken dann die linke mit der darauffolgenden rechten Masche rechts zusammen. Den Umschlag stricken Sie in der nächsten Reihe mustergemäß nicht verschränkt rechts ab.

Auch bei **2/2-Blenden** wird das runde Knopfloch immer über den linken Maschen gestrickt. Dazu arbeiten Sie in einer Hinreihe über der 2. rechten und der 1. linken Masche einen Überzug (die rechte Masche rechts abheben, die linke Masche rechts stricken und die abgehobene Masche überziehen). Nun machen Sie 2 Umschläge und stricken die folgenden 2 Maschen (die 2. linke und die 1. rechte der folgenden Rippe) rechts zusammen. Der erste Umschlag wird in der Rückreihe rechts, der zweite rechts verschränkt abgestrickt.

Wenn dieses Knopfloch zu groß ist, können Sie auch nur einen Umschlag arbeiten und in der Rückreihe daraus 1 Masche rechts und 1 Masche rechts verschränkt stricken.

In einer Hinreihe arbeiten Sie nach einer rechten Masche einen Umschlag und stricken die folgenden 2 Maschen rechts zusammen.

Bei 2 rechts, 2 links gestrickten Blenden werden ein Überzug und ein oder zwei Umschläge gearbeitet, dann 2 Maschen rechts zusammengestrickt.

Das Knopfloch mit einem Umschlag (oben) ist etwas kleiner als das Knopfloch mit zwei Umschlägen (unten). Beide liegen sauber in der links gestrickten Rippe der Blende.

Senkrechte Knopflöcher

Bei **1/1-Blenden** wird das Knopfloch über einer linken Masche gearbeitet. Damit die rechten Maschen beidseitig davon erhalten bleiben, muß diese Masche in der letzten Rückreihe vor dem Knopfloch verdoppelt werden. Dafür aus der Masche, über der das Knopfloch gestrickt werden soll, 1 Masche rechts und 1 Masche rechts verschränkt herausstricken.

In den folgenden Reihen für eine Blendenhälfte die 1. linke Masche als Randmasche stricken und in der gewünschten Knopflochhöhe die Maschen stillegen. Stricken Sie die Randmaschen immer in jeder Reihe und ziehen Sie sie besonders fest an.

Nun die zweite Blendenhälfte stricken und hier die 2. Masche als Randmasche stricken.

In der gewünschten Höhe wieder über die gesamte Breite stricken, dabei in der ersten Reihe die beiden „Randmaschen" zusammenstricken.

Bei **2/2-Blenden** wird die Arbeit für das Knopfloch zwischen zwei linken Maschen geteilt. Jeweils eine linke Masche bildet hier auf jeder Seite die Randmasche.

1 Für das senkrechte Knopfloch in der 1/1-Blende in der Rückreihe 1 rechte Masche verdoppeln und die 1. linke Masche der Hinreihe als Randmasche stricken.

2 Die gewünschte Höhe über den zweiten Teil der Blende arbeiten, hier bildet die 2. linke Masche die Randmasche. Dann über alle Maschen weiterarbeiten, dabei in der 1. Reihe die beiden Randmaschen zusammenstricken.

Die linken Maschen bilden bei 2 rechts, 2 links gestrickten Blenden die Randmaschen der Knopflochkanten.

Bei krausen Blenden fallen senkrechte Knopflöcher kaum auf, wenn die Randmaschen als Knötchenrand gestrickt werden – also in jeder Reihe rechts stricken und fest anziehen.

Gestrickte Knöpfe

Wenn Sie keine passenden Knöpfe finden, können Sie diese auch Ton in Ton oder in einer Kontrastfarbe stricken. Schlagen Sie hierfür mit einer anderen Farbe je nach Garnstärke 6 bis 10 Maschen an.

Stricken Sie mit dem Originalgarn 4 bis 6 Reihen glatt rechts. Schneiden Sie den Faden auf ca. 10 cm Länge ab und ziehen Sie ihn mit einer stumpfen Sticknadel durch die Maschen. Lösen Sie den andersfarbigen Anschlagfaden ab und ziehen Sie das Fadenende durch die Maschen.

Nun die Fadenenden etwas anziehen und den Knopf mit einem kleinen Wollrest füllen. Die schmalen Kanten mit zwei Stichen schließen, dann die Fadenenden fest anziehen und verknoten. Die Fadenenden durch das Strickteil ziehen und vernähen.

Waagerechte Knopflöcher

Waagerechte Knopflöcher können Sie auf mehrere Arten stricken. Die allgemein übliche Art ist, die Maschen in einer Hinreihe abzuketten und in der folgenden Reihe wieder neu anzuschlagen. Der Nachteil ist, daß das Knopfloch durch das Überziehen der gestrickten Maschen meist sehr weit wird.

Stricken Sie dieses Knopfloch bei einer 1/1-Blende über eine ungerade Maschenzahl, beginnen und enden Sie dabei immer mit einer rechten Masche.

Bei einer 2/2-Blende sollte das Knopfloch über eine gerade Maschenzahl gestrickt werden. Bei 2 Maschen wird es über 2 rechten Maschen, bei 4 Maschen über 1 Masche links, 2 Maschen rechts und 1 Masche links gestrickt.

Die letzte Abkettmasche wird so immer über eine linke Masche gezogen, und das Knopfloch paßt sich dem Maschenverlauf perfekt an. Bei einer Knopflochbreite von 2 Maschen sollten Sie jedoch versuchen, über 2 linken Maschen das runde Knopfloch zu arbeiten, da es noch unauffälliger ist.

1 Für das „normale“ Knopfloch bei einer 1/1-Blende in der Hinreihe 3 (oder 5) Maschen fest abketten …

2 … und die Maschen in der folgenden Rückreihe wieder sehr fest aufschlingen.

Das fertige Knopfloch über 3 Maschen

Das Knopfloch über 2 (oben) und über 4 Maschen (unten) bei einer 2/2-Blende.

Fester wird das waagerechte Knopfloch ...

... wenn Sie die Maschen vor dem Abketten nicht stricken, sondern nur überziehen: Nehmen Sie 2 Maschen von der linken auf die rechte Nadel, heben Sie dabei die linken Maschen wie zum Linksstricken und die rechten Maschen wie zum Rechtsstricken ab. Nun heben Sie die 1. über die 2. Masche. Dann heben Sie wieder 1 Masche auf die rechte Nadel, usw., bis das Knopfloch 1 Masche weniger breit ist als gewünscht. Die letzte Masche heben Sie zurück auf die linke Nadel.

1 **Bei 1/1-Blenden** für ein Knopfloch über 5 Maschen zunächst 4 Maschen ohne zu stricken abketten, die Maschen also nur überziehen. Die letzte Masche zurück auf die linke Nadel heben.

2 Nun 5 Maschen so fest wie möglich neu anschlagen. Dann die letzte Knopflochmasche mit der folgenden rechten Masche rechts zusammenstricken.

Schlingen Sie auf der rechten Nadel so viele Maschen neu an, wie das gesamte Knopfloch breit ist. Ziehen Sie diese neuen Maschen so fest wie möglich an. Dann stricken Sie die letzte Knopflochmasche mit der folgenden Masche so zusammen, wie die 2. Masche der linken Nadel gestrickt ist; bei dem gezeigten Beispiel (linke Seite unten, Arbeitsfoto 2) sind die Maschen rechts zusammengestrickt.

Diese Knopflöcher sollten Sie nach Möglichkeit bei 1/1-Blenden immer über eine ungerade Maschenzahl arbeiten und über einer linken Masche beginnen und enden. Dann läuft beidseitig des Knopflochs eine rechte Masche sauber gerade hoch.

Bei einer 2/2-Blende muß das Knopfloch über eine gerade Maschenzahl gearbeitet werden. Soll es nur 2 Maschen breit sein und über 2 linken Maschen gestrickt werden, ist das runde Knopfloch auf jeden Fall schöner. Bei 4 Maschen stricken Sie das Knopfloch über 1 linke, 2 rechte und 1 linke Masche; bei 6 Maschen Breite über je 2 linke, rechte und linke Maschen.

Bei einer 2/2-Blende beginnt das Knopfloch über 4 Maschen mit einer linken Masche (oben). Das Knopfloch über 6 Maschen beginnt mit 2 linken Maschen (unten).

Knopflöcher mit Kontrastfaden stricken

Eine weitere Möglichkeit, besonders feste Knopflöcher zu erhalten, ist das Stricken einer zusätzlichen Reihe mit einem andersfarbigen Garn. Die Maschen des Knopflochs werden nachträglich abgehäkelt.

Ohne Kontrastfaden

... können Sie dieses Knopfloch ebenfalls einarbeiten. Dafür eine Masche in der Mitte des Knopflochs durchtrennen, den Faden vorsichtig zu beiden Seiten herausziehen und die Maschen auf dünne Hilfsnadeln heben. Die Knopflöcher abhäkeln und die Restfäden vernähen. Das Knopfloch wird durch die aufgetrennte Reihe etwas höher, sperrt also mehr als das mit Kontrastfaden gearbeitete.

1 Stricken Sie über die gewünschte Maschenzahl – hier 5 Maschen – mit einem andersfarbigen Garn. Dann heben Sie die Maschen zurück auf die linke Nadel und stricken sie noch einmal mit dem Originalgarn. Sie stricken die Knopflochmaschen also zweimal!

2 Ziehen Sie den Zusatzfaden heraus und heben Sie die unteren 5 und die oberen 6 Maschen (beidseitig die halben Maschen der danebenliegenden Maschen dazu auffassen) auf eine Hilfsnadel.

3 Häkeln Sie die offenen Maschen des unteren, dann des oberen Teils in eine Richtung ohne Faden ab. Ziehen Sie die letzte Masche des unteren durch die des oberen Teils. Dann die letzte Schlinge auf die Rückseite ziehen und vernähen.

4 Mit dem Abhäkeln der Maschen erhalten Sie ein festes, haltbares Knopfloch.

Knopfösen anhäkeln

Bei Knopfleisten von Polopullovern und auch bei Schulterblenden sind angehäkelte Knopfösen schnell und leicht zu arbeiten.

Bei Polopullovern wird der Schlitz in der Mitte des Vorderteils gestrickt. Nehmen Sie in der Teilungsreihe für die Knopfösenkante 1 Randmasche, für den Untertritt 2 bis 3 Maschen zu. Da die Ösen zwischen Randmasche und 1. Masche gehäkelt werden, sollten Sie hier die glatt rechts gestrickte Nahtrandmasche (Seite 26) arbeiten.

Damit die Ösen gleichmäßig aufgeteilt werden können, zählen Sie zunächst die Reihen der Schlitzkante. Wenn Sie z. B. 3 Ösen auf 30 Reihen verteilen und für die Ösen 5 Reihen rechnen, bleiben für die obere Kante 2 Reihen, für die Zwischenräume 5 Reihen und für die untere Kante 3 Reihen. Von der unteren Kante gesehen also 3 Reihen frei, 2mal: 5 Reihen Öse, 5 Reihen frei, dann noch 5 Reihen Öse und 2 Reihen frei.

Häkeln Sie nun mit einer Häkelnadel etwa der gleichen Stärke wie die der verwendeten Stricknadeln (eher etwas dünner) zwischen Rand- und 1. Masche 1 Reihe Kettmaschen (siehe Zeichnung rechte Seite). Darüber dann wieder von rechts nach links 1 Reihe mit Kett- und Luftmaschen. Lassen Sie am Anfang der 1. Reihe einen entsprechend langen Faden hängen, mit diesem können Sie dann die 2. Reihe häkeln und ersparen sich so das zusätzliche Vernähen.

Die Kettmaschen der 2. Reihe werden nur in den oberen Teil der 1. Kettmaschenreihe gehäkelt. Die Anzahl der Kett- und Luftmaschen richtet sich nach Anordnung und Größe der Knöpfe.

1 Mit der Häkelnadel zwischen Randmasche und 1. Masche einstechen und von rechts nach links 1 Reihe Kettmaschen häkeln. Dann wieder von rechts nach links im Wechsel etwa 4 Kettmaschen und 5 Luftmaschen für die Knopfösen häkeln.

2 Zum Verstärken können die Ösen mit halbiertem Faden und festen Maschen umhäkelt werden; über die Kettmaschen dabei wieder nur Kettmaschen häkeln.

3 Die fertige Blende Ton in Ton. Den Rand des Untertritts bei Bedarf mit einer Reihe fester Maschen festigen.

Knopfösen annähen

Die Vorbereitung des Strickstücks ist für die angenähten Ösen die gleiche wie für die angehäkelten Knopfösen. Auch hier werden an der Schlitzteilung beim obenliegenden Teil 1 Randmasche, für den Untertritt 2 bis 3 Maschen zugenommen. Die Aufteilung wird ebenfalls wie bei den angehäkelten Ösen berechnet.

Bei einer sauberen Randmasche können die Ösen zwischen Rand- und erster Masche aufgenäht werden. Ist die Randmasche etwas ungleichmäßig geraten, häkeln Sie zunächst 1 Reihe Kettmaschen zwischen Randmasche und 1. Masche und nähen dann die Ösen auf.

Diese Ösen werden immer mit halbem Faden gearbeitet.

Die fertige Blende Ton in Ton. Auf die Untertrittkante bei Bedarf eine Reihe feste Maschen häkeln.

Ein Tip

Fehlt die passende Nähseide zum Annähen der Knöpfe? Dann nähen Sie sie mit dem Strickgarn an! Bei den meisten Garnsorten ist das kein Problem. Je nach Garnstärke muß der Faden dafür halbiert oder gedrittelt werden.

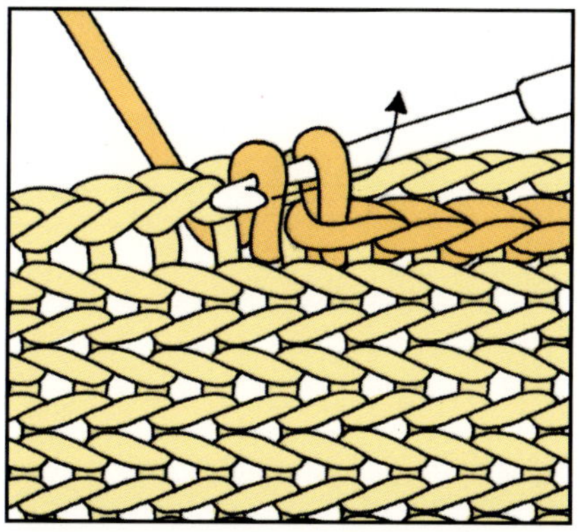

Kettmaschen häkeln: Den Faden unter die Arbeit legen. Mit der Häkelnadel zwischen 2 Maschen von oben nach unten durchstechen, den Faden nach oben holen. 1 oder 2 Reihen weiter wieder von oben nach unten durchstechen, eine weitere Schlinge durchholen und durch die auf der Nadel liegende Schlinge ziehen.

1 An der unteren Schlitzkante beginnen und zwischen Randmasche und 1. Masche bzw. in die Mitte der Kettmaschenreihe eine doppelte Schlinge nähen.

2 Die Schlingen im Knopflochstich umnähen. Am Ende in die Masche einstechen und einige Reihen weiter wieder ausstechen, dann die nächste Schlinge nähen.

Bei dickerem Garn und gleichmäßigen Randmaschen können Sie auf die Kettmaschenreihe verzichten.

Reißverschlüsse

Ein sehr spezielles Thema beim Stricken ist das Einnähen von Reißverschlüssen. Damit sich Strickstück und Verschlußkante später nicht wellen, muß hier sehr genau gearbeitet werden. Und der Verschluß sollte von beiden Seiten gut aussehen.

Für die Innenblende aus den Schlingen der vorderen Blendenmaschen je 1 Masche aufnehmen und die Blende wie die vordere arbeiten.

Der sauber eingenähte Reißverschluß von der Rückseite

Reißverschluß mit doppelter Blende

Bei der rechts abgebildeten Jacke ist der Reißverschluß zwischen eine doppelte Blende genäht.

Nachdem die Halsblende angestrickt ist, werden aus den Kanten aus jeweils 4 Reihen 3 Maschen aufgenommen. Dafür eine Stricknadel verwenden, die etwa 1 bis $1^1/_2$ Nummern größer ist als die Blendennadel. Lassen Sie sich von der Größe der Maschen nicht irritieren – die Hälfte davon wird beim Aufnehmen der Maschen für die Innenblende auf die Rückseite gezogen.

Nun mit den Blendennadeln 3 Reihen glatt rechts (= 1 Rückreihe linke, 1 Hinreihe rechte, 1 Rückreihe linke Maschen) stricken, dann die Maschen in einer Hinreihe links abketten.

Bei dickerem Garn reichen eventuell 2 glatt rechte Reihen, bei sehr dünnem Garn müssen auch mal 4 Reihen glatt rechts gestrickt werden. Die Blende muß etwa so breit werden wie ein Reißverschlußband.

Auf den Innenseiten jeweils aus den Schlingen der von der rechten Seite aufgenommenen Maschen je 1 Masche herausstricken und die Blende wie bei der Vorderseite arbei-

Der sauber eingenähte Reißverschluß von der Vorderseite

ten. Die innere Blende wird 1 Masche schmaler als die äußere.

Den Reißverschluß an den Kanten der Blenden so feststecken, daß die Zähnchen freiliegen, und mit farblich passendem, reißfestem Nähgarn zwischen der linken Masche und der Abkettmasche aufnähen. Dann die innere Blende gegennähen.

Der gleiche Verschluß mit einer rechts abgeketteten Kante. Hier wird die Naht durch die Mitte der Abkettmaschen gearbeitet.

Der gleiche Verschluß mit der rechts abgeketteten Kante von der Rückseite

Eingenähter Reißverschluß bei Zopf- oder Rippenmustern

Bei dem gezeigten Beispiel sind zwischen den Zöpfen jeweils 2 Maschen glatt links gestrickt. In diese linke Rippe wird der Reißverschluß eingenäht. Auf die gleiche Weise können Sie Reißverschlüsse in alle senkrechten Rippenmuster arbeiten.

Schlagen Sie an der Schlitzteilung für die Untertritte zwischen den linken Maschen beidseitig je 2 Maschen zusätzlich an. Der Reißverschluß wird dann im Matratzenstich zwischen die letzte Zopfmasche und die linke Masche genäht. Dafür im Wechsel jeweils einen Querfaden erfassen und einen kurzen Stich durch das Reißverschlußband nähen. Auf der Rückseite die Reißverschlußbänder an die Untertritte nähen.

Damit der Reißverschluß gut eingenäht werden kann, für die Untertritte beidseitig je 2 Maschen dazu anschlagen (Foto rechts). Der Reißverschluß sitzt perfekt zwischen zwei Zöpfen.

Reißverschlußkanten mit Kettmaschen versäubern

Diese Möglichkeit eignet sich für die vorderen Verschlüsse von Polo- und Rollkragenpullovern oder auch für rückwärtige Verschlüsse, z. B. von Kinderpullovern.

Für den Schlitz die beiden mittleren Maschen abketten. Dann getrennt gerade hoch weiterstricken.

Vor dem Einnähen des Reißverschlusses zunächst die Kanten mit Kettmaschen versäubern (siehe auch Zeichnung Seite 73). Dafür den Faden unter die Arbeit legen. An der Schlitzteilung zwischen den beiden abgeketteten Maschen einstechen und den Faden nach oben durchholen. Lassen Sie für die Kettmaschenreihe der zweiten Seite einen genügend langen Faden hängen.

Nun zunächst auf einer Seite die Kettmaschen hochhäkeln. In der Mitte der ersten Abkettmasche mit der Häkelnadel von oben nach unten durchstechen, den Faden nach oben holen und durch die auf der Nadel liegende Schlinge ziehen. Die folgenden Kettmaschen immer 1 oder 2 Reihen höher durch die Randmasche arbeiten. Die zweite Kante ebenso überhäkeln.

Danach eine zweite Reihe Kettmaschen darüber häkeln. Dafür ebenfalls wie oben beschrieben an der Schlitzteilung beginnen und nun die Kettmaschen immer durch die zum Schlitz hin gerichtete Kettmaschenhälfte häkeln.

Für den Besatz 10 Maschen neu anschlagen und etwa 2 cm glatt rechts stricken. Dann die beiden mittleren Maschen abketten und über beide Hälften getrennt weiterstricken. In der entsprechenden Höhe die Maschen abketten. Den Besatz feststecken und rundum aufnähen.

1 Zunächst auf die Randmasche eine Reihe Kettmaschen häkeln.

2 Darüber eine 2. Reihe Kettmaschen jeweils durch den zum Schlitz gerichteten Teil der ersten Kettmaschen häkeln.

Den Reißverschluß mit Nähseide oder Zwirn durch die äußere Kettmaschenreihe aufnähen.
Den Besatz auf der Rückseite feststecken und mit überwendlichen Stichen annähen.

Reißverschluß in einem Rollkragenpullover

Der klassische Troyer wird im Halbpatent mit der krausen Seite außen gestrickt. Der 1 rechts, 1 links gestrickte Rollkragen wird zur Hälfte nach innen umgenäht. Der Reißverschluß reicht dann bis zur oberen Kante. Da der Troyer häufig auch offen getragen wird, sollte der Reißverschluß innen durch einen Besatz bedeckt werden.

An der Schlitzteilung die mittlere linke Masche an der einen Seite als Randmasche stricken. Für die andere Seite eine zusätzliche Randmasche neu anschlagen.

Den Reißverschluß so einnähen, daß er etwa 0,5 cm unterhalb der Kragenhälfte endet. Den Kragen nach innen umschlagen und mit überwendlichen Stichen locker annähen.

Für den Besatz 9 Maschen anschlagen und 2 cm glatt rechts stricken. Dann die Mittelmasche abketten und beide Seiten getrennt beenden. Den Besatz feststecken und rundum annähen.

Bei einem Troyer reicht der Reißverschluß bis in den Rollkragen.

Den Besatz auf die Rückseite nähen.

Einen Reißverschluß kürzen

Wenn Sie keinen passenden Reißverschluß finden, kaufen Sie einen etwas längeren und kürzen ihn auf die gewünschte Länge. Dafür in der entsprechenden Höhe mit doppeltem Zwirn einen neuen Steg nähen. Dann das restliche Band darunter abschneiden.

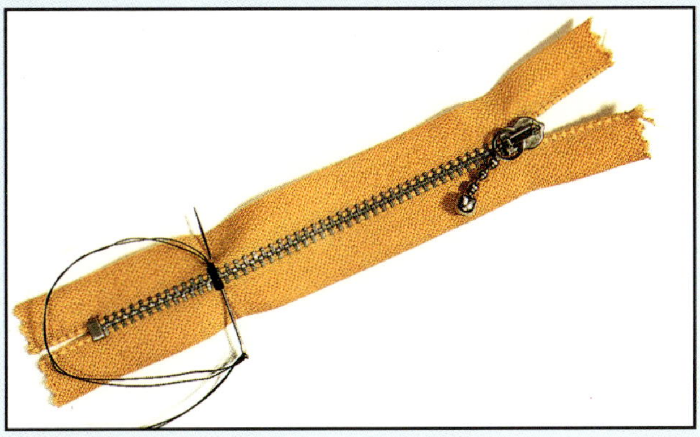

Ausarbeitung

Erst das richtige Zusammennähen macht aus einzelnen Strickteilen ein gut sitzendes Kleidungsstück. Hier finden Sie die besten Tricks für perfekte Nähte.

Nähte im Matratzenstich

Die beste Verbindung für Seiten- und Ärmelnähte ist der Matratzenstich.

Mit ihm können Sie glatt rechte, glatt linke und auch im Patent gestrickte Teile fast unsichtbar zusammennähen. Voraussetzung dafür sind natürlich perfekte Ränder (siehe auch Randmaschen, Seite 26).

Vor dem Zusammennähen die Teile spannen und unter feuchten Tüchern trocknen lassen (siehe Seite 121).

Zum Nähen selbst brauchen Sie eine Sticknadel ohne Spitze oder eine Wollnadel. Nach Möglichkeit sollten Sie die Teile mit dem gleichen Garn zusammennähen, mit dem Sie gestrickt haben. Das geht bei allen glatten oder nur leicht flauschigen Garnen gut. Bei langhaarigen Mohairgarnen oder Effektgarnen mit Noppen oder Fransen verwenden Sie besser ein farblich passendes, glattes Garn. Nehmen Sie jedoch auf keinen Fall Nähgarn, denn das ist nicht elastisch.

Legen Sie die Strickteile mit der rechten Seite nach oben auf eine ausreichend große Arbeitsfläche. Beginnen Sie immer an der unteren Kante und arbeiten Sie von rechts nach links.

Glatt rechts Gestricktes

Zunächst verbinden Sie die Randmaschen der Anschlagreihen. Dafür stechen Sie neben den Randmaschen zuerst bei einem, dann beim anderen Teil von unten nach oben aus. Dann fassen Sie beim ersten Teil den 1. Querfaden zwischen Randmasche und Gestrick. Beim zweiten Teil fassen Sie nun den 1. und den 2. Quer-

1 Bei glatt rechts gestrickten Teilen beginnen Sie beim Nähen mit einem Querfaden, …

2 … dann umfassen Sie immer je 2 Querfäden der oberen und der unteren Hälfte.

3 Durch den Versatz treffen auch Streifen und Strukturen mustergültig aufeinander.

1 Bei glatt links gestrickten Teilen wird immer nur je 1 Masche des oberen …

2 … und des unteren Strickteils erfaßt.

3 Nach dem Anziehen des Fadens ist die Naht kaum noch zu erkennen.

faden, beim ersten Teil dann den 2. und 3. Querfaden, usw. Es werden also immer im Versatz 2 Querfäden erfaßt. Dabei den Faden nicht zu fest anziehen, damit die Nähte elastisch bleiben.

Durch den Versatz der Maschen treffen bei dieser Naht auch Muster, wie Streifen- oder Strukturmuster, genau aufeinander.

Glatt links Gestricktes

Auch bei glatt links gestrickten Teilen ist die Naht im Matratzenstich kaum zu erkennen. Hier wird jedoch von Anfang an immer nur 1 Querfaden jeder Seite erfaßt. Der Faden muß dabei etwas fester angezogen werden, er bildet im Gestrick eine Schlangenlinie.

Patentgestricktes

Für eine Naht im Matratzenstich müssen Sie bei Strickteilen im Patent auf der Vorderseite der Arbeit neben der Randmasche eine linke Masche arbeiten (ungerade Maschenzahl). Wichtig ist auch ein sehr fest gestrickter Rand. Diese Naht ist zwar etwas dicker, dafür jedoch fast unsichtbar.

Nach dem Verbinden der Anschlagreihen erfassen Sie hier Seite für Seite jeweils die Mitte der linken Maschen neben den Randmaschen (sie besteht aus 2 Fäden). Die beiden halben Maschen jeder Seite ergeben eine ganze Masche.

Knötchenränder

Wenn es das Muster erlaubt, wie z. B. beim Falschen Patentmuster, sind Knötchenränder die beste Voraussetzung für eine besonders schöne Naht. Da sich die Knötchen immer am Anfang einer Reihe bilden, greifen sie beim Zusammennähen wie ein Reißverschluß ineinander. Die fertige Naht wirkt dann wie eine zusätzliche linke Masche.

1 Bei Patentmustern wird jeweils die Mitte der linken Masche neben der Randmasche …

2 … abwechselnd vom oberen und vom unteren Teil erfaßt.

3 Diese Naht ist zwar etwas dicker, jedoch fast unsichtbar.

1 Stechen Sie abwechselnd durch ein Knötchen des unteren …

2 … und des oberen Teils. Ziehen Sie den Faden dabei nicht zu fest an.

3 Die Naht ist sehr flach und wirkt wie eine zusätzliche linke Masche.

Nähte im Maschenstich

Der große Vorteil beim Zusammennähen im Maschenstich ist, daß keine sichtbare Naht entsteht. Das sieht besonders bei dickeren Garnen besser aus oder auch bei einem in zwei Teilen gestrickten Modell, bei dem die Schulter-Ärmel-Partien verbunden werden müssen, wie z. B. bei einem Pullover im Fledermausschnitt.

Zum Zusammennähen brauchen Sie eine Stick- oder Wollnadel ohne Spitze; der Faden zum Nähen muß etwa dreimal so lang sein, wie die Teile auf der Nadel breit sind. Verwenden Sie zum Zusammennähen den Endfaden des Strickteils, dann entfällt hier das Vernähen. Und lassen Sie den Nähfaden lieber etwas länger, denn ein Ansetzen im Strickteil ist nicht ohne sichtbare Schäden möglich.

Sie können die Maschen gleich von den Nadeln aus verbinden. Dazu bedarf es etwas Übung, denn besonders bei lockerer Strickweise rutschen sie manchmal zu schnell von der Nadel.

Oder Sie stricken mit einem andersfarbigen Wollrest noch 2 Reihen rechte Maschen über jede Nadel; dann werden diese zusätzlichen Reihen beim Zusammennähen nach und nach aufgetrennt. Nehmen Sie hierfür jedoch auf jeden Fall Wolle oder eine etwas aufgerauhte Wollmischung, denn Maschen aus glatter Baumwolle würden sich zu schnell lösen.

Beim Zusammennähen von Teilen im Maschenstich entsteht immer eine neue Reihe, die beim Strickteil weniger gearbeitet wird.

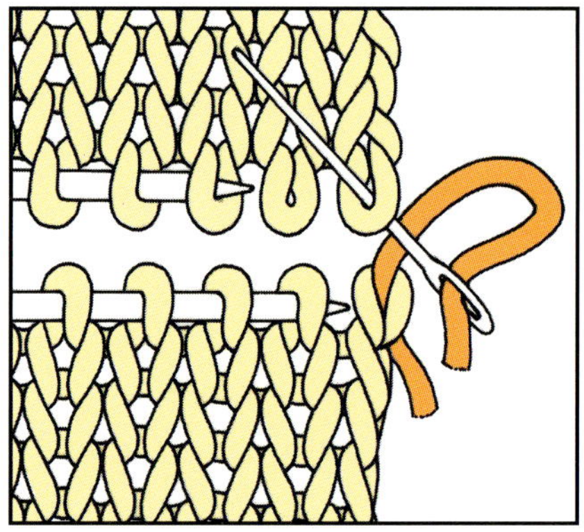

1 Beim **Nähen von der Nadel** stechen Sie zunächst in die Randmaschen des unteren und des oberen Teils von unten nach oben. Dann stechen Sie beim unteren Teil von oben ...

... nach unten in die Randmasche ein und von unten nach oben in der folgenden Masche aus. Danach lassen Sie die 2. Masche von der Nadel gleiten.

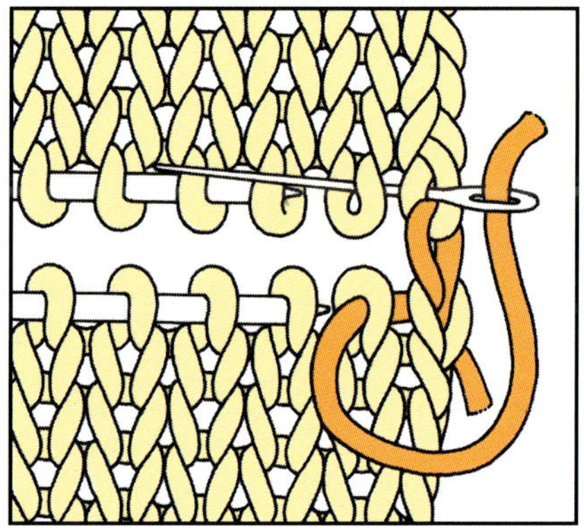

2 Stechen Sie nun abwechselnd beim oberen und beim unteren Teil in die vorherige Masche ein und in der folgenden, auf der Nadel liegenden Masche ...

... aus; ziehen Sie den Faden nicht zu fest an. Bei jedem Arbeitsgang werden immer 2 halbe Maschen erfaßt.

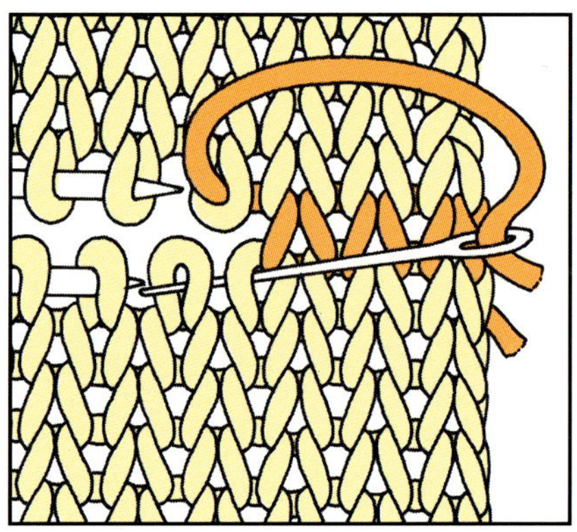

3 Die Schlingen auf der Nadel und die Naht selbst bilden jeweils eine Reihe im Gestrick. Bei einem Rapport ...

... von 4 Reihen müssen also vorher auf einer Nadel 1 Reihe und auf der anderen 2 Reihen gestrickt sein.

1 Für das **Nähen mit offenen Maschen** werden zunächst 2 Reihen glatt rechts mit einem andersfarbigen Garn gestrickt. Die Teile gegeneinander legen und die Nadeln herausziehen.

2 Nun wie beim Nähen von der Nadel nach den Randmaschen abwechselnd immer je 2 Maschen des unteren und oberen Teils verbinden. Die zusätzlichen Reihen nach und nach autrennen.

3 Das Ergebnis ist das gleiche wie beim Nähen von der Nadel: Die fertige Naht ist nicht zu sehen.

Wenn Sie z. B. einen Rapport von vier Reihen arbeiten, stricken Sie auf einer Seite 2 Reihen, sichtbar sind dann eine fertige Reihe und die Schlingen auf der Nadel; auf der anderen Seite stricken Sie nur 1 Reihe, hier bilden die Schlingen auf der Nadel die spätere Maschenreihe.

Legen Sie die Teile jeweils mit der rechten Seite nach oben gegeneinander. Der Arbeitsfaden ist am unteren Strickteil. Die Arbeitsweise für glatt rechte Strickteile ist auf diesen Seiten genau erklärt.

Bei glatt linken Strickstücken werden die Maschen auf ähnliche Weise zusammengenäht. Sie müssen lediglich statt von unten nach oben von oben nach unten ein- bzw. ausstechen und umgekehrt.

Sie stechen also in die Randmaschen jeweils von oben nach unten ein. Dann in eine Randmasche von unten nach oben ein und in die folgende Masche von oben nach unten aus, usw. Bei nur glatt linkem Maschengrund können Sie die Arbeit auch wenden und die Teile im rechten Maschenstich zusammennähen.

Bei gemusterten Modellen, wie z. B. bei Strukturmustern oder Rippenmustern, ist eine Verbindung im Maschenstich weniger zu empfehlen, da sich das Maschenbild um eine halbe Masche verschiebt. Hier sieht es besser aus, wenn Sie die Maschen zusammenstricken oder nach dem Abketten zusammennähen.

Abgekettete Maschen verbinden

Bei einigen Mustern ist ein Zusammennähen von offenen Maschen im Maschenstich sehr schwierig, wie z. B. bei Lochmuster-Teilen. Hier ist es einfacher, die Maschen abzuketten und dann im Maschenstich zusammenzunähen. Bei dieser Naht entsteht innen ein kleiner Wulst, doch von außen ist auch diese Naht kaum zu sehen.

Bei der Maschennaht wird wie beim Zusammennähen von offenen Maschen im Maschenstich gearbeitet. Auch hier benötigen Sie eine Stick- oder Wollnadel ohne Spitze und einen Arbeitsfaden, der etwa dreimal so lang ist wie das Strickstück.

Legen Sie beide Teile mit der rechten Seite nach oben gegeneinander. Beginnen Sie wie bei den offenen Maschen mit den Randmaschen. Dann erfassen Sie auch hier immer 2 Maschenteile des unteren und des oberen Teils. Ziehen Sie dabei den Arbeitsfaden nicht zu fest an, sonst wird die Naht hart und starr, und der innere Wulst wird dicker.

Zusammennähen bei quergestrickten Teilen

Bei einigen Mustern ist es nötig, Pullover querzustricken, z. B. wenn Sie Längsstreifen einarbeiten möchten und nicht gern mit vielen Knäueln arbeiten.

Es gibt zwar die Möglichkeit, den Pullover am Ärmel zu beginnen und ihn in einem Stück über die Schultern hinweg zu stricken. Der Nachteil: Das Strickteil wird bei dicken, rustikalen Garnen sehr schwer, bei weichen Garnen verzieht es sich leicht.

Hier können Sie alle Teile einzeln stricken und die Ärmel dann in offenen Maschen auf die Anschlag- bzw. Abkettkante von Vorder- und Rückenteil nähen. Damit Sie auf beiden Seiten in gleicher Höhe enden, beginnen Sie in diesem Fall in der Mitte des Ärmels bzw. an der Schulter. Lassen Sie die Hälfte des Arbeitsfadens auf der Vorderseite hängen und nähen Sie zunächst eine Seite bis zur Ärmelecke. Dann beginnen Sie wieder an derselben Stelle in der Mitte und schließen die zweite Seite.

Zum Schluß verbinden Sie auch die Seitenkanten von Vorder- und Rückenteil mit einer Maschennaht und schließen die Ärmelnaht im Matratzenstich (Seite 112).

1 Beim Annähen von Ärmeln an quergestrickte Teile legen Sie die Ärmelmaschen je zur Hälfte auf zwei Nadeln.

2 Beginnen Sie die Maschennaht in der Ärmelmitte bzw. an der Schulter und arbeiten Sie zunächst zur linken Ärmelkante hin.

3 Dann wenden Sie das Teil und beenden die zweite Seite. Am Anschlagrand erfassen Sie hier 1 ganze Masche, am offenen Rand jeweils 2 halbe Maschen.

Im Bündchenmuster Gestricktes zusammennähen

Mitgestrickte Blenden von Jacken und Westen oder breite Schalkragen werden meist im einfachen Bündchenmuster, je 1 Masche rechts und links im Wechsel, gestrickt. Für den Abschnitt von der Schulter bis zur hinteren Halsausschnittmitte wird nur über diese Blendenmaschen weitergearbeitet, dann werden sie in der rückwärtigen Mitte verbunden.

Da sich die Maschen bei einer im Maschenstich geschlossenen Naht um eine halbe Masche verschieben, ist ein unsichtbares Zusammennähen an dieser Stelle nicht möglich. Auch können die Maschen hier nicht zusammengestrickt werden. Da sich im Bündchenmuster die Maschen außerdem sehr zusammenziehen, empfiehlt sich die folgende Möglichkeit:

Legen Sie zunächst alle rechten und alle linken Maschen auf je eine Nadel, so daß von beiden Seiten nur die rechten Maschen auf der Nadel sind. Dann legen Sie die Teile gegeneinander und verbinden zuerst die rechten Maschen der beiden oberen Nadeln im Maschenstich. Dann wenden Sie die Arbeit und nähen die Maschen der beiden anderen Nadeln ebenso zusammen.

Ärmel annähen

Besonders sorgfältig müssen auch die Ärmel eingesetzt werden. Arbeiten Sie diese Naht grundsätzlich vor dem Schließen von Seiten- und Ärmelnähten.

Annähen im Matratzenstich: Beim Ärmel immer 1 ganze Masche, bei Vorder- bzw. Rückenteil jeweils 1 oder 2 Querfäden im Wechsel erfassen.

Bei geraden Ärmeln und bei Ärmeln mit leichter Rundung

Diese Ärmel sollten grundsätzlich von außen mit Matratzen- oder Steppstichen angenäht werden. Nur so kann die Naht maschengerade gearbeitet werden.

Schließen Sie zunächst die Schulternähte. Legen Sie dann die Teile offen auf eine größere Ablage oder einen Tisch. Dann stecken Sie den Ärmel paßgenau fest, damit sich beim Nähen nichts verziehen kann. Beginnen Sie mit dem Abstecken an der Schulter bzw. der Ärmelmitte und an den Ärmelecken. Befestigen Sie dann die übrige Ärmelkante in Abständen von ca. 5 cm.

Achten Sie beim Nähen auf die Maschenprobe. Bei glatt rechten Teilen müssen beim Arbeiten im Maschenstich nach jeweils 3 Maschen 2 statt 1 Querfaden umfaßt werden, beim Nähen mit Steppstichen 3 statt 2 Querfäden. Wenn Sie die Teile genau festgesteckt haben, ist das Überprüfen der Naht jedoch einfach.

Bei abgeketteten Ärmelmaschen können Sie nun im Matratzenstich arbeiten. Umfassen Sie immer 1 Masche des Ärmels und 1 oder 2 Querfäden von Vorder- bzw. Rückenteil im Wechsel.

Beim Annähen des Ärmels im Steppstich die Abkettreihe Masche für Masche auflösen.

Die Steppstiche bilden eine Naht, die ähnlich aussieht wie eine Reihe linker Maschen.

Noch etwas flacher wird die Naht, wenn Sie die offenen Ärmelmaschen im Steppstich aufnähen. Ketten Sie dafür die Maschen zunächst locker ab, damit sich beim Spannen keine Maschen lösen können. Nun stecken Sie den Ärmel wie beschrieben an Vorder- und Rückenteil und lösen beim Nähen die Abkettreihe nach und nach auf. Die Naht von rechts nach links wie folgt arbeiten:

Ziehen Sie den Faden zunächst von unten nach oben neben der Randmasche durch Vorder- bzw. Rückenteil, dann durch die 1. Masche des Ärmels. Nun stechen Sie rechts daneben von oben nach unten ein und 2 Querfäden weiter von unten nach oben aus und fassen dabei die 2. Ärmelmasche. Dann zurück durch die 1. Masche des Ärmels und Vorder- bzw. Rückenteil ein- und 2 Querfäden weiter durch Vorder- bzw. Rückenteil und die 3. Ärmelmasche wieder ausstechen. Zurück durch die 2. Ärmelmasche ein- und 2 Querfäden weiter durch die 4. Ärmelmasche wieder ausstechen, usw. (siehe auch Blenden annähen, Seite 71).

Bei stark angekrausten und Puffärmeln

Beim Einsetzen stark angekrauster Ärmel können Sie auf zwei Arten arbeiten: entweder von außen oder von innen. Auch bei diesen Nähten ist es einfacher, sie vor dem Schließen der Seiten- und Ärmelnähte zu arbeiten.

Auf der linken Seite genäht

Die bekanntere Art ist das Nähen mit Steppstichen von der linken Seite. Hierfür werden die Teile rechts auf rechts aufeinandergesteckt. Stecken Sie die Nadeln in nicht zu großem Abstand, damit die Teile nicht verrutschen können. Die Mehrweite von angekrausten Armkugeln im Schulterbereich verteilen.

Legen Sie die Teile so, daß Vorder- bzw. Rückenteil oben und die Ärmel unten liegen. Damit die Naht reihengerade verläuft, achten Sie darauf, daß Sie bei Vorder- und Rückenteil immer direkt neben der Randmasche einstechen.

Auf der rechten Seite genäht

Das reihengerade Arbeiten der Naht ist hier einfacher als beim Nähen auf der linken Seite. Die Teile zunächst links auf links aufeinanderstecken, die Mehrweite auf den Schulterbereich verteilen. Dann die Naht, wie auf den vorangegangen Seiten beschrieben, im Matratzenstich schließen. Von Stecknadel zu Stecknadel arbeiten, dabei die Nadeln nicht zu früh entfernen. An der Schulter je nach Weite jeweils einen Maschenteil von 2 oder mehr Maschen gleichzeitig, danach einen Querfaden von Vorder- bzw. Rückenteil erfassen.

Pullover und Ärmel offen gegeneinanderlegen und zunächst die Ärmelmitte markieren. Den Ärmel feststecken und die Teile dann im Matratzenstich verbinden.

Entweder die Teile mit Stecknadeln rechts auf rechts zusammenstecken, dann die Naht mit Steppstichen schließen, oder ...

... die Teile mit Stecknadeln links auf links zusammenstecken und die Naht im Matratzenstich schließen.

An den angekrausten Stellen immer mehrere Maschen auf die Nähnadel nehmen und mit einem Querfaden von Vorder- bzw. Rückenteil verbinden.

Beide Nähte sehen von außen perfekt aus.

So geht's am besten: Legen Sie die Teile mit der rechten Seite nach oben auf eine große Arbeitsplatte oder einen Tisch. Dann stecken Sie zunächst die äußeren Kanten des Ärmels mit Stecknadeln fest, dann die Ärmelmitte an der Schulternaht. Nun den Ärmel möglichst mit dem Originalgarn im Matratzenstich annähen. Nehmen Sie die Stecknadeln nicht zu früh heraus, damit sich die Naht nicht verziehen kann.

Die Anleitungen für die Jacke mit Zopfmustern finden Sie auf Seite 200, für den Pullover mit Jacquard- und Strukturmustern auf Seite 198.

Der kontrastfarbene Faden ist eine Erleichterung für das Zählen von Reihen und Zunahmen. In jeder Zunahmereihe wird er vor der Mittelmasche (oder der danebenliegenden Masche) nach hinten, nach dem Stricken der Mittelmasche wieder nach vorn gelegt. So ist die Anzahl der Zunahmen und auch die Reihenzahl zwischen den Zunahmen leicht zu überprüfen.

Lassen Sie den Faden bis zum Einnähen des Ärmels im Strickteil. Da er auch die Ärmelmitte markiert, kann der Ärmel an dieser Stelle an der Schulternaht festgesteckt werden.

Ein Tip

Für eine schöne, stufenlose Rundung der Armkugeln gibt es einen einfachen Trick: Nach der ersten größeren Abnahme stricken Sie bei allen folgenden Reihen die ersten 2 Maschen in den Hinreihen rechts verschränkt, in den Rückreihen links zusammen. Die folgenden Maschen dann normal abketten. Soll nur eine Masche abgekettet werden, lediglich die 2 Maschen entsprechend zusammenstricken.

Fäden ansetzen und vernähen

Auch das dickste Knäuel hat einmal ein Ende. Und da gibt's beim Stricken ein Tabu: das Verknoten der Fäden.

Fäden ansetzen

Beginnen Sie nach Möglichkeit ein neues Knäuel nicht innerhalb des Strickstücks. Auch wenn der Restfaden noch ziemlich lang erscheint – häufig reicht er nicht mehr für die ganze Reihe. Lassen Sie ihn an der Kante hängen; Sie können ihn später zum Zusammennähen verwenden. Wenn Ihnen der Faden beim Stricken lästig ist, schneiden Sie ihn auf eine Länge von etwa 10 cm ab.

Damit sich die Maschen bei angesetzten Fäden nicht so leicht lockern, stricken Sie die Randmasche am Ende der Reihe zweifädig, also mit dem Rest- und dem neuen Faden. Wenden Sie die Arbeit und stricken Sie die Randmasche und einige Maschen mit dem neuen Faden. Ziehen Sie danach die beiden Fäden an, die Maschen lockern sich dann kaum noch.

Fäden vernähen

Da Strickstücke in der Breite sehr viel elastischer sind als in der Länge, werden die Fäden immer einzeln senkrecht in den Randmaschen vernäht. Wenn sie quer vernäht werden, können sich die Enden leicht nach vorn durchdrücken.

Es ist dabei völlig gleich, ob Sie die Fäden vor oder nach dem Zusammennähen der Teile vernähen. Besonders bei dünnem Garn empfiehlt sich das Vernähen nach dem Konfektionieren. Da sich die Randmaschen und häufig auch die danebenliegenden Maschen durch das Vernähen verdicken, sind die einzelnen Maschen eventuell nicht mehr klar erkennbar. Und das erschwert das Zusammennähen sehr. Außerdem können Sie die Restfäden so auch zum Nähen verwenden.

Bei dicken Garnen mit kurzen Lauflängen kann es jedoch leicht passieren, daß ein Knäuel innerhalb des Teils endet. Dann gibt es nur ein Tabu: Knoten! Nicht nur, daß sie unschön aussehen; die Knoten könnten sich auch beim Tragen oder Waschen lösen, und dann ist das Strickteil kaum noch zu retten.

Schneiden Sie die Restfäden auf etwa 10 cm Länge ab und vernähen Sie sie so, wie es bei den mittleren Abbildungen 1 und 2 (oben) beschrieben ist.

1 Damit sich die ersten Maschen bei neu angesetztem Garn nicht lockern, stricken Sie die letzte Randmasche mit beiden Fäden und wenden das Teil.

2 Stricken Sie mit dem neuen Faden die Randmasche und einige Maschen der Reihe und ziehen Sie dann die Restfäden fest an.

1 Wenn Sie Fäden innerhalb des Strickstücks vernähen müssen, stechen Sie zunächst durch die danebenliegende Masche, so daß die Masche geschlossen wird.

2 Dann vernähen Sie den Faden in senkrechter Form. Fassen Sie dabei nie die ganzen Maschen, sondern immer nur einen Teil auf und ziehen Sie den Faden nicht zu fest an.

Fäden an den Kanten können Sie vor oder nach dem Zusammennähen der Teile vernähen. Sie werden immer einzeln und senkrecht in die Randmaschen oder die Naht genäht.

Spannen und Dämpfen

Jedes Strickstück sollte vor dem Zusammennähen gespannt werden. Beim Spannen glätten sich die eingerollten Ränder, und das gesamte Maschenbild wird gleichmäßiger.

Alle Teile nach den Maßen des Schnitts spannen und unter feuchten Tüchern trocknen lassen.

Die praktische Spann- und Dämpfunterlage ist im Fachhandel erhältlich.

Vor dem Spannen sollten alle Fäden, die sich im Strickstück befinden, vernäht sein. Fäden an den Seiten können Sie auch nach dem Konfektionieren, also nach dem Zusammennähen der Teile, in den Nähten vernähen.

Alle Teile werden auf einer glatten Unterlage nach den Maßen des Schnitts festgesteckt. Geeignet sind dafür ein großer Bügeltisch, ein Teppich, eine mit einem Küchenhandtuch bespannte Styroporplatte oder eine mit Schaumstoff unterklebte Spann- und Dämpfunterlage (im Fachhandel erhältlich). Zum Feststecken können Sie normale Stecknadeln verwenden; praktischer jedoch sind die etwas längeren Spannstecknadeln.

Stecken Sie die Nadeln in nicht zu großem Abstand möglichst flach durch die Randmaschen ein. Messen Sie beim Spannen öfter nach, damit Vorder- und Rückenteile bzw. Ärmel später gleich groß sind. Nur die Bündchen werden nicht gespannt. Nun feuchte Tücher darüberlegen, mit den Händen etwas andrücken und alles einige Stunden oder über Nacht trocknen lassen. Dann die Tücher entfernen; vor dem Entfernen der Nadeln die Teile jedoch noch etwa eine Stunde ruhen lassen.

Beschweren Sie die Teile auf keinen Fall mit Büchern oder ähnlichen schweren Gegenständen. Damit werden die Muster regelrecht plattgedrückt und selbst glatt rechts Gestricktes verliert an Struktur.

Dämpfen

Bevor Sie Strickteile dämpfen, sollten Sie sich die Garnbanderole genau ansehen. Ist das Bügeleisen durchgestrichen, ist Bügeln und Dämpfen untersagt! Lediglich reine Wolle oder Baumwolle können Sie vorsichtig überdämpfen. Alle Garnmischungen, also die meisten Garne, vertragen das Dämpfen nicht besonders gut; die Teile werden lappig.

Legen Sie zum Dämpfen ein feuchtes Tuch auf das Strickteil. Setzen Sie das Bügeleisen immer nur ganz kurz auf und heben es zur nächsten Stelle. Also nicht wie beim normalen Bügeln hin und her bewegen, dabei würden sich die Maschen verziehen. Besser ist ein Dampfbügeleisen, das nicht aufgesetzt, sondern in geringem Abstand über das Strickstück geführt wird, das Teil also nicht berührt.

Spezielle Techniken

Hier geht es um die schönsten Stricktechniken. Von Ajour- und Lochmustern über Zöpfe und Patentgestricktes bis hin zu Jacquards, Biesen und Intarsien – alles wird detailgenau und leicht verständlich erklärt. So wird selbst das Stricken von verkürzten Reihen zum Vergnügen ...

Patentmuster

Patente Muster zeigen in jeder Art viel „Profil", vielleicht sind sie deshalb so beliebt. Und sie sind, hat man einmal den Dreh heraus, sehr einfach zu stricken.

Auf den Garnbanderolen werden immer Nadelstärken empfohlen, z. B. Nadelstärke 3 bis 4. Da sich Patentgestricktes beim Tragen und Waschen sehr dehnt – Vollpatent in der Breite, Halbpatent mehr in der Länge – sollten Sie diese Muster relativ fest stricken und auf keinen Fall die größte angegebene Nadelstärke verwenden. Wenn Sie normalerweise locker stricken, reicht in diesem Fall Nadelstärke 3; wenn Sie fester stricken, auch Nadelstärke 3 $^1/_2$.

Aus dem gleichen Grund muß die **Maschenprobe** (Seite 50/51) leicht gedehnt gemessen werden, damit die Modelle später nicht zu groß werden. Lassen Sie sich von sehr klein aussehenden Strickteilen nicht irritieren – erst nach dem Spannen oder Waschen haben die Teile die gewünschte Größe.

Die **Randmaschen** müssen bei Patentmustern besonders fest gestrickt werden. Am besten eignet sich hier der links gestrickte Knötchenrand, bei dem die Randmaschen in jeder Reihe links gestrickt und dabei fest angezogen werden. Ein besonders schönes Beispiel dafür finden Sie bei den V-Ausschnitten auf Seite 83. Der links gestrickte Knötchenrand ist so gleichmäßig, daß eine zusätzliche Blende nicht nötig ist. Bei Kanten, die später nicht in Nähten verschwinden, wie bei Schals oder den vorderen Jackenkanten, sieht der patente Rand am schönsten aus (siehe Randmaschen, Seite 27).

Achten Sie außerdem darauf, daß auf der Vorderseite neben den Randmaschen jeweils eine linke Masche ist. Nur dann können Sie die Nähte später im **Matratzenstich** schließen.

Das bedeutet, daß Sie bei Voll- und Halbpatent eine **ungerade Maschenzahl** anschlagen und schon beim Bündchen darauf achten müssen, daß in der ersten Rückreihe neben der Randmasche eine Masche rechts gestrickt wird.

Abgekettet werden Patentmuster im Maschenrhythmus, d. h. bei Voll- und Halbpatent stricken Sie je 1 Masche rechts und links im Wechsel. Besonders bei den Schulternähten sollten Sie fest arbeiten, damit sie sich nicht zu sehr dehnen können. Statt Abketten können Sie die Maschen auch fest abhäkeln oder zusammenstricken.

Voll- und Halbpatent können statt mit Umschlägen auch mit **tiefer eingestochenen Maschen** gearbeitet werden. Das erscheint manchen Strickerinnen einfacher, doch wird das Gestrick dabei viel lockerer, da sich dann eine ganze Masche auflöst. Meist sieht das fertige Teil auch ungleichmäßiger gestrickt aus – und schneller geht es auch nicht! Außerdem lösen sich die Maschen bei einigen Garnen, wie z. B. Noppen- oder Bouclégarn, nicht unbedingt von allein auf.

Ein Tip

Für Patentmuster benötigen Sie im Vergleich zu glatt rechten Teilen etwa 30 bis 50 Prozent mehr Garn. Achten Sie deshalb schon beim Garnkauf auf „leichte", nicht zu fest gedrehte Garne. Wolle und Wollmischungen sind leichter als Baumwollgarne. Bei Baumwolle wird auch ein glatt rechts gestrickter Pulli relativ schwer. Je schwerer ein Pullover, um so mehr „wächst" er später!

Vollpatent

Im Vollpatent Gestricktes sieht von beiden Seiten gleich aus.

Anleitung für das Stricken mit Umschlägen
Ungerade Maschenzahl.
1. R (Rückr): Randm, * 1 M re, 1 M mit 1 U li abheben *, 1 M re, Randm.
2. R (Hinr): Randm, * 1 M mit 1 U li abheben, die folgende M mit dem U re zus-str *, 1 M mit 1 U li abheben, Randm.
3. R: Randm, * die M mit dem U re zus-str, 1 M mit 1 U li abheben *, die M mit dem U re zus-str, Randm.
Die **2. und 3. Reihe** stets wiederholen.

Anleitung für das Stricken mit tiefer eingestochenen Maschen
1. R (Rückr): Zwischen den Randm alle M re str.
2. R (Hinr): Randm, * 1 M re, bei der folgenden M 1 R tiefer in die M der Vorreihe einstechen und re abstricken (die M darüber löst sich auf) *, 1 M re, Randm.
3. R: Randm, * 1 R tiefer in die M der Vorreihe einstechen und re abstricken, 1 M re *, 1 R tiefer in die M der Vorreihe einstechen und re abstricken, Randm.
Die **2. und 3. Reihe** stets wiederholen.

Zweifarbiges Vollpatent

Dieses Muster muß auf Rundstricknadeln in offenen Reihen gestrickt werden, da immer 2 Hin- und 2 Rückreihen nacheinander gestrickt werden müssen. Nach dem Stricken der 1. Hinreihe schieben Sie die Maschen von der linken Nadelspitze zurück an die rechte und stricken die 2. Hinreihe. Danach die 1. Rückreihe, usw.

Damit die Randmaschen auch bei diesem Muster fest werden, werden sie in den ungeraden Reihen immer links, in den geraden Reihen immer rechts gestrickt, d. h. bei dem unten gezeigten Beispiel, daß alle weißen Randmaschen links, alle ockerfarbenen Randmaschen rechts gestrickt werden.

Wenn Sie das Muster wie hier beschrieben stricken, ist die ockerfarbene Seite vorn. Sie benötigen eine ungerade Maschenzahl.
1. R (Hinr) in Weiß: Randm, * 1 M li, 1 M mit 1 U li abheben *, 1 M li, Randm. Nun die M zur rechten Nadelspitze schieben.
2. R (Hinr) in Ocker: Randm, * 1 M mit 1 U li abheben, die folgende M mit dem U re zus-str *, 1 M mit 1 U li abheben, Randm.
Die Arbeit wenden.
3. R (Rückr) in Weiß: Randm, * die M mit dem U re zus-str, 1 M mit 1 U li abheben *, die M mit dem U re zus-str, Randm. Die M zur rechten Nadelspitze schieben.
4. R (Rückr) in Ocker: Randm, *1 M mit 1 U li abheben, die folgende M mit dem U li zus-str *, 1 M mit 1 U li abheben, Randm. Die Arbeit wenden.
5. R (Hinr) in Weiß: Randm, * die M mit dem U li zus-str, 1 M mit 1 U li abheben *, die M mit dem U li zus-str, Randm. Die M zur rechten Nadelspitze schieben.
Die **2. bis 5. Reihe** stets wiederholen.

Zweifarbiges Vollpatent: das beschriebene Muster von der rechten Seite …

… und, farblich gegengleich, die Ansicht von der linken Seite.

Halbpatent

Halbpatent wird, wie der Name schon sagt, nur zur Hälfte im Patent gestrickt. Dieses Muster sieht auf einer Seite glatt, fast genauso wie beim Vollpatent aus. Auf der anderen Seite wirkt das Muster „kraus“; das ist die Seite, die mit dem Umschlag gearbeitet wird. Sie müssen also schon zu Beginn des Musters entscheiden, welches Ihre rechte Seite ist. Bei den klassischen Troyern z. B. ist die krause Seite außen.

Achten Sie auch hier darauf, daß neben der Randmasche eine linke Masche gestrickt wird. Sie benötigen wieder eine ungerade Maschenzahl.

Bei der folgenden Strickart ist die glatte, patente Seite außen.
1. R (Rückr): Randm, * 1 M re, 1 M mit 1 U li abheben *, 1 M re, Randm.
2. R (Hinr): Randm, * 1 M li, die M mit dem U re zus-str *, 1 M li, Randm.
Diese **2 Reihen** stets wiederholen.

Für eine „krause“ Außenseite stricken Sie wie folgt:
1. R (Hinr): Randm, * 1 M mit 1 U li abheben, 1 M re *, 1 M mit 1 U li abheben, Randm.
2. R (Rückr): Randm, * die M mit dem U re zus-str, 1 M li *, die M mit dem U re zus-str, Randm.
Diese **2 Reihen** stets wiederholen.

Natürlich können Sie auch dieses Muster mit tiefer eingestochenen Maschen arbeiten. Hier stricken Sie dann auf der krausen Seite alle Maschen rechts, auf der glatten Seite wird abwechselnd 1 Masche links gestrickt und 1 Masche tiefer eingestochen und rechts abgestrickt.

Halbpatent: Auf einer Seite erscheinen die glatten Patentmaschen, …

… die andere Seite zeigt ein „krauseres“ Maschenbild.

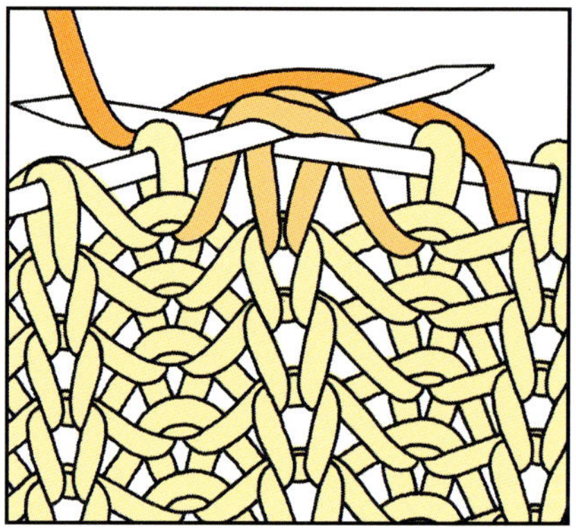

Patente Maschen mit Umschlag
Wenn Sie eine Masche mit einem Umschlag abheben, liegt der Faden zunächst vor der Arbeit. Sie stechen dann mit der rechten Nadel wie zum Linksstricken in die folgende Masche ein, heben sie ab und führen dabei den Faden hinter die Arbeit. Wenn Sie im Vollpatent arbeiten, stricken Sie die folgende rechte Masche mit dem Umschlag der Vorreihe rechts zusammen; wenn Sie im Halbpatent arbeiten, stricken Sie die Masche rechts.

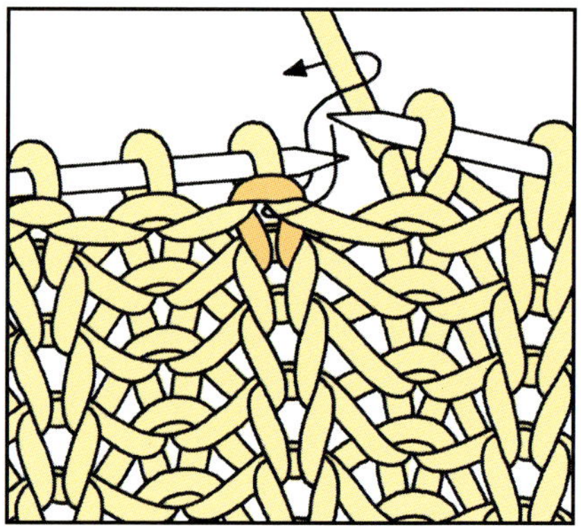

Tiefer eingestochene Masche
Anstelle des Umschlags über der abgehobenen linken Masche können Sie auch einfach eine Masche rechts stricken.
In der folgenden Reihe müssen Sie dann eine Reihe tiefer in die Masche der Vorreihe einstechen, die auf dieser Seite links erscheinende Masche löst sich dabei auf.

Verschränkt gestricktes Halbpatent

Eine völlig andere Struktur zeigen verschränkt gestrickte Patentmaschen. Sie brauchen dafür eine gerade Maschenzahl.
1. R (Rückr): Randm, * 1 M mit 1 U li abheben, 1 M re *, Randm.
2. R (Hinr): Randm, * 1 M li, die M mit dem U re verschränkt zus-str, (in das hintere M-glied und den hinteren Schlingenteil des U zus einstechen und re abstricken) *, Randm.
Diese **2 Reihen** stets wiederholen.

Verschränkt gestrickte Patentmaschen zeigen ein völlig anderes Maschenbild.

Doppeltes Patentmuster

Sehr markant ist auch dieses Muster, bei dem der Umschlag jeweils mit 2 Maschen rechts zusammengestrickt wird. Die Zeichnung verdeutlicht, wie die Umschläge und Maschen verstrickt werden.

Die Maschenzahl muß teilbar sein durch 4 + 2 + 2 Randmaschen.
1. R (Rückr): Randm, * 2 M re, 2 M mit 1 U li abheben *, 2 M re, Randm.
2. R (Hinr): Randm, * 2 M mit 1 U li abheben, die nächste M mit dem U re zus-str, dabei den U noch auf der linken Nadel lassen und nur die M auf die rechte Nadel heben, dann die 2. Masche ebenfalls mit dem U re zus-str *, 2 M mit 1 U li abheben, Randm.
3. R: Randm, * die 1. M mit dem U re zus-str, dabei den U noch auf der linken Nadel lassen und nur die M auf die rechte Nadel heben, dann die 2. Masche ebenfalls mit dem U re zus-str, 2 M mit 1 U li abheben *, die nächste M mit dem U re zus-str, dabei den U noch auf der linken Nadel lassen und nur die M auf die rechte Nadel heben, dann die 2. M ebenfalls mit dem U re zus-str, Randm.
Die **2. und 3. Reihe** stets wiederholen.

Beim doppelten Patentmuster werden die Umschläge über 2 Maschen gearbeitet.

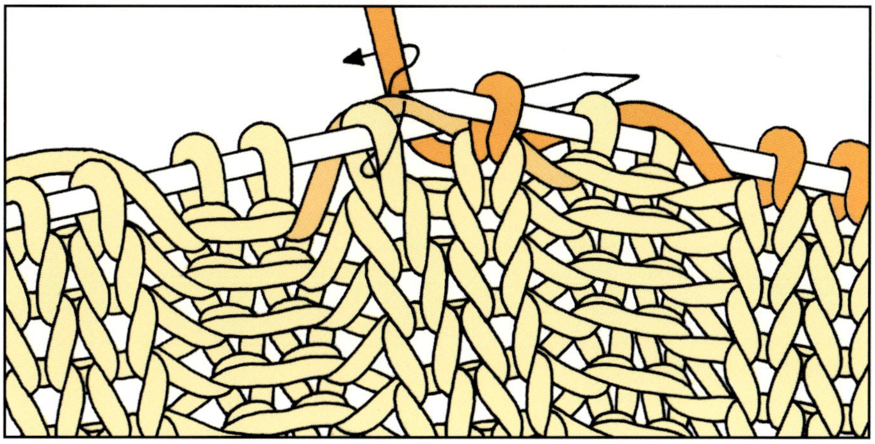

Doppeltes Patentmuster: Beim doppelten Patentmuster werden mit einem Umschlag 2 Maschen wie zum Linksstricken abgehoben, dann werden 2 Maschen, jede für sich, mit dem Umschlag der Vorreihe zusammengestrickt.

Dreier-Patent

Drei rechte Patentmaschen und eine linke Patentmasche sind hier im Wechsel gestrickt. Dafür werden jeweils die 1. und die 3. rechte Patentmasche in den Hinreihen mit dem Umschlag zusammengestrickt, für die 2. rechte Patentmasche wird der Umschlag in den Hinreihen gearbeitet, in den Rückreihen wird die Masche mit dem Umschlag links zusammengestrickt. Von der Rückseite sieht dieses Muster wie gewebt aus. Die rechten Patentmaschen können Sie im gleichen Prinzip auch auf 5, 7 oder mehr Maschen erweitern, so daß auf der Rückseite die Rippen im immer breiteren Abstand erscheinen.

Für das Dreier-Patent muß die Maschenzahl teilbar sein durch 4 +1 + 2 Randmaschen.

1. R (Rückr): Randm, * 1 M re, 1 M mit 1 U li abheben, 1 M re, 1 M mit 1 U li abheben *, 1 M re, Randm.

2. R (Hinr): Randm, * 1 M mit 1 U li abheben, die folgende M mit dem U re zus-str *, 1 M mit 1 U li abheben, Randm.

3. R: Randm, * die folgende M mit dem U re zus-str, 1 M mit 1 U li abheben, die folgende M mit dem U li zus-str, 1 M mit 1 U li abheben *, die folgende M mit dem U re zus-str, Randm.

Die **2. und 3. Reihe** stets wiederholen.

Dreier-Patent: Auf einer Seite mit drei Patentmaschen nebeneinander, …

… auf der anderen Seite eine völlig neue Struktur mit Patentrippen.

Falsches Patentmuster

Dieses Muster gehört im Grunde zu den Strukturmustern und nicht zu den Patentmustern, da es weder mit Umschlägen noch mit tiefer eingestochenen Maschen gearbeitet wird. Doch ist es unter diesem Namen bekannt und sehr beliebt für rustikale Pullover und Jacken sowie für Schals, da es, wie Vollpatent, von beiden Seiten gleich aussieht.

Die Maschenzahl ist teilbar durch 4 + 3 + 2 Randmaschen.

Falsches Patentmuster: Eigentlich ein einfaches Strukturmuster.

1. R (Hinr): Randm, * 3 M rechts, 1 M links, * 3 M rechts, Randm.

2. R (Rückr): Randm, 1 M re, 1 M li, * 3 M re, 1 M li, * 1 M re, Randm.

Diese **2 Reihen** stets wiederholen.

Netzpatent

Sehr beliebt ist auch das Netzpatent, das fast nur mit rechten Maschen gearbeitet wird. Das Muster wird nach jeweils 2 Reihen versetzt, es müssen also immer 4 Reihen wiederholt werden. Die Umschläge werden in den Rückreihen gearbeitet und erst in der nächsten Rückreihe mit der entsprechenden Masche rechts zusammengestrickt.

Dieses Muster wird mit einer geraden Maschenzahl gestrickt.

1. R (Rückr): Randm, * 1 M mit 1 U li abheben, 1 M re *, Randm.
2. R (Hinr): Randm, * 2 M re, den U der Vorreihe wieder li abheben *, Randm.
3. R: Randm, * 1 M mit dem U re zus-str, die folgende M mit 1 U li abheben *, Randm.
4. R: Randm, * 1 M re, den U der Vorreihe wieder li abheben, 1 M re *, Randm.
5. R: Randm, * 1 M mit 1 U li abheben, die folgende M mit dem U re zus-str *, Randm.
Die **2. bis 5. Reihe** stets wiederholen.

Das zweifarbige Netzpatent wird genauso wie das einfarbige gearbeitet, jedoch werden immer je 2 Reihen in einer Farbe im Wechsel gestrickt. Mit der neuen Farbe immer in einer Rückreihe beginnen.

Netzpatent: Besonders schön für voluminöse Pullover und Jacken. Mal einfarbig …

… und mal zweifarbig.

Versuchen Sie es doch auch mal mit drei oder mehr Farben!

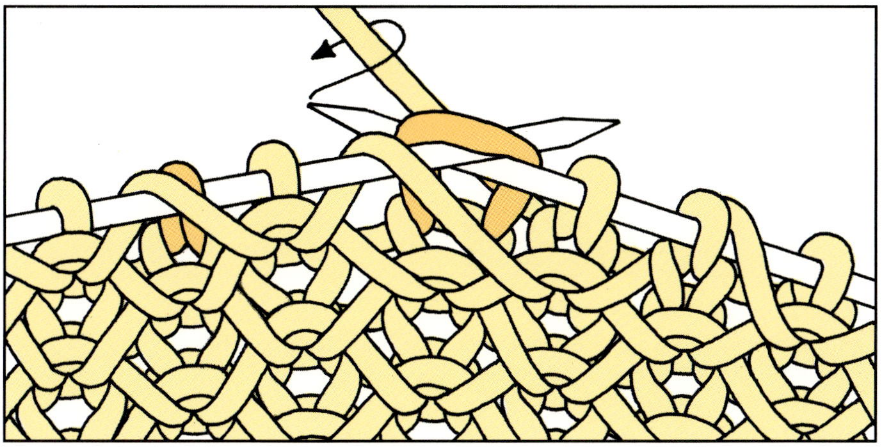

Netzpatent: In der 1. Rückreihe wird jede 2. Masche mit einem Umschlag wie zum Linksstricken abgehoben. In den Hinreihen stricken Sie die Masche, die sich etwas unter dem Umschlag versteckt, rechts und heben den Umschlag wie zum Linksstricken ab. Dann stricken Sie auch die folgende Masche rechts.
In allen folgenden Rückreihen stricken Sie die Maschen mit dem Umschlag rechts zusammen und heben die dazwischenliegenden Maschen mit einem Umschlag wie zum Linksstricken ab.

Abnahmen bei Patentmustern

Ob für V-Ausschnitte oder Raglanschrägungen, Abnahmen in Patentgestricktem werden immer auf der Vorderseite gearbeitet.

Abnahmen direkt neben der Randmasche zu arbeiten, ist bei Patentmustern nicht empfehlenswert, da die Ränder meist sehr ungleichmäßig werden. Um 3 oder 5 Maschen nach innen verlegte Abnahmen werden gleichmäßiger.

Besonders schön werden die Abnahmen, wenn sie doppelt gearbeitet werden. Das gilt für Raglanschrägungen ebenso wie für V-Ausschnitte.

Bei V-Ausschnitten **mit später angestrickter Blende** legen Sie dafür die rechte Mittelmasche auf einer Sicherheitsnadel still. Damit Sie in der Mitte eine rechte Masche haben, muß die Maschenzahl teilbar sein durch 4 plus 3 Maschen plus 2 Randmaschen. Sie müssen auf der Vorderseite eine ungerade Zahl von rechten Maschen zählen können.

Bei V-Ausschnitten, die Sie **ohne Blende** lassen möchten (siehe auch V-Ausschnitte, Seite 83), muß die Maschenzahl teilbar sein durch 4 plus 1 Masche plus 2 Randmaschen. Hier muß die Zahl der rechten Maschen gerade sein. Nun stricken Sie auf einer Seite die mittlere linke Masche als Randmasche. Für die andere Seite nehmen Sie eine zusätzliche Randmasche auf.

Wenn Sie **einfache Abnahmen** arbeiten, liegt nach jeder zweiten Abnahme neben der patentgestrickten Abnahmemasche eine rechte Masche. Diese sollten Sie bis zur nächsten Abnahme nicht im Patentmuster, sondern in den Rückreihen links stricken, in den Hinreihen nur wie zum Linksstricken abheben, der Arbeitsfaden liegt dabei hinter der Arbeit.

Der fertige V-Ausschnitt mit stillgelegter Mittelmasche und mit angestrickter Blende

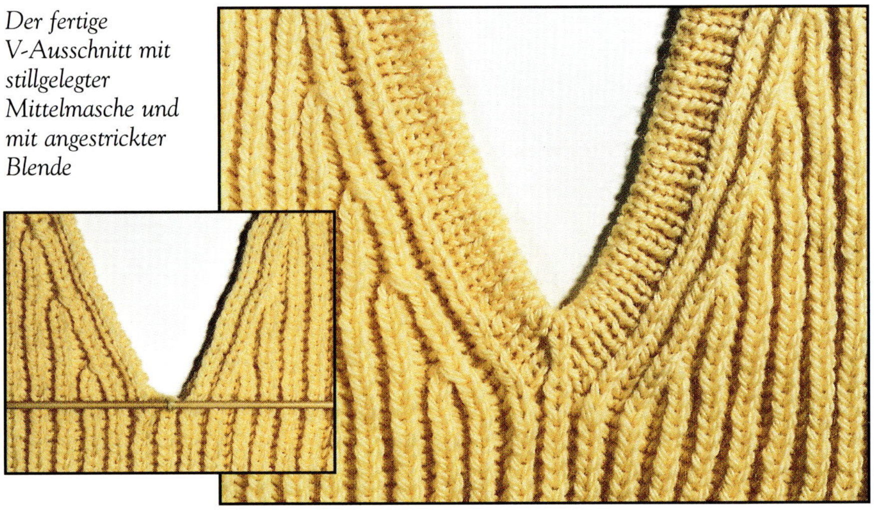

Für eine **doppelte Abnahme nach links** nach der Randmasche noch 2 Maschen im Muster stricken, die folgende rechte Masche mit dem Umschlag rechts abheben, dann 2 Maschen (= 3 Schlingen) rechts zusammenstricken …

… und die abgehobene Masche mit dem Umschlag überziehen. Dann weiter im Patentmuster arbeiten.

Für eine doppelte **Abnahme nach rechts** bis 6 Maschen vor dem Ende der Reihe stricken. Die folgenden 3 Maschen rechts zusammenstricken; mit den Umschlägen sind das 5 Schlingen.

Dann die letzten 3 Maschen im Patentmuster stricken.

Zunahmen

Ebenso wie die Abnahmen werden auch die Zunahmen bei Patentgestricktem doppelt gearbeitet. Auch hier sieht es schöner aus, wenn sie nicht direkt neben der Randmasche gearbeitet werden. Bei dieser Ärmelschrägung sind die Zunahmen nach 3 Maschen eingestrickt.

An der rechten Kante 3 Maschen stricken, dann aus dem Querfaden (der Umschlag der Vorreihe) je 1 Masche links verschränkt und 1 Masche rechts verschränkt herausstricken.

An der linken Kante bis 3 Maschen vor Ende der Reihe stricken, dann aus dem Querfaden je 1 Masche rechts verschränkt und links verschränkt herausstricken.

Nach dem Zusammennähen im Matratzenstich laufen zwei rechte Patentrippen nebeneinander hoch.

Damit das Muster nach dem **Bündchen** nicht versetzt erscheint, sollten Sie auch hier immer doppelte Zunahmen arbeiten:

Nach einer rechten Masche aus dem Querfaden 1 Masche links verschränkt zunehmen, die folgende, vorher links gestrickte Masche rechts stricken, dann aus dem nächsten Querfaden noch 1 Masche links verschränkt zunehmen. So laufen die Rippen im Muster weiter.

Rundstricken im Patentmuster

Einen ganzen Pullover im Patentmuster an einem Stück in Runden zu stricken, ist schon deshalb nicht empfehlenswert, weil das Teil zu voluminös und zu schwer wird. Doch wenn Sie z. B. einen üppigen Rollkragen stricken und keine Naht in Kauf nehmen möchten, ist **Halbpatent** eine schöne Lösung.

Die ersten 2 bis 3 cm sollten Sie trotzdem im einfachen Bündchenmuster (1 Masche rechts und 1 Masche links im Wechsel) stricken, so halten Sie die Weite an dieser Stelle etwas ein.

Wenn Sie das Halbpatent-Muster mit der glatten Seite nach außen tragen möchten, wenden Sie die Arbeit, stricken also auf der linken Pulloverseite in Runden weiter wie folgt: **1. Runde:** Die re M mit 1 U li abheben, die li M li str. **2. Runde:** Die M mit dem U re zus-str, die li M li str. Diese **2 Runden** stets wiederholen.

Wird das Teil nicht gewendet, ist nach dem Umschlagen des Kragens die krause Seite außen.

Auch **Vollpatent** können Sie in Runden stricken. Dafür in jeder zweiten Runde die linken Maschen mit einem Umschlag abheben und die rechten Maschen mit dem Umschlag zusammenstricken, in den übrigen Runden die rechten Maschen mit einem Umschlag abheben und die linken Maschen mit dem Umschlag links zusammenstricken.

Zopfmuster

Eine einfache Technik ist Grundlage für besonders plastische Muster: das Verkreuzen von Maschen. Die so entstehenden Zöpfe können einzeln eingestrickt oder in verschiedenen Formen über Pullover oder Jacken verteilt werden, wie z. B. bei den irischen Aranmustern.

Zopfmuster werden am schönsten, wenn sie mit glatten Garnen oder Wolle gestrickt werden. Beachten Sie, daß Modelle mit Zopfmustern mehr Garn brauchen, da sich Zöpfe in der Breite stark zusammenziehen.

Dieses Zusammenziehen müssen Sie auch beim Abketten beachten. Damit Sie an Schultern und Ärmeln nicht zuviel Weite einnähen müssen, sollten Sie beim Abketten ein- oder mehrmals je 2 Maschen zusammenstricken oder durch Zusammenstricken abketten (siehe auch Seite 43 und 44).

Wenn Sie einen Pullover mit unterschiedlichen Zöpfen stricken möchten, müssen Sie von jedem der Zöpfe eine Maschenprobe aus dem Originalgarn machen. Sollten Ihnen einige Zentimeter an der gewünschten Pulloverbreite fehlen, können Sie das kleine oder große Perlmuster (Seite 30) oder auch schmalere Zöpfe anfügen.

Ein Teil der Maschen, die den Zopf bilden, wird auf einer Hilfsnadel vor oder hinter die Arbeit gelegt, dann strickt man die folgenden Maschen. Erst danach werden die Maschen der Hilfsnadel abgestrickt.

Wie Sie die Verkreuzungen arbeiten, sehen Sie an den Beispielen auf der Seite rechts, bei denen die Zöpfe über jeweils 6 Maschen gearbeitet sind. Diese Maschen werden auf der Vorderseite der Arbeit rechts, auf der Rückseite links, also glatt rechts gestrickt. Noch plastischer treten die Zöpfe hervor, wenn beidseitig davon einige Maschen glatt links gestrickt werden. Die Reihenzahl zwischen den Verkreuzungen kann beliebig variiert werden, die auf der rechten Seite abgebildeten Zöpfe sind in jeder 6. Reihe gearbeitet.

Einfache Zöpfe, mal nur nach rechts, mal abwechselnd nach rechts und links, mal nur nach links verkreuzt (oben). **Dreier-Zöpfe** sind eine Kombination aus nach rechts und nach links verkreuzten Maschen (unten).

Tulpen- oder Wabenzöpfe bestehen aus zwei nebeneinanderliegenden, gegengleich gestrickten Zöpfen (oben). **Phantasiezöpfe** sind eine Kombination aus verschiedenen Zopfbreiten und -längen (unten).

Zopf nach links verkreuzen

1 Die ersten 3 Maschen des Zopfs auf die Hilfsnadel heben und vor die Arbeit legen. Die folgenden ...

2 ... 3 Maschen der linken Nadel rechts stricken. Dann die 3 Maschen der Hilfsnadel rechts stricken.

3 Danach wieder 5 Reihen ohne Verkreuzung stricken.

Zopf nach rechts verkreuzen

1 Die ersten 3 Maschen des Zopfs auf die Hilfsnadel heben und hinter die Arbeit legen. Die folgenden ...

2 ... 3 Maschen der linken Nadel rechts stricken. Dann die 3 Maschen der Hilfsnadel rechts stricken.

3 Danach wieder 5 Reihen ohne Verkreuzung stricken.

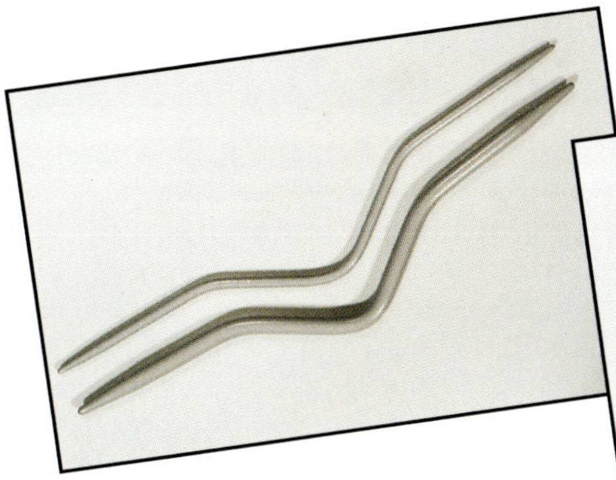

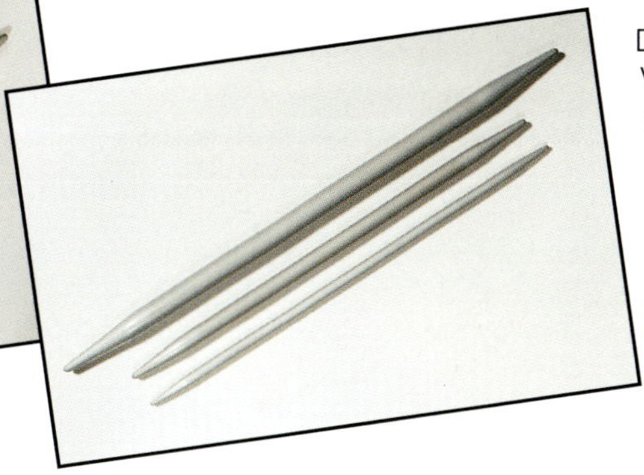

Die praktischen **Hilfsnadeln** zum Verkreuzen von Maschen gibt es in zwei bzw. drei verschiedenen Größen sowie in gebogener und in gerader Form. Sie können statt dessen auch eine kurze Strumpfnadel verwenden. Die Nadeln mit dem Knick haben den Vorteil, daß die Maschen nicht so leicht von der Nadel gleiten.

Zöpfe ohne Hilfsnadel verkreuzen

Besonders bei Flechtmustern ist das Verkreuzen der Maschen mit Hilfsnadeln sehr zeitaufwendig. Da die kleinen „Zöpfe" bei diesen Mustern meist nur über 2 oder 4 Maschen gestrickt werden, können Sie mit etwas Übung auch ohne Hilfsnadel arbeiten.

Flechtmuster ziehen sich gegenüber glatt rechts Gestricktem und auch gegenüber normalen Zöpfen sehr stark zusammen, deshalb sollten Sie sie etwas lockerer stricken. Verwenden Sie mindestens die größte angegebene Nadelstärke. Mit etwas „Spiel" im Garn sind die Maschen außerdem einfacher zu verkreuzen.

Das in den Fotos rechts erklärte Flechtmuster können Sie als senkrechte Streifen oder auch rundum stricken. Ganze Modelle im Flechtmuster werden jedoch relativ fest und schwer; für Pullover ist das Muster deshalb nicht geeignet, eine rustikale Jacke dagegen wärmt doppelt gut. Für das Flechtmuster brauchen Sie eine gerade Maschenzahl.

1 In den Hinreihen stechen Sie hinter der 1. Masche in das vordere Maschenglied der 2. Masche ein und ziehen den Faden durch.

2 Danach stricken Sie die 1. Masche rechts ab und lassen dann erst beide Maschen von der linken Nadel gleiten.

3 In den Rückreihen stricken Sie an beiden Kanten je 1 Masche links, dazwischen über je 2 Maschen wie folgt: Stechen Sie vor der 1. Masche in die 2. Masche ein und stricken Sie sie links ab.

4 Dann stricken Sie die 1. Masche links und lassen beide Maschen von der linken Nadel gleiten.

Minizöpfe, nach links verkreuzt

Für nach links gerichtete Minizöpfe gibt es einen Trick, der das Verkreuzen vereinfacht. Die schwierige Masche ist in der Hinreihe immer die 2. Masche des Zopfes, in der Rückreihe also die 1. Masche. Wenn Sie diese Masche in der davorliegenden Rückreihe „falsch" links abstricken, liegt sie in der folgenden Hinreihe verschränkt auf der Nadel, das vordere Maschenglied liegt also hinter der Nadel. Dann können Sie die Masche „verschränkt" abstricken, also in das hintere Maschenglied einstechen, und erhalten eine normale rechte Masche.

1 In der davorliegenden Rückreihe die Schlinge für die linke Masche einfach von oben nach unten durchziehen. Die Masche liegt dann „verschränkt" auf der rechten Nadel. In der Hinreihe die 2. Masche des Zopfes, also die verschränkte Masche der Rückreihe, rechts verschränkt stricken, d. h. von rechts nach links hinter der 1. Masche in das hintere Maschenglied der 2. Masche einstechen und dann den Faden durchziehen.

2 Dann von rechts nach links in das vordere Maschenglied der 1. Masche stechen und die Masche rechts abstricken. Dann erst beide Maschen von der linken Nadel gleiten lassen. Auch die verschränkte Masche der Vorreihe liegt jetzt „richtig" unter der Verkreuzung.

Breitere Zöpfe ohne Hilfsnadel nach links verkreuzen

1 Für nach links verkreuzte Maschen die entsprechende Maschenzahl, hier 2 Maschen, übergehen und hinter der Nadel in die folgenden 2 Maschen einstechen.

2 Die 4 Maschen von der linken Nadel gleiten lassen und die 2 ersten Maschen mit der linken Nadel gleich wieder auffassen.

3 Dann die 2 Zopfmaschen der rechten Nadel zurück auf die linke Nadel heben und alle 4 Maschen rechts abstricken.

Breitere Zöpfe ohne Hilfsnadel nach rechts verkreuzen

1 Für nach rechts verkreuzte Maschen die entsprechende Maschenzahl, hier 2 Maschen, übergehen und vor der Nadel in die folgenden 2 Maschen einstechen.

2 Die 4 Maschen von der linken Nadel gleiten lassen und die 2 ersten Maschen mit der linken Nadel gleich wieder auffassen.

3 Dann die Maschen der rechten Nadel zurück auf die linke Nadel heben und alle 4 Maschen rechts abstricken.

Wie ein Korbgeflecht wirken **ineinander verflochtene Zöpfe** (links). **Breite Fächerzöpfe** sehen auch als einzelnes Musterelement in einem Pullover sehr dekorativ aus (rechts). Die Strickschriften für diese Zöpfe und für die Muster von Seite 132 finden Sie auf Seite 216/217.

Lochmuster

Filigrane Lochmuster, auch Ajourmuster genannt, sind die zartesten Strickmuster der ganzen Musterpalette.

Das kleine zackenförmige Lochmuster wirkt wie feine Spitze. Glatte Baumwollgarne sind dafür besonders gut geeignet.

Der Vielfalt der Muster sind keine Grenzen gesetzt. Je größer die Mustermotive, um so leichter und luftiger wirkt das durchbrochene Maschenbild.

Die Löcher entstehen durch einfache Umschläge, die waagerecht, senkrecht oder diagonal angeordnet werden können. Der Arbeitsfaden wird dafür immer von vorn nach hinten über die Nadel gelegt. Diese Umschläge werden bei den meisten Mustern in der Rückreihe links abgestrickt. Jeder Umschlag bildet eine neue Masche, die Maschenzahl muß durch entsprechende Abnahmen wieder ausgeglichen werden.

Lochmuster werden häufig rundum gestrickt. Sehr effektvoll wirken jedoch auch einzelne Motive, waagerechte Bordüren oder senkrecht angeordnete Musterstreifen. Besonders attraktiv sind Blatt- oder Rautenmuster. Immer aktuell sind stark durchbrochene Spitzenmuster, die fast in den Bereich des Kunststrickens gehören.

Achten Sie immer darauf, daß Lochmuster 1 bis 2 Maschen von der Randmasche entfernt beginnen, damit Sie beim Zusammennähen der Teile keine Schwierigkeiten bekommen.

Übrigens: Die unauffälligsten Knopflöcher werden wie ein Mini-Lochmuster gestrickt (siehe Knopflöcher, ab Seite 100).

Ein Umschlag vor einem Überzug: Für den Umschlag den Faden von vorn nach hinten über die Nadel legen, 1 Masche abheben, die folgende Masche stricken und die abgehobene Masche überziehen.

Ein Umschlag nach einem Überzug: 1 Masche abheben, die folgende Masche stricken und die abgehobene Masche überziehen, dann für den Umschlag den Faden von vorn nach hinten über die Nadel legen und normal weiterstricken.

Ein Umschlag vor 2 rechts zusammengestrickten Maschen: Den Faden von vorn nach hinten über die Nadel legen, die folgenden 2 Maschen rechts zusammenstricken.

Ein Umschlag nach 2 rechts zusammengestrickten Maschen: 2 Maschen rechts zusammenstricken, dann für den Umschlag den Faden von vorn nach hinten über die Nadel legen.

Nach links gerichtete doppelte Abnahme mit 2 Umschlägen: 1 Umschlag über die Nadel legen, dann 1 Masche rechts abheben, …

… die folgenden 2 Maschen rechts zusammenstricken und die abgehobene Masche überziehen, danach den 2. Umschlag über die Nadel legen.

Doppelte Abnahme mit obenauf liegender Mittelmasche und 2 Umschlägen: 1 Umschlag über die Nadel legen, dann 2 Maschen wie zum Rechts-Zusammenstricken abheben, …

… die folgende Masche rechts stricken und die abgehobenen Maschen zusammen überziehen, danach den 2. Umschlag über die Nadel legen.

Nach rechts gerichtete doppelte Abnahme mit zwei Umschlägen: 1 Umschlag über die Nadel legen, 3 Maschen rechts zusammenstricken, …

… danach den 2. Umschlag über die Nadel legen.

Bei senkrechten Lochstreifen ist die Anordnung der Umschläge vor bzw. nach dem Zusammenstricken wichtig. Die Strickschriften für alle Muster finden Sie auf Seite 219 und 221.

Verschränkte Maschen

Sehr plastisch wirken Muster mit verschränkten Maschen. Bei Rippenmustern treten die rechten Rippen noch deutlicher hervor. Verschränkt wird dabei immer die Masche der Vorreihe.

Für Bündchen stricken Sie in den Hinreihen alle rechten Maschen rechts verschränkt, die linken Maschen normal links ab.

In den Rückreihen werden dann alle rechten Maschen normal rechts, die linken Maschen links verschränkt gestrickt.

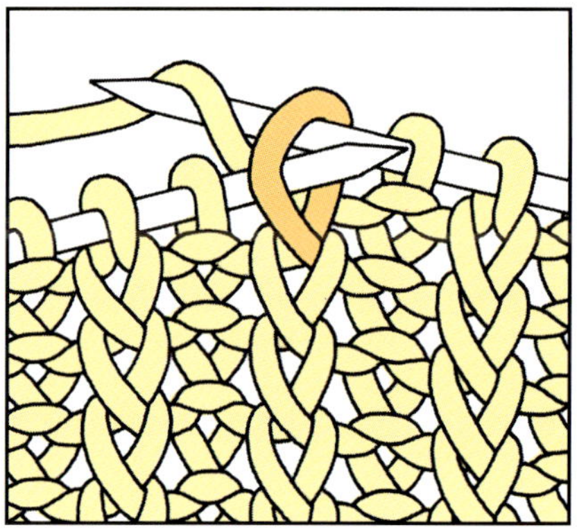

Für die **rechts verschränkte** Masche stechen Sie von rechts nach links in das hintere Maschenglied der auf der linken Nadel liegenden Masche ein und stricken sie rechts ab.

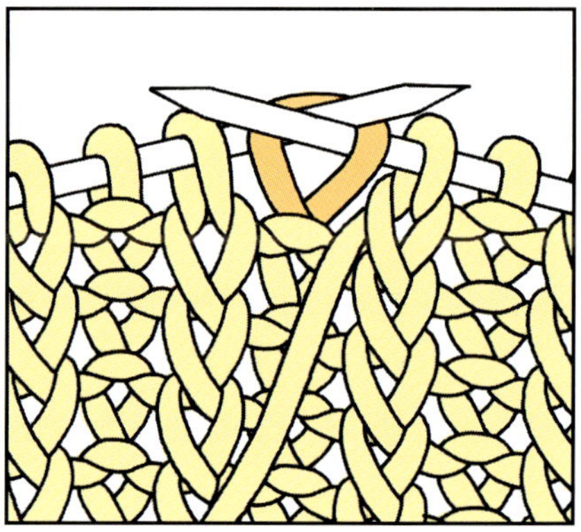

Für die **links verschränkte** Masche stechen Sie auf der Rückseite der Arbeit von links nach rechts in das hintere Maschenglied der auf der linken Nadel liegenden Masche ein und stricken sie links ab.

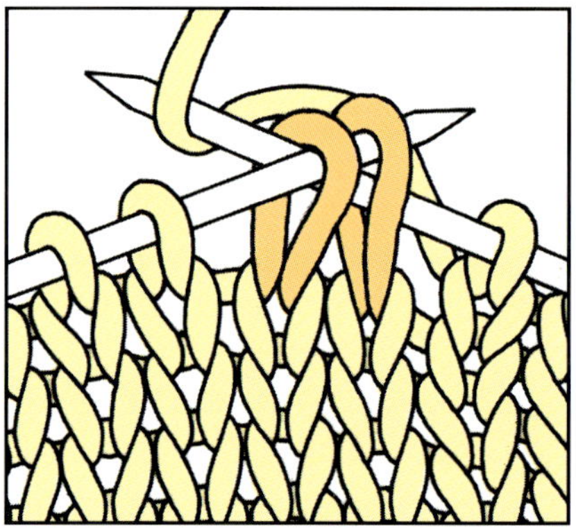

Wenn Sie **2 Maschen rechts verschränkt** zusammenstricken möchten, stechen Sie von rechts nach links zugleich in die hinteren Maschenglieder der folgenden 2 Maschen ein und stricken sie zusammen rechts ab.

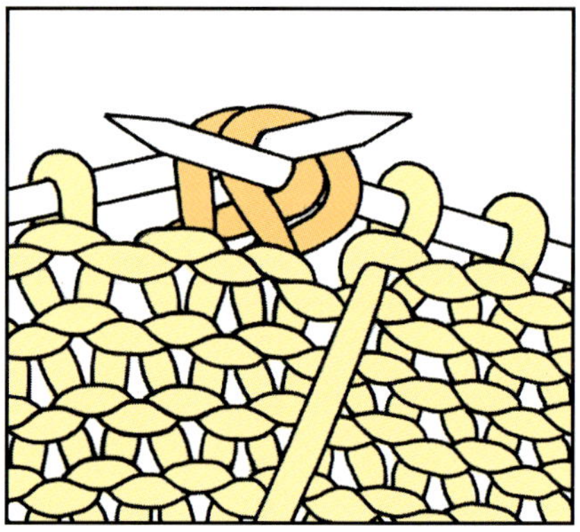

Wenn Sie **2 Maschen links verschränkt** zusammenstricken möchten, stechen Sie auf der Rückseite der Arbeit von links nach rechts zugleich durch die beiden hinteren Maschenglieder ein und stricken sie zusammen links ab.

Auch Bündchen mit verschränkten Maschen sehen sehr schön aus. Hier wird nur jede zweite Masche verschränkt gestrickt, nämlich die auf der Vorderseite rechts erscheinende Masche. Die Masche dazwischen wird in den Hinreihen einfach links, in den Rückreihen einfach rechts gestrickt. Beide Maschen verschränkt zu stricken ist für Bündchen nicht geeignet; das Bündchen verliert seine Elastizität, es zieht sich also nicht mehr zusammen.

Karomuster, Rippenzöpfe oder Hebemaschen werden mit verschränkten Maschen noch plastischer. Auf der rechten Seite sehen Sie dafür einige Beispiele.

Karomuster

Rippen- und Schlangenmuster

Rhomben und Zackenlinien

Ovale Motive

Karomuster

Beim Karomuster sind alle auf der Vorderseite rechts erscheinenden Maschen in jeder Reihe verschränkt gestrickt, also in den Hinreihen rechts verschränkt, in den Rückreihen links verschränkt. Alle auf der Vorderseite links erscheinenden Maschen sind in den Hinreihen links, in den Rückreihen rechts gestrickt.

Rippen und Schlangenmuster

Bei Rippen- und Schlangenmustern sind alle auf der Vorderseite rechts erscheinenden Maschen in jeder Reihe verschränkt gestrickt. Für die Schlangenform werden Maschen verkreuzt (siehe Zopfmuster, ab Seite 138).

Rhomben und Zackenlinien

Auch für die Rhomben und Zackenlinien sind nur die auf der Vorderseite rechts erscheinenden Maschen verschränkt gestrickt.

Ovale Motive mit Hebemaschen

Bei dem gezeigten Muster mit ovalen Motiven werden die rechten Maschen in jeder Hinreihe rechts verschränkt gestrickt, in den Rückreihen werden diese Maschen nur wie zum Linksstricken abgehoben und nicht gestrickt. Es entsteht eine rechts verschränkte Hebemasche.

Die Strickschriften für die hier beschriebenen Muster finden Sie auf Seite 224/225.

Hebemaschen

Ob Ton in Ton oder in verschiedenen Farben – mit Hebemaschen können Sie effektvolle Muster zaubern. Und das auf ganz einfache Art.

Hebemaschen bei einfarbigen Mustern

Sehr plastisch wirken Hebemaschen bei glatt linkem und auch bei glatt rechtem Maschengrund. Grundsätzlich sind sie mit glatten Garnen gestrickt besonders schön, da sich die obenauf liegenden Maschen dann besser hervorheben.

Hier werden die Maschen meist in einer Hinreihe abgehoben, in der Rückreihe links gestrickt. Dafür von rechts nach links in die Masche einstechen und auf die rechte Nadel heben. Die Maschen werden also wie zum Linksstricken abgehoben, der Faden liegt dabei hinter der Arbeit. Die Masche in der Rückreihe links stricken.

Die Maschen können aber auch in den Rückreihen abgehoben und in den Hinreihen rechts gestrickt werden; der Effekt ist derselbe. Dann ebenfalls wie zum Linksstricken in die Masche einstechen und auf die rechte Nadel heben, der Faden liegt dabei vor der Arbeit. Die Maschen in der Hinreihe rechts stricken.

Schöne Effekte erzielen Sie auch, wenn Sie die Hebemaschen verkreuzen (siehe Zöpfe, Seite 132 bis 135). Der Maschengrund kann glatt rechts oder glatt links gestrickt werden. Beim rechts gezeigten Beispiel sieht man deutlich, daß sich verkreuzte Hebemaschen auch auf glatt rechtem Grund gut abheben.

Für eine Hebemasche in einer Hinreihe wie zum Linksstricken in die Masche einstechen und auf die rechte Nadel heben. Dann die nächste Masche stricken, den Faden auf der Rückseite der Arbeit locker mitführen.

Bei diesem Muster sind zwischen den Hebemaschen immer 1 bzw. 3 Maschen glatt links gestrickt.

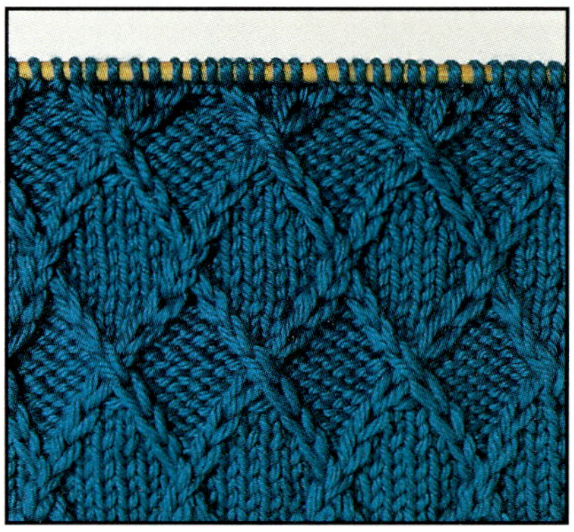

Verkreuzte Hebemaschen: Das Innenleben der Rauten ist mal glatt rechts und mal glatt links gestrickt. Die Strickschrift für dieses Muster finden Sie auf Seite 230.

Hebemaschen bei mehrfarbigen Mustern

Obwohl hier immer nur mit einem Faden gearbeitet wird, wirken diese Muster häufig wie in Intarsien- oder Jacquardtechnik gestrickt.

Beim Muster mit **senkrechten Hebemaschen** (Abb. unten) wird die Farbe in jeder Reihe gewechselt, d. h. es werden je 2 Hin- und Rückreihen nacheinander gearbeitet. Dafür muß auf einer Rundstricknadel gearbeitet werden. Nach der 1. Hinreihe rechts in Weiß die Maschen zurückschieben und die 2. Hinreihe rechts in Türkis stricken. Dann die Arbeit wenden und die 1. Rückreihe links in Weiß stricken; die Maschen zurückschieben und die 2. Rückreihe links in Türkis stricken. Die Hebemaschen müssen deshalb mal in einer Hin- und mal in einer Rückreihe gearbeitet werden.

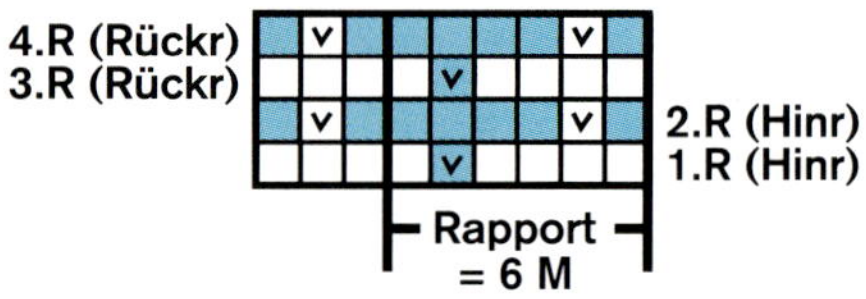

Bei der Strickschrift für das Muster unten ist jede Reihe gezeichnet. Die beiden Hinreihen von rechts nach links, die Rückreihen von links nach rechts lesen. Die 4 Reihen stets wiederholen.

Senkrechte Hebemaschen: Das Muster (Strickschrift oben) muß auf einer Rundstricknadel gearbeitet werden, da immer 2 Hinreihen und 2 Rückreihen nacheinander gestrickt werden.

Das Rhombenmuster wirkt wie ein Jacquardmuster. Es werden immer 2 Reihen in Türkis und Weiß im Wechsel gestrickt. Die Hebemaschen werden versetzt gearbeitet; bei derStrickschrift wird dieser Versatz deutlich.

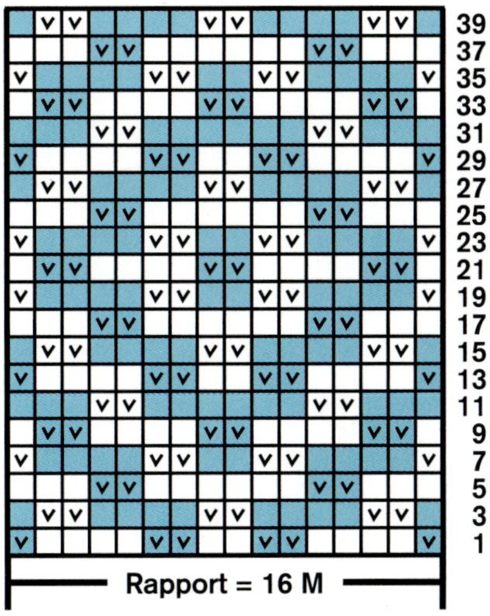

Bei der Strickschrift für das Rhombenmuster sind nur die Hinreihen gezeichnet. In den Rückreihen die Maschen links stricken, die abgehobenen Maschen wieder abheben. Die 40 Reihen stets wiederholen.

Die einzelnen Hebemaschen bei diesem Muster sind jeweils über 2 Reihen abgehoben.

Einzelne Hebemaschen (links) sorgen bei dem Muster mit breiten türkisfarbenen Streifen für Auflockerung. Es sind immer 2 Reihen in Weiß und 4 Reihen in Türkis gestrickt. Die Hebemaschen sind versetzt über jeder 6. Masche und über 2 Reihen gearbeitet.

Drei Hebemaschen (unten), immer über 2 andersfarbige Reihen gehoben und versetzt gearbeitet, unterbrechen die waagerechten Streifen. Auch bei diesem Muster wird nur mit einem Faden gestrickt. Für die senkrechten Unterbrechungen sind immer dann 3 Maschen abgehoben, wenn die Streifen in der 2. Farbe gestrickt sind.

Drei Hebemaschen werden jeweils 2mal über die andersfarbigen Maschen gehoben. Das Muster wird nach 10 Reihen um 6 Maschen versetzt.

Deutlich erkennbar sind die Spannfäden hinter den 3 abgehobenen Maschen.

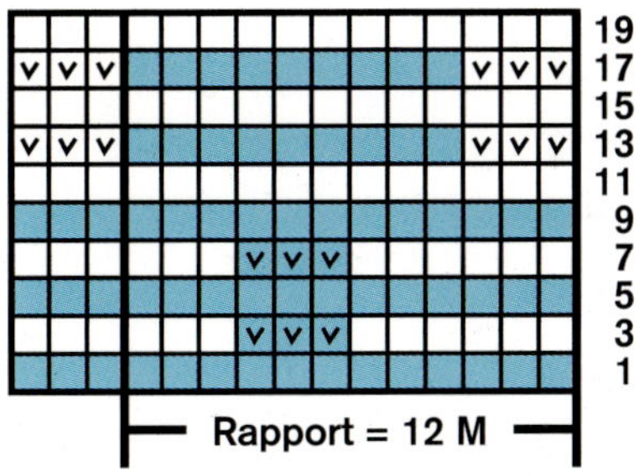

Bei der Strickschrift für 3 Hebemaschen sind nur die Hinreihen gezeichnet. In den Rückreihen die Maschen links stricken, die abgehobenen Maschen wieder abheben. Die 20 Reihen stets wiederholen.

Jacquardmuster

Jacquards nennt man Muster mit mindestens zwei Farben in einer Reihe. Sie sind auch als Einstrick- oder Norwegermuster bekannt.

Einen Pullover mit dieser Jacquardbordüre finden Sie auf Seite 198.

Jacquardmuster werden fast immer glatt rechts gestrickt: In den Hinreihen wird rechts gestrickt, beide Fäden liegen dabei hinter der Arbeit; in den Rückreihen wird links gestrickt, beide Fäden liegen dabei vor der Arbeit. Stricken Sie in Runden, wird immer nur rechts gearbeitet, und die Fäden liegen hinter der Arbeit. Die Randmaschen werden immer mit beiden Fäden gestrickt.

Bei so kleinen Karos wird in Jacquardtechnik gestrickt, bei größeren sollten die Fäden verkreuzt werden (siehe Intarsien).

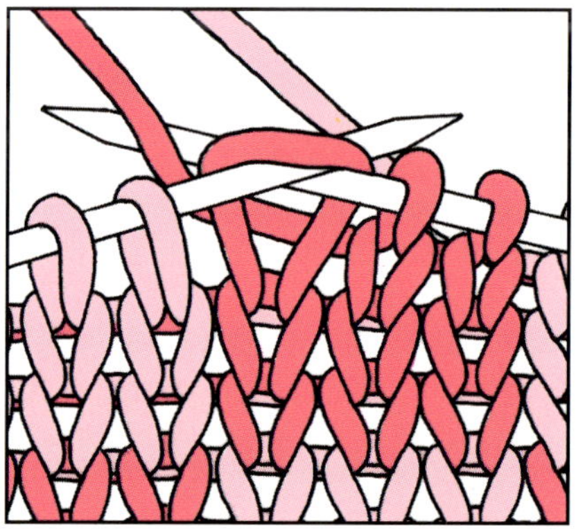

1 Auf der rechten Seite beide Fäden hinter der Arbeit halten und abwechselnd mit dem vorderen …

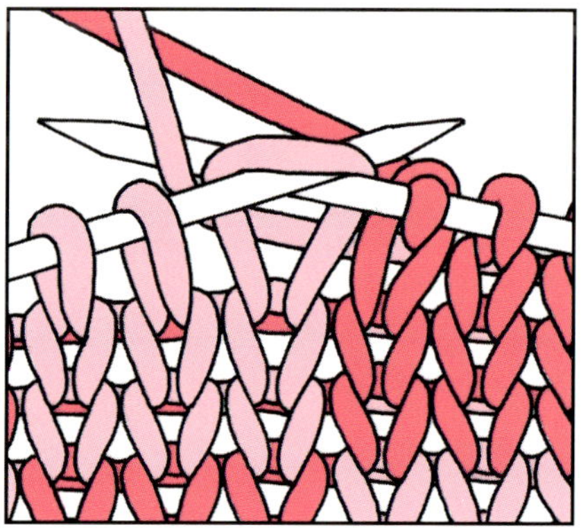

2 … und mit dem hinteren Faden stricken.

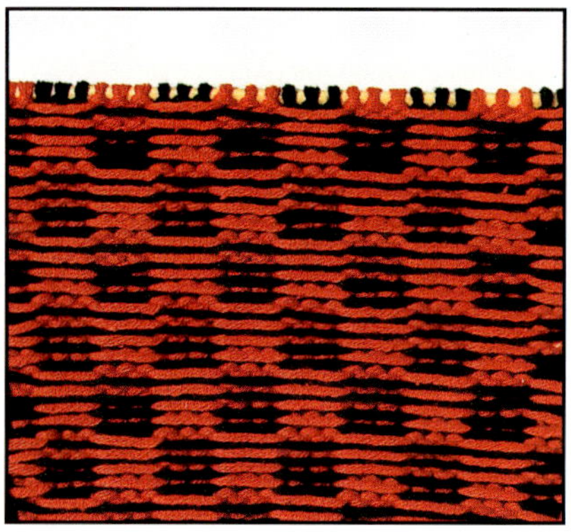

Die Ansicht der Mini-Karos von der Rückseite

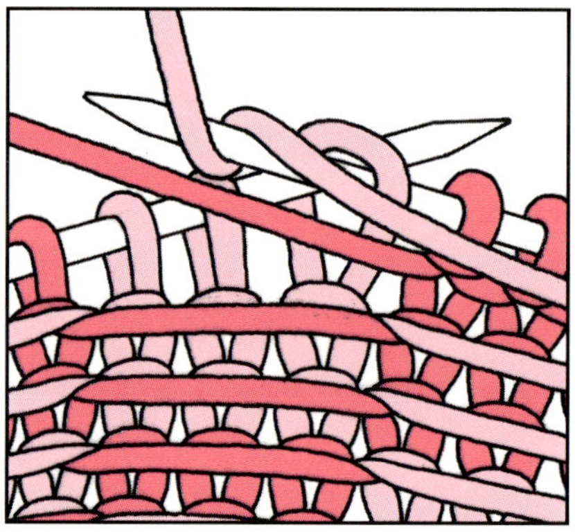

3 Auf der linken Seite beide Fäden vor der Arbeit halten und abwechselnd mit dem vorderen …

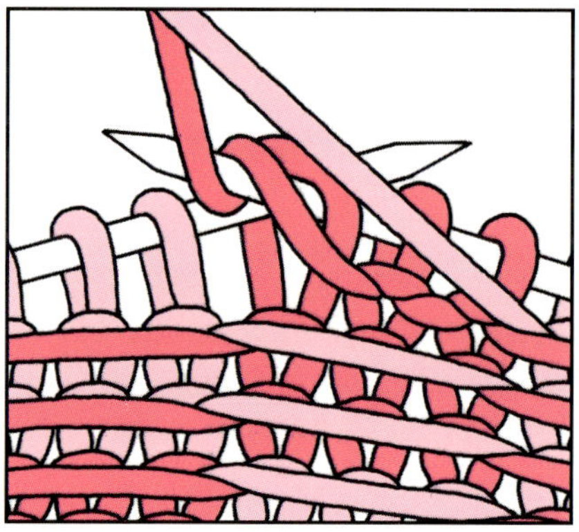

4 … und mit dem hinteren Faden stricken.

Die Rauten sind so versetzt, daß der längste Spannfaden über 7 Maschen reicht.

Die Fadenhaltung

Spezielle Strickfingerhüte oder Fadenhalter gibt es für zweifarbiges und auch für mehrfarbiges Stricken. Hier werden die Fäden in die Ösen eingehängt bzw. eingelegt.

Eine weitere Möglichkeit ist das gleichzeitige Führen der zwei Fäden auf der linken Hand. Legen Sie zunächst einen Faden wie gewohnt um den kleinen Finger der linken Hand, dann von hinten nach vorn um den Zeigefinger. Den zweiten Faden legen Sie genauso um den kleinen Finger, dann jedoch von vorn nach hinten um den Zeigefinger. Vor dem Zeigefinger bilden die beiden Fäden ein Kreuz.

Nun wird mustergemäß abwechselnd mit dem vorderen und dem hinteren Faden gestrickt. Bei unregelmäßigen Mustern, wenn also unterschiedlich breite Farbflächen gestrickt werden, müssen Sie den weniger verwendeten Faden von Zeit zu Zeit am kleinen Finger etwas anziehen, so daß die damit gestrickten Maschen nicht zu locker werden.

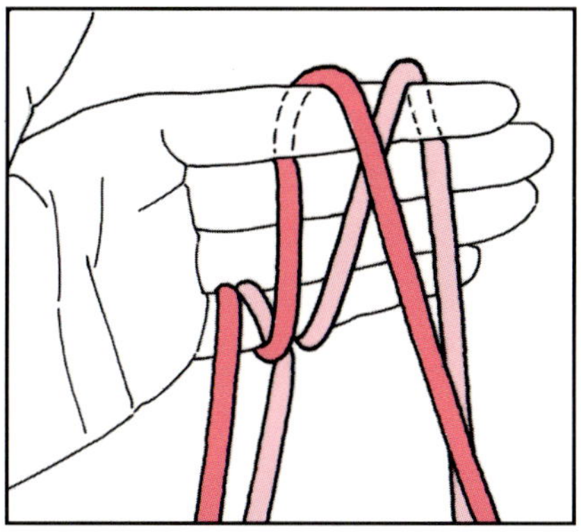

Das gleichzeitige Führen der zwei Fäden auf der linken Hand.

Die Fadenspannung

Der nicht benutzte Faden wird auf der Rückseite der Arbeit mitgeführt. Er darf nicht zu sehr gespannt werden, da sich das Strickstück sonst zusammenzieht. Er sollte aber auch nicht zu locker sein. Das ist bei größeren Abständen bzw. mehreren Maschen in einer Farbe besonders wichtig.

Für die richtige Fadenspannung gibt es einen kleinen Trick: Stricken Sie bei jedem Farbwechsel zuerst nur eine Masche in der neuen Farbe. Schieben Sie dann die Maschen der rechten Nadel in die richtige Breite und korrigieren Sie dabei die Länge des Spannfadens.

Die Maschenprobe

Bei Jacquardmustern werden die Maschen höher als bei einfarbigen Mustern. Sie brauchen also weniger Reihen für die gleiche Höhe. Wie groß der Unterschied zu einfarbigen Mustern ist, hängt von der Dichte des Musters ab. Wenn in jeder Reihe zweifarbig und außerdem sehr kleine Muster gestrickt werden, kann die Maschenhöhe sogar fast der Maschenbreite entsprechen; so können z. B. 22 Maschen und 24 Reihen 10 cm im Quadrat ergeben.

Wenn Sie ein Modell arbeiten möchten, bei dem unterschiedliche Muster, z. B. einfarbige Strukturmuster und Jacquards in größerer Höhe nebeneinander gearbeitet werden, müssen zum Ausgleich bei der einfarbigen Seite verkürzte Reihen (Seite 146 bis 150) gearbeitet werden. Oder Sie arbeiten in zwei Teilen und nähen diese später im Matratzenstich zusammen (dann die zusätzlichen Randmaschen nicht vergessen). Bei einem Musterwechsel in der Höhe ist nur dieselbe Maschenbreite wichtig, und die ist bei glatt rechts Gestricktem, Strukturmustern und Jacquardmustern gleich.

Der Ring mit zwei Ösen (links) für zweifarbiges und der Fingerhut mit 4 Kerben für bis zu vierfarbigem Stricken (rechts).

Die nicht benutzten Fäden liegen gleichmäßig gespannt auf der Rückseite der Arbeit.

Das Lesen von Mustern

Für Jacquardmuster gibt es meist ein mehrfarbiges Zählmuster. Manchmal werden die verschiedenen Farben auch mit Symbolen gekennzeichnet. Jedes Kästchen stellt eine Masche dar. Farbig angelegte Vorlagen sind übersichtlicher. Deshalb lohnt sich bei komplizierten Mustern, die mit Symbolen dargestellt sind, auch das Übertragen und farbige Anlegen auf Karopapier.

Fast immer ist jede Reihe gezeichnet. Achten Sie bei Anleitungen auf die Reihenangaben. Die Zahlen für Hinreihen stehen auf der rechten, die für die Rückreihen auf der linken Seite.

Mit einem Lineal oder einer Markierschablone haben Sie den besten Überblick.

Zählmuster werden genauso gelesen, wie gestrickt wird, also von unten nach oben. Die Hinreihen werden von rechts nach links, die Rückreihen von links nach rechts gelesen. Sind nur die Hinreihen gezeichnet, werden die Maschen in den Rückreihen farblich genauso gestrickt wie in den Hinreihen.

Damit Sie den Überblick behalten, legen Sie eine Markierschablone oberhalb der Reihe, die Sie gerade stricken. So können Sie die Farbaufteilung an den gestrickten Reihen nochmals überprüfen. Liegt die Schablone unter der Reihe, stricken Sie „blind“, haben also keinen Vergleich zu den auf der Nadel liegenden Maschen.

Rechts die Zählmuster für diese Strickteile – mal jede Reihe farbig angelegt, mal mit Symbolen: nur die Hinreihen für das linke, Hin- und Rückreihen für das rechte Strickstück.

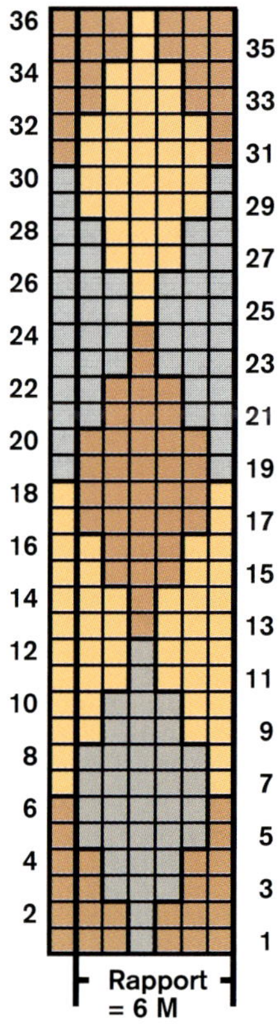

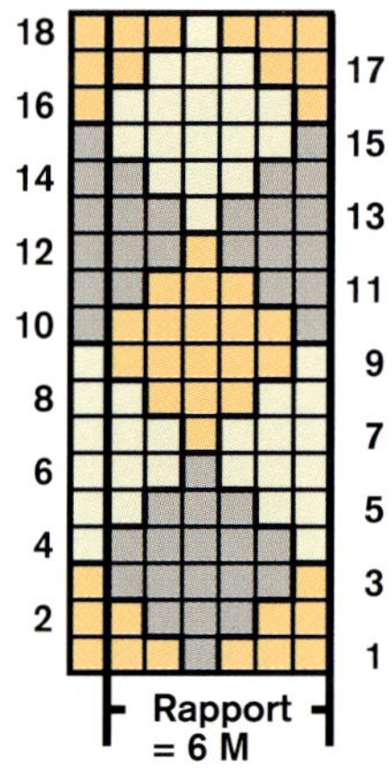

☒ = Ocker
◻︎O = Schwarz
⊟ = Rost bzw. Natur

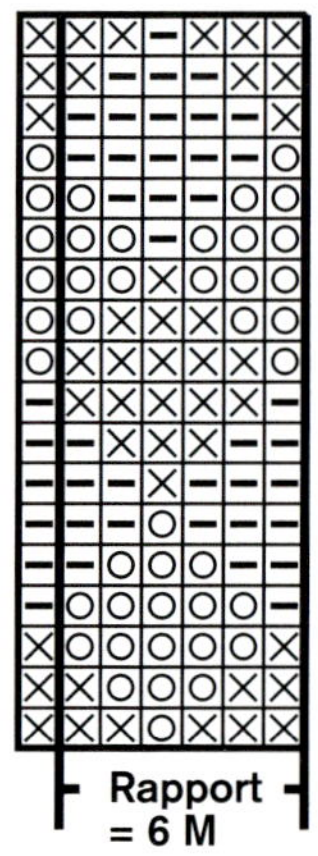

Einweben von Fadenenden

Fädenvernähen ist eine lästige, aber leider nötige Arbeit. Beim Farbwechsel am Anfang einer Reihe, wie z. B. bei bunten Streifenpullovern, können Sie die Fäden auch einweben. Achten Sie dabei jedoch auf die gleichmäßige Spannung des Strickfadens, da sich die Maschen sonst leicht verziehen.

Stricken Sie die Randmasche zunächst mit dem alten und dem neuen Faden und dann noch eine Masche nur mit dem neuen Faden. Dann ziehen Sie beide Restfäden fest an und kürzen sie auf etwa 10 cm Länge. Nun 8 bis 10 Maschen stricken, dabei die Restfäden im Wechsel mal über und mal unter den Strickfaden legen. Die Fäden nicht zu kurz abschneiden.

Einweben von Spannfäden

Bei großen Jacquardmustern, wenn die einzelnen Motive weiter als etwa 7 Maschen auseinanderliegen, sollten Sie den nicht benötigten Faden entweder von Zeit zu Zeit oder auch durchgehend einweben.

Bei der Webtechnik, also dem durchgehenden Einweben der Spannfäden, kann es leicht passieren, daß das Maschenbild unregelmäßig wird und daß die Farben der Web- bzw. Spannfäden nach vorn durchscheinen. Der Webfaden muß deshalb immer relativ fest angezogen werden. Außerdem wird das Gestrick durch den Webfaden fester als normale Jacquardmuster.

Zur besseren Übersicht ist bei den Zeichnungen das Einweben an einer Stelle gezeigt (Foto unten). Für Ungeübte: Achten Sie darauf, daß Sie beim Stricken immer dieselbe Farbe vorn am Zeigefinger führen, nur dann können Sie die Schritte nach den Zeichnungen unten genau nachvollziehen. Hier liegt jeweils der gelbe Faden vorn, der rostfarbene hinten.

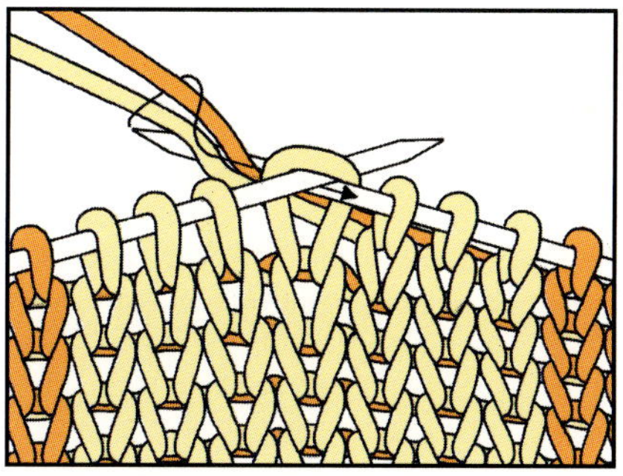

1 In der Hinreihe den vorderen Faden im Wechsel einmal wie gewohnt stricken, einmal die rechte Nadel in die Masche einstechen, die Nadelspitze über beide Fäden nach hinten führen, von unten nach oben den vorderen Faden erfassen und über den hinteren Faden hinweg nach vorn und durch die Masche ziehen.

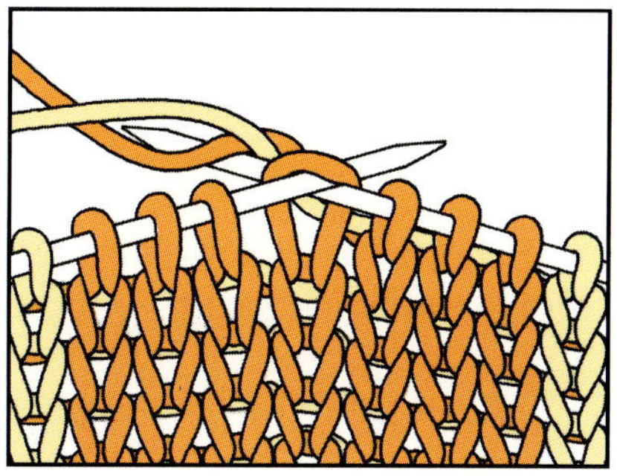

2 Den hinteren Faden im Wechsel einmal wie gewohnt stricken und einmal den Faden unter dem vorderen Faden hinweg erfassen.

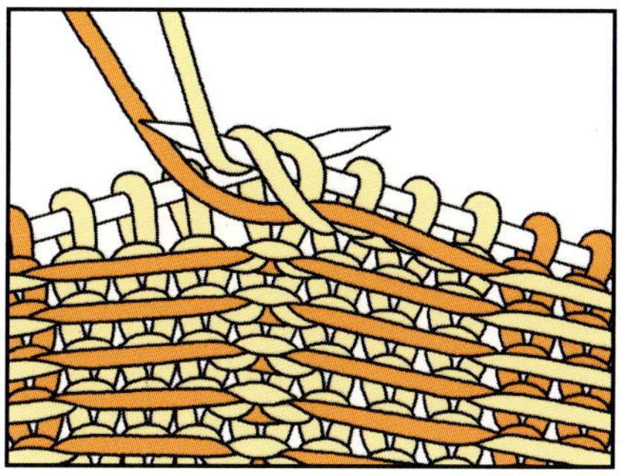

3 In der Rückreihe den vorderen Faden im Wechsel einmal wie gewohnt stricken und einmal über dem hinteren Faden hinweg erfassen.

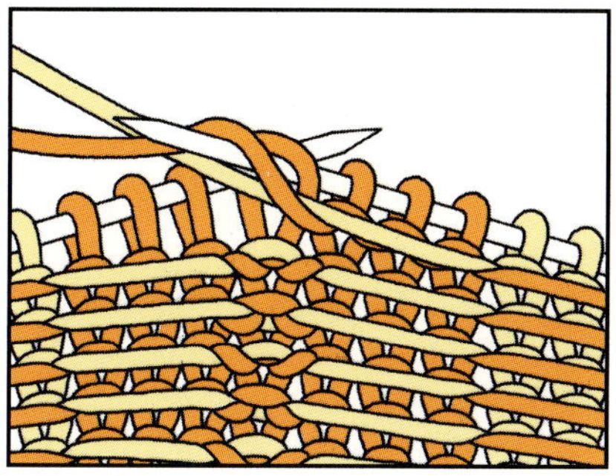

4 Den hinteren Faden im Wechsel einmal wie gewohnt stricken und einmal mit der rechten Nadel in die Masche einstechen, mit der Nadelspitze von vorn über den vorderen Faden hinweg von oben nach unten den hinteren Faden erfassen und über dem vorderen Faden nach vorn und durch die Masche ziehen.

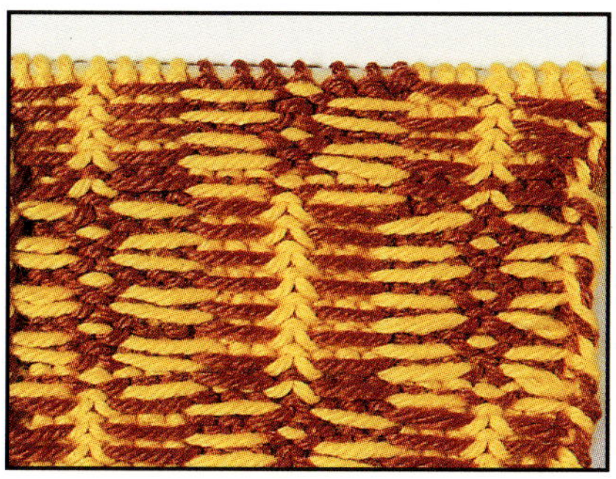

Lange Spannfäden werden auf der Rückseite an einer oder mehreren Stellen eingewebt.

Wird über alle Maschen in Webtechnik gestrickt, wird das Strickteil sehr fest. Besonders bei dickeren Garnen können die Webfäden auf der Vorderseite durchscheinen.

Die Ansicht des durchgehenden Einwebens von der Rückseite. Hier wird immer im Wechsel 1 Masche „normal" in Jacquardtechnik (Zeichnungen Seite 142) und 1 Masche in Webtechnik gestrickt.

Intarsien

Ob aufwendige Bildpullover oder einzelne senkrechte oder diagonale Farbflächen – Muster, bei denen Farbflächen mit mehreren Knäueln gestrickt werden, nennt man Intarsien- oder Einstrickmuster.

1 In den Hinreihen hinter der Arbeit den Faden in der „alten" Farbe über den Faden in der „neuen" Farbe legen und mit dem „neuen" Faden weiterstricken.

2 In den Rückreihen vor der Arbeit den „neuen" Faden über den „alten" legen und mit dem „neuen" Faden weiterstricken.

Bei Intarsienarbeiten müssen bei jedem Farbwechsel innerhalb des Strickteils Fäden verkreuzt werden (siehe Fotos und Zeichnung). Dieses Verkreuzen verhindert, daß sich Löcher im Strickteil bilden.

Damit beim Stricken mit vielen Fäden kein Wirrwarr entsteht, legen Sie die Garnknäuel in der Reihenfolge nebeneinander, in der sie verstrickt werden. Die Fäden verkreuzen sich in der ersten Reihe. Wenden Sie nun das Teil nach vorn und drehen dabei die Nadelspitze zum Körper hin nach rechts. Beim Stricken der Rückreihe lösen sich die Verkreuzungen der Fäden wieder auf. Am Ende dieser Rückreihe nun das Teil nach hinten wenden, also die Nadelspitze vom Körper weg nach rechts drehen. Hier entstehen wieder die Verkreuzungen.

Bei allen folgenden Reihen das Strickteil immer im Wechsel zum Körper hin und vom Körper weg wenden. Nur wenn neue Fäden bzw. Farben dazukommen oder wegfallen, müssen die Knäuel neu sortiert werden. Unterbrechen Sie die Arbeit am besten immer nach einer Rückreihe, so daß Sie bei Wiederaufnahme der Arbeit die Knäuel ordnungsgemäß nebeneinanderlegen können.

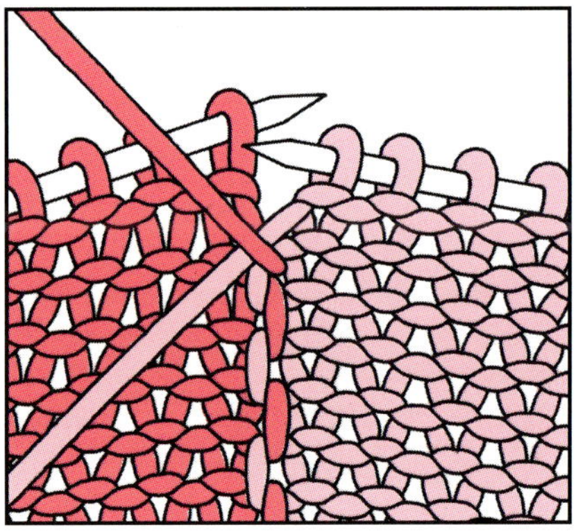

Auf der Rückseite bilden sich beim Verkreuzen zweifarbige „Ketten".

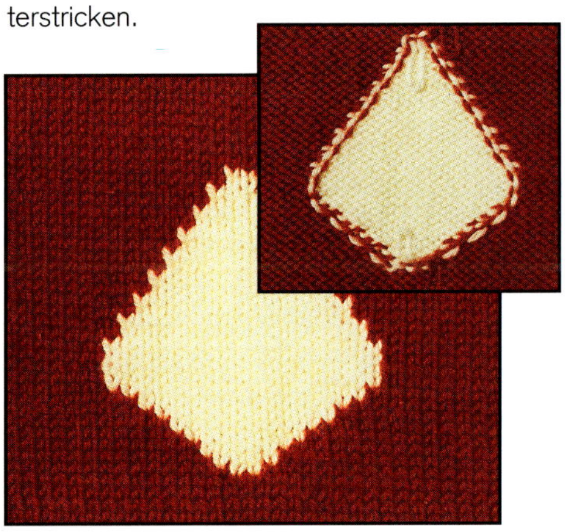

Wenn Farbflächen nur um eine Masche versetzt werden, die Fäden wie bei geraden Farbflächen verkreuzen. Kleines Foto: die Ansicht von der Rückseite. Die Endfäden werden auf dem farblich gleichen Maschengrund vernäht.

Wenn Farbflächen um mehrere Maschen versetzt werden, wird das Verkreuzen vorbereitet: Verkreuzen Sie den „neuen" Faden 1 Masche vor oder nach der mit dieser Farbe zu strickenden Masche, ...

... so daß der Faden von der „richtigen" Seite kommt und die erste neue Masche nicht in die falsche Richtung gezogen wird.

Wenn viele kleine Farbflächen eingestrickt werden, sind kleine Spulen sehr hilfreich. Sie können aus fester Pappe gebastelt werden, sind aber auch, z. B. in Fischform, im Fachhandel erhältlich.

Für schöne Übergänge

Wie am Anfang jeder Reihe müssen auch bei jedem Farbwechsel die ersten Maschen in einer neuen Farbe sehr fest anzogen werden (siehe auch Seite 29). Trotzdem zeigt das Maschenbild bei beiden Farbflächen meist in einer Reihe 2 bis 3 sehr lockere bzw. große, in der Reihe darüber und darunter 2 bis 3 sehr feste bzw. kleine Maschen.

Dieses ungleiche Maschenbild können Sie – allerdings mit etwas Zeitaufwand – korrigieren: Ziehen Sie mit einer Stricknadel jedes Teil der großen Maschen von außen nach innen bzw. zum Farbwechsel hin einzeln und nacheinander an. An der Verkreuzung stecken Sie nun die Stricknadel in die darunterliegende kleine Masche und ziehen den überschüssigen Faden nach unten durch. Halten Sie dabei die eben korrigierten Maschen mit dem linken Daumen fest. Nun den überschüssigen Faden über die ersten zwei Maschen verteilen.

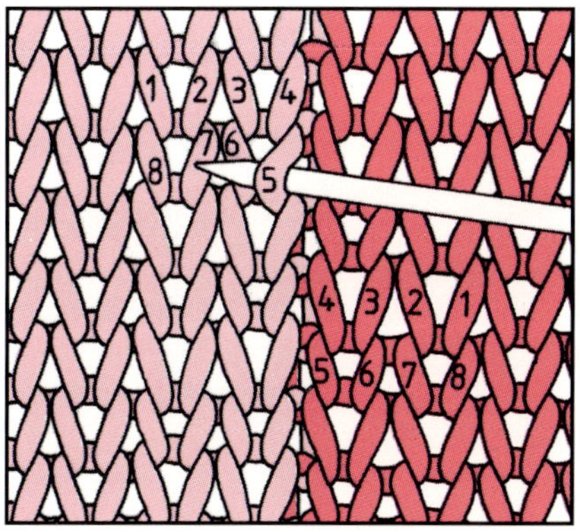

In der angegebenen Reihenfolge die Maschen der oberen Reihe zur Verkreuzung hin anziehen und danach den überschüssigen Faden auf die kleinen Maschen der Vorreihe verteilen.

Bündchen mit Farbfeldern

Wenn die Farbflächen schon beim Bündchen beginnen, muß auch der Anschlag entsprechend gearbeitet werden. Da die 1. Reihe im Bündchenmuster eine Rückreihe sein sollte, müssen die Maschen genauso angeschlagen werden, wie die Farbflächen später erscheinen sollen. Bei diesem Beispiel wird also mit rotem Garn begonnen.

Wenn das zweite Teil farblich gegengleich gestrickt wird, die rote Fläche also auf der linken Seite ist, muß beim Anschlag mit naturfarbenem Garn begonnen werden.

Die Fäden vernähen

Damit auch die Anfangsmaschen jedes Farbfelds die richtige Form erhalten, müssen die Restfäden zuerst in der Richtung vernäht werden, in der mit diesem Faden normalerweise weitergestrickt worden wäre:

Wenn das Farbfeld in einer Hinreihe begonnen bzw. in einer Rückreihe beendet wurde, werden die Fäden auf der Rückseite zunächst durch den links danebenliegenden Querfaden der folgenden Masche oder durch den senkrecht verlaufenden Verkreuzungsfaden gezogen und dann im rechts danebenliegenden gleichen Farbfeld vernäht.

Wurde ein Farbfeld in einer Rückreihe begonnen bzw. in einer Hinreihe beendet, werden die Fäden auf der Rückseite zunächst durch den rechts danebenliegenden Spannfaden gezogen und dann links daneben im gleichen Farbfeld vernäht.

Die Maschen vor (oben) und nach (unten) dem Korrigieren

Wenn die Farbflächen schon beim Bündchen beginnen, werden die Maschen in derselben Farbfolge angeschlagen, wie die Flächen später gestrickt werden.

Hier wurde das Farbfeld in einer Hinreihe begonnen und in einer Rückreihe beendet. Alle Restfäden werden also zunächst durch den links davon liegenden Spannfaden gezogen und dann vernäht.

Verkürzte Reihen

Es gibt kaum eine Strickerin, die gern verkürzte Reihen strickt. Dabei ist es gar nicht so schwierig – wenn man einmal den Dreh raushat.

Verkürzte Reihen stricken heißt, daß über einige Maschen weniger Reihen gestrickt werden. Diese Reihen sind nötig, wenn Sie einen Schalkragen oder einen Abnäher arbeiten möchten. Oder auch, wenn Sie Muster kombinieren, die für die gleiche Höhe eine unterschiedliche Reihenzahl benötigen, wie z. B. kraus rechts und glatt rechts Gestricktes.

Verkürzte Reihen mit Umschlägen

Es gibt zwei Möglichkeiten, um zu verhindern, daß beim Stricken von verkürzten Reihen ein Loch entsteht. Die erste sehen Sie auf diesen Seiten anhand einer mitgestrickten kraus rechten Blende. Hier wird mit einem Umschlag gewendet, der in der nächsten Reihe mit der ersten der vorher nicht gestrickten Maschen zusammengestrickt wird.

Bei einer angestrickten Blende im Bündchenmuster sollten Sie von Zeit zu Zeit verkürzte Reihen einarbeiten, denn wenn je 1 Masche rechts und links im Wechsel gestrickt wird, schieben sich die rechten und linken Maschen etwas ineinander; die Maschen werden dadurch größer, und die Blende leiert leichter aus. Außerdem werden Bündchen normalerweise mit kleineren Nadelstärken gearbeitet, was beim Mitstricken nicht möglich ist. Dann werden im Gegensatz zum gezeigten Beispiel jedoch nicht über die Blendenmaschen mehr Reihen gestrickt, sondern über die übrigen Maschen (siehe mitgestrickte Blenden, Seite 66/67).

Verkürzte Reihen an der rechten Blendenkante

1 In der Hinreihe bis zum Ende der Blende stricken. Die Arbeit wenden und vor der 1. Masche einen festen Umschlag arbeiten.

2 Dann die Reihe zurückstricken. In der nächsten Hinreihe …

3 … die Blendenmaschen bis zum Umschlag abstricken. Dann den Umschlag mit der 1. Mustermasche rechts zusammenstricken.

4 Nach der nächsten Reihe ist die verkürzte Reihe kaum noch zu sehen. Die verkürzten Reihen sind hier nach jeweils 6 Reihen gearbeitet.

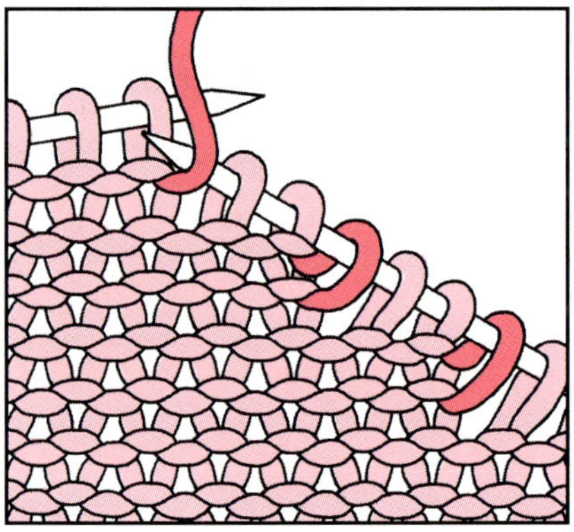

1 Für Abnäher auf der linken Seite werden die verkürzten Reihen im Strickstück gearbeitet. Wie beschrieben mit einem Umschlag wenden …

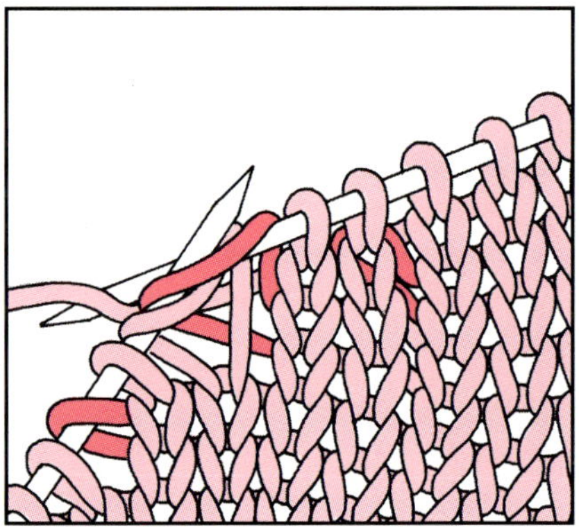

2 … und beim Zurückstricken die Masche nach dem Umschlag mit dem Umschlag rechts zusammenstricken.

Verkürzte Reihen an der linken Blendenkante

1 Eine Rückreihe bis zum Ende der Blende stricken. Wenden, vor der 1. Masche einen festen Umschlag arbeiten und die Blendenreihe zurückstricken.

2 In der nächsten Rückreihe die Blendenmaschen bis zum Umschlag abstricken. Den Umschlag wie zum Rechtsstricken auf die rechte Nadel heben.

3 Die folgende linke Masche ebenso auf die rechte Nadel heben.

4 Mit der linken Nadel von rechts nach links gleichzeitig in die Masche und den Umschlag stechen …

5 … und beide Schlingen zurück auf die linke Nadel heben. Jetzt liegt der Umschlag vor der Masche bzw. auf der Rückseite der Arbeit.

6 Nun können Umschlag und Masche links zusammengestrickt werden.

7 Nach der nächsten Reihe ist auch auf der rechten Seite die verkürzte Reihe kaum noch zu sehen.

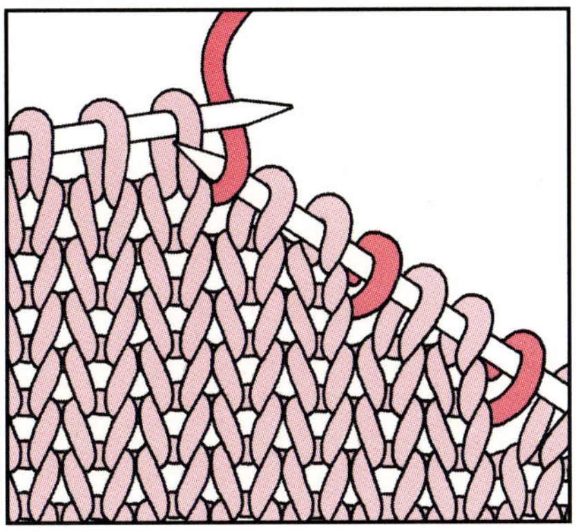

1 Für Abnäher auf der rechten Seite die Arbeit mit einem Umschlag wenden, …

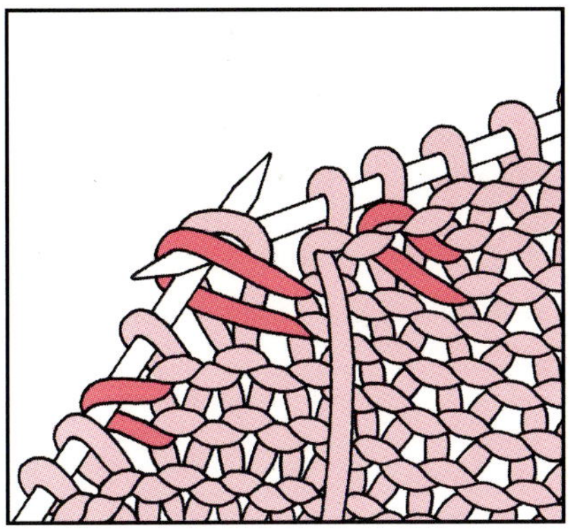

2 … beim Zurückstricken zunächst den Umschlag und die folgende Masche wie oben beschrieben verdrehen und dann links zusammenstricken.

Verkürzte Reihen mit übergezogenen Maschen

Eine völlig andere Art, verkürzte Reihen zu stricken, ist das Überziehen von Maschen. Auch hier wird an der Stelle gewendet, an der die verkürzte Reihe enden soll.

Doch nun wird nicht mit einem Umschlag gearbeitet, sondern der Arbeitsfaden wird vor die Arbeit gelegt. Dann sticht man von rechts nach links in die Masche ein und hebt die Masche ohne zu stricken auf die rechte Nadel. Nun den Arbeitsfaden von vorn nach hinten über die rechte Nadel ziehen und normal weiterstricken. Auf der Nadel liegen dann 2 Maschenteile der Masche der Vorreihe. Diese beiden Maschenteile zählen natürlich nur als 1 Masche, und sie werden in der nächsten Reihe zusammen abgestrickt. Auf der Vorderseite der Arbeit sehen Sie an dieser Stelle nur 1 Masche, bei allen übrigen Reihen sind es 2 Maschen in der Höhe.

Verkürzte Reihen auf der linken Seite

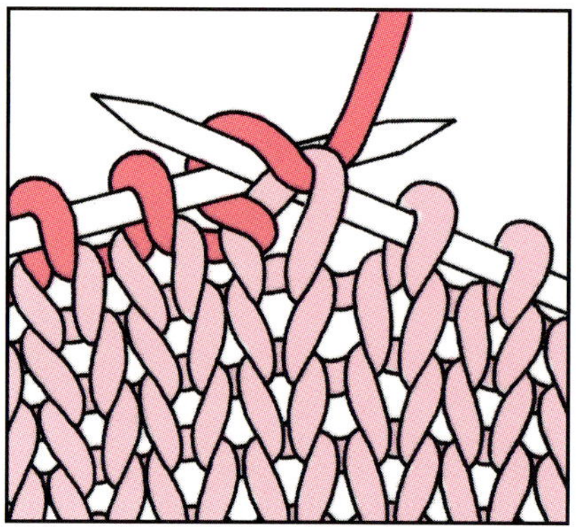

1 Die Rückreihe bis zur gewünschten Stelle stricken, die Arbeit wenden. Den Faden vor die Arbeit nehmen. Von rechts nach links in die 1. Masche einstechen und ...

... die Masche auf die rechte Nadel heben. Den Faden von vorn nach hinten über die rechte Nadel legen und nicht zu fest anziehen. Die Reihe zurück stricken.

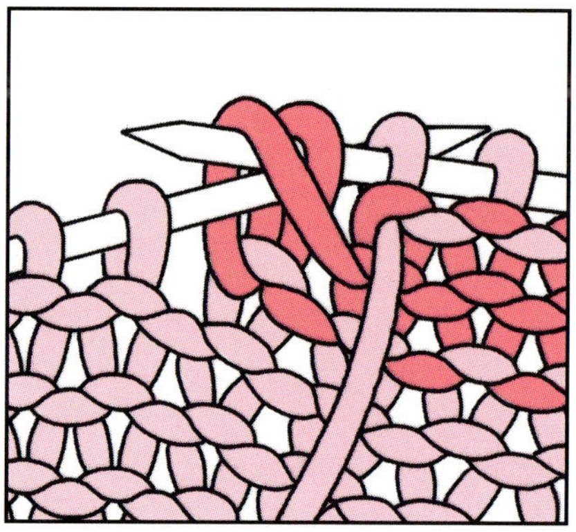

2 In der folgenden Rückreihe stricken Sie bis zur übergezogenen Masche (bei dieser Wendemasche liegen 2 Fäden auf der Nadel), stechen ...

... dann von rechts nach links in beide Fäden bzw. Maschenglieder ein und stricken sie zusammen links ab.

An den farbigen Reihen erkennen Sie die verkürzten Reihen sehr genau. Am linken Ende dieser Reihen befindet sich jeweils nur eine Masche in Weiß bzw. Lila.

Die einfarbige Probe ist genauso gestrickt wie die farbige. Hier ist kein Übergang zwischen verkürzten und „normalen" Reihen zu erkennen.

3 Auf der Vorderseite ist am Ende der verkürzten Reihen nur 1 Masche zu sehen.

Verkürzte Reihen auf der rechten Seite

1 Die Arbeit an der gewünschten Stelle wenden. Den Faden vor die Arbeit nehmen. Von rechts nach links in die 1. Masche einstechen, auf die rechte Nadel heben. Den Faden von vorn nach hinten …

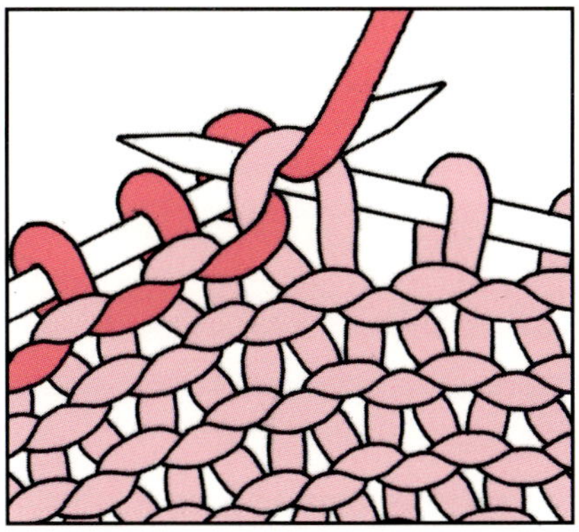

… über die rechte Nadel legen, nicht zu fest anziehen. Die 2 Teile der Masche der Vorreihe sind deutlich zu sehen. Den Faden vor der abgehobenen Masche nach vorn nehmen, die Reihe zurückstricken.

2 Bei der folgenden Hinreihe bis zur übergezogenen Masche stricken. Bei dieser Wendemasche liegen 2 Fäden auf der Nadel. Nun …

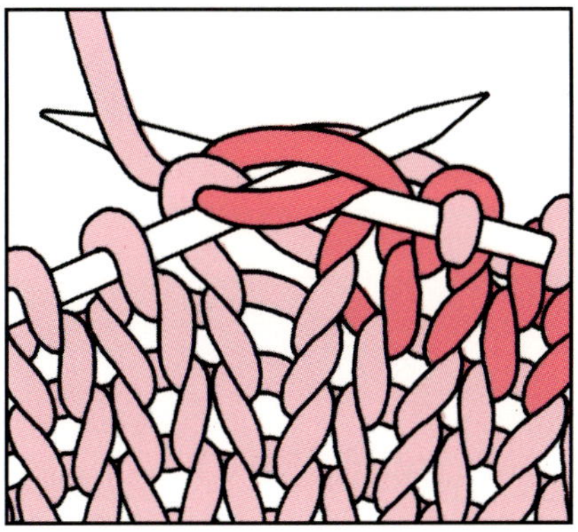

… von links nach rechts in beide Fäden bzw. Maschenglieder einstechen und zusammen rechts abstricken.

3 Auf der Vorderseite ist am Ende der verkürzten Reihen nur 1 Masche zu sehen.

Bei einer Jacke mit Schalkragen (siehe auch Seite 90) muß der Kragen für die nötige Weite mit verkürzten Reihen gearbeitet werden. Schulterschrägungen mit verkürzten Reihen sorgen für bessere Paßform.

Der weiße Faden …

… ist eine Erleichterung fürs Reihenzählen. Da die verkürzten Reihen fast nicht zu sehen sind, ist es ohne diese kleine Hilfe nur mit dem Hilfsfaden möglich, die verkürzten Reihen immer nach derselben Reihenzahl zu arbeiten.

Legen Sie einfach einen andersfarbigen Faden immer in der Reihe um eine Masche im Gestrick, in der Sie die verkürzten Reihen arbeiten. So brauchen Sie die Reihen immer nur von Markierung zu Markierung zu zählen.

Mustervariationen mit verkürzten Reihen

Solche Muster zu stricken und trotzdem die „Gerade“ zu erhalten, ist keine Kunst. Sie müssen nur darauf achten, daß Sie genau an den Stellen, wo Sie auf einer Seite verkürzte Reihen beendet haben, von der anderen Seite her genauso weit stricken. Die einzelne Masche am Ende der verkürzten Reihen ist dabei ein perfekter Anhaltspunkt. Damit hier keine Reihe weniger gestrickt wird, arbeiten Sie die übergezogene Masche genau über dieser einzelnen Masche! Das ist bei allen vier gezeigten Mustervariationen so, auch wenn es auf den ersten Blick nicht so aussieht. Für jeden Streifen wurden 6 Maschen weniger bzw. mehr gestrickt. Die 3 Reihen in Violett laufen aufgrund der verkürzten Reihen schräg.

Diese Musterart sollten Sie jedoch nicht über zu viele Reihen stricken, da die über alle Maschen gestrickten Reihen sich zu stark dehnen würden. 5mal 2 Reihen, wie bei diesen Beispielen, machen da noch kein Problem.

Die rechte und die linke Seite beginnen mit kurzen verkürzten Reihen.

Die rechte Seite beginnt mit langen, die linke mit kurzen verkürzten Reihen.

Die rechte Seite beginnt mit kurzen, die linke mit langen verkürzten Reihen.

Die rechte und die linke Seite beginnen mit langen verkürzten Reihen.

Biesen

Biesen sind neben Noppen eine schöne Möglichkeit, durch plastische Effekte Wirkung zu erzielen.

1 Den Faden der Grundfarbe auf der Rückseite hängen lassen und mit dem Biesenfaden ...

2 ... die gewünschte Breite und Höhe – hier 6 Reihen glatt rechts – stricken.

Biesen können über einige Maschen, aber auch über ganze Reihen gearbeitet werden. Sehr hübsch kann es aussehen, wenn Biesen in verschiedenen Größen unregelmäßig verteilt über einen ganzen Pullover gearbeitet werden. Da können dann auch alle möglichen bunten Garnreste zum Einsatz kommen.

Bei dicht nebeneinanderliegenden Biesen kann der Biesenfaden auf der Rückseite der Arbeit wie beim Einstrickmuster mitgeführt werden. Wenn die Biesen weiter auseinanderliegen, sollten Sie mit einzelnen Fäden oder kleinen Knäueln arbeiten.

3 Mit einer dünneren Hilfsnadel auf der Rückseite der Arbeit die Maschen der letzten Reihe unterhalb der Biese aufnehmen. Achten Sie dabei auf die gleiche Maschenzahl.

4 Die Arbeit wenden und die Nadeln hintereinanderlegen. Dann mit der Grundfarbe immer je 1 Masche der vorderen Nadel und der Hilfsnadel rechts zusammenstricken. Dabei in die vordere Masche rechts und in die hintere Masche rechts verschränkt einstechen.

Wenn Ihnen das Vernähen der Biesenfäden zu viel Arbeit macht ...

... versuchen Sie es mal mit dem Schneiderknoten. Hierfür legen Sie mit beiden Fäden einen einfachen Knoten. Dann schieben Sie mit einer Nadel den Knoten an das Strickteil und ziehen dabei die Enden fest. Die Knoten sollten Sie jedoch von Zeit zu Zeit kontrollieren, damit sie sich nicht irgendwann versehentlich auflösen.

5 Anschließend die Reihe zuende stricken.

Mal schmal, mal breit

Biesen können über einige Maschen oder auch über die gesamte Breite gearbeitet werden.

Glatt rechte Biesen

Je 2mal über 4, 6 und 8 Reihen sind die glatt rechten Biesen gestrickt. Noch lebendiger werden Biesen mit verschiedenen Streifen.

Glatt linke Biesen

Wie kleine Rollen sehen glatt links gestrickte Biesen aus. Sie sind hier über 2, 6 und 8 Reihen gestrickt. Die 1. Hinreihe der andersfarbigen, links gestrickten Biesen muß immer rechts gestrickt werden, da sonst die Querfäden der letzten Reihe des Maschengrunds sichtbar bleiben.

Biesen mit Mäusezähnchen

Ob einfarbig oder zweifarbig – Biesen mit Mäusezähnchen sind besonders effektvoll. Bei den kleinen Biesen über 6 Reihen ist die 3. Reihe eine Lochreihe, bei den großen über 10 Reihen die 5. Reihe. Für diese Lochreihe brauchen Sie eine ungerade Maschenzahl. Nach der Randmasche werden zuerst 1 Masche rechts gestrickt, dann im Wechsel ein Umschlag gearbeitet und 2 Maschen rechts zusammengestrickt; in der Rückreihe werden alle Maschen und Umschläge links gestrickt. Für die zweifarbigen Biesen sind 5 Reihen in der 1. Farbe (also auch die Lochreihe) und 5 Reihen in der 2. Farbe gestrickt. Auf der Vorderseite erscheint die Zackenkante noch in der 1. Farbe.

Mal schmal, mal breit

Glatt rechte Biesen

Glatt linke Biesen

Biesen mit Mäusezähnchen

Versetzte Biesen

Wellenförmige Biesen

Versetzte Biesen

Besonders dekorativ sind versetzte Biesenmuster. Diese Muster sollten Sie jedoch nur über die gesamte Pulloverbreite stricken. Sie stricken abwechselnd 6 Reihen in der Grundfarbe und 4 Reihen in der Biesenfarbe. In der 1. Reihe der Grundfarbe arbeiten Sie dann immer im Wechsel 6 Maschen als Biese und 6 Maschen ohne Biese. Beim nächsten Streifen genau umgekehrt.

Wenn Sie eine Reihe mit 3 Biesenmaschen bzw. 3 normalen Maschen beginnen und beenden, stimmt das Muster nach dem Konfektionieren auch an den Nähten überein.

Wellenförmige Biesen

Sehr plakativ, aber etwas mühsam zu stricken ist das wellenförmige Biesenmuster. Sie heben dafür nach je 8 Reihen in einer Hinreihe zuerst den Querfaden der 1. Vorreihe (= auf der Rückseite der 2. Querfaden unterhalb der Masche, die Sie jetzt abstricken möchten) vor die rechte Masche und stricken beide rechts zusammen; dann nacheinander die Querfäden der 2., 3., 4., 5., 4., 3., 2. und 1. Vorreihe. Danach stricken Sie eine normale rechte Masche.

In der folgenden 8. Reihe arbeiten Sie das Muster versetzt: An der Stelle, wo Sie die normale rechte Masche gearbeitet haben, heben Sie den Querfaden der 5. Vorreihe (= auf der Rückseite der 6. Querfaden unterhalb der zu strickenden Masche) und an der Stelle, an der Sie vorher am tiefsten gestochen haben, arbeiten Sie jetzt die einfache rechte Masche. Die Maschenzahl muß für dieses Muster teilbar sein durch 10 plus 1 Masche plus 2 Randmaschen.

Flechtmuster

Immer wieder beliebt ist das klassische Flechtmuster. Auch wenn es auf den ersten Blick kompliziert aussieht – wenn man einmal den Bogen raus hat, ist es einfach zu stricken.

Wenn Sie einen Pullover mit Flechtmuster stricken möchten, sollten Sie sich entweder für einen V-Ausschnitt, einen U-Boot- oder einen eckigen Ausschnitt entscheiden. Einzelne Abnahmen für einen runden Ausschnitt sind nicht möglich. Außerdem müssen die Ärmel von oben nach unten gestrickt werden.
Eine Abnahme von einem halben Motiv in jeder 2. Motivreihe ist die einfachste Lösung für Ärmelschrägungen.

Die verschiedenen Schemazeichnungen zeigen Ihnen, wie die Drei- und Rechtecke aufgeteilt werden können. Machen Sie immer eine ausreichend große Maschenprobe. Sie sollte mindestens drei Rechtecke breit und hoch sein! Danach kann die Größe des Pullovers berechnet werden. Zeichnen Sie, wie bei den Beispielen, den ganzen Pullover oder zumindest ein Vorder- bzw. Rückenteil und einen Ärmel auf Karopapier.

Bei der Farbaufteilung gibt es bei diesem Muster keine Grenzen. Sie können 2, 3 oder viele Farben einsetzen. Oder Sie stricken jedes Recht- bzw. Dreieck mit einer anderen Farbe. Da lohnt vielleicht der Blick in die Restekiste.

Auch die Größe der Motive ist variabel. Auf der folgenden Doppelseite ist das Muster mit 10 Maschen Breite Schritt für Schritt erklärt. Im gleichen Prinzip können die Motive verkleinert oder vergrößert werden.

Pullover

Bei diesem dreifarbigen Pullover sind die Motive über 10 Maschen gestrickt. Die Aufteilung aller Drei- und Rechtecke ist aus dem Schema und beim ausgebreiteten Pullover ersichtlich. Für den vorderen Halsausschnitt sind vier Dreiecke ausgespart. Alle Bündchen und die doppelte Halsblende werden nachträglich angestrickt.

Damit die Farbflächen an den Ärmelnähten besser passen, sind die Enddreiecke beim Ärmel in den später angrenzenden Farben des Pullovers gearbeitet.

Der Pullover kann in jeder beliebigen Größe gestrickt werden. Das Schema zeigt die Farbflächen des Kinderpullovers.

Die fertigen Teile des Kinderpullovers nur leicht spannen, damit die Plastizität erhalten bleibt. Alle Nähte von außen im Matratzenstich schließen.

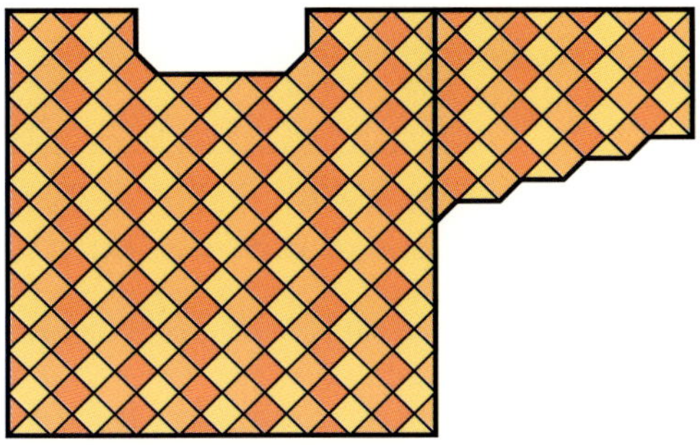

Dieses Beispiel zeigt einen abgerundeten, geraden Ausschnitt. Wenn die Farben senkrecht aufgeteilt werden, sollten Vorder- und Rückenteil quer, also von Seitennaht zu Seitennaht gestrickt werden, da sonst für jede Farbfläche die Fäden vernäht werden müssen. Die Ärmel werden wie bei den anderen Beispielen von oben nach unten gestrickt.

Zwei Möglichkeiten für Pullover mit V-Ausschnitt: Für einen sehr weiten Ausschnitt wird das V bis zur Schulter fortgesetzt, …

… für einen etwas schmaleren Ausschnitt wird am oberen Ausschnittrand beidseitig je ein weiteres kleines Dreieck angestrickt.

Anleitung für das Flechtmuster: Die einzelnen Flächen sind über 10 Maschen in Hin- und Rückreihen glatt rechts gestrickt, auch die Randmaschen werden in jeder Reihe gearbeitet. Die Maschen für die einzelnen Motive werden immer aus dem äußeren Teil der Randmaschen jeder 2. Reihe aufgenommen.

Die **1. Reihe** wird von rechts nach links gestrickt. Danach im Wechsel die **2. Reihe** von links nach rechts und die **3. Reihe** von rechts nach links stets wiederholen.

Die Arbeit mit Dreiecken beenden. Wenn Sie nach einer 2. Reihe enden, wird die letzte Dreieckreihe von rechts nach links gestrickt, siehe **4. Reihe.** Erfordert die gewünschte Höhe den Abschluß nach einer 3. Reihe, wird die letzte Reihe von links nach rechts gestrickt, am Anfang und am Ende der Reihe muß noch je ein kleines Dreieck gestrickt

werden, siehe **5. Reihe.** Das Muster kann auf normalen Stricknadeln gearbeitet werden, besser sind Rundstrick- oder flexible Jackennadeln.

1. Reihe mit Dreiecken
Für das erste Dreieck 2 M anschlagen, 1 Rückr li, 1 Hinr re und 1 Rückr li str. In der 4. R (= Hinr) und weiter in jeder 2. R am linken Rand vor der Randm immer 1 M re verschränkt aus dem Querfaden zunehmen, bis 10 M auf der Nadel sind. Nun die Arbeit nicht wenden, das 1. Dreieck stillegen und für das 2. Dreieck 2 M aufstricken, dann wie beschrieben weiterarbeiten. Alle übrigen Dreiecke ebenso stricken.

2. Reihe, erstes Randdreieck
Die zweite Motivreihe beginnt in einer Rückreihe mit einem Dreieck: Dafür die ersten 2 M des letzten Dreiecks li str, wenden (= w) -1 M re, 1 M zunehmen (re verschränkt aus dem Querfaden), Randm, w - 2 M li str, die 3. M mit der folgenden M des Dreiecks li zusammenstricken (= zus-str), w - 2 M re, 1 M zunehmen, Randm, w - 3 M li, die 4. M mit einer M des Dreiecks li zus-str, usw., bis alle M des Dreiecks aufgebraucht sind. Durch die Zunahmen sind wieder 10 M auf der Nadel.

2. Reihe, Rechteck
Nun nicht wenden, sondern aus der Seitenkante des folgenden Dreiecks 10 M li herausstricken, dabei von hinten nach vorn durch die Randm fassen und die M nach hinten durchholen. Oder die Arbeit wenden und die M mit einer Häkelnadel nach vorn durchziehen und auf die Stricknadel heben. * w - 10 M re str, w - 9 M li, die letzte M mit der 1. M des Dreiecks li zus-str, ab * wdh, bis alle M des Dreiecks aufgebraucht sind. Auf diese Weise alle übrigen Rechtecke arbeiten.

2. Reihe, letztes Randdreieck

Am Ende der Reihe noch ein Dreieck str: Aus der Seitenkante des letzten Dreiecks 10 M li herausstricken, w - 10 M re str, w - 8 M li, 2 M li zus-str, w, 9 M re, w - 7 M li, 2 M li zus-str, usw. Den Arbeitsfaden durch die letzte M ziehen und abschneiden.

3. Reihe, Rechtecke

Hier werden über die ganze Reihe Rechtecke gestrickt: Aus der Seitenkante des Dreiecks 10 M re herausstricken, w - * 10 M li, w - 9 M re, 1 einfacher Überzug (= die letzte M re abheben, die 1. M des Rechtecks der 2. R re str und die abgehobene M überziehen), w - ab * wdh, bis alle M des Rechtecks aufgebraucht sind. Dann nicht wenden und aus der Seitenkante des folgenen Teils wieder 10 M re herausstricken. Die folgenden Rechtecke ebenso arbeiten und zum Schluß den Faden abschneiden.

4. Reihe, Enddreiecke von rechts nach links

Die letzte M des vorangegangenen Dreiecks mit dem neuen Faden abstricken, dann aus der Seitenkante 10 M re aufnehmen (= 11 M), w - 9 M li, 2 M li zus-str, w - 9 M re, 1 einfacher Überzug, w - 8 M li, 2 M li zus-str, w - 8 M re, 1 einfacher Überzug, w. Im gleichen Prinzip weiterarbeiten, bis nur noch 1 M auf der Nadel ist. Dann wieder 10 M aus der Seitenkante dazu aufnehmen. Alle folgenden Dreiecke ebenso stricken.

5. Reihe, Endreihe von links nach rechts, erstes kleines Dreieck

Für das erste kleine Dreieck die ersten 2 M des zuletzt gestrickten Rechtecks li str, w - 1 M re, 1 M zunehmen, Randm, w - 2 M li, die 3. M mit der 1. M des Rechtecks li zus-str (= 2 M li zus-str), w - 2 M re, 1 M zunehmen, Randm, w - 3 M li, 2 M li zus-str, w - 3 M re, 1 M zunehmen, Randm, w - 4 M li, 2 M li zus-str, w - 4 M re, 1 M zunehmen, Randm, w - 5 M li, 2 M li zus-str, w - 6 M re, w - 2 M li zus-str, 3 M li, 2 M li zus-str, w - 5 M re, w - 2 M li zus-str, 2 M li, 2 M li zus-str, w - 4 M re, w - 2 M li zus-str, 1 M li, 2 M li zus-str, w - 3 M re, w - 2 x 2 M li zus-str, dann die 1. M über die 2. ziehen = 1 M Rest.

5. Reihe, Dreieck

Aus der Seitenkante des Rechtecks 10 M li aufnehmen, w - 11 M re, w - 2 M li zus-str, 8 M li, 1 M des Dreiecks mit der 1. M des vorangegangenen Rechtecks li zus-str (= 2 M li zus-str), w - 10 M re, w - 2 M li zus-str, 7 M li, 2 M li zus-str, w - 9 M re, w - 2 M li zus-str, 6 M li, 2 M li zus-str, w. Im gleichen Prinzip weiterarbeiten. Die letzten 2 M des Enddreiecks li zus-str, die M zurück auf die linke Nadel heben und mit der letzten M des Rechtecks li zus-str.

5. Reihe, letztes kleines Dreieck

Aus der Seitenkante des letzten Rechtecks 10 M li herausstricken, w - 11 M re, w - 2 M li zus-str, 7 M li, 2 M li zus-str, w - 9 M re, w - 2 M li zus-str, 5 M li, 2 M li zus-str, w - 7 M re, w. Im gleichen Prinzip weiterarbeiten, zum Schluß 2 M li zus-str, die M zurück auf die linke Nadel heben und die letzten 2 M li zus-str. Den Faden abschneiden und durchziehen.

Double-face

Von beiden Seiten schön sind Wendemuster, auch Double-face („doppeltes Gesicht“) oder Doppelstrick genannt. Sie eignen sich für Schals, warme Decken und auch für dicke Jacken. Bei dieser Strickart erscheinen auf beiden Seiten rechte Maschen. Die „Rückseite“ ist bei jedem Muster farblich gegengleich.

Aufgeklappt: Wenn rechte und linke Maschen auf jeweils eine Nadel gelegt werden, ist beim **runden Anschlag** kein Übergang zu sehen.

1 Beim **offenen Anschlag** die Luftmaschenkette auflösen und die Maschen auf eine Hilfsnadel heben.

Runder Anschlag

Die schönste Anschlagart für Double-face-Arbeiten ist der runde Anschlag. Hier beginnt schon in der ersten Reihe die farblich gegengleiche Rückseite.

Verknoten Sie die beiden Fäden und schlagen Sie die nötigen Maschen mit einer etwa eine Nummer dünneren Nadel an (siehe auch Seite 24 und 25). Legen Sie die Fäden wie beschrieben auf die linke Hand. Halten Sie mit der rechten Hand die kurzen Endstücke fest und führen Sie für die 1. Masche die Nadel unter dem vorderen Faden durch und ziehen von oben nach unten den hinteren Faden nach vorn. Dann wie beschrieben weiterarbeiten.
Sie brauchen die doppelte Maschenzahl für die gewünschte Breite, da die „rechten“ und die „linken“ Anschlagmaschen jeweils für eine Seite benötigt werden.

In der folgenden Reihe stricken Sie dann in Jacquardtechnik, jeweils in der Farbe der Anschlagmaschen, abwechselnd 1 Masche rechts mit der 1. Farbe und 1 Masche links mit der 2. Farbe.

2 Im Wechsel die Maschen der vorderen Nadel in der 1. Farbe rechts und die Maschen der hinteren Nadel in der 2. Farbe links abstricken.

3 Auf beiden Seiten erscheint ein gleich hohes „Bündchen“.

Offener Anschlag

Wenn Sie an der unteren Kante auf beiden Seiten eine farblich gleiche Blende wünschen, ist der offene Anschlag (Seite 20) die beste und einfachste Lösung. Soll diese Blende das Strickteil wie ein Bündchen etwas zusammenhalten, können die ersten Reihen bis zum Zusammenstricken auch mit dünneren Nadeln gestrickt werden.

Häkeln Sie mit einem kontrastfarbenen Garn eine lockere Luftmaschenkette in der Länge der benötigten Maschen für eine Seite. Nun aus den hinteren, querliegenden Teilen der Luftmaschenkette die Maschen auffassen und bis zur doppelten Bündchenhöhe glatt rechts stricken, mit einer linken Reihe enden.

Die Luftmaschenkette auftrennen, dabei die offenen Maschen mit einer dünneren Hilfsnadel auffassen. Achten Sie darauf, daß Sie dieselbe Maschenzahl erhalten. Das Teil links auf links zusammenklappen. Nun mit zwei Fäden in Jacquardtechnik weiterarbeiten und im Wechsel 1 Masche der vorderen Nadel in der 1. Farbe rechts und 1 Masche der hinteren Nadel in der 2. Farbe links abstricken.

Doppelter Anschlag

Die einfachste Möglichkeit, doch weniger schön, ist der Anschlag mit beiden Fäden. Dieser Anschlag ist nur dann geeignet, wenn Sie z. B. einen doppelten Schal stricken und die Kante später zwischen Fransen verstecken.

In der ersten Reihe bei jeder doppelten Anschlagmasche immer in der gleichen Farbfolge 1 Masche in der 1. Farbe rechts und 1 Masche in der 2. Farbe links stricken.

An beiden Seiten sind Kettrandmaschen gearbeitet, dafür beide Randmaschen am Anfang jeder Reihe rechts zusammenstricken, am Ende jeder Reihe nur abheben.

In der Abkettreihe sind die Maschen der Vorder- und der Rückseite rechts zusammengestrickt.

Die Randmaschen

Ganz gleich, ob Sie einen doppelten Schal stricken oder z. B. eine Wendejacke, bei der die Teile später so zusammengenäht werden müssen, daß beide Seiten nahtlos schön aussehen – Sie sollten immer die Nahtrandmasche, also die glatt rechts gestrickte Randmasche arbeiten. Hierfür die Randmasche der Vorderseite, also die 1. Masche auf der Nadel, rechts und die Randmasche der Rückseite, also die 2. Masche, links stricken; die Maschen dabei fest anziehen. Die vorletzte Masche, also die Randmasche der Vorderseite, wieder rechts, die letzte Masche dann links stricken. Auf diese Weise die Randmaschen in jeder Reihe stricken.

Besonders wichtig: Achten Sie beim Wenden des Strickteils darauf, daß der Faden in der Farbe der 1. auf der Nadel liegenden Masche vorn liegt, sich also nicht mit dem Faden der 2. Masche verkreuzt. Nur dann erhalten Sie die offene Kante (siehe Foto 1, unten), bei der Sie später beide Seiten im Matratzenstich schließen können (Foto 2, unten).

Nur an den Stellen, wo sich die Grundfarbe ändert, oder bei kleinen Mustern, die bis zur Randmasche reichen (wie z. B. das Zackenmuster im unteren Teil des Strickstücks), läßt sich das Verkreuzen der Fäden nicht vermeiden. Für besonders schöne Kanten sollten Sie versuchen, die Muster so einzuteilen, daß sie etwa 2 bis 3 Maschen nach bzw. vor der Randmasche beginnen und enden, wie bei dem Rauten- und dem Karomuster.

Weniger schön: Mit **doppelter Anschlag**- und Abkettreihe und Kettrandmaschen.

1 Wenn das Strickstück bei jeder neuen Reihe so gewendet wird, daß der Faden der 1. Randmasche außen liegt, läßt es sich am Rand bis zum ersten Mustermotiv aufklappen.

2 Dann können entweder beide Seiten des Strickstücks (z. B. für einen Schal) oder auch Teile einer Jacke im Matratzenstich zusammengenäht werden.

Stricken in Jacquardtechnik

Grundsätzlich werden Double-face-Arbeiten in Jacquardtechnik gestrickt, d. h. daß mit 2 Fäden gleichzeitig gearbeitet wird. Dabei können Sie einen Fadenhalter verwenden oder beide Fäden, wie beim Jacquardmuster (ab Seite 142), über dem linken Zeigefinger führen.

Bei Double-face-Arbeiten gibt es innerhalb des Strickstücks keine Spannfäden, da immer im Wechsel je 1 Masche in je einer Farbe gestrickt wird. Wenn Sie keine Muster einstricken, sondern 2 einfarbige Seiten arbeiten, kann das Strickstück, auf 2 Nadeln gelegt, aufgeklappt werden (siehe Foto runder Anschlag). Werden Muster eingestrickt, verkreuzen sich die Maschen innerhalb des Strickstücks bei jedem Farbwechsel (siehe Foto 1, Seite 161).

Beim ersten Hinsehen wirken die eng auf der Nadel liegenden Maschen etwas verwirrend. Betrachten Sie die Maschen jedoch immer paarweise, wird das Bild schon verständlicher. Eine rechte Masche der Vorderseite und die folgende linke Masche der Rückseite gehören zusammen. Vor der 1. Masche eines Paares, also der Masche der Vorderseite, beide Fäden hinter die Arbeit legen, dann diese Masche in der entsprechenden Farbe rechts stricken. Danach beide Fäden vor die Arbeit nehmen und die 2. Masche in der entsprechenden Farbe links stricken.

Damit die linke Masche leichter abzustricken ist, halten Sie den nicht verwendeten Faden mit dem linken Daumen fest. Oder Sie stricken die Masche „falsch", ziehen den Faden von oben nach unten durch die Masche. Dann muß die Masche der folgenden Reihe, da sie „falsch" auf der Nadel liegt, rechts verschränkt gestrickt werden (siehe auch Seite 134 unten).

Auch das Musterstricken ist bei der paarweisen Betrachtung der Maschen einfach: Bei einem Farbwechsel von einer Masche wird zunächst die rechte Masche in der 2. Farbe, dann die linke Masche in der 1. Farbe gestrickt. Die folgende rechte Masche wird wieder in der 1. Farbe gestrickt, die nächste linke in der 2. Farbe. Die gezeichneten Beispiele zeigen, wie die Maschen bei einfachen und bei Double-face-Strickstücken gearbeitet werden.

1 Vor einer rechten Masche beide Fäden hinter die Arbeit legen, die Masche in der entsprechenden Farbe rechts stricken.

2 Vor einer linken Masche beide Fäden vor die Arbeit legen, die Masche in der 2. Farbe links stricken.

Die **Zeichnungen 1 und 2** zeigen ein Quadrat bzw. einen kleinen Rhombus mit den Maschen für eine Seite. Die Zahlen auf der rechten Seite stehen für eine Hinreihe, auf der linken Seite für eine Rückreihe. Die **Zeichnungen 3 und 4** zeigen das gleiche Farbbild für Double-face. Die dickeren senkrechten Linien trennen die Maschenpaare. Die kurzen Querstriche zeigen die linken Maschen der einzelnen Reihen. Die Maschen bzw. Farben der Hinreihen von rechts nach links, die der Rückreihen von links nach rechts lesen.

Zeichnung 1

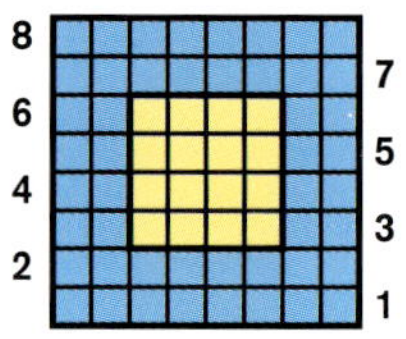

Zeichnung 2

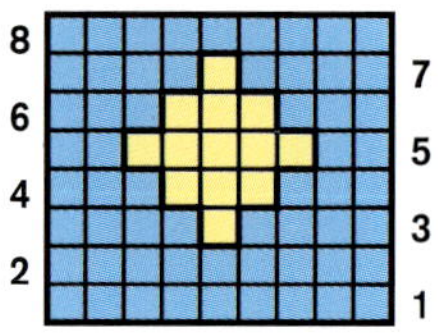

Zeichnung 3

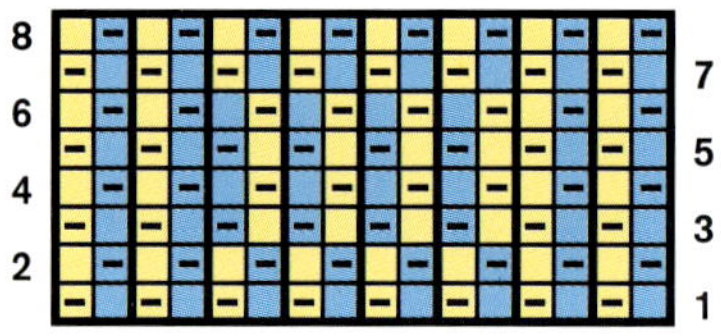

Zeichnung 4

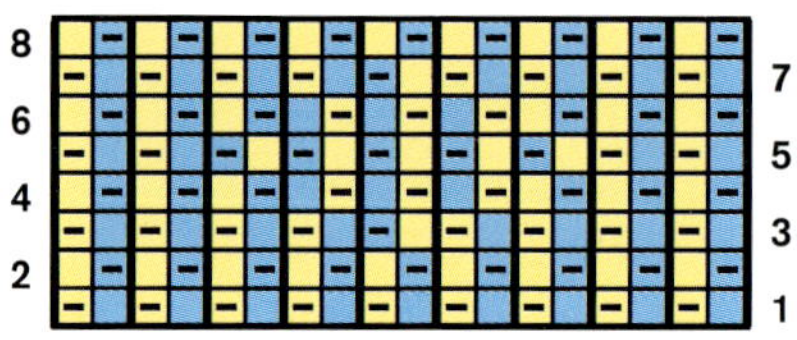

Stricken mit jeweils einem Faden

Wenn Sie ungern mit 2 Fäden gleichzeitig stricken, gibt es beim Double-face auch die Möglichkeit, jede Reihe in jeder Farbe einzeln, also jede Reihe zweimal zu stricken. Das ist allerdings mühsamer und dauert noch länger.

Arbeiten Sie dafür auf einer Rundstricknadel, damit Sie die Maschen immer an das Ende der Nadel schieben können, an dem der Faden in der entsprechenden Farbe hängt.

Stricken Sie nun zunächst eine Hinreihe z. B. mit dem blauen Faden. Wenn kein Muster eingearbeitet wird, werden alle rechten Maschen rechts gestrickt, die linken Maschen wie zum Linksstricken abgehoben. Vor dem Abheben der linken Maschen muß der Faden jeweils vor die Arbeit gelegt werden. Am Ende der Reihe die Maschen an das andere Ende der Nadel zurückschieben und nun mit dem gelben Faden alle linken Maschen stricken. Jetzt werden die rechten bzw. blauen Maschen wie zum Linksstricken abgehoben, der Faden muß dabei jeweils hinter die Arbeit gelegt werden.

Wird jedoch ein Muster eingearbeitet, muß man doppelt aufpassen. Dann werden nicht nur rechte, sondern auch linke Maschen gestrickt, d. h. man strickt mal die Maschen der Vorder- und mal die Maschen der Rückseite. Bei jedem Wechsel von Vorder- zu Rückseite müssen dann nacheinander je 1 Masche rechts und links oder umgekehrt in einer Farbe gestrickt bzw. wie zum Linksstricken abgehoben werden.

1 Vor einer rechten Masche beide Fäden hinter die Arbeit legen, die Masche in der entsprechenden Farbe rechts stricken.

2 Wenn Sie einen Schal mit dem runden Anschlag begonnen haben, werden die Maschen beider Seiten im Maschenstich verbunden.

Das Abketten

Vor dem Abketten oder Abnähen werden alle rechten und linken Maschen des Strickteils getrennt auf jeweils eine Stricknadel gelegt.

Wenn Sie z. B. bei einem Schal mit dem runden Anschlag begonnen haben, können Sie nun die Maschen der beiden Nadeln im Maschenstich verbinden.

Haben Sie mit dem offenen Anschlag begonnen, sollten Sie nach dem Trennen der rechten und linken Maschen über die Maschen einer Seite noch genauso viele Reihen glatt rechts stricken wie beim Bündchen und dann erst die Maschen mit den Maschen der 2. Nadel im Maschenstich zusammennähen.

Wenn es sich bei dem Strickstück um ein **Jackenteil**, z. B. das Rückenteil handelt, legen Sie die Maschen der Schultern zunächst still. Dann stricken Sie das Vorderteil und nähen die Schultermaschen jeder Seite im Maschenstich gegeneinander. Achten Sie dabei darauf, daß die Maschen auf den Nadeln und auch die Naht selbst jeweils eine zusätzliche Reihe ergeben.

Bei **Ausschnitten** werden die Maschen jeder Seite getrennt abgekettet. Für Ausschnittblenden können Sie dann aus einer Seite die Maschen „normal" aufnehmen, die doppelte Höhe der gewünschten Blende stricken und die Maschen im Maschenstich an die Innenseite nähen.

Auch bei **Ärmeln** werden beide Seiten getrennt abgekettet. Dann muß jeder Ärmel zweimal im Maschenstich angenäht werden, einmal von der Innen- und einmal von der Außenseite. Erst zum Schluß werden Seiten- und Ärmelnähte, ebenfalls zweimal, von außen und von innen, im Matratzenstich geschlossen.

Umrandung

Bei einer Decke im Double-face werden auch die Kanten mit einer doppelten Blende umrandet. Dafür aus den Randmaschen einer Seite aus jeweils 4 Reihen 3 Maschen aufnehmen und etwa 10 Reihen glatt rechts stricken. Dann auf der anderen Seite die offenen Maschen im Maschenstich gegennähen (Seite 114 bis 117).

Dekoratives Bearbeiten

Liebevoll bestickt, dekorativ gesmokt oder mit Noppen verziert – so geben Sie Ihren Strickstücken eine ganz individuelle Note.

Noppen, gestrickt und gehäkelt

Ob kunterbunt oder Ton in Ton gearbeitet – mit gehäkelten oder gestrickten Noppen können Sie glatt rechte Strickstücke oder auch einzelne Muster wirkungsvoll betonen.

Gehäkelte Noppen

Noppen können Sie extra häkeln und einknoten oder während des Strickens auf die betreffenden Maschen häkeln. Der Vorteil des Extra-Häkelns ist, daß Sie die Noppen später nach Belieben in das Strickstück einknoten können. Beim blauen Kinderpullover z. B. sind lauter bunte Noppen aus Garnresten unregelmäßig über das ganze Modell verteilt. Für kleine Noppen reichen etwa zwei bis drei Stäbchen, für große Noppen können Sie vier bis sechs Stäbchen häkeln. Hier kommt es natürlich auch auf die Stärke des verwendeten Garns an. Bei den unten abgebildeten Beispielen sind immer 4 Stäbchen gehäkelt.

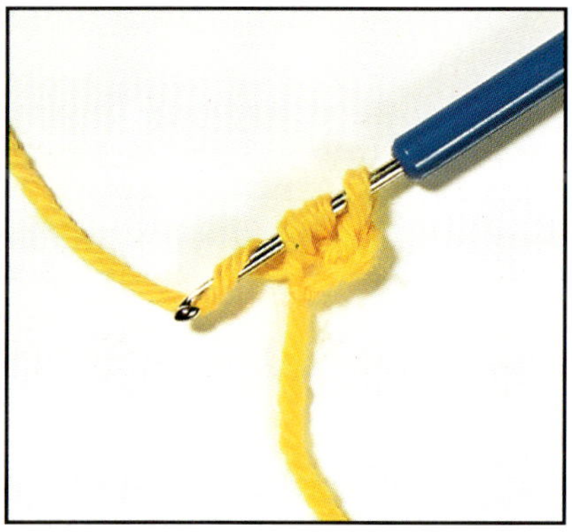

1 Häkeln Sie 3 Luftmaschen und arbeiten Sie in die 1. dieser Luftmaschen 4 Stäbchen immer so weit, daß jeweils 1 Schlinge mehr auf der Häkelnadel bleibt.

2 Dann alle Schlingen zusammen abmaschen, noch 1 Luftmasche häkeln und den Faden durch diese Masche ziehen.

3 Anfangs- und Endfaden einzeln durch das Strickstück ziehen und auf der Rückseite der Arbeit vernähen oder gut verknoten.

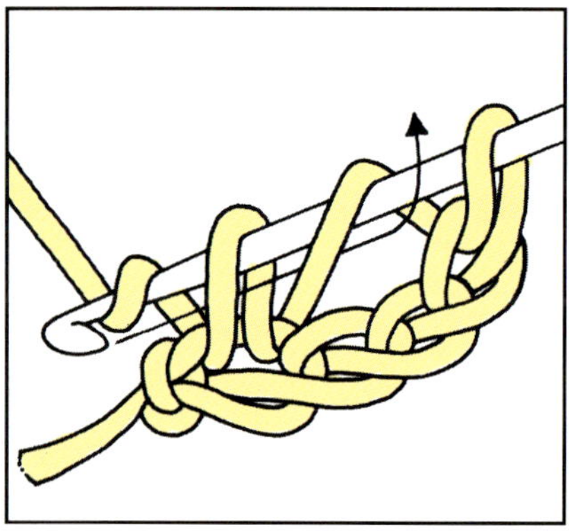

Anstelle des 1. Stäbchens 3 Luftmaschen häkeln. Den Faden von hinten nach vorn um die Nadel legen, durch die Luftmasche holen, dann durch die Masche und den Umschlag ziehen.

1 Wenn Sie die Noppen direkt in das Strickstück häkeln, ziehen Sie den Noppenfaden durch die entsprechende Masche und arbeiten weiter wie bei der extra gehäkelten Noppe.

2 Zum Schluß maschen Sie alle Stäbchen mit dem Garn des Untergrunds ab und heben diese Masche auf die rechte Nadel. Dann bis zur nächsten Noppe stricken.

1 Aus dem Querfaden zwischen 2 Maschen 5 Maschen herausstricken, immer abwechselnd 1 Masche rechts und 1 Masche rechts verschränkt. Die Arbeit wenden.

2 Über die 5 Noppenmaschen noch 3 Reihen glatt rechts, kraus rechts oder glatt links stricken.

3 In der folgenden Hinreihe zunächst 3 Maschen, dann 2 Maschen rechts zusammenstricken und die 1.über die 2. Noppenmasche ziehen.

4 In der nächsten Rückreihe die Noppenmasche mit der davorliegenden Masche links zusammenstricken.

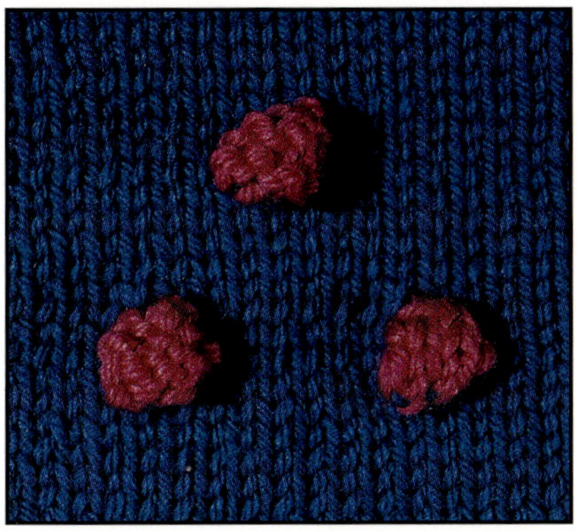

5 Diese Noppen können kraus rechts (oben), glatt links (unten links) oder glatt rechts (unten rechts) eingestrickt werden.

Eingestrickte Noppen

Noppen können auf unterschiedliche Art gestrickt werden. Kleine Noppen werden über 3, große über 5 bis 7 Maschen gestrickt. Auch die Reihenzahl hängt davon ab, wie voluminös Sie die Noppen wünschen. Die Größe der Noppen wird natürlich auch von der Stärke und Beschaffenheit des verwendeten Garns bestimmt.

Noppen werden entweder über dem zwischen 2 Maschen liegenden Querfaden oder aus einer Masche herausgestrickt. Die Arbeitsweise ist bei beiden Möglichkeiten gleich.

Für die Noppenzunahmen aus dem Querfaden oder der Masche abwechselnd je eine Masche rechts und rechts verschränkt stricken (dabei abwechselnd in den vorderen und den hinteren Maschenteil stechen), die Masche bis zur gewünschten Maschenzahl auf der linken Nadel lassen. Anstelle der rechts verschränkten Maschen können Sie die Masche auch links stricken. Oder Sie arbeiten zwischen den rechten Maschen jeweils einen Umschlag.

Die fotografierten Arbeitsschritte zeigen die Zunahme aus dem Querfaden mit verschränkt herausgestrickten Maschen.

Die Anleitung für diesen Pullover finden Sie auf Seite 201.

Sticken auf Maschengrund

Die Anleitung und die Stickschrift für diesen Kinderpulli finden Sie auf Seite 203.

Die schönen Blumen können als kleiner Blickfang aufgestickt werden, z. B. dezent an einer Seite oberhalb des Bündchens.

Schlichte Pullover werden mit kleinen oder größeren Stickereien zu Unikaten. Maschenstich, Stielstich, Plattstich – auf diesen Seiten wird jeder Stich erklärt.

1 In der Mitte unterhalb der zu bestickenden Masche ausstechen, dann die darüberliegende Masche umfassen. Dabei in der 1. Reihe von rechts nach links arbeiten; soll darüber eine 2. Reihe gestickt werden, diese Reihe von links nach rechts sticken.

2 Dann zurück in die Ausstichstelle stechen und in der Mitte der danebenliegenden Masche wieder ausstechen. Beim letzten Maschenstich den Faden in der Ausstichstelle auf die Rückseite ziehen und vernähen.

Der Maschenstich

Kleinere Motive, wie z. B. die stilisierte Katze, oder Motive mit vielen Farben, wie die Rose, sollten immer im Maschenstich aufgestickt werden. Das saubere Einstricken solcher Motive ist fast unmöglich. Aber auch größere Motive, wie die Seepferdchen, können aufgestickt werden. Der Vorteil ist auch hier das saubere Maschenbild. Außerdem können Sie das Motiv besser an die richtige Stelle plazieren.
Gestickt wird mit einer Sticknadel ohne Spitze oder einer Wollnadel. Sie können mit dem Originalgarn sticken oder auch eine von der Stärke her passende Stickwolle verwenden.

3 Beim diagonalen Versetzen die Nadel in die Ausstichstelle ein und eine Reihe höher links bzw. rechts daneben wieder ausstechen.

4 Bei senkrechten Maschenstichen in der Ausstichstelle ein und einen Querfaden darüber wieder ausstechen.

Zum Nachsticken: Jedes Kästchen der Stickschrift stellt eine Masche dar.

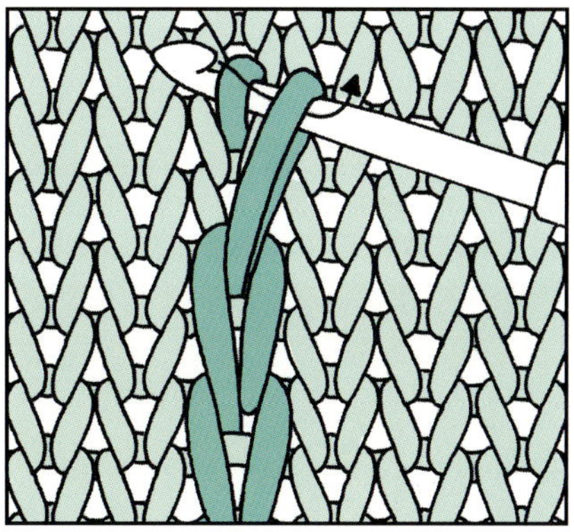

Bei senkrechten oder diagonalen Linien …

… ist das Aufhäkeln von Kettmaschen einfacher und schneller als der Maschenstich. Dafür den Faden unter der Arbeit halten. Mit der Häkelnadel zwischen zwei Maschen von vorn nach hinten einstechen und den Faden nach vorn holen. Dann eine oder zwei Reihen weiter wieder von vorn nach hinten durchstechen, eine weitere Schlinge durchholen und durch die auf der Häkelnadel liegende Schlinge ziehen.

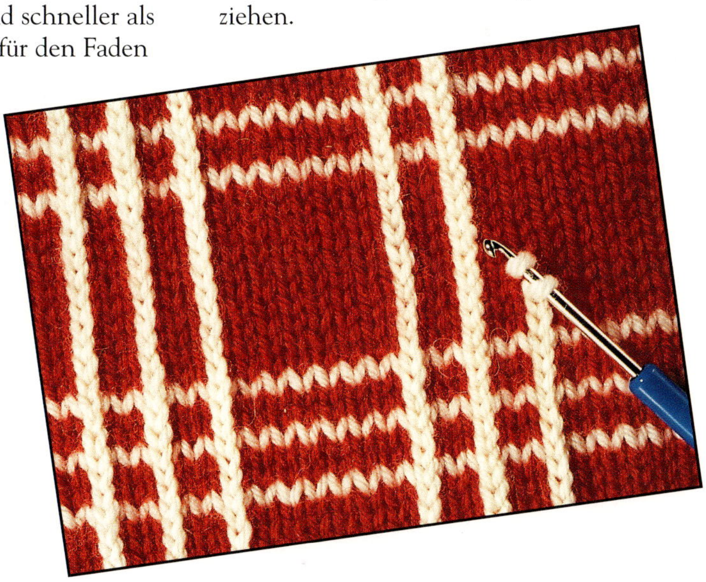

Kleine Motive, wie dieses stilisierte Katzengesicht, werden am besten im Maschenstich aufgestickt. Solche Motive können natürlich auch gekaufte Pullis zu einem individuellen Einzelstück machen.

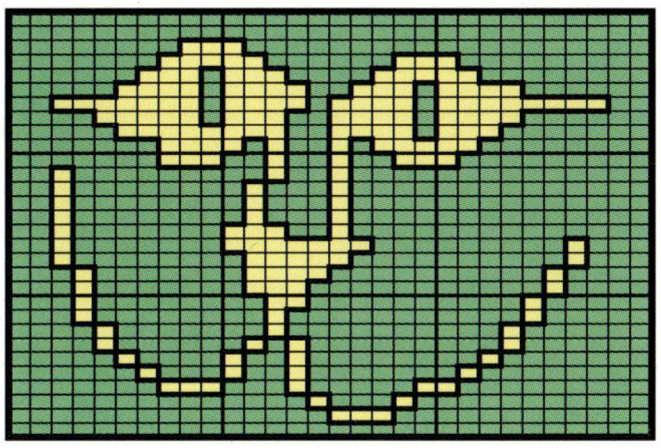

Nach dieser Zählvorlage können Sie das Katzengesicht aufsticken.

Ein Tip

Lassen Sie zu Beginn der Stickerei das Fadenende auf der Vorderseite, dann kann es sich während des Stickens auf der Rückseite nicht verheddern. Bei allen weiteren Fäden können Sie den Stickfaden zunächst vernähen, dann auf die Vorderseite ziehen und sticken. Die Endfäden sollten Sie immer sofort vernähen.

Sticken auf Organza

Diese Stickereien direkt auf dem Maschengrund auszuführen, ist etwas schwierig, da Maschen meist zu groß und zu locker sind. Kleine Motive sollten deshalb auf Organza (sehr feines Gewebe aus reiner Seide), größere können auch auf etwas groberen Stramin gezeichnet werden. Diese Vorlage dann mit Spann- oder Pikierstichen auf das Strickteil heften. Besonders bei größeren Motiven sind Pikierstiche besser geeignet, da sich Organza und auch Stramin bei Spannstichen leicht verziehen können.

Auf Organza sollte die Stickerei immer mit einer spitzen Sticknadel, auf groberem Stramin kann sie auch mit einer Sticknadel ohne Spitze gearbeitet werden. Bei Stramin müssen die Stiche etwas fester angezogen werden, damit die Stickerei auch nach dem Entfernen des Stoffes dicht auf dem Maschengrund aufliegt.

1 Das Motiv auf Organza oder Stramin zeichnen und mit Pikierstichen auf das Strickteil heften.

2 Nach Fertigstellung der Stickerei die Organza- bzw. Straminfäden einzeln herausziehen.

Die größeren Flächen sind in 2 Felder unterteilt. Knötchenstiche füllen die Mitte.

Originalgroße Vorlage für die Blüte

Selbst ein filigraner Schmetterling kann mit Hilfe von Organza auf Strickteile gestickt werden.

Der Stielstich

Im Stielstich werden einzelne Linien gestickt, wie z. B. bei den Seepferdchen auf Seite 168. Außerdem werden sie häufig für die Abgrenzung von Farbflächen verwendet. Neben der Akzentuierung haben Stielstiche hier auch den Vorteil, daß sie Unregelmäßigkeiten im Maschenbild überdecken.

Für den Stielstich an der gewünschten Stelle ausstechen. Rechts davon einstechen und in der Mitte zwischen Aus- und Einstichstelle wieder ausstechen, dabei immer über dem Faden des vorherigen Stichs arbeiten.

Der Stielstich wird von links nach rechts gearbeitet, dafür das Strickteil immer entsprechend drehen.

Stielstiche heben Farbfelder hervor und versäubern sie gleichzeitig.

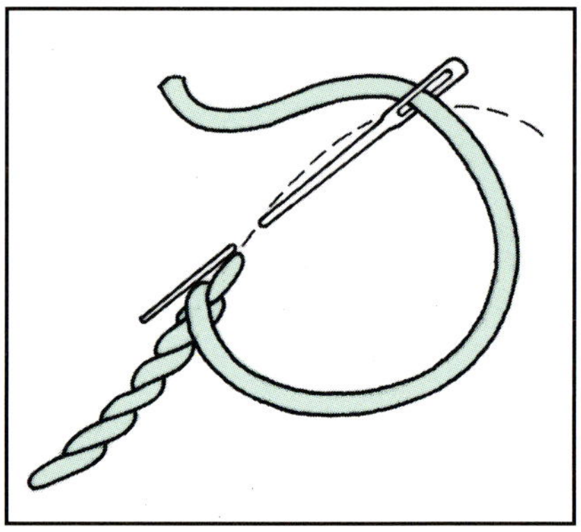

Stielstich

Margeriten-, Knötchen- und mehrfacher Knötchenstich

Der **Margeritenstich** wird in 2 Arbeitsgängen gestickt: An der gewünschten Stelle ausstechen, dann an derselben Stelle wieder einstechen und in Blütenblattgröße wieder ausstechen, dabei eine Schlinge um die Nadel legen. An der Ausstichstelle oder knapp darüber wieder einstechen und für das nächste Blatt in der Blütenmitte wieder ausstechen.

Für den **Knötchenstich** an der entsprechenden Stelle ausstechen, den Faden zweimal um die Nadel wickeln. Die Schlingen mit dem Daumen festhalten und die Nadel durchziehen. Dann knapp neben der Ausstichstelle wieder einstechen.

Für den **mehrfachen Knötchenstich** an der entsprechenden Stelle ausstechen, den Faden mehrmals um die Nadel wickeln, die Schlingen mit dem Daumen festhalten und die Nadel durchziehen. Dann neben der Ausstichstelle wieder einstechen. Die Knötchenstärke richtet sich nach der Anzahl der Schlingen.

Der Plattstich

Mit dem Plattstich werden Flächen ausgefüllt. Hierfür parallele Stiche exakt nebeneinander sticken. Die Stiche können waagerecht oder diagonal gearbeitet werden. Sie können auch leicht nach innen gerichtet werden, wie z. B. bei den Blütenblättern links oben; dafür an der Außenkante bei jedem Stich einen minimal größeren Abstand lassen als an der Innenkante der Fläche.

Eine bunte Wiese aus Stiel-, Platt-, Margeriten-und Knötchenstichen. Solche filigranen Motive können nur über Organza gearbeitet werden.

Margeritenstich

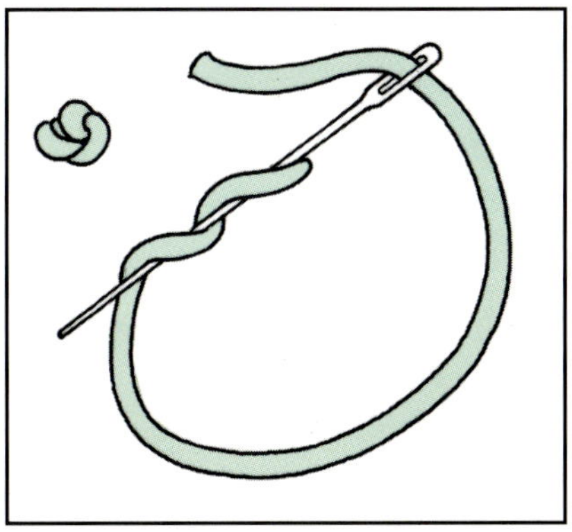

Knötchenstich

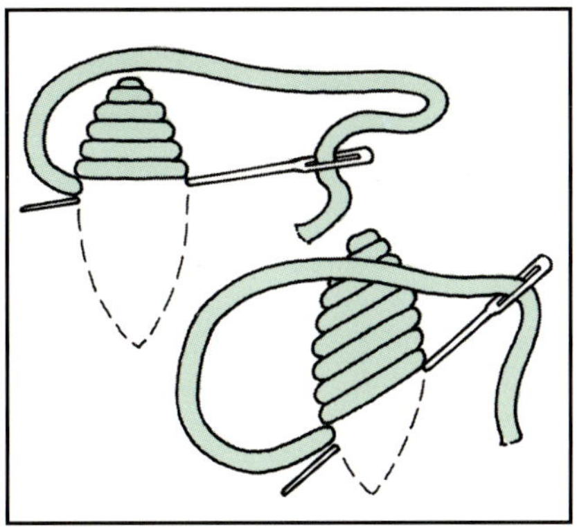

Plattstich

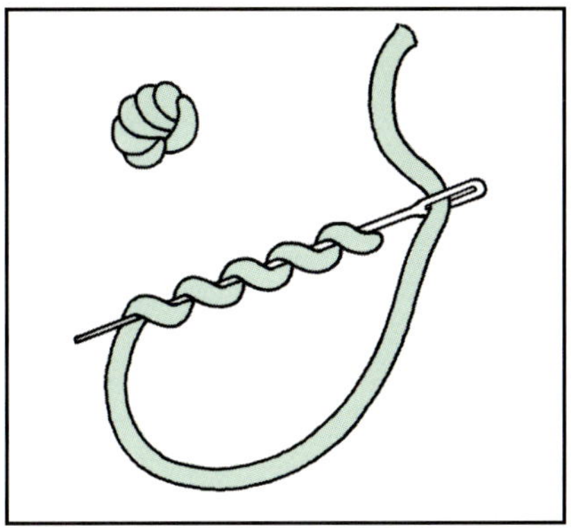

Mehrfacher Knötchenstich

Smokarbeiten

Smokarbeiten können auf fast jedem Maschengrund durchgeführt werden. Glatt rechts Gestricktes, Rippenmuster und auch Patentes bekommen so ein völlig neues Aussehen.

Beachten Sie, daß sich die Maschenprobe in der Breite sehr verändert. Sie brauchen je nach Muster etwa 25 Prozent mehr Maschen. Deshalb ist eine ausreichend große Maschenprobe unbedingt nötig. Bearbeiten Sie diese genauso wie die fertigen Teile: Spannen Sie die Maschenprobe, lassen Sie sie unter feuchten Tüchern trocknen und führen Sie dann die Smokarbeit aus. Danach erst können Sie Maschen und Reihen auszählen.

Bei Smokarbeiten werden einzelne Maschen mit Steppstichen zusammengenäht. Diese Maschen müssen vorher entweder mit rechten bzw. linken Maschen oder mit Heftfäden markiert werden.

Wenn Sie mit fest gedrehter Wolle, Baumwolle oder einem Synthetikgemisch stricken, können Sie für das Smoken das gleiche Garn verwenden. Es ist normalerweise stark genug und reißt nicht. Bei dickerem, reißfestem Garn können Sie auch mit einem halben Faden nähen. Bei lose gedrehter Wolle oder Angora müssen Sie für das Nähen einen stärkeren, nicht zu dicken Faden verwenden.

Beginnen Sie beim Smoken in der linken unteren Ecke und arbeiten Sie immer zwei waagerechte Smokreihen gleichzeitig. Durch diesen Wechsel bilden sich auf der Rückseite schräge Spannfäden, und das Strickstück bleibt elastisch.

Für die Rippen sind immer 3 Maschen glatt links und 1 Masche glatt rechts im Wechsel gestrickt, ...

... oder Sie markieren die Smokstellen schon beim Stricken mit rechten Maschen.

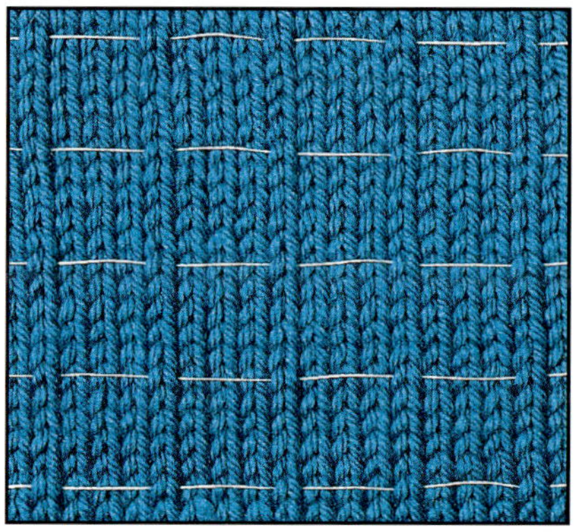

Bei glatt rechts Gestricktem die Smokmaschen mit Heftfäden oder ...

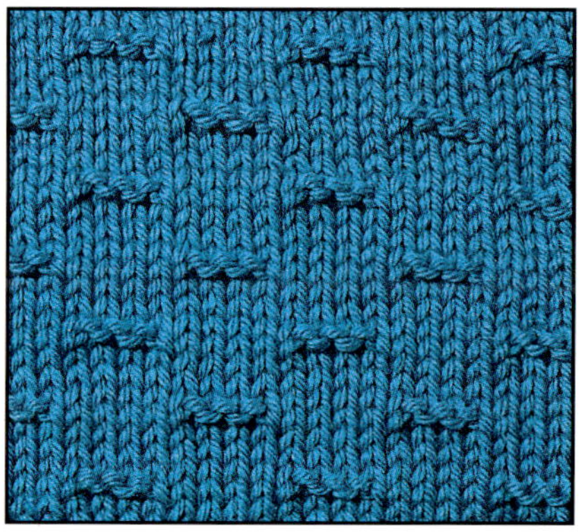

... mit linken Maschen markieren und jeweils die rechten Maschen neben den Markierungsmaschen umfassen.

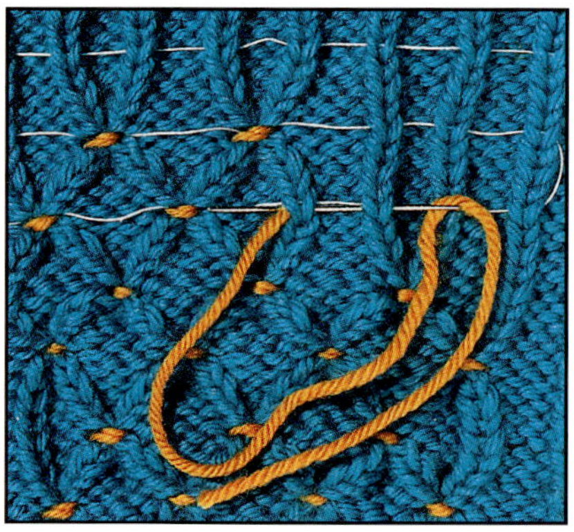

Stechen Sie links neben der 1. Rippenmasche aus. Dann die 2. und die 1. Rippenmasche umnähen und zusammenziehen. Nun rechts neben der 2. Rippenmasche ein- und 4 Reihen höher links neben der 2. Rippenmasche wieder ausstechen und ...

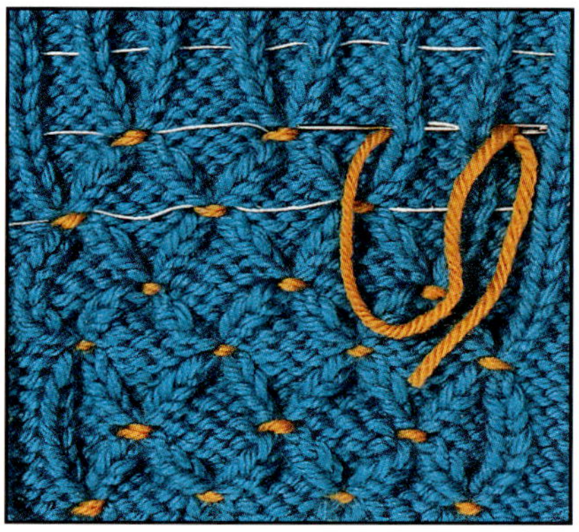

... die 3. und 2. Rippenmasche umnähen. Danach rechts neben der 3. Rippenmasche ein- und 4 Reihen tiefer links neben der 3. Rippenmasche wieder ausstechen. Diese Arbeitsgänge stets wiederholen. Am Ende der Reihe die Arbeit wenden und wieder von links nach rechts arbeiten.

Ausgesprochen plastisch wirkt das fertig gesmokte Teil.

Sehr dekorativ sieht es auch aus, wenn Sie auf die Nahtstellen kleine Perlen nähen.

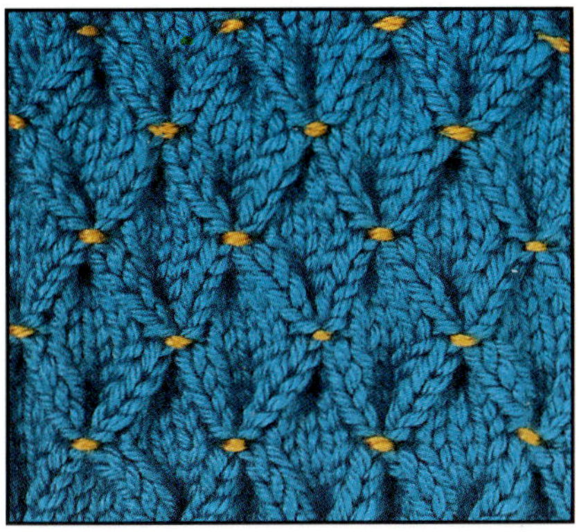

Smokarbeit auf rechts gestricktem Maschengrund

Bei 2 rechts, 2 links Gestricktem fassen Sie beim Nähen immer nur die äußeren rechten Maschen mit der Nadel auf.

Smoken bei ausgeleierten Pullovern

Wenn ein Rippen- oder Patentpullover durch häufiges Tragen und Waschen ausgeleiert und zu weit geworden ist, können Sie ihn durch Smoken wieder in Form bringen. Je nach gewünschter Pulloverbreite können Sie die ganzen Teile, nur das Mittelteil oder die Seitenteile oder auch nur einzelne senkrechte Streifen smoken.

Bei Patentmuster sehen größere Abstände zwischen den Smokstichen schöner aus. Die Breite des Strickstücks verringert sich auch hier um etwa 25 Prozent.

Auch **Querrippen** können Sie smoken: Für dieses Muster werden im Wechsel jeweils 4 Reihen glatt rechts in Türkis sowie eine Hinreihe rechte Maschen und 3 Reihen glatt links in Petrol gestrickt. Das Strickstück nach dem Spannen smoken: Dafür im Abstand von etwa 16 bis 20 Maschen immer 2 petrolfarbene Rippen zusammenfassen, bei den darüberliegenden Rippen versetzt arbeiten.

Pompons, Quasten, Fransen

Eine Kindermütze ohne Pompon oder Quaste ist nur halb so witzig, und ein Schal ohne Fransen sieht wie abgeschnitten aus.

Pompons

Ein großer oder zwei bis drei kleine Pompons geben bekannterweise Kindermützen den letzten Schliff. Viele kleine Pompons an den unteren Kanten von bündchenlosen Pullis sehen ebenfalls sehr lustig aus. Mit Pompons können Sie auch Schlangen oder andere Tiere basteln. Und sehr originell ist auch ein mit Wolle umwickeltes Geschenkpaket mit vielen bunten Pompons. Der Phantasie sind da keine Grenzen gesetzt.

Schneiden Sie aus fester Pappe zwei gleich große Ringe zu. Der Außendurchmesser dieser Ringe entspricht etwa dem halben Durchmesser des fertigen Pompons. (Fertige Pomponringe aus Plastik gibt es im Fachhandel zu kaufen.) Der Innendurchmesser muß etwa ein Drittel bis die Hälfte des Außendurchmessers betragen. Wenn der äußere Durchmesser z. B. 6 cm beträgt, sollte der innere Durchmesser des Kreises etwa 2 bis 3 cm betragen. Je größer der innere Durchmesser, um so dichter und fester wird der Pompon.

Nun beide Ringe aufeinanderlegen. Mehrere lange Wollfäden in eine dicke Wollnadel einfädeln und die Pappringe mit dem Garn umnähen, bis das Loch in der Mitte ausgefüllt ist.

1 Zwei Pappringe fest mit Wolle umnähen, bis das innere Loch ausgefüllt ist.

2 Die Wollfäden rund um die Kante durchschneiden und mit einem festen Faden zwischen den Pappringen verknoten.

3 Den Pompon mit einer scharfen Schere zurechtstutzen.

Für Pompons können Sie jedes Garn verwenden. Auch Garnreste eignen sich – z. B. für einen buntmelierten Pompon.

Dann die Wollfäden entlang der äußeren Kanten durchschneiden. Die Pappscheiben leicht auseinander ziehen, das Fadenbündel mit doppeltem Faden sehr fest umwickeln und gut verknoten. Dieser Faden muß sehr fest sein, damit er nicht reißt. Wenn Sie z. B. Angora oder locker gedrehte Wolle für den Pompon verwenden, nehmen Sie besser einen reißfesten Synthetikfaden oder auch farblich passenden Zwirn.

Die Pappscheiben entfernen und den Pompon gleichmäßig rund schneiden.

Quasten

Quasten sind noch einfacher zu basteln als Pompons. Eine dicke Quaste kann auch einen Pompon an der Mütze ersetzen. Viele kleine Quasten sehen anstelle von Fransen an Schals gut aus. Auch an Tüchern und Kissen sind sie eine klassische und schöne Verzierung.

Für Quasten benötigen Sie Garnreste und ein rechteckiges Pappstück in der Höhe der gewünschten Quastenlänge.

Einen doppelten Faden auf die obere Kante der Pappe legen und beides locker mit dem Garn umwickeln. Dann die oberen Fäden sehr fest verknoten und das Fadenbündel an der unteren Kante durchschneiden. Das Bündel etwa 1 cm unterhalb der oberen Kante fest abbinden, die Endfäden durch das abgenähte Teil ziehen und abschneiden. Zum Schluß die untere Kante der Quaste begradigen.

1 Ein Rechteck aus Pappe mit Garn umwickeln und das Fadenbündel an der oberen Kante verknoten, an der unteren Kante aufschneiden.

2 Das Fadenbündel fest abbinden und die Fäden gleich lang schneiden.

Mal uni, mal meliert – und immer dekorativ: bunte Quasten.

Fransen

Kein Schal ohne Fransen, und schon gar kein handgestrickter! Auch an Westen oder Jacken können einzelne Fransen sehr effektvoll aussehen.

Die Fäden müssen doppelt so lang plus etwa 2 cm sein wie die gewünschte Fransenlänge. Für kurze Fransen wickeln Sie das Garn um ein rechteckiges Pappstück in passender Größe, für längere Fransen können Sie die Wolle auch um ein entsprechend großes Buch wickeln. Dann schneiden Sie das Fadenbündel an der unteren Kante auf.

Nun immer 2 bis 3 Fäden zur Hälfte zusammenlegen. Von unten nach oben durch eine Masche des Schals einstechen und die Fäden so durchziehen, daß auf der unteren Seite eine Schlinge entsteht. Die Endfäden durch diese Schlinge holen und sehr fest anziehen. Zwischen jeder Franse etwa 1 bis 3 Maschen Zwischenraum lassen.

Für die mehrfach geknüpfte Fransenkante müssen die Fäden etwa 6 cm länger sein als die gewünschte Fransenlänge. Die Fransen wie oben beschrieben einhäkeln. Dann für die erste Knotenreihe am Anfang und am Ende jeweils nur die Hälfte eines Fadenbündels, dazwischen immer die Hälfte von 2 Fadenbündeln im Abstand von etwa 1 cm zur Kante hin verknoten. Wie beim Schneiderknoten (Seite 153) in die gewünschte Höhe ziehen. Die zweite Knotenreihe genauso arbeiten, am Anfang und am Ende jeweils das erste halbe Fadenbündel mit der Hälfte des folgenden verknoten.

1 Die Fransenbündel mit der Häkelnadel nach unten durchziehen, …

2 … die Fransenenden durch die Schlinge holen und fest anziehen. Zum Schluß die Länge der Fransen korrigieren.

Sehr dekorativ ist der Schal mit mehrfach geknüpfter Fransenkante.

Praktische Tips

Verschiedene Schnittformen, das Umrechnen von Modellen sowie Tips zum Verkürzen und Verlängern von Strickstücken, zum Beheben von Fallmaschen und vieles mehr finden Sie in diesem Kapitel.

Maßnehmen und Schnittformen

Wenn Sie einen Pullover selbst entwerfen, müssen Sie sich zunächst für den richtigen Schnitt entscheiden. Hier einige Tips und Grundschnitte.

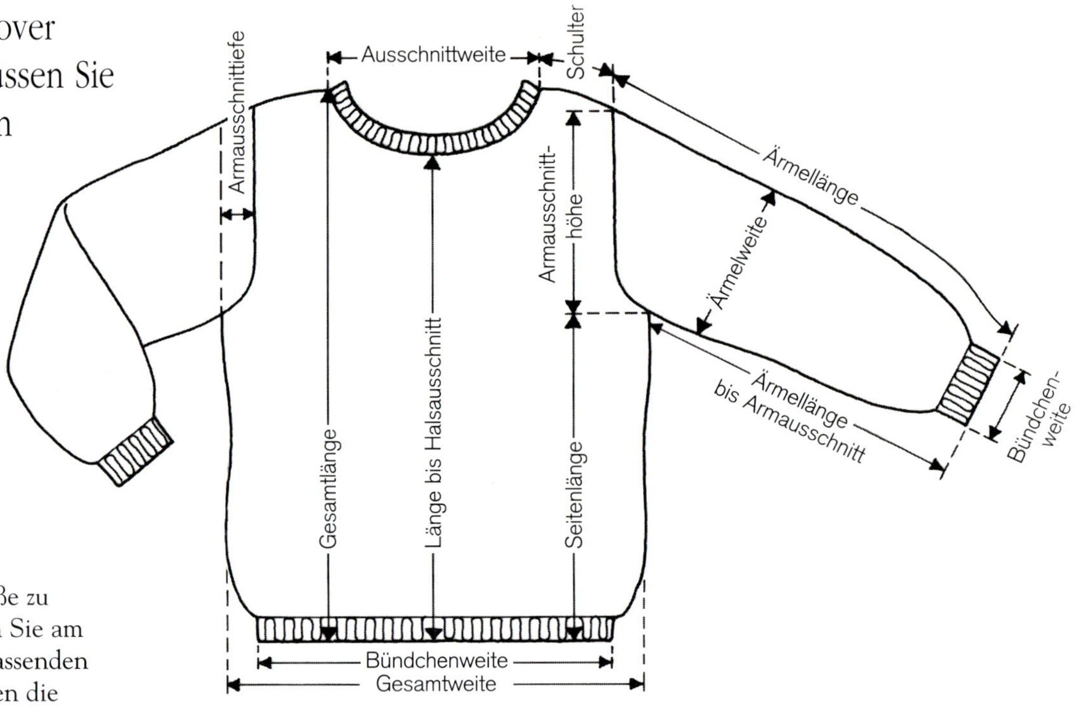

Um die richtige Größe zu bestimmen, messen Sie am besten einen gut passenden Pullover aus und übertragen die Maße auf den Schnitt. Vorder- bzw. Rückenteil sind bei den Schnittvorlagen auf den folgenden Seiten jeweils nur zur Hälfte gezeichnet.

Pulloverbreite

Grundsätzlich gilt für klassische Pullover: $^1/_2$ Körpermaß + 8 cm = $^1/_2$ Pulloverweite. Für bequeme Überweiten muß mehr zugegeben werden. Gemessen wird an der stärksten Stelle über der Brust. Bei sehr langen Pullovern muß zusätzlich der Hüftumfang beachtet werden.

Bei taillenkurzen Modellen wird der Taillenumfang gemessen. Soll das Modell relativ eng anliegen, rechnet man ab Bündchen etwa 4 cm pro Vorder- und Rückenteil dazu.

Pulloverlänge

Die Länge wird vom Hals-Schulter-Punkt über die Brust hinweg bis zur gewünschten Stelle gemessen. Beachten Sie, daß sich je nach Material und Strickart lange Pullover meist noch etwas mehr längen. Z. B. sollten Sie einen Halbpatentpullover eher einige Zentimeter kürzer stricken, weil sich dieses Muster stärker längt als Vollpatent oder Strukturmuster.

Bei taillenkurzen Modellen wird die Länge vom Hals-Schulter-Punkt bis zur Taille gemessen, die Bündchenhöhe wird dann dazu gerechnet.

Halsausschnitte

Für Halsausschnitte rechnet man ein Drittel der am Körper gemessenen Rückenweite zuzüglich ca. 3 bis 4 cm, bei normal geschnittenen Modellen also etwa ein Drittel der Pulloverbreite. Bei V-Ausschnitten reichen einige Zentimeter weniger, da hier auch die Ausschnittiefe die Weite beeinflußt.

Damit Pullover oder Jacken nicht nach hinten rutschen, sollten Sie, außer bei ganz geraden U-Boot-Ausschnitten, auch beim Rückenteil einen kleinen Halsausschnitt vorsehen. Er sollte mindestens 2 cm tief sein. Wenn Sie höhere Blenden anstricken, kann die Tiefe auch 3 oder 4 cm betragen.

Armausschnitte

Wer keine überschnittenen Schultern mag, sollte immer einen Armausschnitt einarbeiten. Je weiter ein Modell geschnitten ist, um so tiefer kann er sein. Armausschnitte können gerade, schräg oder rund gestrickt werden.

Schulterschrägungen

Grundsätzlich verleihen Schulterschrägungen jedem Modell eine bessere Paßform; denn kein Mensch hat ganz gerade Schultern. Und je weiter ein Pullover ist, um so wichtiger sind Schulterschrägungen, besonders dann, wenn keine Armausschnitte eingearbeitet werden.

Bei kurzen Schulterstücken reichen 2 bis 3 cm mit regelmäßigen Abnahmen; weite überschnittene Schultern können auch Schrägungen von 8 cm vertragen.

Dieser Pullover ist die gestrickte Version von Schnitt 6. Die Anleitung finden Sie auf Seite 198.

Ärmelweite

Für ein relativ fest sitzendes Bündchen rechnen Sie zu der gemessenen Handgelenkweite ca. 3 cm dazu. Damit der Ärmel schön fällt, sollte man nach dem Bündchen immer noch einige Zentimeter zugeben. Die obere Ärmelweite ergibt sich aus der Höhe des Armausschnitts.

Ärmellänge

Messen Sie zunächst vom stärksten Wirbel am Halsansatz in der Rückenmitte über die Schulter und den leicht gebeugten Arm bis zum Handgelenk. Wenn Sie von diesem Maß nun die halbe Vorder- bzw. Rückenteilbreite abziehen, ergibt das die Ärmellänge. Sind Armausschnitte vorgesehen, muß die Tiefe des Armausschnitts wieder dazugerechnet werden. Ein Beispiel: Das Rücken-Ärmel-Maß beträgt 75 cm, die halbe Vorder- bzw. Rückenteilbreite 30 cm. Der Ärmel muß also 45 cm lang sein. Sind Armausschnitte von 5 cm eingearbeitet, muß der Ärmel 50 cm lang sein.

Zu den Schnittvorlagen

Schnitt 1: Sollen Pullover in der Taille oder an den Hüften eng anliegen, werden zusätzlich zu den Zunahmen nach den Bündchen Seitenschrägungen gearbeitet. Das gleiche gilt auch für sehr starke Oberweiten.

Schnitt 2: Schulterschrägungen und Armausschnitte sorgen besonders bei weiter geschnittenen Modellen für eine gute Paßform.

Schnitt 3: Bei sehr langen Pullovern können die Schrägungen auch erst kurz vor der Taille beginnen.

Schnitt 4: Die klassische Weste hat Schulterschrägungen und sehr tiefe Armausschnitte. Stricken Sie bei den Armausschnittblenden an der Schulternaht einige Abnahmen ein (siehe auch Seite 65), damit die Blenden nicht abstehen. Pullunder werden auf die gleiche Art gestrickt.

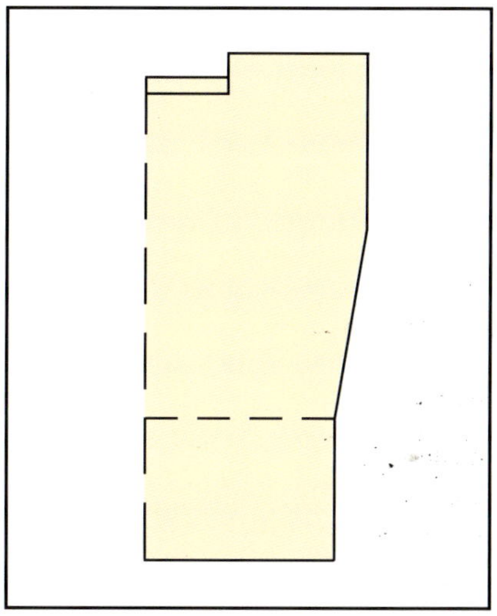

Schnitt 3

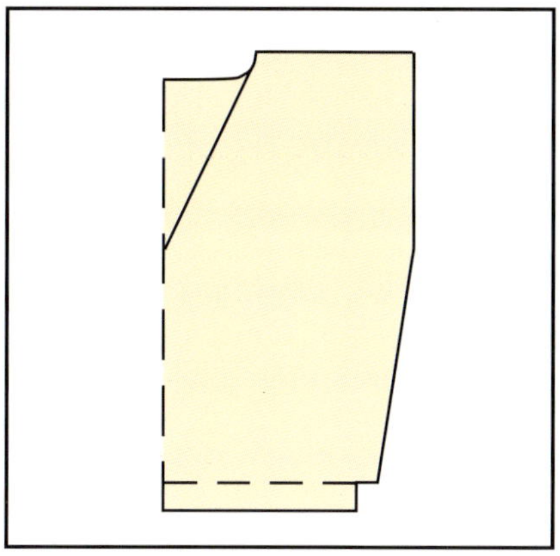

Schnitt 1

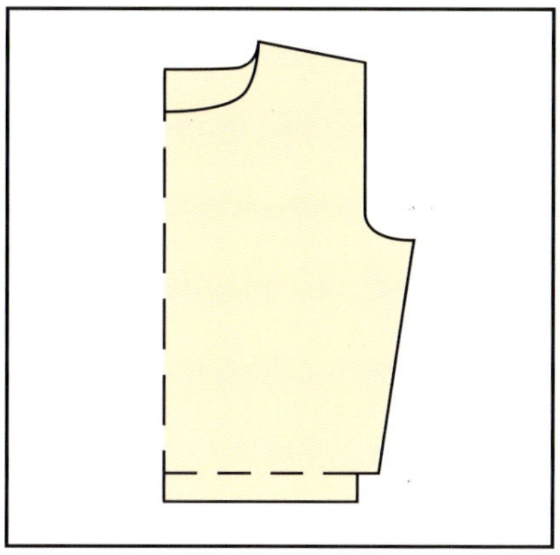

Schnitt 2

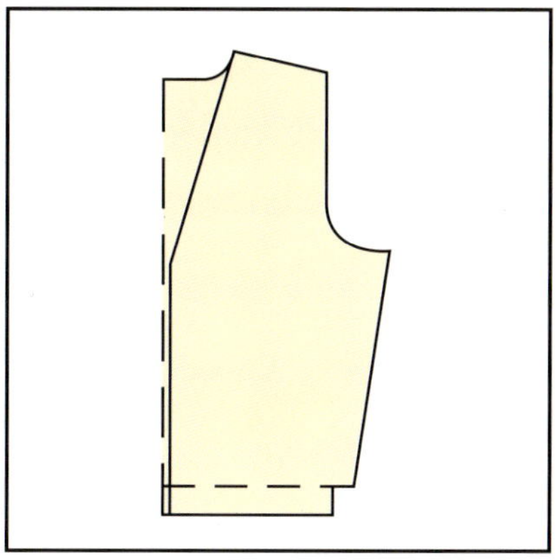

Schnitt 4

Schnitt 5: Wer keine überschnittenen Schultern mag, kann je nach Pulloverweite in Armausschnitthöhe die Maschen von etwa 4 bis 8 cm Breite gerade abketten. Der Ärmel muß dann um die Armausschnittiefe verlängert werden.

Schnitt 6: Für besseren Sitz sorgt diese Ärmelform. Hier werden die Maschen für den Armausschnitt in mehreren Stufen abgekettet. Beim Ärmel wird diese Schrägung gegengleich gestrickt.

Schnitt 7: Die beste Paßform hat die leichte Armkugel, hier entspricht die Höhe der Armkugel der Tiefe des Armausschnitts.

Schnitt 8: Bei der klassischen Armkugel werden die Maschen in einer Rundung, die Maschen der letzten ca. 7 cm jedoch gerade abgekettet. Die Armkugelhöhe ist variabel, sollte aber mindestens 5 cm kürzer sein als die Armausschnitthöhe bei Vorder- und Rückenteil. Die überschüssige Weite wird im Schulterbereich gleichmäßig eingehalten.

Schnitt 9: Für den Puffärmel wird bei Vorder- und Rückenteil ein normaler Armausschnitt gearbeitet. Beim Ärmel werden beidseitig insgesamt etwa je ein Viertel der Maschen abgenommen, die übrigen Maschen dann gerade abgekettet. Beim Einnähen wird nur die obere gerade Abkettkante stark gekräuselt.

Schnitt 10: Schulterpassen können mit oder ohne Armkugel gearbeitet werden. Die Passenbreite muß je zur Hälfte von Vorder- und Rückenteil-Länge abgezogen werden. Der Halsausschnitt wird um diese Höhe verringert; beim Rückenteil kann auf einen Ausschnitt ganz verzichtet werden. Schulterschrägungen können auch bei solchen Modellen gearbeitet werden.

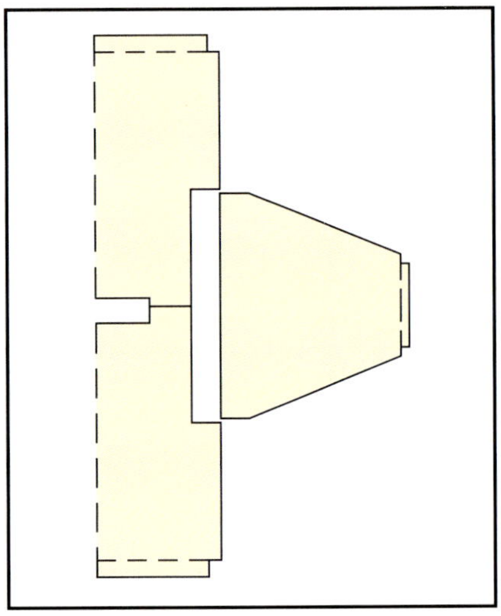

Schnitt 5

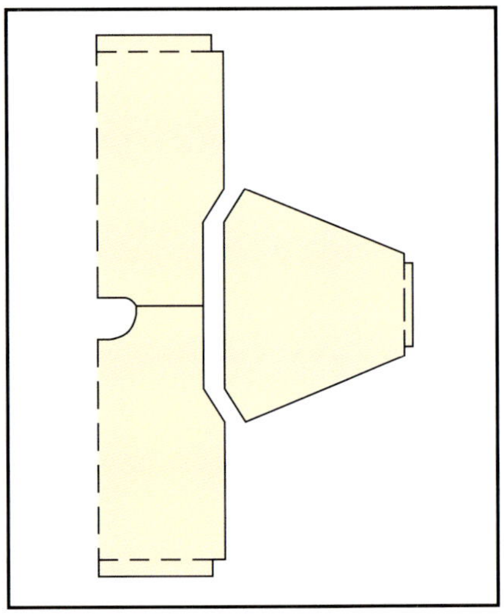

Schnitt 6

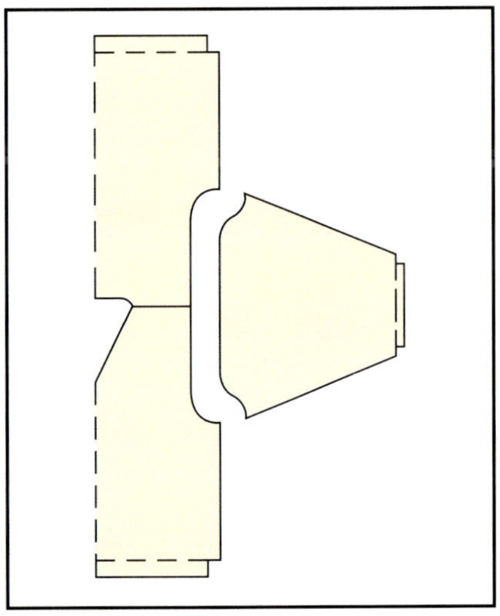

Schnitt 7

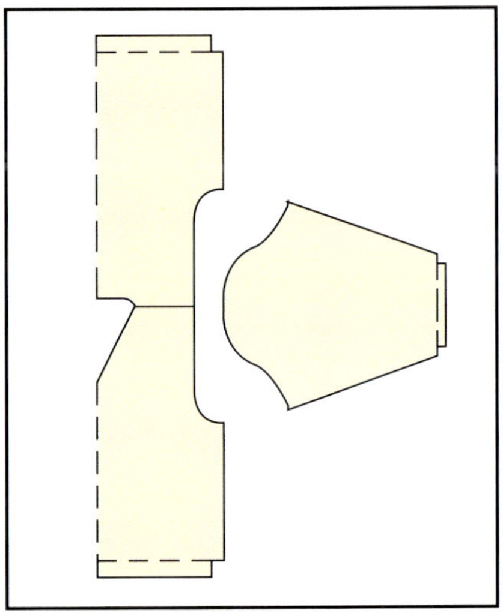

Schnitt 8

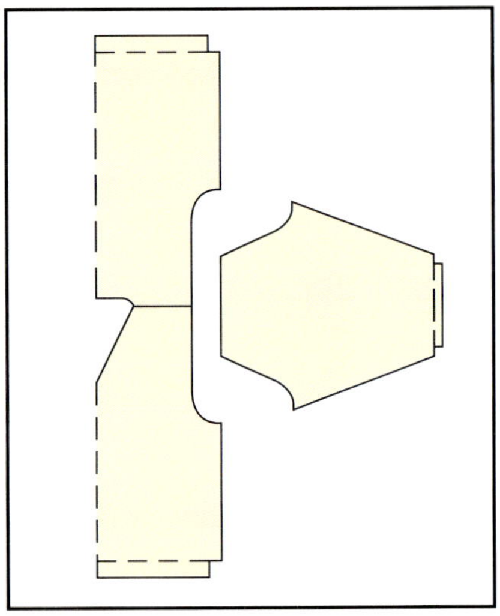

Schnitt 9

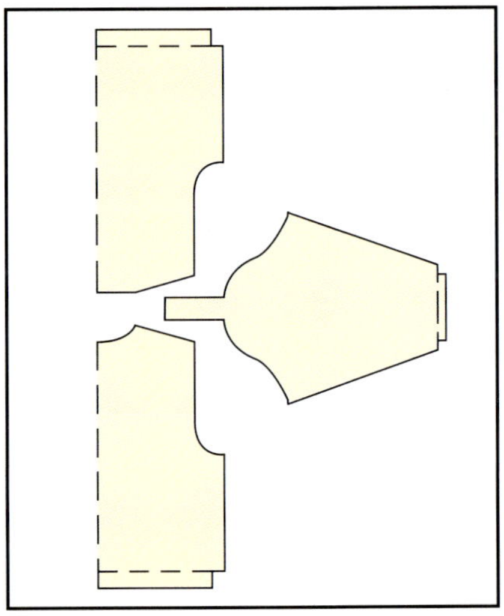

Schnitt 10

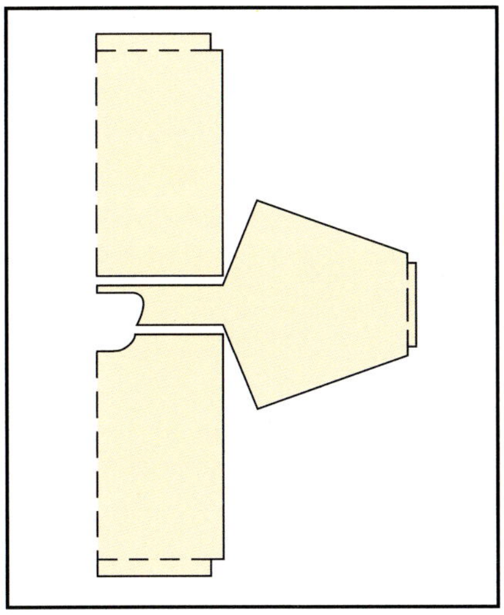

Schnitt 11

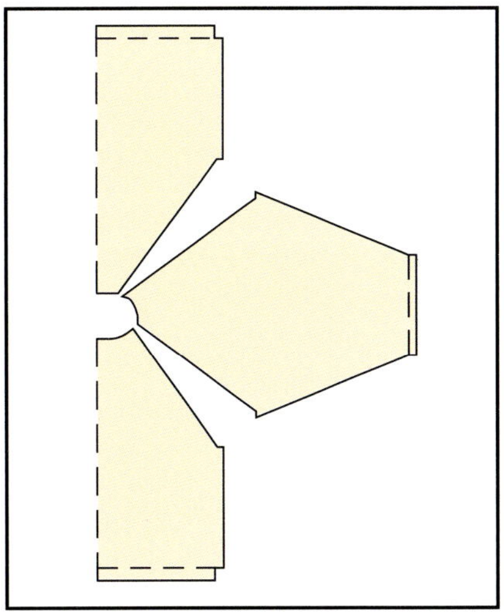

Schnitt 12

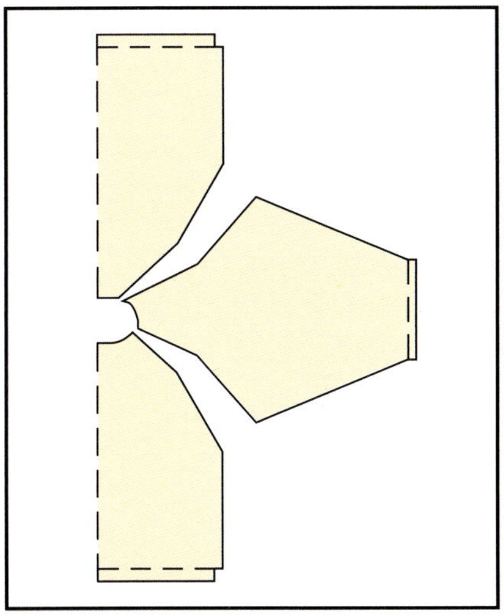

Schnitt 13

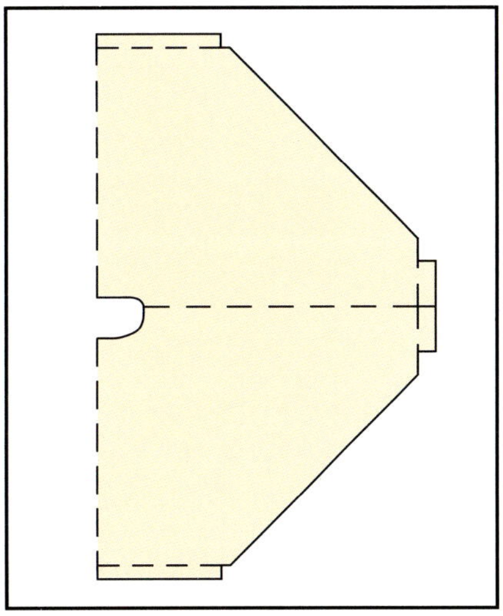

Schnitt 14

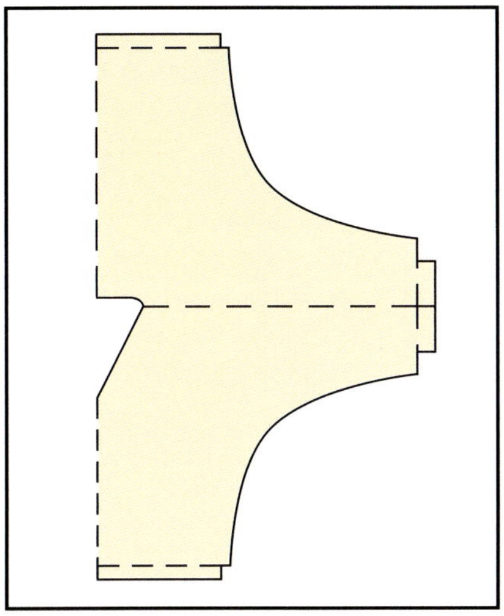

Schnitt 15

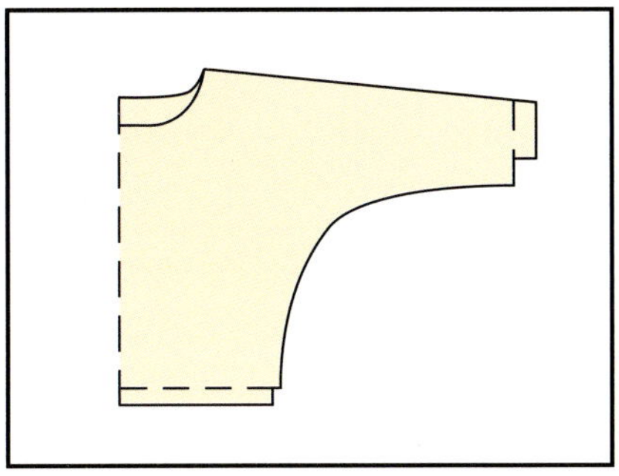

Schnitt 16

Schnitt 11: Wenn Sie eine sehr breite Schulterpasse stricken und der rückwärtige Ausschnitt weniger tief als die halbe Passenbreite sein soll, muß die Passe im Rückenteil bis zur Rückenmitte verlängert werden.

Schnitt 12: Bei diesem Raglanschnitt wird das Rückenteil am Halsausschnitt gerade abgekettet, vorn ist ein kleiner runder Ausschnitt. Die Ärmel enden in einer Rundung, die auf der Vorderteilseite tiefer ist. Der 2. Ärmel muß also gegengleich gestrickt werden. Vor Beginn der Ärmelschrägung werden einige Maschen gerade abgekettet, so gibt es unter der Achsel kein Zuviel an „Stoff", der Pullover sitzt besser.

Schnitt 13: Für besonders gute Paßform sorgt diese Schnittführung. Bis etwa zur halben Höhe der Raglanschrägung werden die Maschen z. B. in jeder 2. Reihe, dann in jeder 4. Reihe abgekettet. Der 2. Ärmel muß gegengleich gestrickt werden (siehe auch Pullover, Seite 202).

Schnitt 14: Beim Fledermausschnitt wird ab Taillenbündchen gleichmäßig bis zu den Ärmelbündchen zugenommen. Hier kann an einem Stück über die Schulter hinweg gestrickt werden. Oder man legt die Maschen jeweils an der Schulter-Ärmel-Linie still und näht beide Teile später im Maschenstich zusammen (ab Seite 114). Arbeiten Sie Teile mit so großen Maschenzahlen immer auf einer langen Rundstricknadel.

Schnitt 15: Beim Kimonoschnitt werden die Zunahmen für Seitenschrägung und Ärmel in einer Rundung gearbeitet.

Schnitt 16: Ein Kimonoschnitt mit abgeflachter Schulter-Ärmel-Linie. Die einfachste Lösung: die Maschen abketten und später im Maschenstich zusammennähen (Seite 114).

Umrechnen von Modellen

Da findet man mal ein tolles Modell in einer Zeitschrift, und dann gibt's die Anleitung nicht in der passenden Größe. Oder Sie möchten ein Garn verwenden, das eine andere Maschenprobe hat. Nicht verzweifeln – das Umrechnen ist einfach!

Das Wichtigste für das Be- und Umrechnen von Modellen ist die Maschenprobe. 22 Maschen und 30 Reihen sind bei den folgenden Beispielen 10 x 10 cm. 1 cm im Quadrat sind also 2,2 Maschen und 3 Reihen; mit diesen Zahlen wird gerechnet. Die Zentimeter-Angaben für die Breite werden also mit 2,2 multipliziert, die Angaben für die Höhe mit 3.

Bei ungeraden Zahlen wird auf- bzw. abgerundet. Ergibt die Rechnung z. B. 127,6 Maschen, wären das 128 Maschen, bei 114,4 können Sie 114 oder 115 Maschen wählen. Zu diesen Maschen werden grundsätzlich die 2 Randmaschen addiert; also brauchen Sie für diese Teile 130 bzw. 116 oder 117 Maschen.

In Anleitungen werden normalerweise halbe Schnitte gegeben, d. h. die angegebene Breite muß verdoppelt werden. Zum besseren Verständnis sind die gezeigten Schnitte über die ganze Breite gezeichnet.

Vorder- und Rückenteil

Beim Schnitt für Größe 36 sieht die Rechnung so aus: 54 x 2,2 = 118,8. Sie brauchen also 119 Maschen plus 2 Randmaschen = 121 Maschen für die nötige Breite. (Für Größe 40: 58 x 2,2 = 127,6 + 2 Randmaschen = 130 Maschen.)

Wenn Sie nun das Bündchen genauso berechnen, würden 105,6 bzw. 108 Maschen incl. Randmaschen ausreichen. Da sich Bündchenmuster jedoch stark zusammenziehen, sollten Sie mehr Maschen vorsehen, z. B. 112 Maschen, und nach dem Bündchen – entweder in der letzten Bündchenreihe oder in der 1. Grundmusterreihe – die benötigten 9 Maschen gleichmäßig verteilt und verschränkt zunehmen. (Für Größe 40: 52 x 2,2 = 114,4 + einer Zugabe von ca. 6 Maschen = 120 Maschen.)

In 62 cm Höhe wird nun der Halsausschnitt gearbeitet. Bei klassischen Schnitten beträgt die Weite etwa ein Drittel der Pulloverbreite. Hier werden jedoch die Randmaschen abgezogen. Bei Größe 36 wäre die Rechnung: 18 x 2,2 = 39,6, also 37 Maschen für den Halsausschnitt. (Bei Größe 40: 20 x 2,2 = 44, also 42 Maschen.) Es verbleiben für die Schultern 18 x 2,2 = 39,6 + 2 Randmaschen = 42 Maschen. (Für Größe 40: 19 x 2,2 = 41,8 + 2 Randmaschen = 44 Maschen.)

Für den rückwärtigen Ausschnitt sind 2 cm, also 6 Reihen vorgesehen. Nach der Abnahme der mittleren Maschen kann daher noch 2mal abgenommen werden. Bei dieser Maschenprobe sind für die leichte Rundung 1x 4 und 1x 2 Maschen optimal. Das heißt, daß zunächst die mittleren 25 Maschen (Größe 40: 30 Maschen) abgekettet werden.

Für den Ausschnitt des Vorderteils sind 6 cm Tiefe, also 18 Reihen vorgesehen. Hier sollten die letzten 4 Reihen gerade hoch gestrickt werden, d. h. Sie können 7mal abnehmen = 14 Reihen. Für eine schöne Rundung sollten die Abnahmen immer geringer werden: Für Größe 36 zuerst die mittleren 15 Maschen gerade abketten, danach in jeder 2. Reihe 1x 3, 2x 2 und 4x 1 Masche. (Für Größe 40: die mittleren 16 Maschen, dann in jeder 2. Reihe 1x 4, 1x 3, 1x 2 und 4x 1 Masche.)

Schnitte für Größe 36

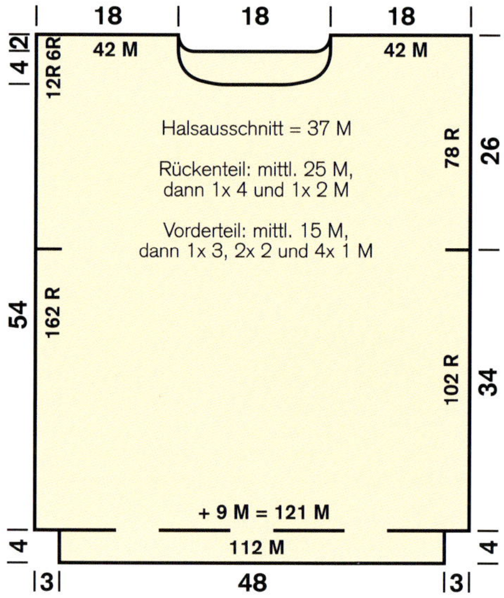

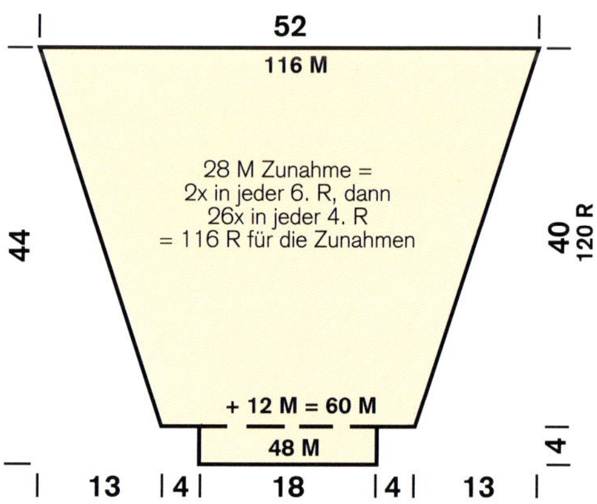

Ärmel

Bei den Ärmeln rechnen Sie genauso: Die Breite nach dem Bündchen ist bei Größe 36: 26 x 2,2 = 57,2 + 2 Randmaschen = 60 Maschen.

Beim Bündchen sind 18 cm = 39,6 Maschen + 2 Randmaschen; doch 42 Maschen können im Bündchenmuster eventuell zu eng werden. Also werden wieder einige Masche aufgeschlagen, hier 6 Maschen. Die fehlenden 12 Maschen am Ende des Bündchens verteilt zunehmen.

Nun berechnen Sie zunächst die obere Ärmelweite: 52 x 2,2 = 114,4 + 2 Randmaschen = 116 Maschen. Das bedeutet, daß insgesamt 56 Ma-

Schnitte für Größe 40

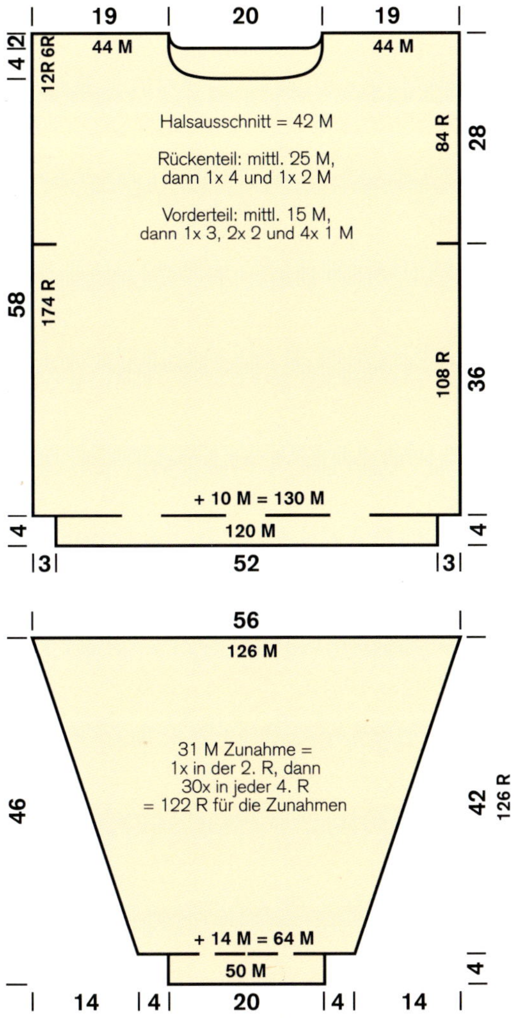

schen, pro Seite also 28 Maschen zugenommen werden müssen.

Diese Zunahmen müssen gleichmäßig auf alle Reihen verteilt werden: 40 x 3 = 120 Reihen insgesamt. Nun dividiert man 120 durch 28 = 4,29. Sie müssen also etwa in jeder 4. Reihe zunehmen: 28 x 4 = 112. Da der Abstand von der letzten Zunahme bis zum Abketten etwa gleich hoch sein soll, wie der zwischen den Zunahmen, also 4 Reihen, ist er hier zu groß. Die übrigen 4 Reihen werden am Ärmelanfang verteilt. Sie nehmen also 2x in jeder 6. Reihe und 26x in jeder 4. Reihe beidseitig je 1 Masche zu. Oder Sie verteilen die ersten Zunahmen noch gleichmäßiger: Sie nehmen abwechselnd in jeder 4. und 6. Reihe 4x 1 Masche, dann in jeder 4. Reihe 24x 1 Masche zu = 116 Reihen.

Grundsätzlich werden die Zunahmen im größeren Abstand an den Ärmelanfang, die übrigen Zunahmen ans Ärmelende gelegt! Ein weiteres Beispiel dafür: Möchten Sie den Ärmel nur 36 cm lang stricken und trotzdem 28 Maschen zunehmen, bedeutet das: 108 Reihen dividiert durch 28 = 3,86. Es müssen also einige Zunahmen nach jeder 4. und einige nach jeder 3. Reihe bzw. abwechselnd in jeder 2. und 4. Reihe gearbeitet werden.

Die Rechnung ergibt dann: In jeder 4. Reihe 20x 1 Masche zunehmen = 80 Reihen, dann abwechselnd in jeder 2. und 4. Reihe 8x 1 Masche = 24 Reihen bzw. 104 Reihen insgesamt.

Ein kleiner Trick: Multiplizieren Sie bei o. g. Beispiel 28 x 4, dann erhalten Sie 112 Reihen. Zur Verfügung haben Sie 108 bzw. 104 Reihen bis zur letzten Zunahme. Die Differenz zu 112 ist 8. Es werden also 8 Zunahmen mit kleinerem Abstand gestrickt.

Ein weiteres Beispiel: Sie möchten die 28 Zunahmen auf 94 Reihen verteilen: 94 : 28 = 3,35. Hier multiplizieren Sie 28 x 3 = 84 Reihen. 90 Reihen sind für die Zunahmen vorgesehen = 6 Reihen Differenz. Sie müssen also 6x in einem größeren Abstand zunehmen = 6x in jeder 4. Reihe und 22x in jeder 3. bzw. abwechselnd in jeder 2. und 4. Reihe = 90 Reihen.

Bei verschiedenen Mustern

Zunächst muß von jedem Muster eine Maschenprobe gestrickt werden. Dann werden Maschen und Reihen ausgezählt. Ein Beispiel: Sie möchten einen Pullover stricken, der auf Vorder- und Rückenteil je 3 Zöpfe, auf den Ärmeln einen Mittelzopf hat. Die Maschenproben ergeben bei glatt rechts Gestricktem 16 Maschen und 22 Reihen auf 10 x 10 cm, der Zopf von 26 Maschen Breite ist 12 cm breit. 60 cm breit ist der gewünschte Pullover, der Ärmel nach dem Bündchen 28 cm, am oberen Ende 58 cm.

Die Berechnung von Vorder- und Rückenteil: 60 cm minus 36 cm für die 3 Zöpfe = 24 cm. 24 x 1,6 = 38,4 Maschen + 2 Randmaschen = 40 Maschen. Insgesamt benötigen Sie also 40 + 78 Maschen für die Zöpfe = 118 Maschen. Die 40 glatt rechten Maschen werden zwischen den Zöpfen verteilt, z. B. je 8 Maschen zwischen den Zöpfen und je 12 Maschen (incl. Randmaschen) an den Seiten.

Beim Ärmel ergibt sich folgende Rechnung. Nach dem Bündchen: 28 cm minus 12 cm Zopf = 16 cm x 1,6 = 25,6 Maschen. Dazu werden die beiden Randmaschen und die 26 Maschen Zopf gezählt = 54 Maschen. Am Ende des Ärmels: 58 cm minus 12 cm = 46 cm x 1,6 = 73,6. Dazu 2 Randmaschen und 26 Maschen Zopf = 102 Maschen. Sie müssen beidseitig je 24 Maschen zunehmen. Bei 45 cm Ärmellänge stehen 99 bzw. 100 Reihen zur Verfügung. 100 : 24 = 4,17; 4 x 24 = 96; also wird in jeder 4. Reihe 24x 1 Masche zugenommen.

In diesem Prinzip können Sie alle Muster für jeden Schnitt berechnen.

Die Strickschrift finden Sie auf Seite 215.

Verkürzen und Verlängern

Es kommt immer wieder vor, daß ein Pullover zu kurz geraten ist, daß eine Jacke oder Weste in der Länge „gewachsen" ist oder daß Bündchen ausgeleiert oder beschädigt sind.

In allen Fällen müssen Sie das Strickstück an einer bestimmten Stelle auftrennen und möglichst unsichtbar ändern. Bei einfachen Grundmustern ist das kein großes Problem. Sie müssen nur den hier gezeigten Schritten folgen.

Beim **Verlängern** von Pullovern oder Jacken treten mehr Probleme auf als beim Verkürzen. Zum einen müssen Sie dafür das Originalgarn in der entsprechenden Farbpartie noch haben oder noch kaufen können, zum anderen sind getragene Sachen meist schon etwas verwaschen oder ausgebleicht, also ist auch das Originalgarn eventuell nicht mehr verwendbar. Bei Kinderpullovern spielt das oft eine kleinere Rolle; Sie können hier z. B. eine ganz andere Farbe nehmen und einfach ein paar Streifen einstricken. Grundsätzlich sollten Sie jedoch eine ähnliche Garnqualität verwenden, denn die Maschenprobe muß, die Pflegeeigenschaften sollten übereinstimmen.

Beim **Verkürzen** von Strickteilen haben Sie diese Probleme nicht. Hier kommt es nur auf die saubere Arbeit an!

Bei Ärmeln

Anders ist das bei Ärmeln. Wenn Sie einen Ärmel verkürzen möchten, müssen Sie eine größere Ärmelweite oberhalb des Bündchens in Kauf nehmen. Soll der Ärmel verlängert werden, können Sie den Zunahmerhythmus der Ärmelschrägung normalerweise nicht mehr einhalten, es sei denn, der Ärmel ist oberhalb des Bündchens relativ weit.

Kinderpullover zu verlängern lohnt sich meist nicht. Zum einen werden sie relativ stark strapaziert, zum anderen verändert sich die Schnittform so stark, daß der Aufwand für eine Änderung nicht viel geringer wäre als das Neustricken eines Pullis. Einige Pullover können Sie vielleicht retten, indem Sie die Ärmel ganz heraustrennen, kleine Blenden an die Armöffnungen stricken und so einen Pullunder daraus machen.

Wenn Sie die Bündchen noch verwerten möchten, schneiden Sie die Randmasche etwa 3 Reihen darüber auf. Dann können Sie die Maschen durch Auftrennen der letzten Reihen auffangen. Das Auftrennen ist nur dann notwendig, wenn durch das Zerschneiden der Randmasche kein Restfaden zum Vernähen vorhanden ist. Wenn Sie die Bündchen neu anstricken, können Sie die Randmasche 1 Reihe oberhalb aufschneiden.

Ärmelbündchen müssen in den meisten Fällen neu angestrickt werden, da sich die Maschenzahl durch die Schrägung beim Anstricken ebenso wie beim Verkürzen verändert.

Das Trennen des Strickteils

Hierbei wird eigentlich nur eine gestrickte Reihe „aufgetrennt". Nach dem Herausziehen des Fadens können die offenen Maschen vom oberen und vom unteren Teil reihengerade auf eine Stricknadel gehoben werden. Verwenden Sie hier eine dünnere Nadel, damit die Maschen

Nach dem Zusammennähen im Maschenstich ist kein Übergang mehr zu sehen.

1 Trennen Sie zunächst die Nähte bis zur erforderlichen Höhe auf. Ziehen Sie zum Verlängern 2 bis 3 Reihen oberhalb des Bündchens, zum Verkürzen in der gewünschten Höhe die Randmasche etwas heraus und schneiden Sie sie durch.

2 Ziehen Sie an einem der Fäden und kräuseln Sie das Teil vorsichtig bis zum Ende der Reihe. Achten Sie am Ende der Reihe darauf, welche Masche angezogen wird. Stecken Sie eine Stricknadel in diese Masche und ziehen Sie den Kräuselfaden einige Zentimeter (zum Vernähen des Fadens) nach außen. Dann den Faden durchschneiden.

3 Ziehen Sie jetzt den Faden ganz heraus. Bei diesem Vorgang wird eine Reihe des Strickstücks sauber aufgetrennt. Die offenen Maschen des oberen und unteren Teils liegen also reihengerade vor Ihnen. (Bei sehr feinen Garnen oder Garnen, die leicht reißen, müssen Sie Masche für Masche auftrennen).

nicht lang gezogen werden und dadurch Fallmaschen entstehen.

Zum **Verlängern** können Sie dann beim oberen oder beim unteren Teil entsprechend viele Reihen mit der passenden Stricknadel anstricken und die Maschen des anderen Teils im Maschenstich wieder annähen. Wenn Sie beim oberen Teil anstricken, verschiebt sich das Gestrick um eine halbe Masche. Das ist im Strickteil nicht erkennbar. An den Rändern müssen Sie jedoch etwas aufpassen: Achten Sie beim Schließen der Nähte auf den Maschenverlauf. An einer Kante muß die Naht nun innerhalb der Randmasche, an der anderen innerhalb der 1. Masche nach der Randmasche verlaufen. Sie sollten also auf jeden Fall den Nahtrand stricken, denn nur dann können Sie den Matratzenstich innerhalb der Randmasche arbeiten.

Zum **Verkürzen** sollten Sie das untere Teil nur bis zur vorletzten Reihe oberhalb des Bündchens auftrennen, dann ist das Annähen des Bündchens im Maschenstich einfacher.

4 Heben Sie die offenen Maschen auf eine dünnere Stricknadel. Achten Sie beim Aufnehmen darauf, daß die Maschen richtig auf der Nadel liegen. Wenn an den Seiten nicht genug Restfaden zum Vernähen bleibt, können Sie beim Aufnehmen der Maschen eine Reihe auftrennen und dabei die Maschen nach und nach auf die Nadel heben.

5 Sie können nun beim oberen oder beim unteren Teil weiterstricken. Wenn Sie beim oberen Teil anstricken, verschiebt sich das Gestrick um eine halbe Masche. Darauf müssen Sie beim Zusammennähen der Teile achten (siehe Erklärung im Text links). Nach dem Verlängern können Sie die Teile im Maschenstich verbinden.

Tips für Bündchen

Bündchen halten jedes Strickstück in Form. Wenn Sie nicht gerade einen Pullover in Kastenform möchten, helfen bei ausgeleierten Bündchen Gummigarne oder -bänder. Bei defekten Bündchen hilft nur eins: neu anstricken!

Ziehen Sie das Gummi auf der Rückseite der Arbeit durch jeweils ein rechtes Maschenteil und verknoten Sie die Fäden sehr fest in den Randmaschen. Wenn Sie das Gummi durch die ganzen rechten Maschen ziehen, kann es sein, daß es noch etwas nach vorn durchscheint. Je nach Bündchenbreite sollten Sie 4 bis 6 solcher Reihen in gleichmäßigen Abständen einziehen.

Stricksachen aus Wolle oder Wollmischungen sind relativ elastisch, die Bündchen können nach dem Waschen in Form gedrückt werden und leiern nur wenig aus. Anders verhält es sich jedoch bei Baumwolle und einigen Chemiefasern. Bündchen aus solchen Garnen leiern meist schnell aus, deshalb sollten Sie sie immer mit einer ganzen Nadelstärke kleiner stricken als die übrigen Pulloverteile.

Zum Einstricken gibt es ganz dünne Elastikfäden (im Foto oben), die auch beim fertigen Bündchen kaum zu sehen sind. Doch wenn dieser Faden einmal brüchig wird, kommen überall kleine Fädchen hervor, die sich nur mit Mühe wieder herausziehen und entfernen lassen.

Gummifäden einnähen oder aufhäkeln

Am besten und auch am haltbarsten ist es, wenn Sie die etwas stärkere Gummifäden nachträglich mit einer stumpfen Sticknadel einziehen.

Etwas strapazierfähiger ist die Methode des Aufhäkelns mit Kettmaschen. Obwohl hier in den meisten Fällen 2 bis 3 Reihen reichen, brauchen Sie jedoch sehr viel mehr Material. Außerdem müssen Sie die Endfäden besonders gut vernähen, denn wenn sich der Knoten löst, haben Sie gleich den ganzen Gummifaden in der Hand. Deshalb ist es auch wichtig, daß Sie jede Reihe einzeln häkeln und vernähen.

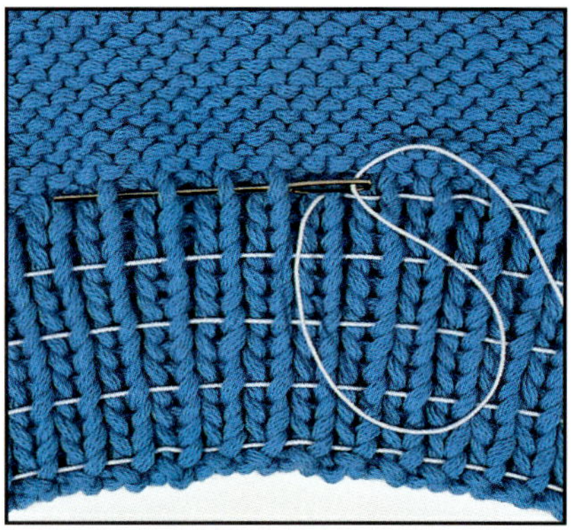

Auf der Rückseite der Bündchen in regelmäßigen Abständen mit einer stumpfen Sticknadel Gummiband durch jeweils eine Hälfte aller rechten Maschen ziehen und in den Randmaschen bzw. in der Naht vernähen oder verknoten.

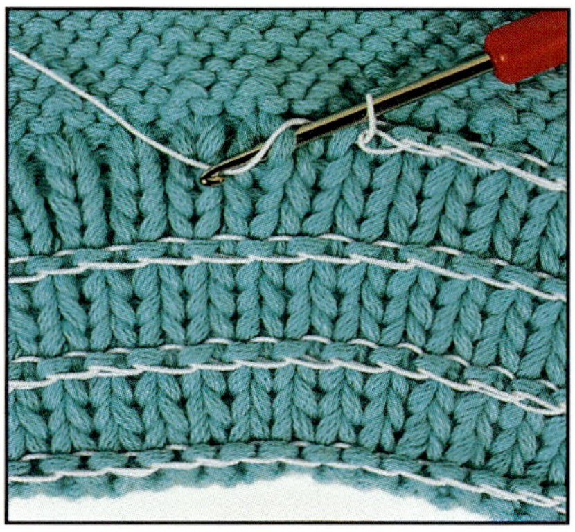

Oder mit dem Gummifaden in regelmäßigen Abständen Kettmaschen jeweils durch eine Hälfte aller rechten Maschen häkeln und an den Kanten fest vernähen.

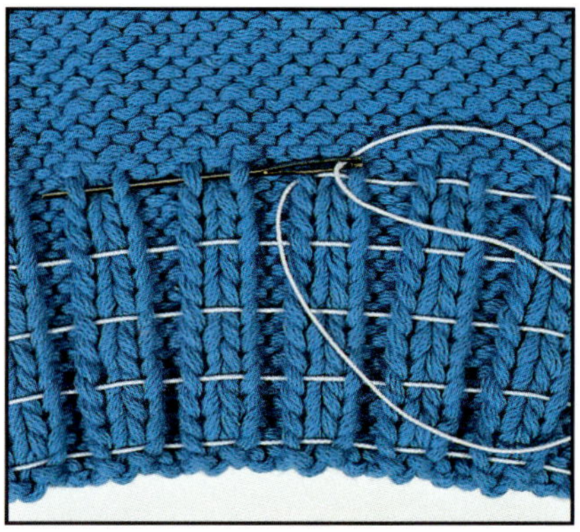

Bei 2/2-Bündchen immer das erste und das letzte Maschenglied der rechten Maschen erfassen und umnähen oder umhäkeln.

Taillenbund mit Gummizug

Bei dicken Pullovern und auch bei Röcken oder Kinderhosen kann auch breites Gummiband aufgenäht oder in doppelte Bündchen eingezogen werden.

Bei einfachen Bündchen

Schneiden Sie das Gummiband in die erforderliche Länge zuzüglich 2 cm für die Naht. Nun Anfang und Ende des Gummibands übereinanderlegen und mit einigen Stichen zusammennähen.

Das Gummiband mit Stecknadeln auf dem Bündchen feststecken und mit einer Wollnadel und dem Originalgarn oder einem farblich passenden, nicht zu dünnen Garn mit Hexenstichen umnähen. Dabei von links nach rechts arbeiten, die Nadel jedoch immer von rechts nach links durch das Strickstück führen. Umfassen Sie immer im Wechsel und um eine Rippe versetzt oberhalb des Gummibands eine rechte Rippe an der Außenkante des Bündchens und unterhalb des Gummibands die zwei Fäden der rechten Rippe vor dem Grundmuster. Ziehen Sie den Faden dabei nicht zu fest an.

Bei doppelten Bündchen

Doppelte Bündchen können zusammengestrickt oder später umgenäht werden (siehe auch Bündchen, Seite 58/59).

Bei beiden Arbeitsarten können Sie entweder einige Maschen freilassen, also nicht zusammenstricken oder -nähen, hier das Gummiband einziehen und zusammennähen, dann die restliche Bündchennaht schließen. Oder Sie schließen die ganze Naht und ziehen das Gummiband durch die schmale Öffnung an der Seitennaht.

Bei einem **einfachen Bündchen** wird das Gummiband mit Hexenstichen aufgenäht.

Bei einem **doppelten Bündchen** das Gummiband auf die erforderliche Länge plus etwa 2 cm schneiden und einziehen.

1 In die 2. Grundmusterreihe einen Markierungsfaden einziehen. Dann die Maschen der 1. Grundmusterreihe mit einer dünnen Stricknadel auffassen.

2 Die linken Bündchenmaschen unterhalb der Stricknadel vorsichtig aufschneiden, das Bündchen vom Pullover trennen und die Fadenreste herausziehen.

Bündchen neu anstricken

Ausgeleierte oder beschädigte Bündchen können Sie auch auf die folgende Art erneuern. Trennen Sie zunächst die Nähte ein Stück auf. Ziehen Sie nun einen Markierungsfaden durch jeweils eine Hälfte aller rechten Maschen der 2. Grundmusterreihe. Diese Markierung vereinfacht die Arbeit sehr, denn ein Verrutschen in eine andere Reihe wird dadurch ausgeschlossen. Danach nehmen Sie die Maschen der 1. Grundmusterreihe mit einer dünnen Stricknadel auf.

Jetzt können die linken Bündchenmaschen aufgeschnitten, das Bündchen abgetrennt und die restlichen Fadenstücke herausgezogen werden. Nun mit der benötigten Nadelstärke 1 Hinreihe rechte oder 1 Rückreihe linke Maschen stricken. In dieser Reihe müssen Sie darauf achten, daß die Maschen nicht verdreht auf der Nadel liegen.

Dann wieder im Bündchenmuster stricken. Dabei in der 1. Reihe die vorherigen Zunahmen als Abnahmen arbeiten (gleichmäßig verteilt immer 2 Maschen rechts oder links zusammenstricken). Das Bündchen bis zur gewünschten Höhe stricken und locker abketten.

Fallmaschen

Ob die Katze oder das Kleinkind mit dem Strickzeug gespielt oder man selbst nicht aufgepaßt hat – Fallmaschen sind zwar ärgerlich, aber leicht wieder hochzuhäkeln.

Bei glatt rechten Strickstücken

Hier ist das Beheben des Fehlers besonders einfach. Fassen Sie bei rechten Maschen mit der Häkelnadel von vorn bzw. von unten in die Masche und ziehen Sie den darüberliegenden Querfaden durch. Diesen Vorgang stets wiederholen.

Bei Strukturmustern

Bei glatt linken Strickstücken ist es am einfachsten, die Arbeit zu wenden und ebenfalls rechte Maschen hochzuhäkeln. Anders bei Strukturmustern: Hier müssen im entsprechenden Wechsel rechte und linke Maschen gehäkelt werden.

Bei rechten Maschen den darüberliegenden Querfaden durch die auf der Häkelnadel liegende Masche ziehen.

Bei linken Maschen hinter dem darüberliegenden Querfaden von hinten bzw. oben in die Masche einstechen und den Querfaden durchziehen.

Für die linken Maschen mit der Häkelnadel von hinten bzw. oben hinter dem darüberliegenden Querfaden in die Masche einstechen und den Querfaden durchziehen. Dann die Häkelnadel wieder herausziehen.

Für jede linke Masche (und auch für die jeweils erste rechte Masche des Strukturmusters) muß die Häkelnadel also herausgezogen und erneut in die Masche eingestochen werden.

Bei kraus rechts Gestricktem muß also immer im Wechsel mal von vorn und mal von hinten in die Masche eingestochen werden.

Bei Halbpatent

Hier gibt es eine krause und eine glatte Seite. Es muß entweder die Fallmasche der glatten Seite, also der Patentmasche, oder die krause Masche der anderen Seite gerettet werden.

Ist bei Halbpatent eine Masche gefallen, müssen Sie zunächst, wie beim Vollpatent erklärt, die einzelnen Fäden lösen. Im Gegensatz zu Vollpatent liegen hier immer im Wechsel nur ein kurzer und ein langer Faden, und zwar bei der glatten wie auch bei der krausen Masche.

Für die glatte Patentmasche stechen Sie mit der Häkelnadel in die Masche ein und fassen Sie unter dem darüberliegenden kurzen Faden hinweg den langen Faden und ziehen ihn durch die Masche.

Auf der krausen Seite die Masche mit der Häkelnadel auffassen. Wenn über der Masche noch ein kurzer Faden liegt, zunächst diesen Faden durch die Masche ziehen. Dann unter dem …

… folgenden kurzen Faden hinweg den langen Faden abhäkeln und danach den kurzen Faden ebenfalls abhäkeln. Diese beiden Arbeitsgänge stets wiederholen.

Bei Vollpatent

Etwas verzwickter als bei glatt rechts Gestricktem ist das Hochhäkeln von Fallmaschen bei Patentmustern. Am Beispiel vom zweifarbigen Patentmuster ist das Prinzip des Reparierens jedoch leicht zu erkennen:

Ziehen Sie zunächst das Strickstück in die Breite und lösen Sie die Fäden soweit wie möglich auf. Mit den besonders langen Fäden, hier die grünen, wird gehäkelt, die dazwischenliegenden Fäden, hier die weißen, sind die „Umschläge". Ziehen Sie zunächst die besonders lockeren grünen Fäden nach oben und arbeiten Sie dann wie bei den Fotos beschrieben. Diesen Arbeitsgang stets wiederholen und die letzte Masche mit dem letzten kurzen Faden, also dem Umschlag, zurück auf die linke Nadel heben.

Beim einfarbigen Patentmuster wird nach demselben Prinzip gearbeitet. Hier sind die langen Fäden nur dann gut erkennbar, wenn sie nach oben durchgezogen sind.

Vollpatent: Die letzte (grüne) Masche mit der Häkelnadel auffassen. Die Nadel unter den darüberliegenden 2 kurzen (weißen) Fäden durchführen, den langen (grünen) Faden erfassen und unter den 2 kurzen Fäden hinweg durch die auf der Nadel liegende Masche ziehen. Der untere der beiden kurzen Fäden ist der „Umschlag" der eben gehäkelten Masche. Nun mit der Häkelnadel wieder unter dem oberen der beiden Fäden und dem folgenden durch den nächsten langen Faden erfassen, usw.
Bei einfarbigem Vollpatent müssen die langen Fäden sichtbar obenauf liegen. Mit der Häkelnadel unter 2 kurzen Fäden hindurch den folgenden langen Faden erfassen und unter den kurzen Fäden hinweg durch die Masche ziehen.

Bei größeren Fehlern: Auftrennen

Bei sehr groben Fehlern über viele Maschen bleibt Ihnen das Auftrennen nicht erspart. Trennen Sie das Strickstück dann bis zur Reihe vor dem Fehler auf. Verwenden Sie für das Aufnehmen der Maschen eine Stricknadel, die etwa eine Nummer kleiner ist als die für das Stricken verwendete. So lassen sich die Maschen leicht aufnehmen, auch wenn Sie besonders fest stricken.

Stechen Sie vor dem Auftrennen der Masche immer von hinten nach vorn in die darunterliegende Masche. Dann erst den Faden vorsichtig herausziehen. So Masche für Masche weiterarbeiten. Halten Sie den Faden dabei wie beim Stricken in der linken Hand und wickeln Sie ihn beim Auftrennen immer wieder um den Zeigefinger. Am Ende der Reihe die Arbeit wenden und mit den passenden Stricknadeln weiterarbeiten.

Bei Patentmustern ist das Aufnehmen der Maschen etwas schwieriger. Damit die Maschen nicht zu fest angezogen werden, ist hier die dünne Stricknadel besonders wichtig. Fassen Sie bei den linken Maschen von hinten nach vorn durch Masche und Umschlag. Lösen Sie dann den Faden vorsichtig ab und fassen die folgende rechte Masche auf. Sollte die rechte Masche dabei weiter fallen, fassen Sie die darunter liegende Masche mit dem Querfaden auf. Trennen Sie dann noch eine weitere Reihe auf. An der entsprechenden Stelle die Masche mit dem Querfaden nur auf die rechte Nadel heben.

Beim Auftrennen von Strickteilen
Masche für Masche von hinten nach vorn auf eine dünnere Stricknadel heben.

Beim Auftrennen von Patentmustern
bei den linken Maschen auch die Umschläge mitfassen, die rechten Maschen vorsichtig auf die Nadel heben.

Stricken nach Strickschriften

Strickschriften bzw. Schemazeichnungen haben den großen Vorteil, daß man sich ein Muster sofort bildlich vorstellen kann.

Eine Aufzählung der einzelnen Maschen ist oft umständlich und wegen der Länge des Textes meist auch unverständlicher. Hier zunächst einige Angaben über Breite und Höhe eines Musters, dann zum Lesen von Strickschriften.

Musterbreite

Unter der jeweiligen Zeichnung steht die Breite des Rapports, bei dem abgebildeten Strukturmuster sind das 10 Maschen. Diese 10 Maschen werden stets wiederholt. Die letzte Masche der Zeichnung wird nur am Ende des Strickteils gearbeitet, durch sie wird das Muster auch hier komplett. Für die Berechnung eines Modells heißt das, die Maschenzahl muß teilbar sein durch 10 + 1 Masche + 2 Randmaschen, z. B. 43 Maschen.

Bei einigen Mustern kann es durchaus sein, daß zur Vervollständigung des Musters beidseitig des Rapports mehrere Maschen gezeichnet sind. Hier beginnen Sie nach der Randmasche mit den ersten Maschen der Zeichnung, wiederholen dann den angebenen Rapport, stricken zum Schluß die letzten Maschen der Zeichnung und die Randmasche.

Musterhöhe

Bei vielen Mustern werden nur die Hinreihen gezeichnet. Das ist fast immer der Fall, wenn in den Rückreihen die Maschen nur links gestrickt werden. Oder auch dann, wenn alle Maschen so gestrickt werden, wie sie erscheinen, d. h. die rechts erscheinenden Maschen werden rechts, die links erscheinenden links gestrickt.

Am Beispiel des einfachen Strukturmusters ist das deutlich zu sehen: **Zeichnung 1** zeigt das Muster der Hinreihen, die Reihenangaben stehen hier nur an der rechten Seite der Strickschrift. **Zeichnung 2** wirkt dagegen viel verwirrender, obwohl sie dasselbe Muster zeigt. Hier sind die Hin- und Rückreihen so gezeichnet, wie sie gestrickt werden, die Zahlen für die Hinreihen stehen an der rechten, die für die Rückreihen an der linken Seite.

Eine weitere mögliche Darstellung zeigt **Zeichnung 3**. Hier sind die Maschen in Hin- und Rückreihen gezeichnet, wie sie auf der Vorderseite erscheinen. In der Zeichenerklärung müßte dann stehen: Leeres Kästchen = Hinreihe rechte Maschen, Rückreihe linke Maschen; Kästchen mit waagerechtem Strich = Hinreihe linke Maschen, Rückreihe rechte Maschen.

Lesen von Strickschriften

Bei allen Strickschriften werden die Hinreihen von rechts nach links, die Rückreihen von links nach rechts gelesen, immer in Strickrichtung. Die Randmaschen sind, wenn nicht anders angegeben, nicht mit eingezeichnet.

Beim Strukturmuster würde der Text bei den ersten 3 Reihen lauten:
1. R: Randm, * 2 M re, 7 M li, 1 M re, * 1 M re, Randm.
2. R und alle folgenden Rückr: Die M str, wie sie erscheinen. (Oder: **2. R:** Randm, 1 M li, * 1 M li, 7 M re, 2 M li, ab * wdh, Randm.)
3. R: Randm, * 3 M re, 5 M li, 2 M re, ab * wdh, 1 M re, Randm.

Da das Muster von * bis * wiederholt wird, bedeutet das z. B. bei der 1. Reihe, daß nach den ersten 3 Maschen immer 7 Maschen links und 3 Maschen rechts (= die letzte Masche vor dem Stern und die ersten 2 Maschen nach dem Stern) im Wechsel gestrickt werden.

Das Lesen von Mustern in Worten mag einigen Stricker(innen) leichter erscheinen als das Lesen von Strickschriften. Doch am Beispiel des kleinen Lochmusters nach **Zeichnung 4** erkennt man die um-

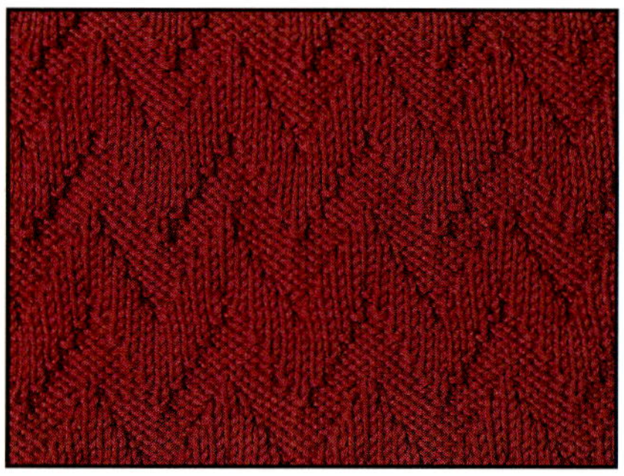

Strukturmuster

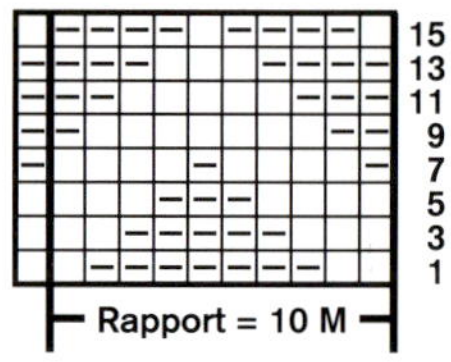

Zeichnung 1: Für das Muster sind hier nur die Hinreihen gezeichnet.

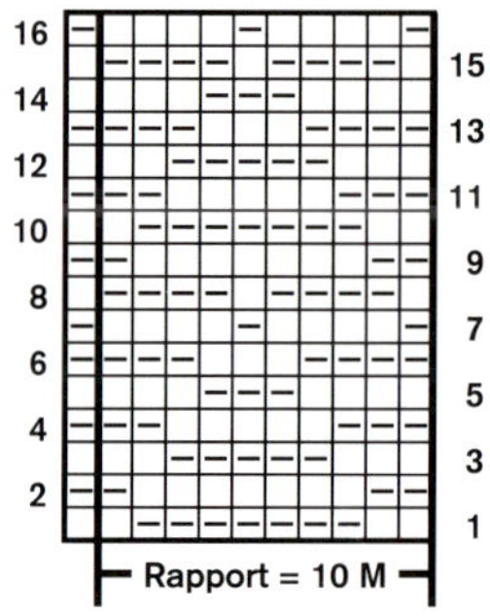

Zeichnung 2: Dasselbe Muster, hier sind die Maschen in Hin- und Rückreihen gezeichnet, wie sie gestrickt werden.

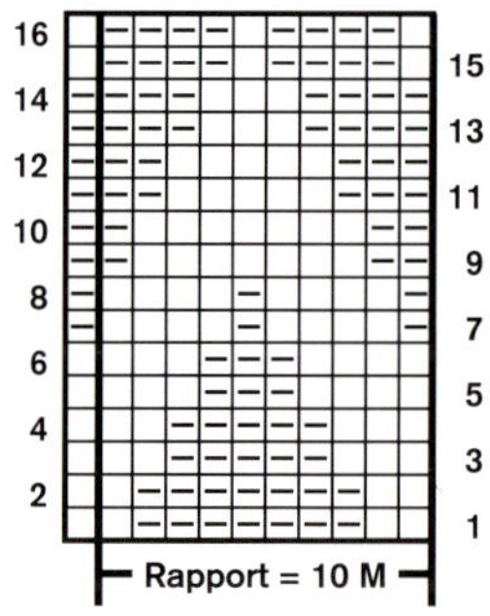

Zeichnung 3: Hier sind die Maschen in Hin- und Rückreihen gezeichnet, wie sie auf der Vorderseite der Arbeit erscheinen.

ständliche Länge des Textes:
1. R: Randm, * 2 M li, 5 M re, 2 M re zus-str, 1 U, 1 M li, ab * wdh, 1 M li, Randm.
2. R und alle folgenden Rückr: Die M str, wie sie erscheinen, die U li str.
3. R: Randm, * 2 M li, 4 M re, 2 M re zus-str, 1 M re, 1 U, 1 M li, ab * wdh, 1 M li, Randm.
5. R: Randm, * 2 M li, 3 M re, 2 M re zus-str, 2 M re, 1 U, 1 M li, ab * wdh, 1 M li, Randm.
7. R: Randm, * 2 M li, 2 M re, 2 M re zus-str, 3 M re, 1 U, 1 M li, ab * wdh, 1 M li, Randm.
9. R: Randm * 2 M li, 1 U, 1 einf. Überzug (= 1 M re abheben, 1 M re str und die abgehobene M überziehen), 5 M re, 1 M li, ab * wdh, 1 M li, Randm.
11. R: Randm, * 2 M li, 1 U, 1 M re, 1 einf. Überzug, 4 M re, 1 M li, ab * wdh, 1 M li, Randm.
13. R: Randm, * 2 M li, 1 U, 2 M re, 1 einf. Überzug, 3 M re, 1 M li, ab * wdh, 1 M li, Randm.
15. R: Randm, * 2 M li, 1 U, 3 M re, 1 einf. Überzug, 2 M re, 1 M li, ab * wdh, 1 M li, Randm.
Die **1. bis 16. R** stets wdh.

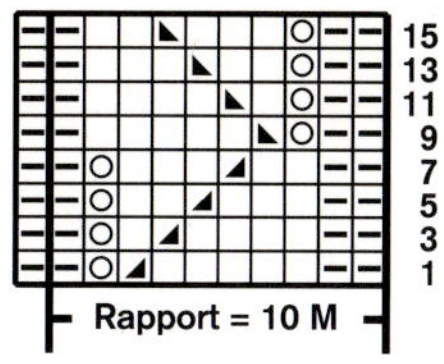

Zeichnung 4: Strickschrift für das Lochmuster.

Stricken von Intarsien nach Strickschriften

Auch bei Strickschriften für Intarsienarbeiten werden die Hinreihen von rechts nach links, die Rückreihen von links nach rechts gelesen.

Größere Farbflächen werden häufig beim Rückenteil gegengleich zum Vorderteil gestrickt, damit die gleichen Farbflächen an Seitennähten und Schultern aneinandertreffen. Dafür lesen Sie die 1. Reihe und alle anderen ungeraden Reihen wie Rückreihen, obwohl Sie Hinreihen, also rechte Maschen stricken. Und die Rückreihen lesen Sie von rechts nach links.

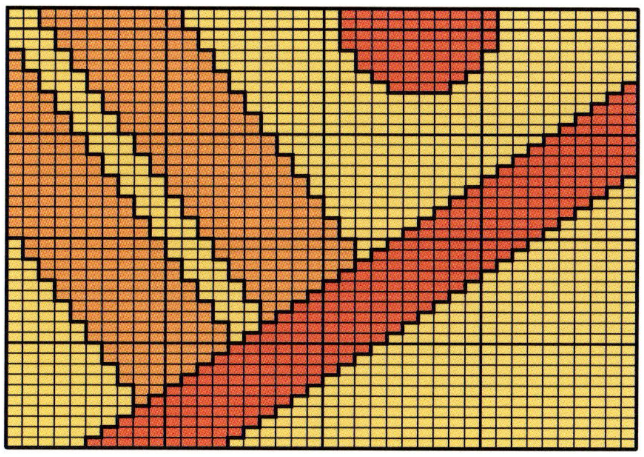

Zeichnung 5: Beim Intarsienmuster ist jede Reihe gezeichnet. 1 Kästchen entspricht also 1 Masche.

Intarsien – mal gegengleich gestrickt, …

… mal wie gezeichnet.

Bei dem gezeigten Beispiel werden also auf der **Vorderseite** 26 Maschen in Gelb, 9 Maschen in Rot und 5 Maschen in Gelb gestrickt, und in dieser Reihenfolge werden die Maschen auch angeschlagen.

Wenn Sie kein Bündchen stricken, schlagen Sie die Maschen genauso an, doch beginnen Sie dann mit einer Rückreihe linker Maschen und lesen die 1. Reihe der Zeichnung von links nach rechts, die 2. Reihe von rechts nach links usw.

Soll die **Rückseite** gegengleich gestrickt werden, schlagen Sie 5 Maschen in Gelb, 9 Maschen in Rot und 26 Maschen in Gelb an. Dann lesen Sie nach dem Bündchen die 1. Reihe der Zeichnung von links nach rechts, die 2. von rechts nach links, usw.

Ein Tip

Bei Musterzeichnungen sieht es manchmal so aus, als ob die Maschen nicht übereinanderpassen. Das ist durch Zu- und Abnahmen sowie durch Umschläge bedingt. Legen Sie sich deshalb hier ein Lineal unter die Reihe, die Sie stricken, so kann die Vorreihe nicht verwirren. Bei Strickschriften für Intarsien sollte das Lineal über der Reihe liegen, die Sie gerade stricken; so können Sie die Farbfolge besser vergleichen.

Ärmelzunahmen bei Lochmustern

Wann muß zugenommen werden, wann ergibt sich eine Zunahme durch einen Umschlag – dieses Problem ist, besonders bei komplizierten Lochmustern, manchmal nicht leicht zu lösen. Hier einige Tips, wie's einfacher wird.

Das Stricken von Lochmustern bei geraden Teilen ist für die meisten Stricker(innen) einfach. Die Probleme fangen erst bei den Zunahmen für die Ärmelschrägungen an.

Die einfachste Lösung: Sie zeichnen die Ärmelschrägungen auf Karopapier. Bei symmetrischen Mustern, wie bei dem Rhombenmuster des gezeigten Pullovers, ist es sehr hilfreich, wenn Sie zumindest die rechte Seite des Ärmels aufzeichnen. Dann wird der Musterrapport entsprechend oft wiederholt und das Muster an der linken Seite gegengleich erweitert.

Stricken Sie an den Rändern eine zusätzliche Masche glatt rechts

Besonders saubere Ärmelnähte erhalten Sie, wenn Sie neben den Randmaschen noch eine zusätzliche glatt rechte Masche stricken und daneben erst das Muster und die Zunahmen arbeiten. Auch dieser Ärmel ist so berechnet und gezeichnet. Das Zusammennähen zwischen Randmasche und einer rechten Masche ist immer einfacher als eine Naht zwischen Randmasche und Muster mit zusätzlich verwirrenden Zunahmen. Die Querfäden sind nur sehr schlecht zu erkennen, und eine saubere Naht im Matratzenstich ist kaum möglich. Außerdem fällt die zusätzliche Masche an der Ärmelnaht kaum auf.

Mustereinteilung bei Ärmelschrägungen

Häufig kommt es bei Ärmelschrägungen vor, daß laut Schema nach der Randmasche, bzw. nach Randmasche und zusätzlicher rechter Masche, ein Umschlag gestrickt werden soll, doch daß für das dazugehörige Zusammenstricken keine Maschen vorhanden sind. Dies ist z. B. in der 31. und in der 45. Reihe des gezeichneten Beispiels der Fall. An diesen Stellen wird die Maschenzahl durch den Umschlag erweitert; man verzichtet auf das Zusammenstricken.

Umgekehrt kann es sein, daß nach der Randmasche 2 Maschen zusammengestrickt werden sollen. Doch direkt neben der Naht sieht ein Umschlag immer unschön aus (wie z. B. in der 55. oder 77. Reihe der Zeichnung). Hier sollten Sie statt der Abnahme einfach 2 rechte Maschen und 1 ver-

Bei allen Lochmustern lassen sich die Ärmelnähte leichter im Matratzenstich schließen, wenn beidseitig neben der Randmasche jeweils eine zusätzliche glatt rechte Masche gestrickt wird.

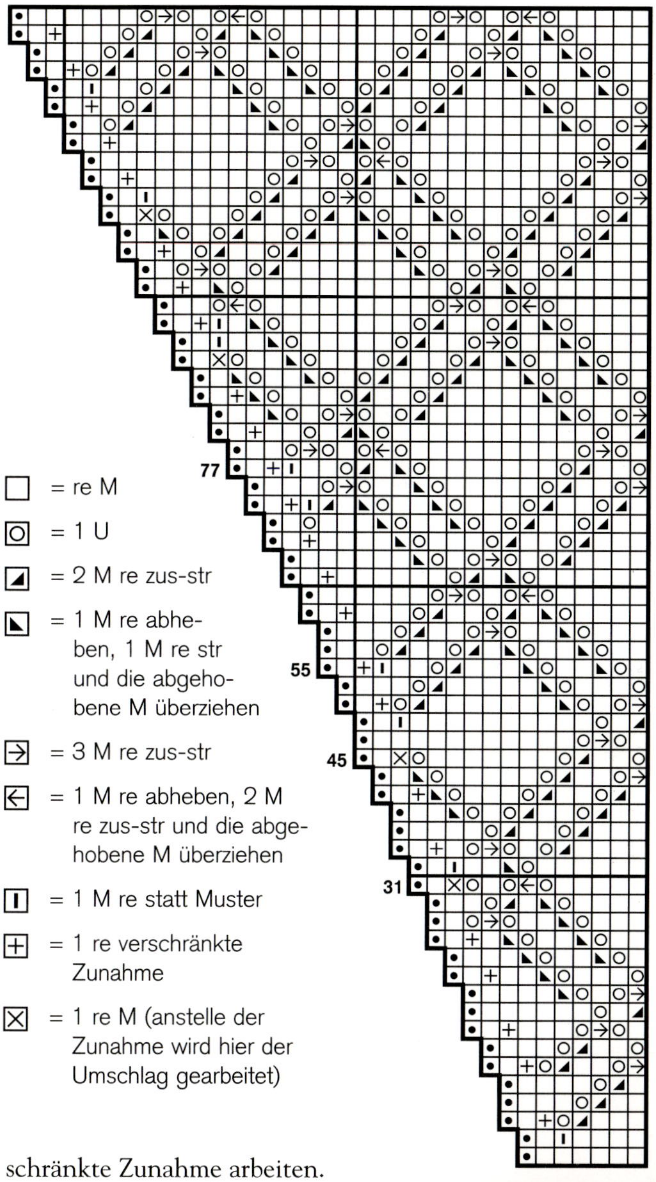

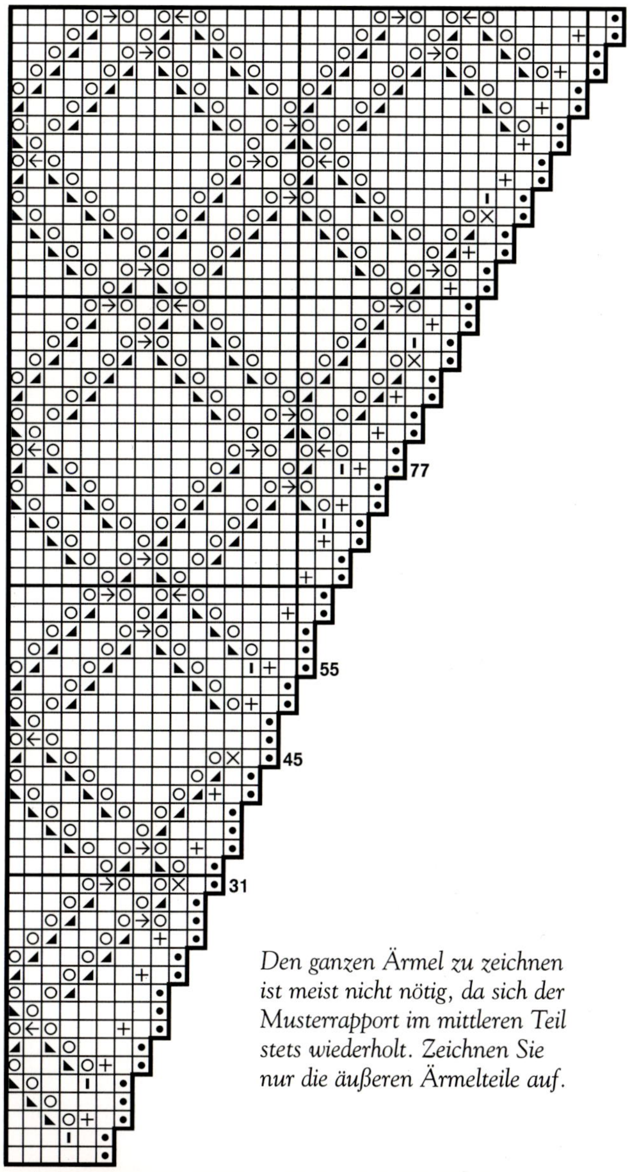

- □ = re M
- ⊙ = 1 U
- ◢ = 2 M re zus-str
- ◣ = 1 M re abheben, 1 M re str und die abgehobene M überziehen
- → = 3 M re zus-str
- ← = 1 M re abheben, 2 M re zus-str und die abgehobene M überziehen
- I = 1 M re statt Muster
- + = 1 re verschränkte Zunahme
- ⊠ = 1 re M (anstelle der Zunahme wird hier der Umschlag gearbeitet)

Den ganzen Ärmel zu zeichnen ist meist nicht nötig, da sich der Musterrapport im mittleren Teil stets wiederholt. Zeichnen Sie nur die äußeren Ärmelteile auf.

schränkte Zunahme arbeiten. Die Faustregel für Ärmelschrägungen bei Lochmustern lautet grundsätzlich: An schwierigen Stellen lieber je nach Maschenbild einige glatt rechte oder glatt linke Maschen mehr zunehmen und dann erst mit dem Muster beginnen. Bei sehr kleinen Lochmustern können Sie auch so viele Zunahmen glatt rechts oder links stricken, bis die Anzahl für einen neuen Rapport vorhanden ist. Das sieht immer besser aus als unsauber gestrickte Ärmelschrägungen.

Die genaue Anleitung für den abgebildeten Pullover finden Sie auf Seite 199.

Grund-modelle

Nun geht's um Socken und Handschuhe. Alles genau erklärt und mit Tabellen für alle Größen. Zuerst jedoch folgen die genauen Strickanleitungen für alle in diesem Buch gezeigten Modelle.

Anleitungen

Vom Intarsienpullover bis zum bestickten Kinderpullover – hier finden Sie die Anleitungen für alle Modelle aus diesem Buch.

Die Schnitte zeigen die halbe Breite; nur beim Raglanpullover im Patentmuster ist der ganze linke Ärmel gezeichnet.

Beschrieben sind die Modelle mit normalem Anschlag. Sie können statt dessen aber auch den runden Anschlag wählen (ab Seite 22).

Bei allen Maschenangaben sind die Randmaschen mit eingerechnet.

Die Schultermaschen werden in den Anleitungen grundsätzlich abgekettet. Zusammengenähte oder -gestrickte Schultern sehen jedoch meist besser aus. Dafür werden die Maschen auf einer Hilfsnadel stillgelegt und die Schultern erst nach dem Fertigstellen des zweiten Teils geschlossen.

Die in den Anleitungen verwendeten Abkürzungen werden auf Seite 237 erklärt.

Pullover mit Intarsien

Größe: 40/42.
Garn: Schurwollgarn mit einer Lauflänge von ca. 125 m/50 g: 450 g in Schwarz und je 50 g in Türkis, Rot, Grün, Gelb, Orange, Pistazie und Pflaumenblau.
Grundmuster: Glatt rechts mit Nadeln Nr. 4 str.
Maschenprobe: 21 M und 29 R = 10 x 10 cm.
Bündchenmuster: 1 M re und 1 M li im Wechsel mit Nadeln Nr. 3 str.

Rückenteil: 128 M in Schwarz anschlagen und 4 cm im Bündchenmuster str, dabei mit einer Rückr beginnen.
Glatt re in Schwarz weiterarbeiten. In 66 cm Höhe für den Halsausschnitt die mittleren 26 M, dann in jeder 2. R noch 1x 4 und 1x 3 M abketten.
In 68 cm Höhe die Schultermaschen abketten.
Vorderteil: Nacheinander 5 M in Pflaume, 30 M in Orange, 17 M in Gelb, 17 M in Pflaume und 59 M in Schwarz (= 128 M) anschlagen und in dieser Aufteilung 4 cm im Bündchenmuster str.
Weiter glatt rechts nach der Strick-

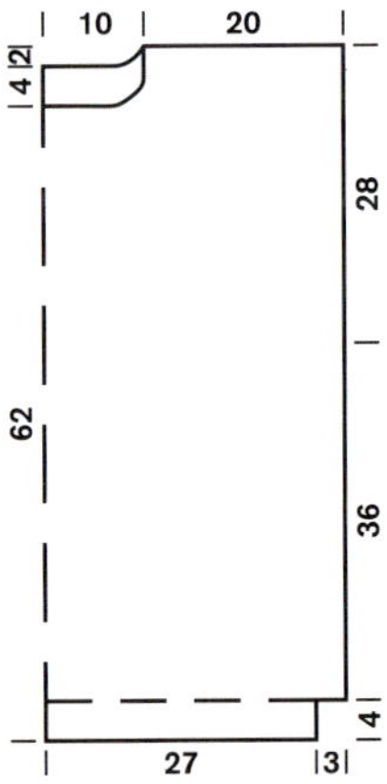

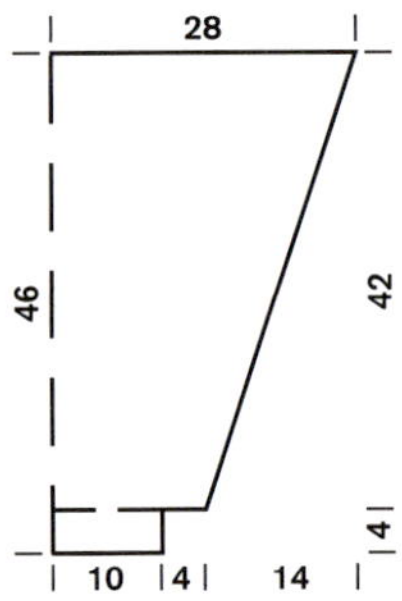

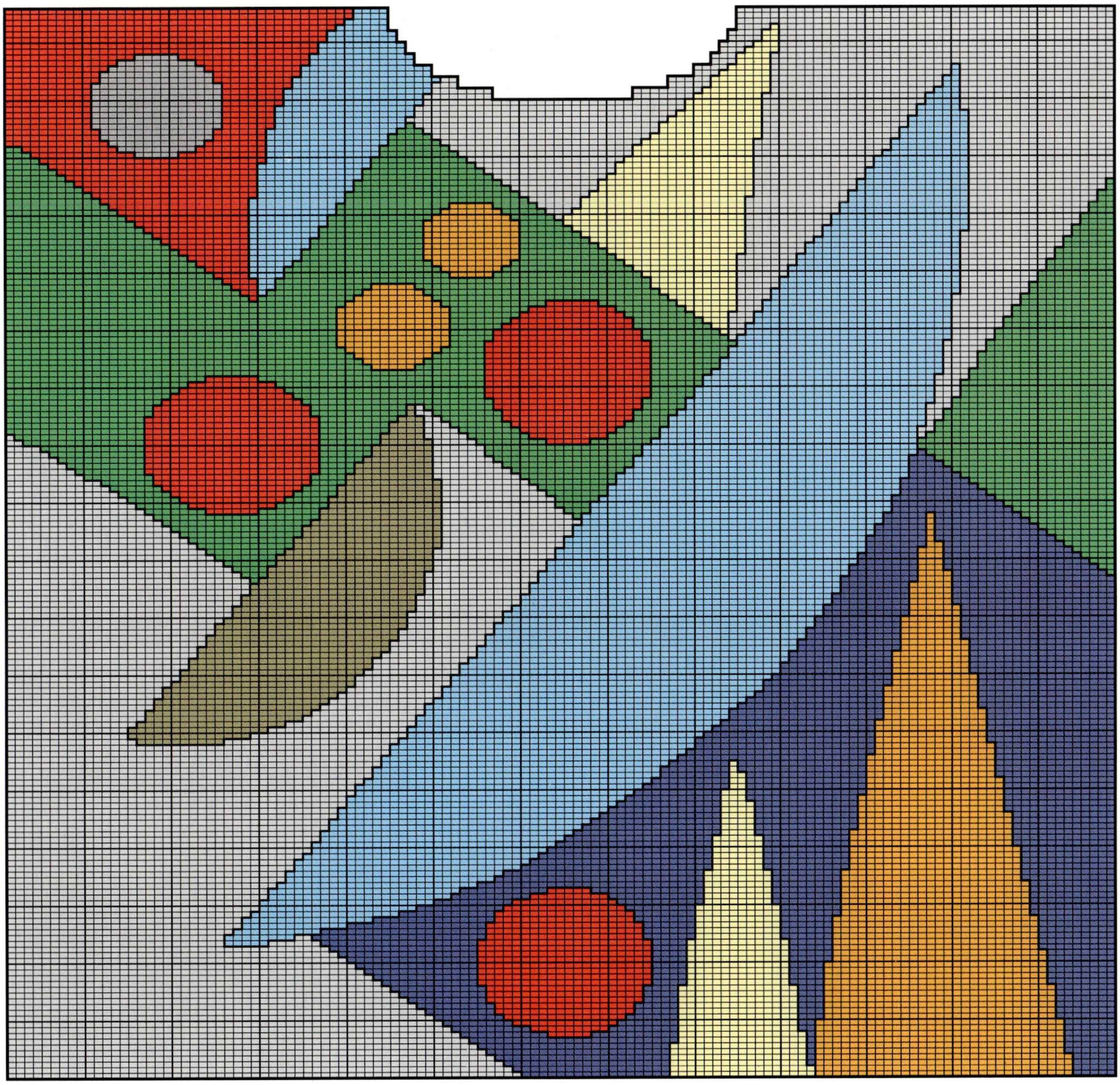

schrift arbeiten. Hier ist jede Reihe gezeichnet, 1 Kästchen entspricht jeweils 1 Masche.
In 62 cm Höhe für den Halsausschnitt die mittleren 16 M, dann in jeder 2. R noch 1x 4, 1x 3, 1x 2 und 3x 1 M abketten.
In 68 cm Höhe die Schultermaschen abketten.
Ärmel: 50 M in Schwarz anschlagen und 4 cm im Bündchenmuster str. In der letzten Rückr verteilt 12 M zunehmen = 62 M.
Weiter glatt re in Schwarz str und für die Ärmelschrägungen beidseitig in jeder 4. R 29x 1 M zunehmen = 120 M.
In 46 cm Höhe alle M abketten.
Fertigstellung: Evtl. beim Vorderteil die Farbübergänge korrigieren (siehe Seite 147).
Die Schulternähte schließen, die Ärmel annähen, dann Seiten- und Ärmelnähte schließen.
Für die Halsausschnittblende mit einer kurzen Rundstricknadel Nr. 3 116 M in Schwarz anschlagen und in Rd 3 cm im Bündchenmuster, dann 2 Rd re M str. Die M der Halsausschnittblende mit Steppstichen an den Ausschnitt nähen, dabei die 2 re Rd auftrennen (siehe auch Seite 70 bis 72).

Pullover mit Jacquard- und Strukturmuster

Größe: 40/42.
Garn: Baumwolle mit einer Lauflänge von ca. 85 m/50 g: 600 g in Rost, 150 g in Schwarz, je 50 g in Rot, Curry, Natur, Braun und Gelb.
Grundmuster I: Das Jacquardmuster glatt rechts mit Nadeln Nr. 4 str. Bei der Strickschrift ist jede Reihe gezeichnet, die Hinr von rechts nach links, die Rückr von links nach rechts lesen. Die Randm immer mit beiden Fäden str.
Maschenprobe I: 22 M und 27 R = 10 x 10 cm.
Grundmuster II: Das Strukturmuster mit Nadeln Nr. 4 str. Es sind nur die Hinr gezeichnet, in den Rückr die M str, wie sie erscheinen.
Die 1. bis 32. R stets wiederholen.
Maschenprobe II: 22 M und 30 R = 10 x 10 cm.

Bündchenmuster: 1 M re und 1 M li im Wechsel mit Nadeln Nr. 3 str.

Rückenteil: 124 M in Schwarz anschlagen und 4 cm im Bündchenmuster str, mit einer Rückr beginnen. In der letzten Rückr verteilt 11 M zunehmen = 135 M.
Nun die 56 R Grundmuster I wie folgt str: Randm, 5x den Rapport, die 1. bis 13. M des Rapports, Randm.
Danach im Grundmuster II wie folgt str: Randm, 11x den Rapport, die letzte M der Zeichnung, Randm.
In 44 cm Höhe für die Armausschnitte beidseitig in jeder 2. R 12x 1 M abketten = 111 M.
In 70 cm Höhe für den Halsausschnitt die mittleren 29 M, dann in jeder 2. R noch 1x 3 und 1x 2 M abketten.
In 72 cm Höhe die Schultermaschen abketten.

Vorderteil: Wie das Rückenteil str, jedoch für den Halsausschnitt in 64 cm Höhe die mittleren 15 M, dann in jeder 2. R noch 1x 3, 2x 2 und 5x 1 M abketten.
Ärmel: 46 M in Schwarz anschlagen und 2 cm im Bündchenmuster str. Die letzte Rückr li str, dabei verteilt 9 M zunehmen = 55 M.
Nun die 1. bis 31. R des Grundmusters I str, danach im Grundmuster II weiterarbeiten. Die Muster von der Ärmelmitte her einteilen; beim Jacquardmuster ist die 13. M die Mittelmasche. Für die Ärmelschrägungen beidseitig in jeder 4. R 15x 1 M, dann abwechselnd in jeder 2. und 4. R noch 20x 1 M zunehmen = 125 M.
In 45 cm Höhe beidseitig in jeder 2. R 4x 3 und 3x 2 M, dann die restlichen M gerade abketten.
Fertigstellung: Die Schulternähte schließen, die Ärmel annähen, dann Seiten- und Ärmelnähte schließen. Für die Halsausschnittblende mit einer kurzen Rundstricknadel Nr. 3

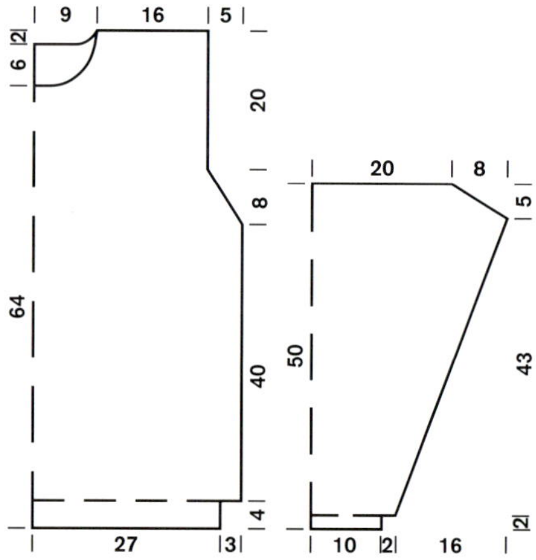

124 M in Rost anschlagen und in Rd 3 cm im Bündchenmuster, dann 2 Rd re M str. Die M der Halsausschnittblende mit Steppstichen an den Ausschnitt nähen, dabei die 2 re Rd auftrennen.

Strukturmuster

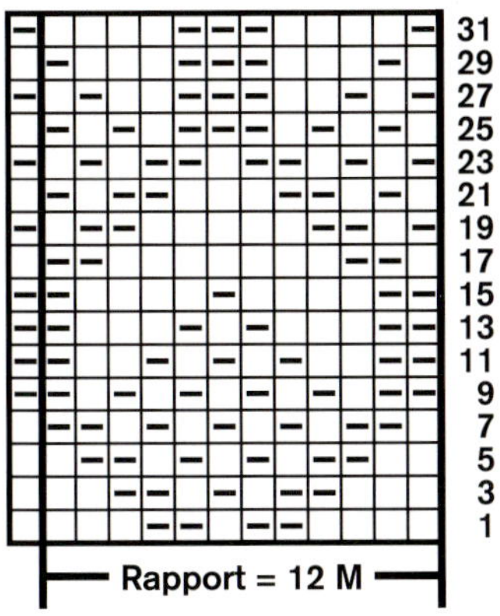

Jacquardmuster

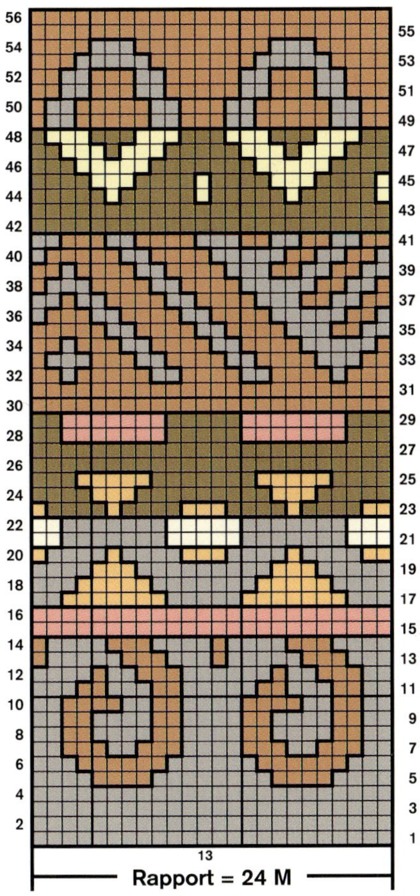

Pullover mit Lochmuster

Größe: 40/42.
Garn: Etwa 550 g glatte, mercerisierte Baumwolle mit einer Lauflänge von ca. 115 m/50 g.
Grundmuster: Das Lochmuster mit Nadeln Nr. 3½ str. Es sind nur die Hinr gezeichnet, in den Rückr alle M und Umschläge li str.
Die 1. bis 32. R stets wiederholen.
Maschenprobe: 20 M und 30 R = 10x10 cm.
Bündchenmuster: 1 M re und 1 M li im Wechsel mit Nadeln Nr. 3 str.

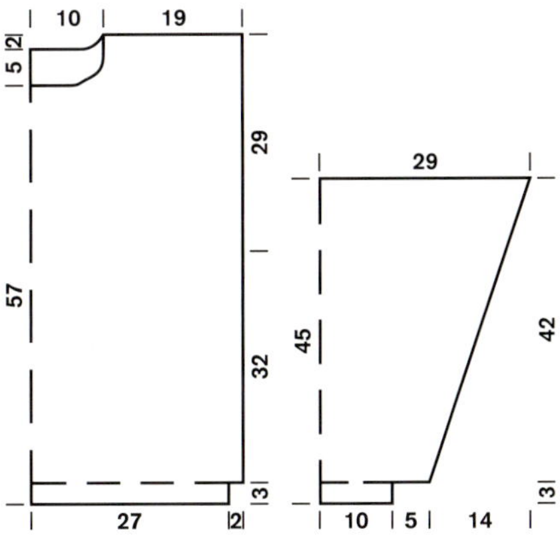

Rückenteil: 110 M anschlagen und 3 cm im Bündchenmuster str, mit einer Rückr beginnen. In der letzten Rückr verteilt 8 M zunehmen = 118 M.
Dann im Grundmuster wie folgt str: Randm, die 1. M der Zeichnung, 7x den Rapport von 16 M, die letzte M der Zeichnung, Randm.
In 62 cm Höhe für den Halsausschnitt die mittleren 28 M, dann in jeder 2. R noch 1x 3 und 1x 2 M abketten.
In 64 cm Höhe die Schultermaschen abketten.
Vorderteil: Wie das Rückenteil str, jedoch für den Halsausschnitt in 62 cm Höhe die mittleren 16 M, dann in jeder 2. R noch 1x 3, 2x 2 und 4x 1 M abketten.

Ärmel – siehe auch Zunahmen im Lochmuster, Seite 181: 52 M anschlagen und 3 cm im Bündchenmuster str. In der letzten Rückr verteilt 9 M zunehmen = 61 M.
Dann im Grundmuster wie folgt str: Randm, die 12. bis 16. M des Rapports, 3x den Rapport von 16 M, die 1. bis 6. M des Rapports, Randm.
Für die Ärmelschrägungen beidseitig abwechselnd in jeder 4. und 6. R 12x 1 M, dann in jeder 4. R 16x 1 M zunehmen = 117 M.
In 45 cm Höhe alle M gerade abketten = 4 Rapporte bzw. 128 R.
Fertigstellung: Die Schulternähte schließen, die Ärmel annähen, dann Seiten- und Ärmelnähte schließen. Aus dem Halsausschnitt mit einer kurzen Rundstricknadel 116 M aufnehmen und in Rd 3 cm im Bündchenmuster str. Die M abketten oder abnähen.

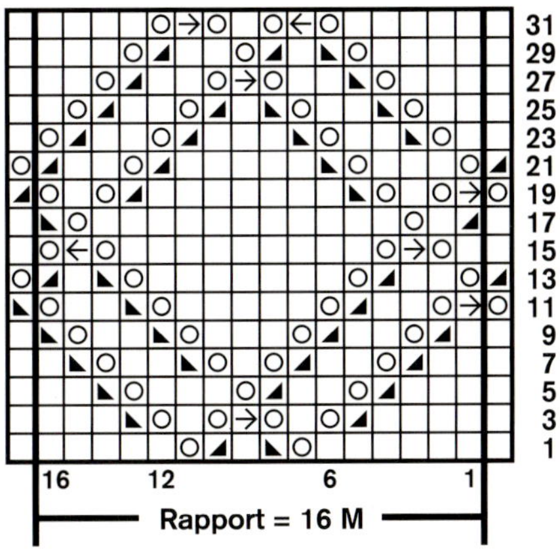

Jacke mit Zopfmuster

Größe: 44/46.
Garn: 1200 g Shetlandwolle mit einer Lauflänge von ca. 166 m/100 g.
Grundmuster: Das Zopfmuster mit Nadeln Nr. 5 nach dem Schema str. Gezeichnet ist 1/2 Rückenteil bzw. das linke Vorderteil, jeweils ohne Randmaschen. Außerdem sind eine Bündchen-Reihe, darüber die Zunahmen der letzten Rückreihe des Bündchens gezeichnet (hellgelb unterlegt).
Für die schmalen Zöpfe die 1. bis 6. R, für die breiten Zöpfe die 1. bis 32. R stets wiederholen (der Grundmuster-Rapport ist gelb unterlegt).
Maschenprobe: Die 44 M mit den breiten Zöpfen (Taschenbreite) sind 18 cm breit, beim Rippen-Zopf-Muster sind 22 M und 25 R 10 x 10 cm.
Bündchenmuster: 2 M re und 2 M li im Wechsel mit Nadeln Nr. 4 str.

Rückenteil: 122 M anschlagen und 4 cm im Bündchenmuster str (= die 1. R der Strickschrift), die Rückr beginnt mit Randm, 1 M li. In der letzten Rückr (= 2. hellgelb unterlegte R) 44 M links verschränkt wie gezeichnet zunehmen = 166 M. Ab Rückenteilmitte die Zunahmen gegengleich arbeiten.
Nun im Grundmuster mit Zöpfen weiterstricken. Auch hier nach der Rückenteilmitte das Muster gegengleich einteilen, die schmalen Zöpfe weiter nach links verkreuzen.
In 45 cm Höhe für die Armausschnitte beidseitig in jeder 2. R 2x 3, 2x 2 und 5x 1, nach 4 R noch 1x 1 M abketten = 134 M.
In 72 cm Höhe für den Halsausschnitt die mittleren 24 M, beidseitig davon in jeder 2. R 1x 5 und 1x 3 M abketten.
Die M der Schultern stillegen und später mit den M der Vorderteile durch Zusammenstricken abketten, dabei sehr fest arbeiten.
Rechtes Vorderteil: 60 M anschlagen, 4 cm im Bündchenmuster str, die 1. Rückr beginnen mit Randm, 1 M re (= vordere Kante). In der letzten Rückr 21 M wie gezeichnet zunehmen = 81 M.
In 24 cm Höhe, 17 M von der Seitenkante entfernt, für den Tascheneingriff die folgenden 44 M stillegen, siehe auch Strickschrift. Für die Innentasche 34 M anschlagen und 15 cm glatt re str, dann im Muster noch 5 cm weiterstricken, dabei 10 M zunehmen = 44 M.
In 20 cm Höhe die Maschen in die Arbeit einfügen und weiter gerade hochstricken. (Auf Seite 95 ist die Tasche im Detail zu sehen.)
In 44 cm Höhe für die Ausschnittschrägung an der rechten Kante in jeder 4. R 18x 1 M abketten, dafür immer die 2 letzten M vor der Randm links zusammenstricken.
Zugleich ab 45 cm Höhe an der linken Kante den Armausschnitt wie beim Rückenteil str.
Die Schultermaschen mit den stillgelegten M des Rückenteils rechts auf rechts zus-str und fest abketten.
Das **linke Vorderteil** gegengleich str, die Zunahmen von links nach rechts lesen; die schmalen Zöpfe wie gewohnt arbeiten.
Ärmel: 54 M anschlagen und 4 cm im Bündchenmuster str, die 1. Rückr beginnt mit Randm, 1 M re, der Ärmelbeginn ist, ohne Randm, in der Strickschrift eingezeichnet. In der letzten Rückr wie angegeben 18 M zunehmen = 72 M.
Für die Ärmelschrägungen beidseitig abwechselnd in jeder 2. und 4. R 31x 1 M zunehmen = 134 M. Über die Zunahmen zunächst 1 M li, dann im Wechsel 4 M re und 2 M li arbeiten; die 4 re M abwechselnd als Rippe und Zopf arbeiten.

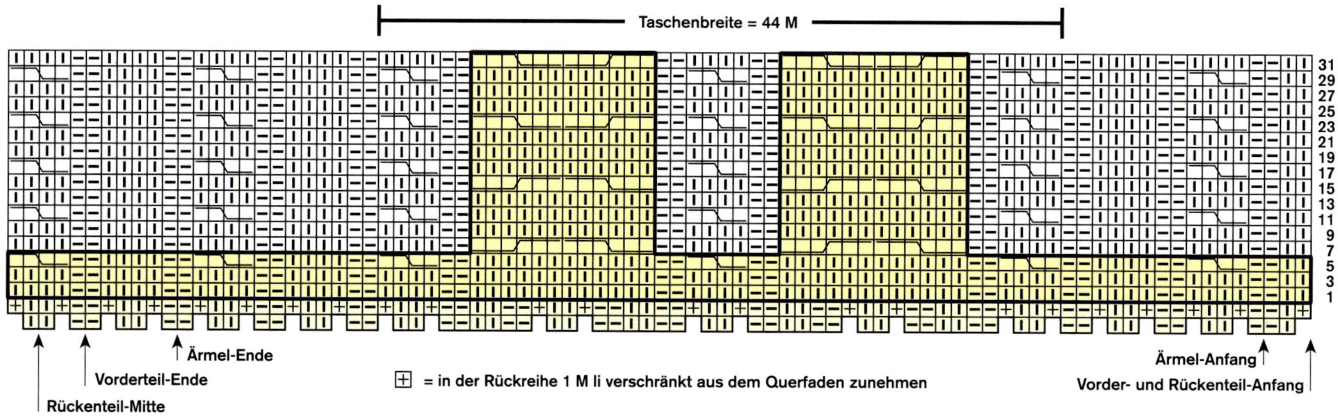

⊞ = in der Rückreihe 1 M li verschränkt aus dem Querfaden zunehmen

In 43 cm Höhe beidseitig in jeder 2. R 1x 4, 1x 3, 3x 2, 1x 3, 1x 4 und 1x 5 M, dann die restlichen M gerade abketten. Beim Abketten über jedem schmalen Zopf 1x 2 M, über jedem Doppelzopf 3x 2 M zus-str.
Fertigstellung: Über die stillgelegten M der Taschen je eine doppelte Blende wie folgt str: Zunächst mit Nadeln Nr. 4 die Randm neu anschlagen, * die folgenden 4 M im Zopfmuster str, 14 M im Bündchenmuster, beginnen mit 2 M li, dabei über den breiten Zöpfen 2x 2 M li zus-str, ab * 2x str, nach den letzten 4 M im Zopfmuster noch 1 Randm neu anschlagen = 42 M.
In 3 cm Höhe mit Nadeln Nr. 3½ glatt re noch 3 cm anstricken, dabei in der 1. R über den schmalen Zöpfen je 1x 2 M re zus-str.
Den glatt rechten Teil der Blende nach innen umschlagen und gegennähen, die Schmalkanten im Matratzenstich annähen. Die Innentaschen annähen.
Die Ärmel annähen, dann Seiten- und Ärmelnähte schließen.
Aus den vorderen Kanten und den Halsausschnittblenden 356 M aufnehmen und 3 cm im Bündchenmuster anstricken, die erste Hinr beginnt mit Randm, 2 M re (siehe auch Foto Seite 60). Dabei am rechten Vorderteil an der geraden Kante gleichmäßig verteilt jeweils über 2 li M 5 runde Knopflöcher einarbeiten (Seite 100). Die Knöpfe annähen.

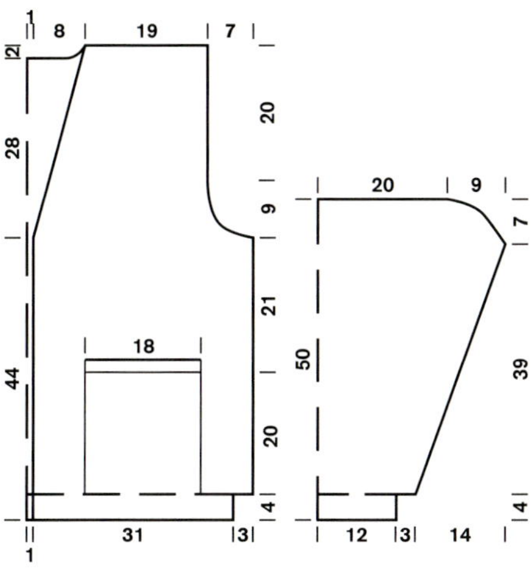

Kinderpullover mit Noppen

Größe: 104.
Garn: 200 g leichtes Mohairgarn mit einer Lauflänge von ca. 150 m/50 g und bunte Baumwollreste für die Noppen.
Grundmuster: Glatt rechts mit Nadeln Nr. 4 str.
Maschenprobe: 22 M und 30 R = 10 x 10 cm.
Bündchenmuster: 1 M re und 1 M li im Wechsel mit Nadeln Nr. 3 str.

Rückenteil: 80 M anschlagen und 3 cm im Bündchenmuster str, mit einer Rückr beginnen. In der letzten Rückr verteilt 6 M zunehmen = 86 M.
Dann glatt re weiterstricken.
In 36 cm Höhe für den Halsausschnitt die mittleren 20 M gerade, dann in jeder 2. R 1x 3 und 1x 2 M abketten.
In 38 cm Höhe die Schultermaschen abketten.
Vorderteil: Wie das Rückenteil str, jedoch in 32 cm Höhe für den Halsausschnitt die mittleren 10 M, dann in jeder 2. R 1x 3, 2x 2 und 3x 1 M abketten.

Ärmel: 36 M anschlagen und 3 cm im Bündchenmuster str. In der letzten Rückr verteilt 6 M zunehmen = 42 M.
Glatt re weiterarbeiten und für die Ärmelschrägungen beidseitig in jeder 4. R 17x 1 M zunehmen = 76 M.
In 27 cm Höhe alle M abketten.
Fertigstellung: Etwa 80 Noppen häkeln und verteilt in Vorderteil und Ärmel einknoten (Seite 166).
Die Schulternähte schließen, die Ärmel annähen, dann Seiten- und Ärmelnähte schließen.
Aus dem Halsausschnitt mit einer kurzen Rundstricknadel ca. 80 M aufnehmen und 5 cm im Bündchenmuster str. Die M sehr locker abketten und die Blende zur Hälfte nach innen umnähen.

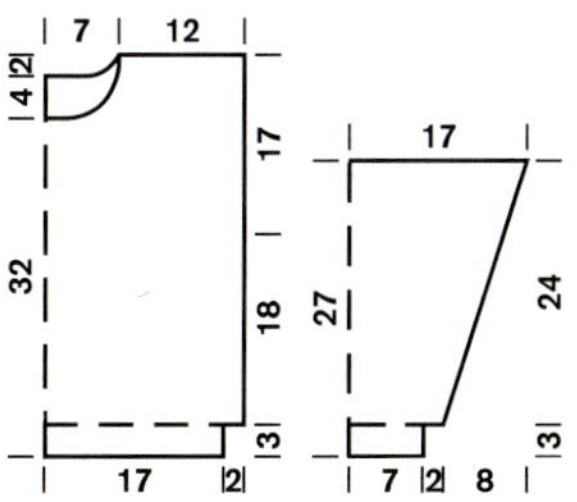

Raglanpullover mit Patentmuster

Größe: 40/42.
Garn: Etwa 800 g leicht meliertes Schurwoll-Alpaka-Garn mit einer Lauflänge von ca. 110 m/50 g.
Grundmuster: Halbpatent mit Nadeln Nr. $3\frac{1}{2}$ str.
1. R (Rückr): Randm, * 1 M re, 1 M mit 1 U li abheben *, 1 M re, Randm.
2. R (Hinr): Randm, 1 M li, * die M mit dem U re zus-str, 1 M li *, Randm.
Die 1. und 2. R stets wdh.
Maschenprobe: 16 M und 34 R = 10x10 cm.
Bündchenmuster: 1 M re und 1 M li im Wechsel mit Nadeln Nr. 3 str.

Rückenteil: 99 M anschlagen und 3 cm im Bündchenmuster str, die 1. Rückr beginnen mit Randm, 1 M re.
Im Halbpatent weiterarbeiten.
In 37 cm Höhe für die Raglanschrägungen beidseitig 1x 2 M, dann in jeder 8. R 8x 2 M und in jeder 4. R noch 11x 2 M abnehmen. Diese Abnahmen jeweils 4 M von den Rändern entfernt arbeiten: An der rechten Kante die 5. M = re M mit dem Umschlag wie zum Li-str abheben, die folgenden 2 M mit dem U re zus-str und die abgehobene M mit dem Umschlag überziehen; an der linken Kante, 7 M vor Reihenende, die folgenden 3 M mit den Umschlägen (= 5 Schlingen) re zus-str.
In 70 cm Höhe, 4 R nach der letzten Abnahme, die restlichen 19 M gerade abketten.
Vorderteil: Wie das Rückenteil str, jedoch für den Halsausschnitt in 64 cm Höhe (mit der 7. Abnahme in der 4. R – vor diesen Abnahmen sind noch 39 M auf der Nadel) die mittleren 19 M, dann in jeder 2. R noch 2x 2 und 1x 1 M abketten.
Linker Ärmel: 38 M anschlagen und 3 cm im Bündchenmuster str, die 1. Rückr beginnen mit Randm, 1 M re.
Im Halbpatent weiterarbeiten, dabei in der 1. R nach der Randm 1 M li verschränkt, danach verteilt 5x 2 M zunehmen = 49 M. Für die doppelten Zunahmen nach einer re M 1 M li verschränkt aus dem Querfaden str, die folgende M re str, dann wieder 1 M li verschränkt aus dem Querfaden zunehmen.
Für die Ärmelschrägungen beidseitig in jeder 6. R 12x 1 M, dann abwechselnd in jeder 4. und 6. R 8x 1 M zunehmen = 89 M. Wenn Sie doppelte Zunahmen arbeiten, müssen in jeder 12. R 6x 2 M, dann in jeder 10. R 4x 2 M zugenommen werden (siehe auch Seite 131).
In 38 cm Höhe für die Raglanschrägungen beidseitig 1x 2 M, dann in jeder 4. R 12x 2 M wie beim Rückenteil beschrieben abnehmen. Weiter wie folgt abnehmen: Auf der rechten Seite in jeder 8. R 7x 2 M, auf der linken Seite in jeder 8. R 5x 2 M abnehmen, nach weiteren 8 R in jeder 2. R 2x 4 und 1x 2 M, dann die restlichen 3 M abketten.
Den **rechten Ärmel** gegengleich str.
Fertigstellung: Die Raglannähte schließen, dann Seiten- und Ärmelnähte schließen (siehe Nähte schließen, Seite 113).
Aus dem Halsausschnitt mit einer kurzen Rundstricknadel 70 M aufnehmen und in Rd 6 cm im Bündchenmuster str. Die M locker abketten. Die Blende zur Hälfte nach innen umnähen.

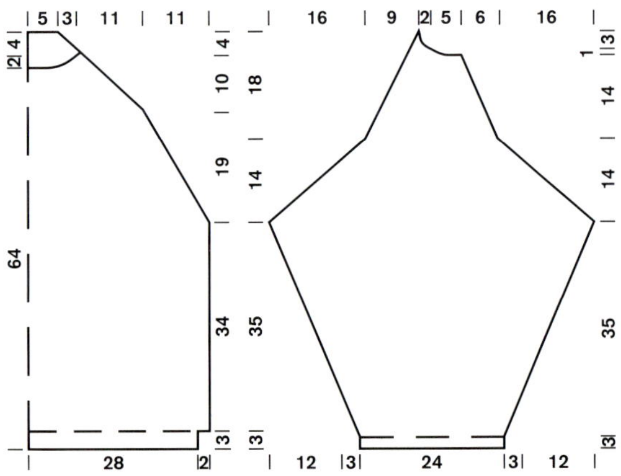

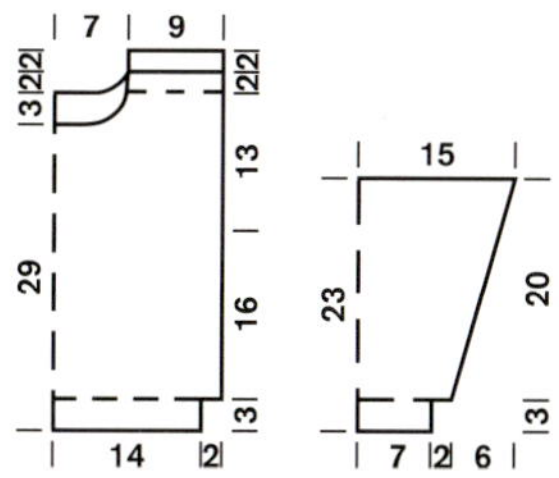

Kinderpullover mit Seepferdchen

Größe: 92.
Garn: 200 g naturfarbenes Schurwollgarn mit einer Lauflänge von ca. 125 m/50 g, zum Sticken Reste in Hellgrün und Grün.
Grundmuster: Glatt rechts mit Nadeln Nr. 4 str.
Maschenprobe: 22 M und 30 R = 10 x 10 cm.
Bündchenmuster: 1 M re und 1 M li im Wechsel mit Nadeln Nr. 3 str.

Rückenteil: 68 M anschlagen und 3 cm im Bündchenmuster str. In der letzten Rückr verteilt 4 M zunehmen = 72 M.
Dann glatt re weiterstricken.
In 32 cm Höhe für den Halsausschnitt die mittleren 20 M gerade, dann in jeder 2. R 1x 3 und 1x 2 M abketten.
In 34 cm Höhe die M der rechten Schulter abketten, über die M der linken Schulter noch 2 cm im Bündchenmuster str, dann die M abketten.
Vorderteil: Wie das Rückenteil str, jedoch in 29 cm Höhe für den Halsausschnitt die mittleren 14 M, dann in jeder 2. R 1x 4, 1x 2 und 2x 1 M abketten.
Außerdem in 32 cm Höhe über die M der rechten Kante für die linke Schulter noch 2 cm im Bündchenmuster anstricken, dabei 4 und 7 cm von der Seitenkante entfernt je 1 Knopfloch einarbeiten. Dafür in einer Hinr vor einer li M 1 Umschlag arbeiten und die nächsten 2 M re zus-str.
In 34 cm Höhe die M der rechten Schulter abketten.
Ärmel: 36 M anschlagen und 3 cm im Bündchenmuster str. In der letzten Rückr verteilt 6 M zunehmen = 42 M.
Glatt re weiterarbeiten und für die Ärmelschrägungen beidseitig in jeder 6. R 2x 1 M, dann in jeder 4. R 11x 1 M zunehmen = 68 M.
In 27 cm Höhe alle M abketten.
Fertigstellung: Auf das Vorderteil die Seepferdchen im Maschenstich, die Linien im Stielstich sticken. Die vordere Mitte ist in der Zeichnung angegeben, jedes Kästchen = 1 M.
Die rechte Schulternaht schließen, bei der linken Schulter die vordere Blende über der rückwärtigen befestigen. Dann die Ärmel annähen und Seiten- und Ärmelnähte schließen.
Aus dem Halsausschnitt ca. 90 M aufnehmen und 2 cm im Bündchenmuster str. Nach 1 cm 4 M von der vorderen Kante entfernt das 3. Knopfloch einstricken. Die Köpfe annähen.

vordere Mitte

Socken

Jetzt geht's rund – denn Socken werden mit einem Nadelspiel in Runden gestrickt. Wenn Sie einmal den Dreh raus haben, ist's ganz einfach. Und da Sie pro Socke höchstens 50 g Garn benötigen, kommen Sie schnell zum Erfolg.

Grundsätzlich sollten Sie ein Garn verarbeiten, das maschinenwaschbar und strapazierfähig ist, wie die hier verwendete „Regia 4fädig" aus 75% Schurwolle und 25% Polyamid. Dieses Garn hat eine Lauflänge von etwa 210 m je 50 g und wird mit Nadeln Nr. 2¹/₂ verstrickt.

Wenn Sie Baumwolle bevorzugen, empfiehlt sich die Qualität „Spring" mit 75% Baumwollanteil. Auch dieses Garn ist mit 25% Polyamid verstärkt. Es hat eine Lauflänge von ca. 205 m je 50 g und wird mit derselben Nadelstärke verarbeitet.

Sehr empfehlenswert ist auch das Verstärken von Ferse und Spitze, denn gerade diese Teile werden stark beansprucht. Dafür gibt es Beilaufgarne in vielen Farben.

Socken sollten möglichst fest gestrickt werden. Beim verwendeten Garn sollte die Maschenprobe von 30 Maschen und 42 Reihen bzw. Runden unbedingt eingehalten werden. Normalerweise sind Nadeln Nr. 2¹/₂ dafür die richtige Stärke; doch wenn Sie sehr locker stricken, sind Nadeln Nr. 2 eventuell besser. Deshalb ist auch bei Socken eine Maschenprobe unbedingt notwendig.

Gestrickt wird auf einem Nadelspiel, das aus 5 Nadeln besteht. Die Maschen werden gleichmäßig auf 4 Nadeln verteilt. Der Rundenwechsel ist in der hinteren Mitte: die Ferse wird über die 1. und 4. Nadel, der Spann, also die Oberseite des Fußes, über die 2. und 3. Nadel gestrickt.

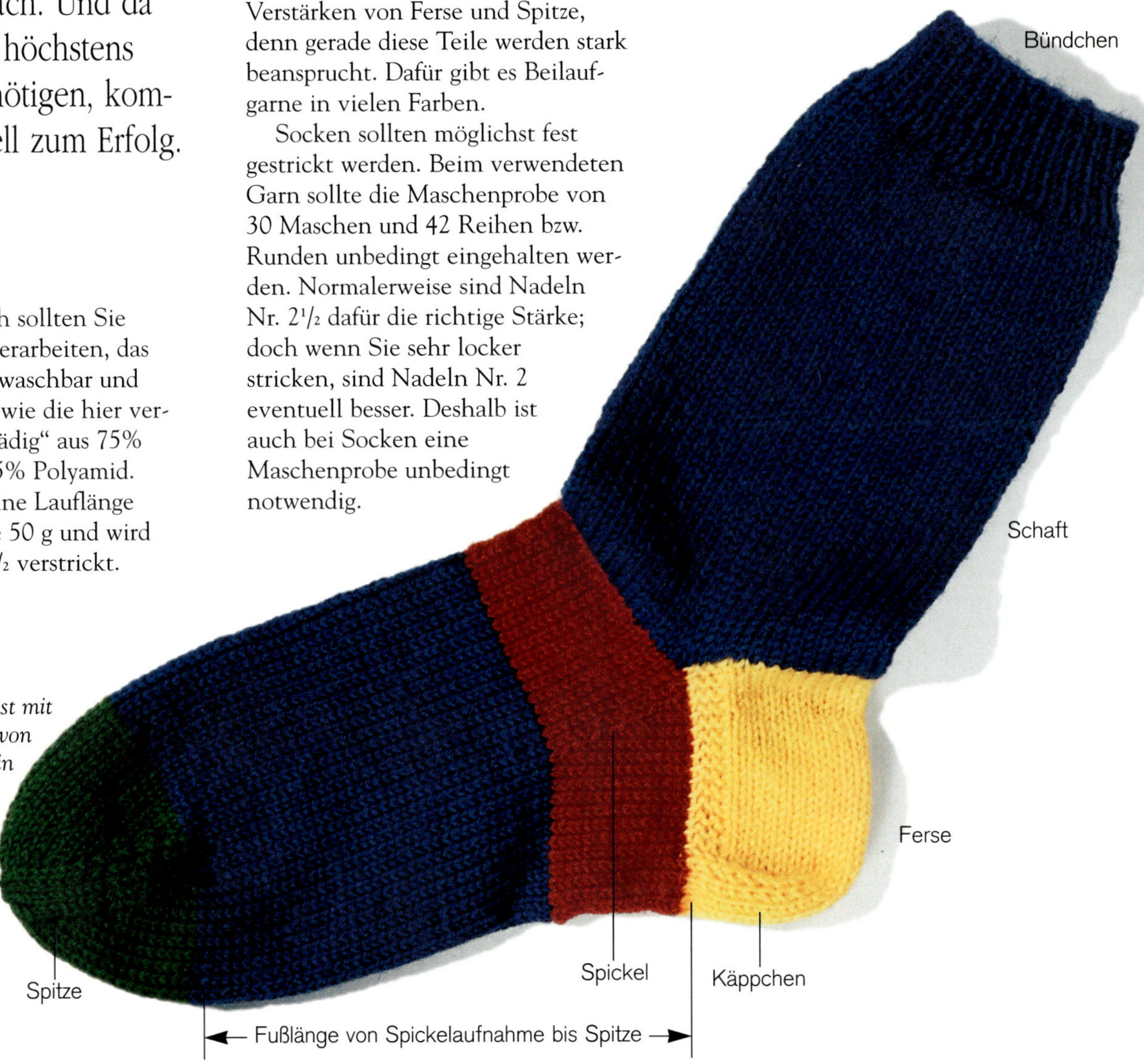

Die Socke ist mit „Regia 4fädig" von Schachenmayr in Größe 36/37 gestrickt; alle Maschen und Reihenangaben können Sie der Tabelle entnehmen.

Größe	22/23	24/25	26/27	28/29	30/31	32/33	34/35	36/37	38/39	40/41	42/43	44/45	46/47
Gesamte Fußlänge in cm	14,5	15,5	17	18	19,5	21	22	23,5	25	26,5	27,5	28,5	30
Maschenanschlag	44	48	48	52	52	56	56	60	60	64	64	68	72
Maschenzahl für Fersenbreite	22	24	24	26	26	28	28	30	30	32	32	34	36
Reihenzahl für Fersenhöhe	20	22	22	24	24	26	26	28	28	30	30	32	34
Maschenzahl für Käppchen	7/8/7	8/8/8	8/8/8	8/10/8	8/10/8	9/10/9	9/10/9	10/10/10	10/10/10	10/12/10	10/12/10	11/12/11	12/12/12
Maschenaufnahme beidseitig	11	12	12	13	13	14	14	15	15	16	16	17	18
Fußlänge von Spickelaufnahme bis Spitze	6,5	7	8,5	9	10,5	11,5	12,5	13,5	15	15,5	16,5	17	18

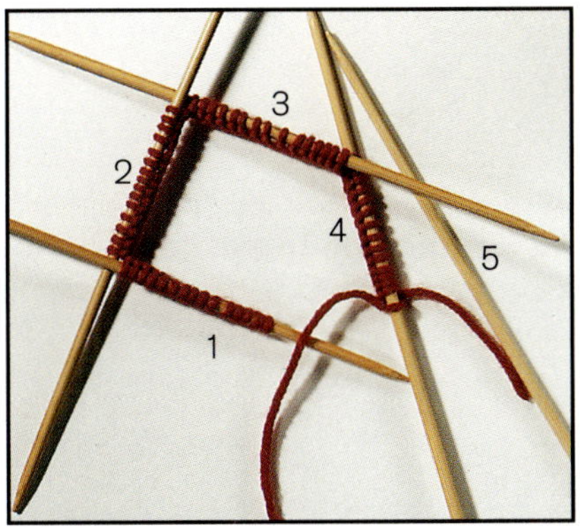

Die angeschlagenen Maschen werden auf 4 Nadeln des Nadelspiels verteilt. Rundenanfang ist in der hinteren Mitte zwischen der 1. und der 4. Nadel.

Für Kniestrümpfe sehr geeignet: In das doppelte glatt rechts gestrickte Bündchen kann Gummiband eingezogen werden.

Auch der elastische runde Anschlag ist für Socken sehr geeignet (Seite 207).

Bündchen

Das Bündchen entweder 1 oder 2 Maschen rechts und links im Wechsel stricken. Schlagen Sie die Maschen mit 2 Nadeln an, damit der Rand elastisch und weit genug ist.

Elastischer als der normale Anschlag ist der runde Anschlag (siehe Seite 207). Dafür zunächst alle Maschen auf einer Nadel anschlagen und erst in der 1. Reihe die Maschen auf 4 Nadeln verteilen und mit der 2. Reihe zur Runde schließen. Hier ist eventuell der Anschlag mit kontrastfarbenem Garn einfacher: In der 1. Reihe im Wechsel 1 rechte Masche aus der Luftmaschenkette herausstricken, dann 1 Umschlag arbeiten; dabei gleichzeitig die Maschen auf die 4 Nadeln verteilen.

Bei Kniestrümpfen empfiehlt sich auch das doppelte Bündchen mit Mäusezähnchenkante (Seite 58/59), in das Sie später Gummiband einziehen können. Stricken Sie dafür mit Nadeln Nr. 2 etwa 8 bis 10 Runden glatt rechts, dann eine Lochrunde (2 Maschen rechts zusammenstricken und 1 Umschlag im Wechsel), dann wieder 8 bis 10 Runden glatt rechts (in der 1. Runde Maschen und Umschläge rechts stricken). In der folgenden Runde jeweils 1 Masche der Nadel mit 1 Masche des Anschlags rechts zusammenstricken, bei der 4. Nadel die letzten 3 Maschen offen lassen. Oder das Bündchen später zur Hälfte nach innen umnähen. Dann mit Nadeln Nr. 2½ weiterarbeiten.

Schaft

Wird der Schaft glatt rechts gestrickt, können Sie mit derselben Maschenzahl wie beim Bündchen weiterarbeiten. Werden Muster eingestrickt, muß die veränderte Maschenprobe beachtet werden. Für Zöpfe müssen Maschen zugenommen werden, für Lochmuster reichen eventuell weniger Maschen.

Auch die Breite des Rapports ist wichtig. Wenn Sie z. B. einen Musterrapport von 6 Maschen ausgewählt und 60 Maschen angeschlagen haben, wird der Rapport 10mal gestrickt. Bei 64 Maschen müssen für den Schaft dann 2 Maschen zu-, vor der Ferse wieder abgenommen werden.

Ein Tip

Damit sich beim Übergang von einer Nadel zur anderen keine lockeren Maschen bilden, müssen die ersten 2 Maschen jeder neuen Nadel besonders fest gestrickt werden (siehe auch Tip für schönere Ränder, Seite 29). Legen Sie die Nadeln so, daß das Ende der benutzten Nadel über der nächsten liegt, und arbeiten Sie mit der neuen Nadel unter der vorherigen. Halten Sie die in Arbeit befindliche Nadel mit Daumen und Zeigefinger so fest, daß die davorliegende Nadel dazwischen liegt.

Für die verstärkte Ferse wird jede 2. Masche in den Hinreihen nur abgehoben.

Ferse und Käppchen werden in Hin- und Rückreihen mit der 1. und 4. Nadel gestrickt.

Für den Spickel werden Maschen aus den Fersenkanten aufgenommen, danach wird wieder in Runden gestrickt.

Ferse

Ferse und Käppchen werden mit der 1. und 4. Nadel gearbeitet. Die Maschen der 2. und 3. Nadel stilllegen. Haltbarer werden Ferse und Käppchen, wenn Sie ein Beilaufgarn mitstricken.

Die Ferse wird in Hin- und Rückreihen glatt rechts gestrickt; nach Wunsch können Sie die jeweils ersten und letzten 2 bis 3 Maschen kraus rechts stricken. Käppchen und Ferse können auch mit nur 2 Nadeln gestrickt werden.

In der Höhe werden immer 2 Reihen weniger gestrickt, als Maschen auf den 2 Nadeln sind, bei 30 Maschen also 28 Reihen.

Eine zusätzlich verstärkte Ferse wird mit Hebemaschen gearbeitet. Dafür in den Hinreihen immer im Wechsel 1 Masche rechts stricken und 1 Masche wie zum Linksstricken abheben; in den Rückreihen die Maschen links stricken.

Käppchen

Für das Käppchen werden die Maschen der Ferse gleichmäßig auf 3 Nadeln verteilt, bei 30 Maschen also je 10 Maschen pro Nadel. Sie können auch alle Maschen auf eine Nadel legen, dann lassen Sie jeweils die äußeren Maschen unbearbeitet.

Sollte die Maschenzahl nicht durch 3 teilbar sein, wird der Rest zu der mittleren Nadel gefügt.

Weiter in Hin- und Rückreihen stricken: in der 1. Reihe die letzte Masche der 2. Nadel rechts abheben, die 1. Masche der 3. Nadel rechts stricken und die abgehobene Masche überziehen. Die Arbeit wenden.
In der 2. Reihe (= Rückreihe) die 1. Masche links abheben, die folgenden Maschen links stricken, die letzte Masche der 2. Nadel mit der 1. Masche der 3. Nadel links zusammenstricken. Die Arbeit wenden.
In der 3. Reihe die 1. Masche links abheben, über der letzten Masche der Nadel und der 1. Masche der 3. Nadel wieder einen Überzug arbeiten. Die 2. und 3. Reihe wiederholen, bis alle Maschen der 1. und 3. Nadel aufgebraucht sind. Die verbleibenden Maschen (hier 10) auf 2 Nadeln à 5 Maschen legen = 4. und 1. Nadel.

Spickel

Die Maschen der 4. und 1. Nadel rechts stricken, dann aus der Fersenkante aus jeder 2. Reihe 1 Masche aufnehmen (beim Beispiel sind 28 Reihen gestrickt, es werden also 14 Maschen aufgenommen). Damit zwischen Ferse und Schaft kein Loch entsteht, zusätzlich in der Ecke zwischen Fersenkante und Schaft aus dem Querfaden 1 Masche rechts verschränkt zunehmen = insgesamt 15 Maschen. Dann die Maschen der 2. und 3. Nadel stricken. Für die 4. Nadel zunächst in der Ecke 1 Masche rechts verschränkt, dann aus der Fersenkante wieder aus jeder 2. Reihe 1 Masche aufnehmen. Danach die restlichen 5 Maschen abstricken. Auf der 1. und 4. Nadel sind nun mehr Maschen (hier 20), die bei den Spickelabnahmen wieder reduziert werden.

Nun 1 Runde über alle Maschen stricken. Über die Maschen der 1. und 4. Nadel grundsätzlich glatt rechts, über die Maschen der 2. und 3. Nadel eventuell ein Muster weiterstricken.

In der folgenden Runde für die Abnahmen die zweit- und drittletzte Masche der 1. Nadel rechts zusammenstricken, die letzte Masche rechts stricken; bei der 4. Nadel die 1. Masche rechts stricken, die 2. Masche rechts abheben, die 3. Masche rechts stricken und die abgehobene Masche überziehen. Dann 2 Runden ohne Abnahmen stricken. Diese 3 Reihen wiederholen, bis die ursprüngliche Maschenzahl (hier 15) auf der 1. und 4. Nadel erreicht ist. Die gewünschte Fußlänge stricken.

Spitze

Für die Bandspitze werden die Abnahmen bei der 1. und 3. Nadel am Ende, bei der 2. und 4. Nadel am Anfang der Nadel gestrickt:

Bei der 1. und 3. Nadel bis 3 Maschen vor dem Ende stricken, dann 2 Maschen rechts zusammenstricken und die letzte Masche rechts stricken. Bei der 2. und 4. Nadel 1 Masche rechts stricken, die folgende Masche rechts abheben, die 3. Masche stricken und die abgehobene Masche über die 3. Masche ziehen.

Damit eine schöne Rundung entsteht, wird die Reihenzahl ohne Abnahmen immer verringert: Die Abnahmen wie beschrieben 1x in der folgenden 4. Runde, 2x in jeder 3. Runde, 3x in jeder 2. Runde und dann in jeder Runde arbeiten. Die letzten 8 Maschen mit dem Arbeitsfaden zusammenziehen oder die Maschen der Oberseite auf die der Unterseite legen und im Maschenstich verbinden.

Bei Kindersöckchen reicht es meist, wenn zwischen den Abnahmen 1x 2 Runden und 2x bis 4x 1 Runde über alle Maschen gestrickt werden. Danach wird dann in jeder Runde abgenommen.

Das schönste Ende: die Bandspitze

Noch schöner mit dem runden Anschlag

Wie beim runden Halsausschnitt kann auch das Bündchen von Handschuhen oder Socken mit dem runden Anschlag (Seite 22) begonnen werden. Entweder Sie beginnen mit einer kontrastfarbenen Luftmaschenkette oder auch gleich mit dem Originalgarn.

Mit dem **Originalgarn** schlagen Sie die nötige Maschenzahl auf einer Nadel an; hier keine kleinere Nadelstärke verwenden, damit die Bündchenkante nicht zu eng wird. In der 1. Reihe werden die Maschen dann auf 4 Nadeln verteilt. Stricken Sie immer im Wechsel eine Masche rechts und heben Sie die folgende Masche wie zum Linksstricken ab. Nach jeweils einem Viertel der Maschenzahl eine neue Nadel nehmen.

Nun in Runden arbeiten. In der 1. Runde werden alle rechten Maschen wie zum Linksstricken abgehoben, die linken Maschen links gestrickt. In der 2. Runde werden die rechten Maschen gestrickt und die linken Maschen abgehoben. Dann die 1. Runde noch einmal wiederholen. Danach geht's im Bündchenmuster weiter.

Wenn Sie mit einer kontrastfarbenen **Luftmaschenkette** beginnen, werden die Maschen schon in der 1. Reihe auf 4 Nadeln verteilt: Immer im Wechsel 1 Masche rechts aus dem hinteren Querfaden einer Luftmasche herausstricken und 1 Umschlag arbeiten. Dann wie mit dem Originalgarn weiterarbeiten.

Handschuhe

Etwas Fingerfertigkeit braucht man für Fingerhandschuhe schon, denn auch die wenigen Maschen für die Finger müssen in Runden gestrickt werden.

Handschuhe sollten, genau wie Socken, relativ fest gestrickt werden. Diese sind mit reiner Schurwolle mit einer Lauflänge von ca. 125 m/50 g und mit Nadelstärke 3½ gestrickt. 26 Maschen und 38 Reihen sind hier 10 cm im Quadrat. Für Handschuhe gibt es spezielle Nadelspiele mit nur 15 cm kurzen Nadeln. Diese Nadeln sind für die Finger sehr empfehlenswert.

Für den rechten Handschuh wird die Innenhand mit der 1. und 2. Nadel, der Handrücken mit der 3. und 4. Nadel gestrickt, für den linken Handschuh genau umgekehrt. Da alle Finger symmetrisch gearbeitet werden, muß nur die Lage des Daumens verändert werden. Alles übrige wird gleich gestrickt.

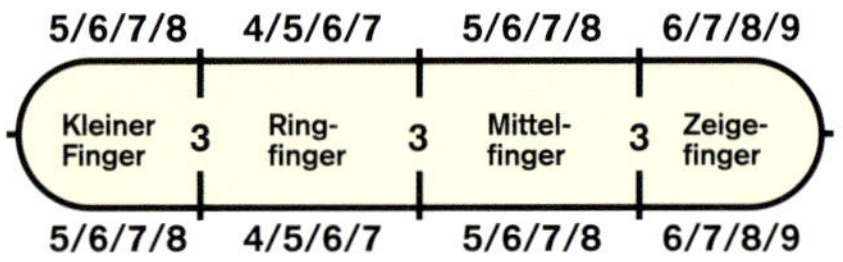

Beschrieben sind die Handschuhe in Größe 7. Alle Angaben für die Größen 6, 7, 8 und 9 (für Garne mit der Maschenprobe von 26 Maschen und 38 Reihen) können Sie diesen Tabellen entnehmen.

Handschuh-Größe	6	7	8	9
Handumfang in cm	17	19	22	24
Maschenanschlag	40	48	56	64
Maschenzahl für Daumenkeil	13	13	15	17
Maschenzahl für Daumensteg	7	7	9	9
Länge kleiner Finger	5	6	7	8
Länge Ringfinger	6	7	8	9
Länge Mittelfinger	6,5	7,5	8,5	9,5
Länge Zeigefinger	6	7	8	9
Länge Daumen	5	5,5	6	6,5

Bündchen

48 M mit Nd Nr. 3 anschlagen (siehe auch runder Anschlag Seite 207) und die M auf 4 Nd des Nadelspiels verteilen = 12 M je Nd. Das Bündchen in gewünschter Höhe stricken. Es sollte jedoch mindestens 6 cm lang sein. Wenn Sie Bündchen sehr fest str oder wenn Sie es umklappen möchten, können Sie auch einige M mehr anschlagen und in der 1. re Rd einige Male 2 M re zus-str.

Dann glatt re mit Nd Nr. 3½ weiterarbeiten.

Daumenspickel

Nach 2 Rd mit den Zunahmen für den Daumenspickel beginnen. Dafür bei der 1. Nd 2 M re str. Vor und nach der 3. M je 1 M re verschränkt aus dem Querfaden zunehmen. Dann 3 Rd ohne Zunahmen stricken. In der 4. Rd beidseitig der zugenommenen M wieder je 1 M zunehmen. Diese Zunahmen in jeder 4. Rd noch 4mal wdh = 13 M für den Daumenkeil. Nach der letzten Zunahmerunde noch 3 Rd stricken, dann die 13 Daumen-M auf einem Maschenraffer oder einem Faden stillegen. Beim **linken Handschuh** für den Daumenspickel bis 3 M vor Ende der 4. Nd stricken, dann die Zunahmen vor und nach der drittletzten M arbeiten.

Daumensteg

Über den stillgelegten Daumen-M einen Steg aus 7 M anschlagen. Die Rd beenden und eine weitere Rd über alle M stricken.

In der nächsten Rd über den 7 Steg-M Abnahmen wie folgt arbeiten: die 1. Steg-M re abheben, die 2. Steg-M re str und die abgehobene M überziehen; die folgenden 3 M re str und die letzten 2 M re zus-str. In der folgenden Rd die Abnahmen wdh. Dann wieder 1 Rd ohne Abnahmen str und in der darauffolgenden Rd von den letzten 3 Steg-M die 1. M wie zum Re-str abheben, die nächsten 2 M re zus-str und die abgehobene M überziehen. Nun sind wieder die ursprünglichen 12 M auf der 1. Nd.

Über alle M gerade hoch weiterstricken bis zum kleinen Finger.

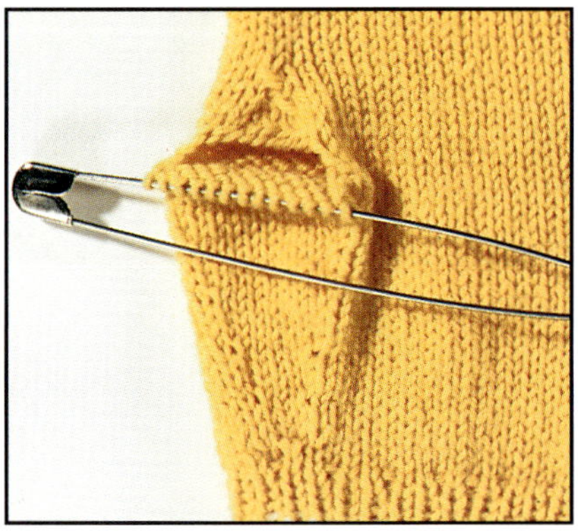

Kleiner Finger

In der Höhe des kleinen Fingers bis 6 M vor Ende der 2. Nd str. Nun für den kleinen Finger mit einem neuen Faden die letzten 6 M der 2. Nd und die ersten 6 M der 3. Nd auf extra Nd stricken, als Steg vom Handrücken zur Innenhand 3 M neu anschlagen. Diese 15 M auf 3 Nd à 5 M verteilen und in Rd rechts stricken.

In etwa 5 cm Fingerhöhe den Handschuh anprobieren. Ab etwa 1 cm vor der Fingerkuppe immer die letzten 2 M jeder Nd re zus-str. Diese Abnahmen arbeiten, bis nur noch 6 M insgesamt übrig sind. Den Faden abschneiden und die 6 M mit dem Faden zusammenziehen.

Nun mit dem alten Faden zunächst aus dem Steg 3 M herausstricken, dann über alle M etwa 3 Rd str bis zur Höhe des Ringfingers.

Ringfinger

Bis 5 M vor Ende der 2. Nd str. Mit einem neuen Faden die letzten 5 M der 2. Nd, die 3 M des Stegs und die ersten 5 M der 3. Nd auf extra Nd str, für den nächsten Steg 3 M neu anschlagen. Diese 16 M auf 3 Nd verteilen (5/5/6 M) und in Rd etwa 6 cm re str. Die letzte M der 2. und 3. Nd mit auf die 1. bzw. 4. Nd heben.

Die Spitze wie beim kleinen Finger stricken. Da auf 2 Nd je 1 M weniger ist, in der 1. Abnahmerunde auf diesen Nadeln keine M zus-str. Die letzten 6 M mit dem Arbeitsfaden zusammenziehen.

Mittelfinger

Zunächst für den Zeigefinger die ersten 7 M der 1. Nd und die letzten 7 M der 4. Nd stillegen.

Die 6 M des Handrückens re str, dann aus dem Steg des Ringfingers 3 M herausstricken, die folgenden 6 M der Innenhand str und für den nächsten Steg 3 M neu anschlagen. Diese 18 M auf 3 Nd verteilen und den Mittelfinger wie den kleinen Finger beenden.

Zeigefinger

Für den Zeigefinger zuerst 3 M aus dem Steg herausstricken, dann die restlichen 14 M abstricken. Diese 17 M auf 3 Nd verteilen (5/6/6 M) und den Zeigefinger wie die übrigen Finger beenden.

Daumen

Zu den 13 stillgelegten Daumen-M noch 7 M aus dem Steg herausstricken. Damit kein Loch entsteht, die 1. und letzte M re verschränkt aus dem Querfaden neben den Daumen-M herausstricken. Diese 20 M auf 3 Nd verteilen (6/7/7 M). Nun in Rd über alle M stricken. In etwa 5 cm Höhe die Spitze wie bei den übrigen Fingern arbeiten.

Fausthandschuhe

Fausthandschuhe werden genauso wie Fingerhandschuhe begonnen. Nach dem Daumensteg über die 48 M gerade hochstricken bis zum Ende des kleinen Fingers. Dann mit den Abnahmen für die Bandspitze beginnen.

Dafür bei der 1. Nd 1 M re str, die 2. M re abheben, die 3. M re str und die 2. M überheben. Bis 3 M vor Ende der 2. Nd str, dann 2 M re zus-str und die letzte M re str. Die Abnahme bei der 3. Nd wie bei der 1. Nd, bei der 4. Nd wie bei der 2. Nd stricken. Diese Abnahmen wdh, bis nur noch die Hälfte der M auf den Nd ist, dann die Abnahmen in jeder Rd str, bis noch 8 M insgesamt übrig sind.

Die restlichen M des rechten Bandes flach auf die des linken Bandes legen und im Maschenstich zusammennähen.

Ein Tip

Da die letzten 6 Maschen der Fingerkuppen mit dem Arbeitsfaden zusammengezogen werden, sollten die Maschen nicht zu groß ausfallen. Stricken Sie deshalb die letzte Abnahmerunde mit einer Nadelstärke kleiner als die übrigen Runden.

Strickmuster

Auf den folgenden Seiten finden Sie nicht nur die Strickschriften für alle bisher in diesem Buch vorgestellten Muster, sondern noch eine ganze Reihe weiterer schöner Mustervorschläge.

Patentmuster

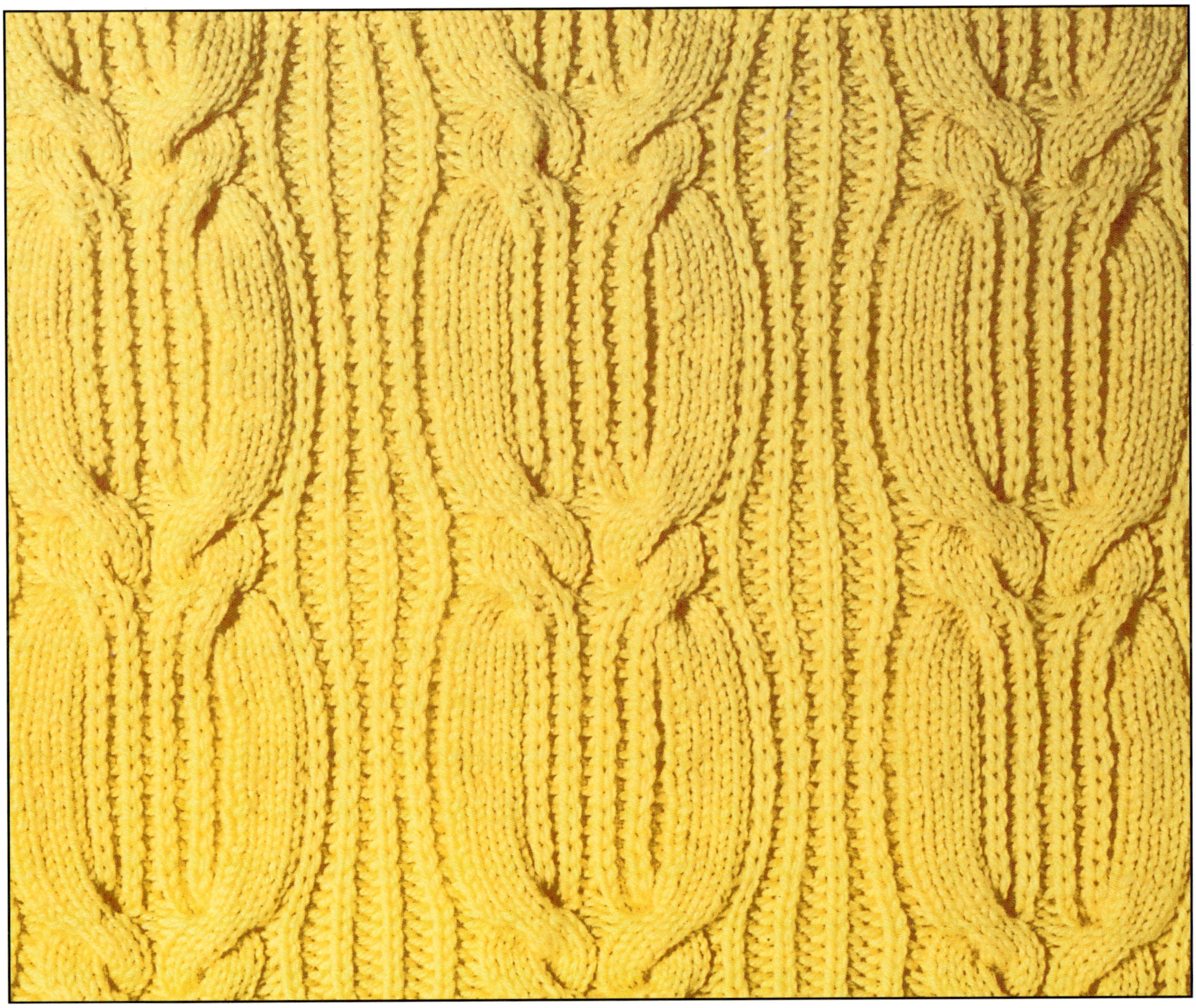

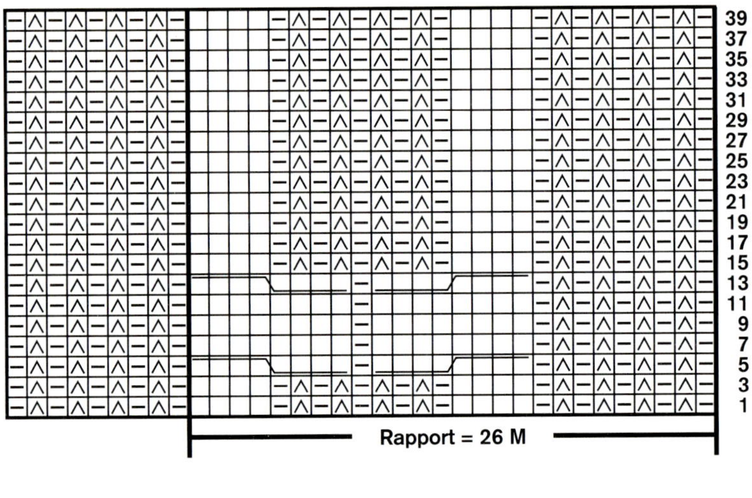

In den Rückr die M str, wie sie erscheinen.
Die 1. bis 40. R stets wdh.

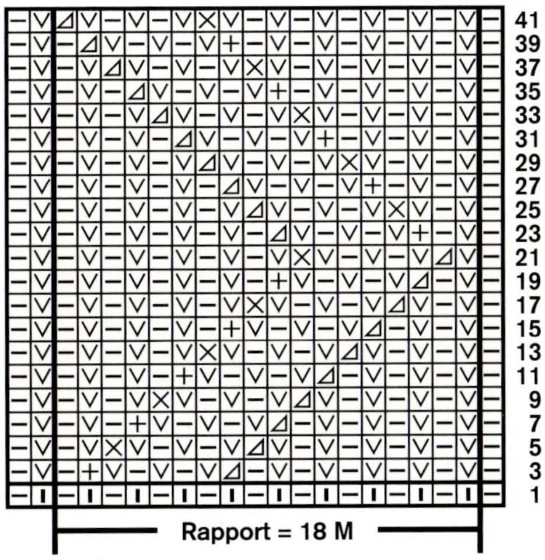

In den Rückr die M str, wie sie erscheinen.
Nach den ersten 2 R die 3. bis 42. R wdh.

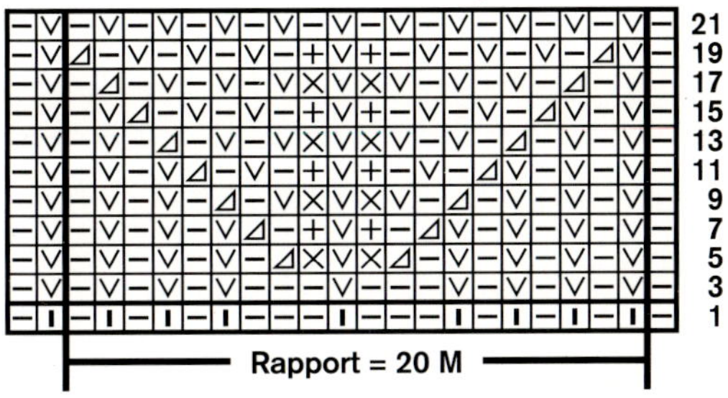

In den Rückr die M str, wie sie erscheinen.
Nach den ersten 2 R die 3. bis 22. R wdh.

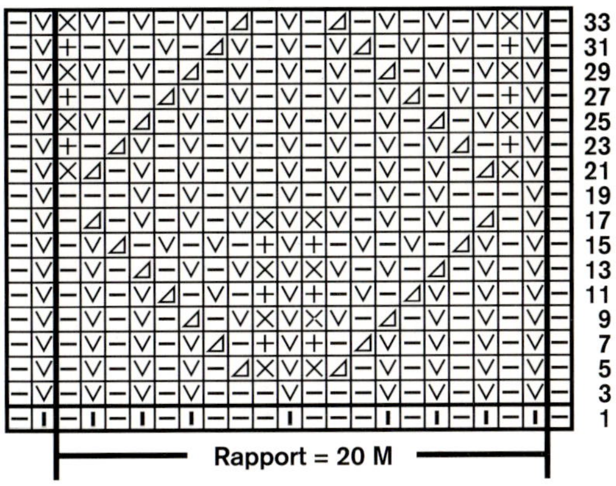

In den Rückr die M str, wie sie erscheinen.
Nach den ersten 2 R die 3. bis 34. R wdh.

Zöpfe

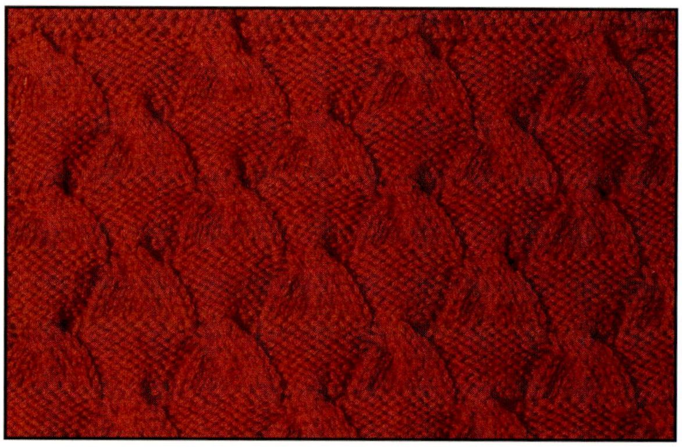

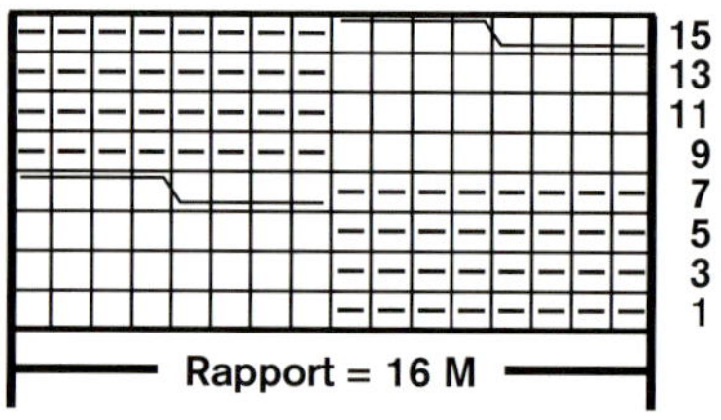

In den Rückr die M str, wie sie erscheinen.
Die 1. bis 16. R stets wdh.

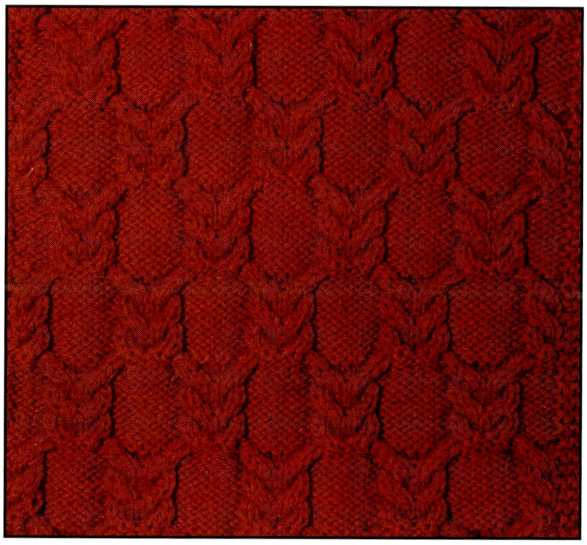

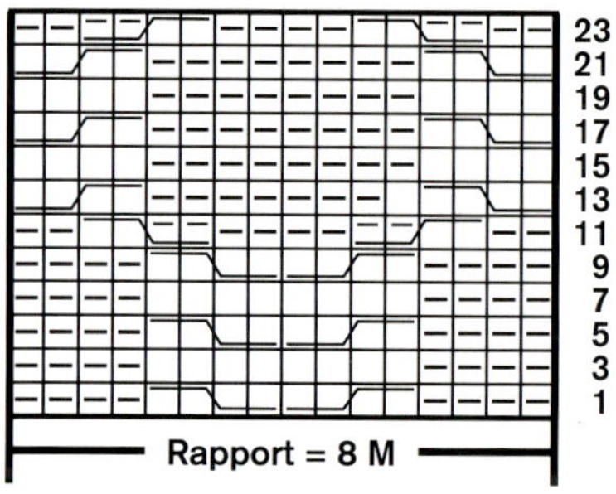

In den Rückr die M str, wie sie erscheinen.
Die 1. bis 24. R stets wdh.

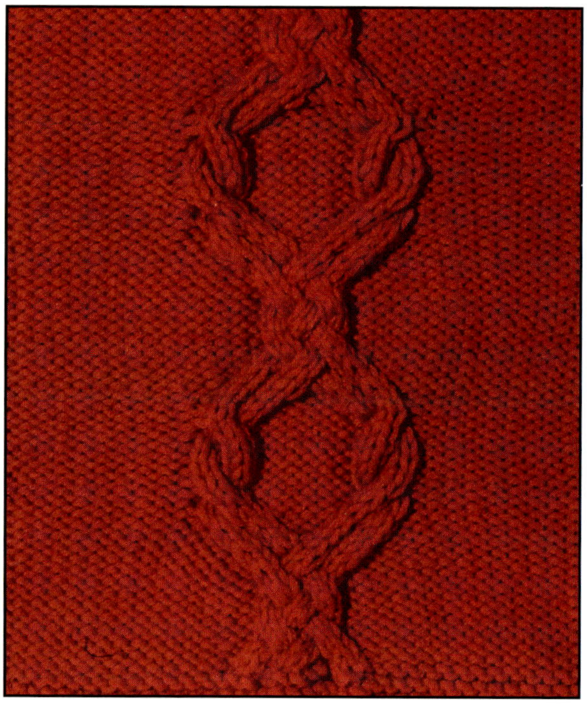

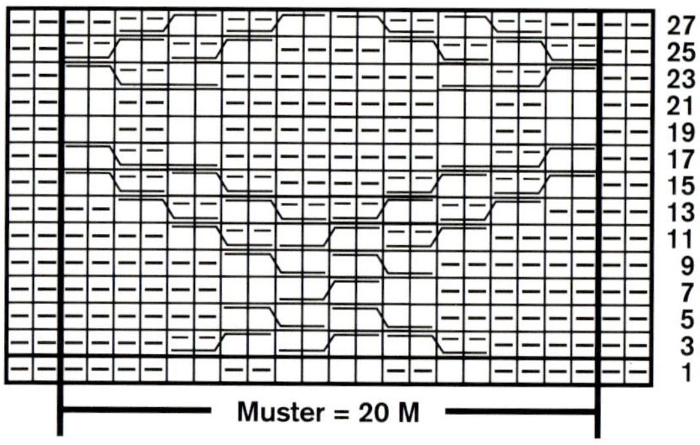

In den Rückr die M str, wie sie erscheinen.
Nach den ersten 2 R die 3. bis 28. R wdh.

 = 2 M auf 1 Hilfsnd hinter die Arbeit, 2 M auf die 2. Hilfsnd hinter die Arbeit, 2 M re str, die 2 li M der 2. Hilfsnd li und die 2 M der 1. Hilfsnd re str.

 = 2 M auf 1 Hilfsnd vor die Arbeit, 2 M auf die 2. Hilfsnd vor die Arbeit, 2 M re str, die 2 li M der 2. Hilfsnd li und die 2 M der 1. Hilfsnd re str.

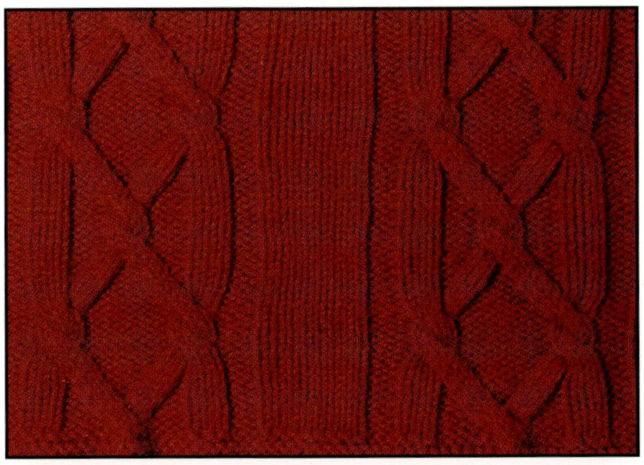

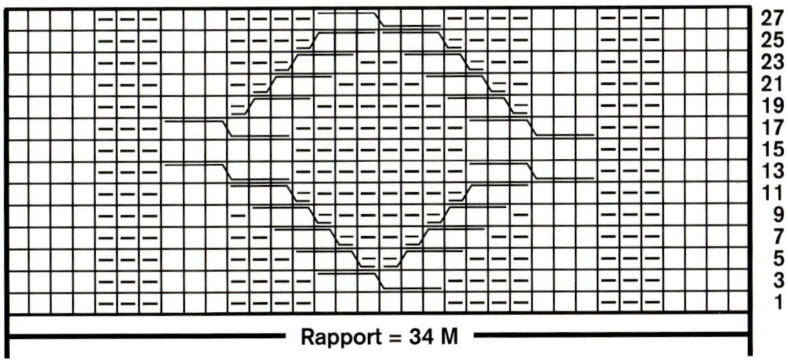

In den Rückr die M str, wie sie erscheinen.
Die 1. bis 28. R stets wdh.

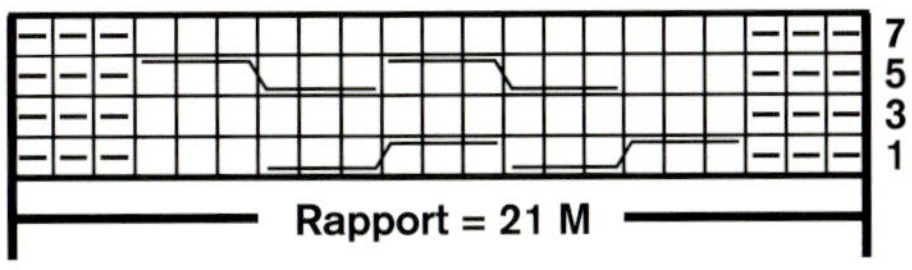

In den Rückr die M str, wie sie erscheinen.
Die 1. bis 8. R stets wdh.

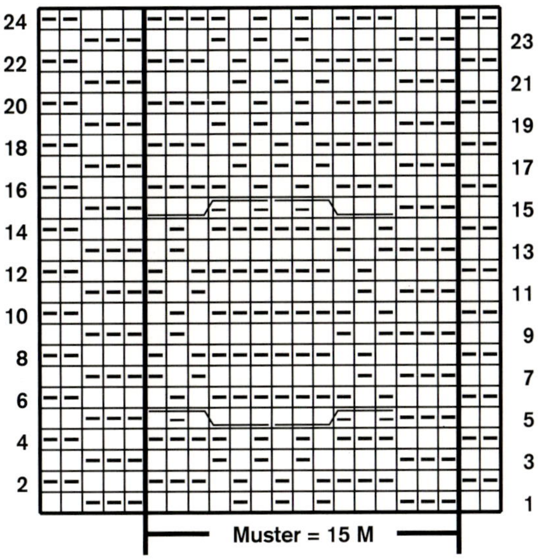

Bei diesem Muster sind die M in Hin- und Rückr so gezeichnet, wie sie auf der Vorderseite der Arbeit erscheinen.
Die 1. bis 24. R stets wdh.

 = 3 M mit einer Hilfsnd hinter die Arbeit nehmen, 1 M li, 1 M re und 1 M li str, dann die M der Hilfsnd re str.

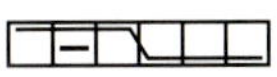 = 3 M mit einer Hilfsnd vor die Arbeit nehmen, 1 M re, 1 M li und 1 M re str, dann die M der Hilfsnd re str.

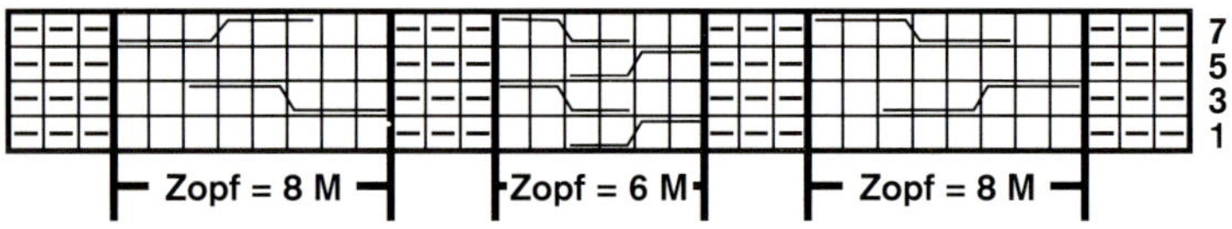

In den Rückr die M str, wie sie erscheinen.
Die 1. bis 8. R stets wdh.

Muster von Seite 132

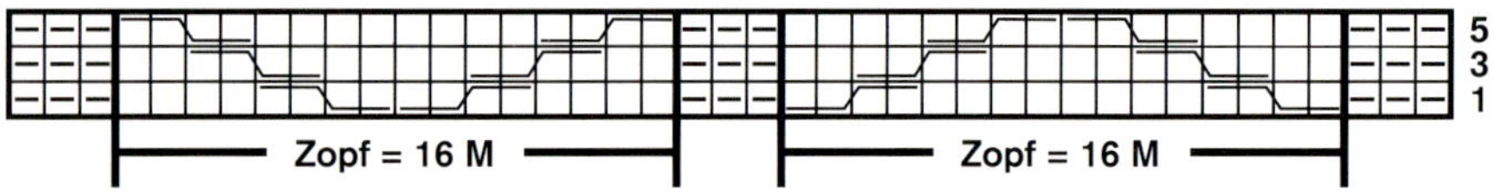

In den Rückr die M str, wie sie erscheinen.
Die 1. bis 6. R stets wdh.

Muster von Seite 135

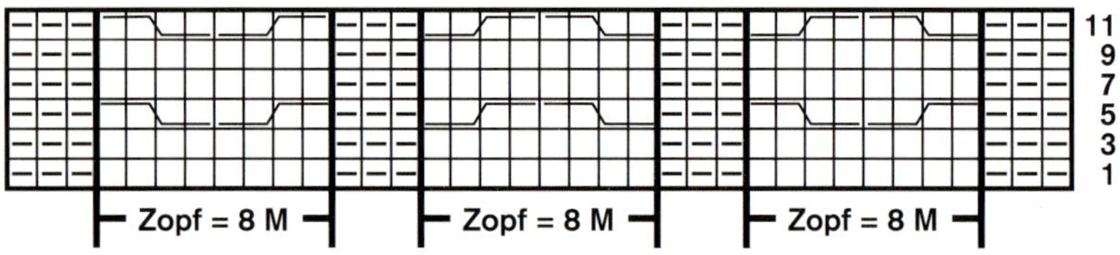

In den Rückr die M str, wie sie erscheinen.
Die 1. bis 12. R stets wdh.

Muster von Seite 132

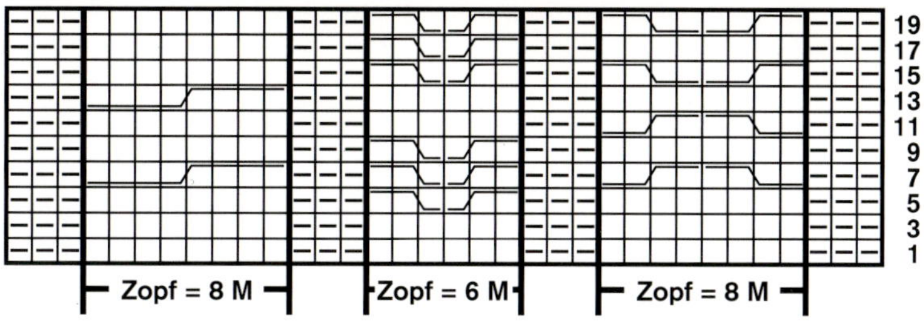

In den Rückr die M str, wie sie erscheinen.
Die 1. bis 20. R stets wdh.

Muster von Seite 132

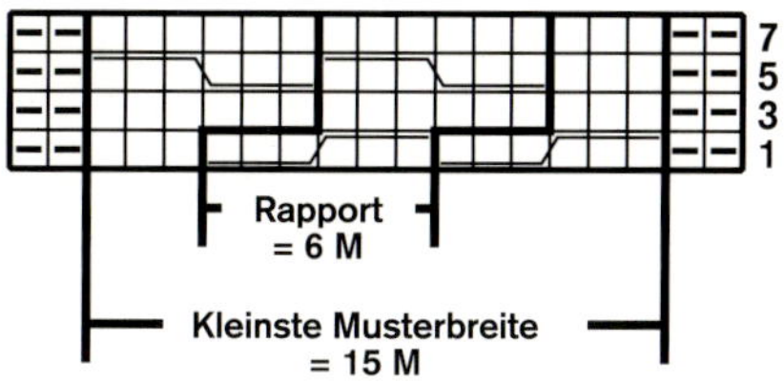

In den Rückr die M str, wie sie erscheinen.
Die 1. bis 8. R stets wdh.

Muster von Seite 135

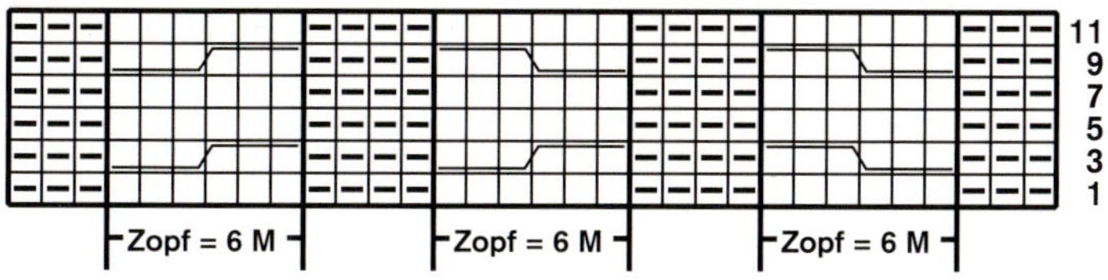

In den Rückr die M str, wie sie erscheinen.
Die 1. bis 12. R stets wdh.

Muster von Seite 132

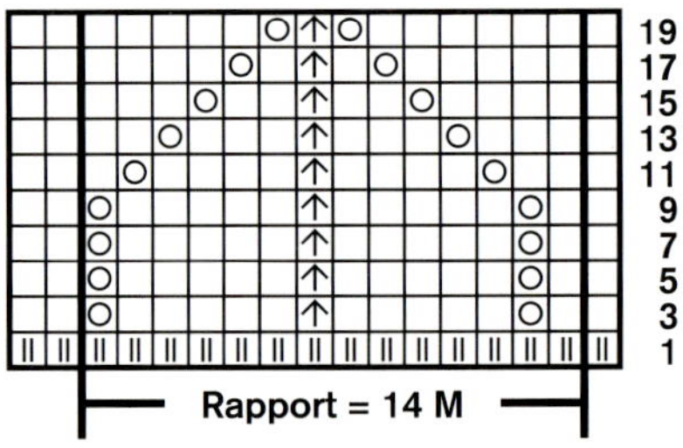

In den Rückr die M str, wie sie erscheinen,
die kraus rechten M re und die Umschläge li str.
Die 1. bis 20. R stets wdh.

Lochmuster mit Spitze von Seite 57

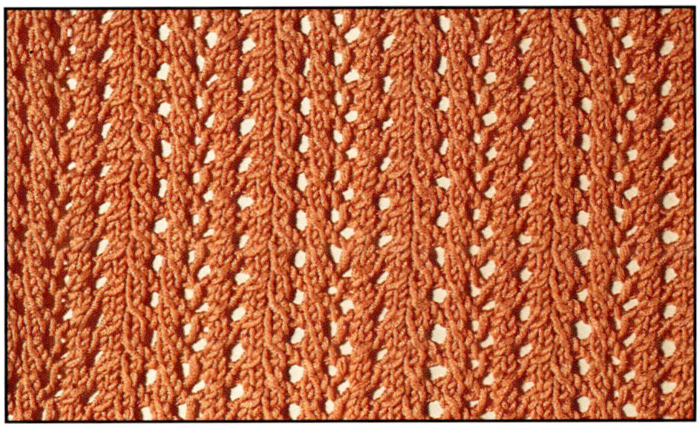

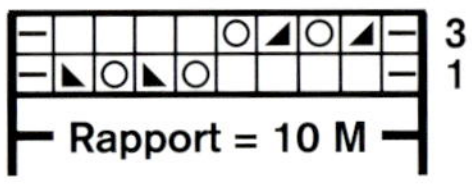

In den Rückr die M str, wie sie erscheinen,
die Umschläge li str.
Die 1. bis 4. R stets wdh.

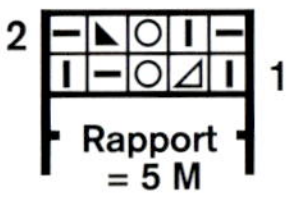

Die M sind in Hin- und Rückr so
gezeichnet, wie sie gestrickt werden.
Die 1. und 2. R stets wdh.

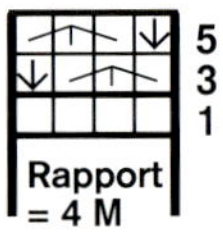

In den Rückr alle M li str.
Nach den ersten 2 R die 3. bis 6. R wdh.

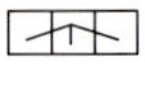 = aus 1 M 3 M herausstr:
1 M re, 1M li, 1 M re.

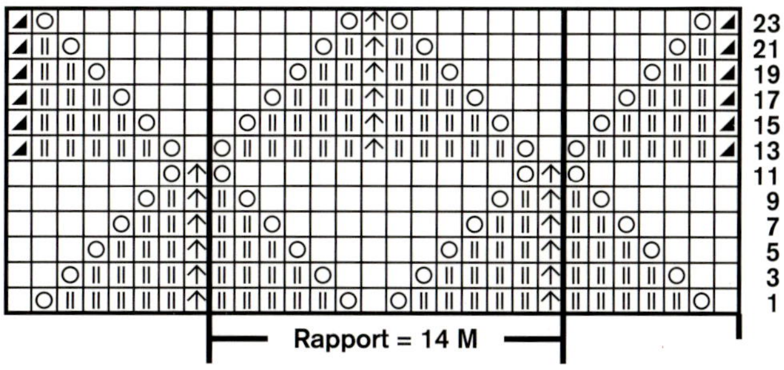

In den Rückr die M str, wie sie erscheinen,
die kraus rechten M re und die Umschläge li str.
Die 1. bis 24. R stets wdh.

Lochmuster mit krausen Maschen von Seite 57

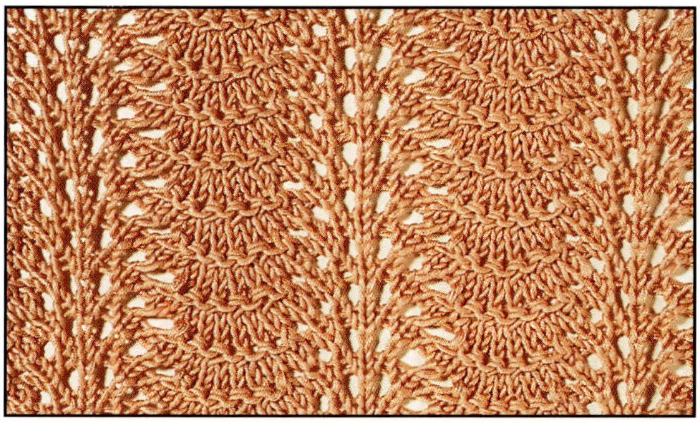

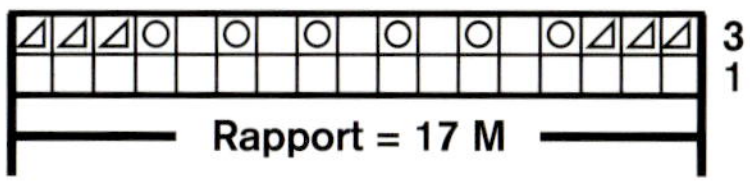

In den Rückr alle M und Umschläge li str.
Die 1. bis 4. R stets wdh.

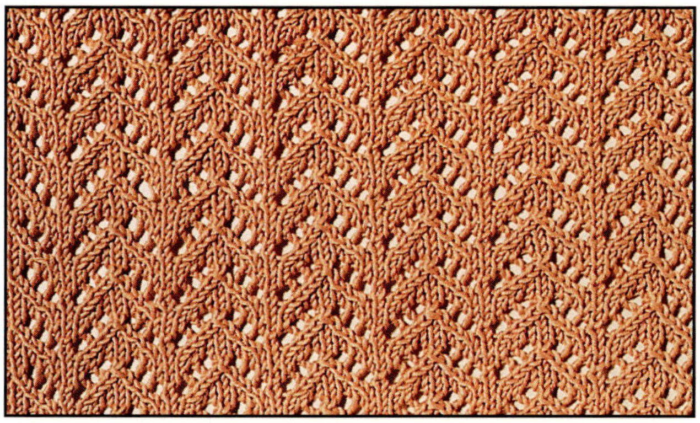

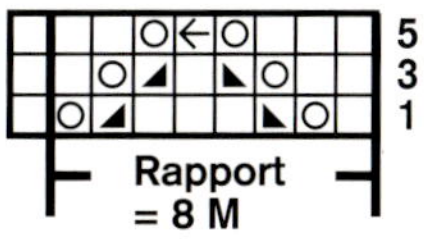

In den Rückr alle M und Umschläge li str.
Die 1. bis 6. R stets wdh.

Zackenförmiges Lochmuster von Seite 136

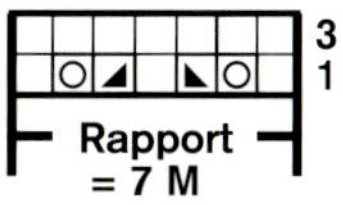

In den Rückr alle M und Umschläge li str.
Die 1. bis 4. R stets wdh.

Senkrechte Lochstreifen von Seite 137

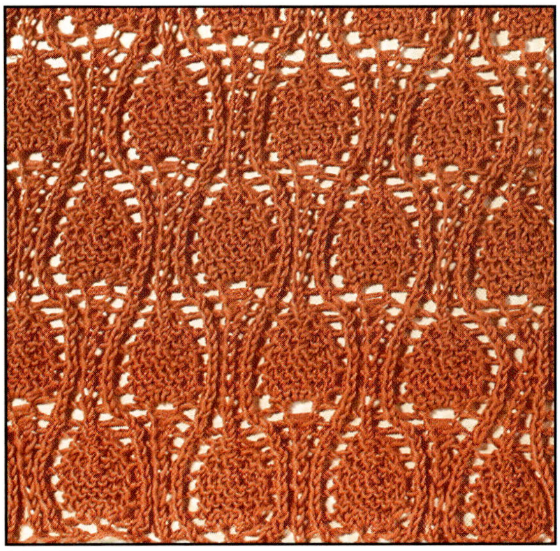

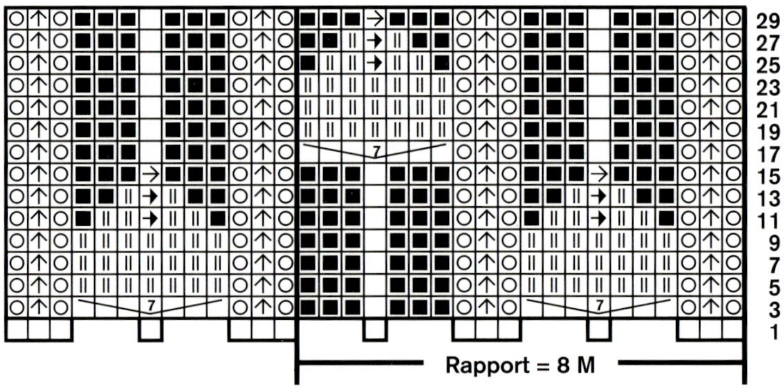

In den Rückr die M str, wie sie erscheinen,
die Umschläge li und die kraus rechten M re str.
Nach den ersten 2 R die 3. bis 30. R wdh.

 = aus 1 M 7 M herausstr: 1 M re und 1 Umschlag im Wechsel, enden mit 1 M re. In der Rückr alle M re str.

 = 3 M re zusammstr, in der Rückr 1 M re.

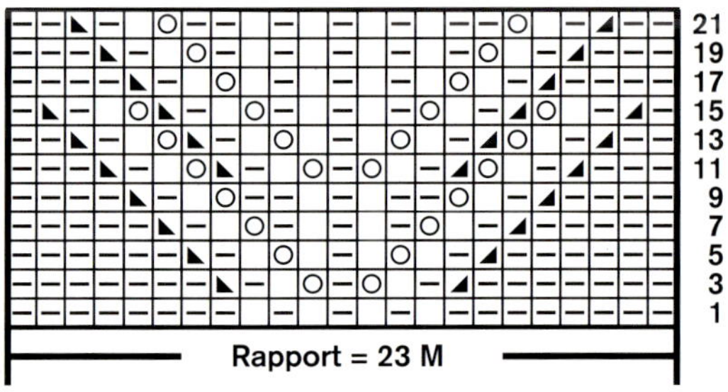

In den Rückr die M str, wie sie erscheinen, die Umschläge li str.
Die 1. bis 22. R stets wdh.

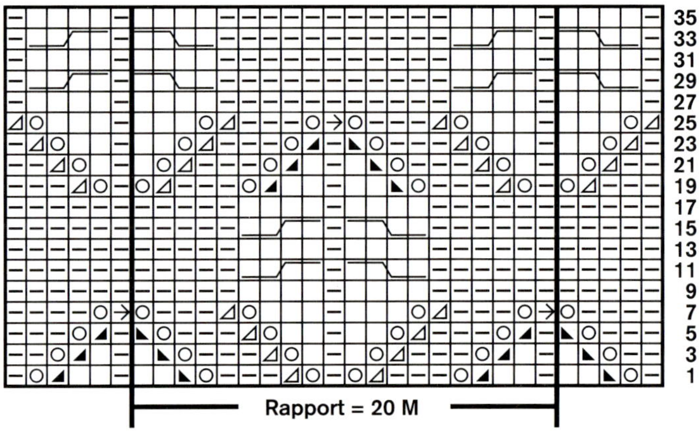

In den Rückr die M str, wie sie erscheinen, die Umschläge li str.
Die 1. bis 36. R stets wdh.

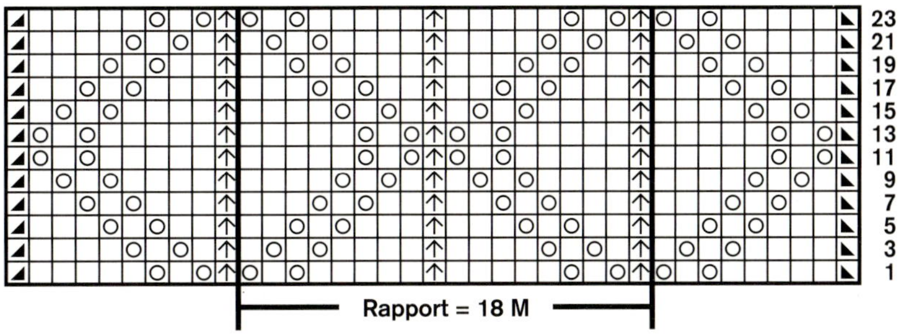

In den Rückr alle M und Umschläge li str.
Die 1. bis 24. R stets wdh.

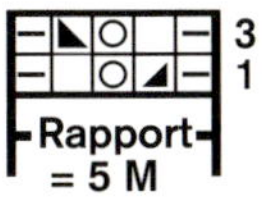

In den Rückr alle M und Umschläge li str.
Die 1. bis 4. R stets wdh.

Lochstreifen von Seite 137

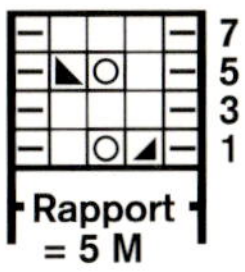

In den Rückr die M und Umschläge li str.
Die 1. bis 4. R stets wdh.

Lochstreifen von Seite 137

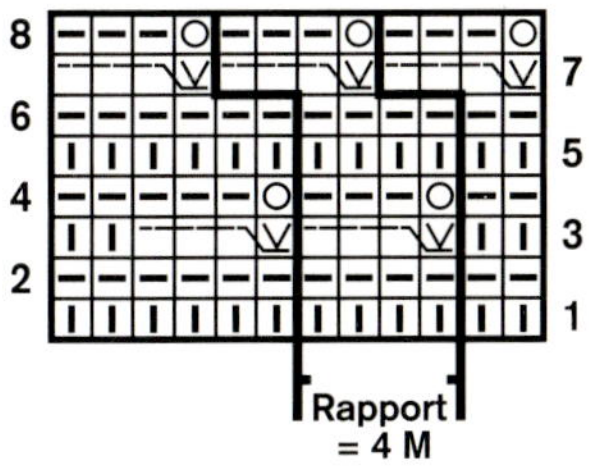

Die M sind in Hin- und Rückr so gezeichnet, wie sie gestrickt werden.
Die 1. bis 8. R stets wdh.

 = 1 M wie zum Re-str abheben, die folgenden 3 M re str und die abgehobene M überziehen.

Verschränkte Maschen

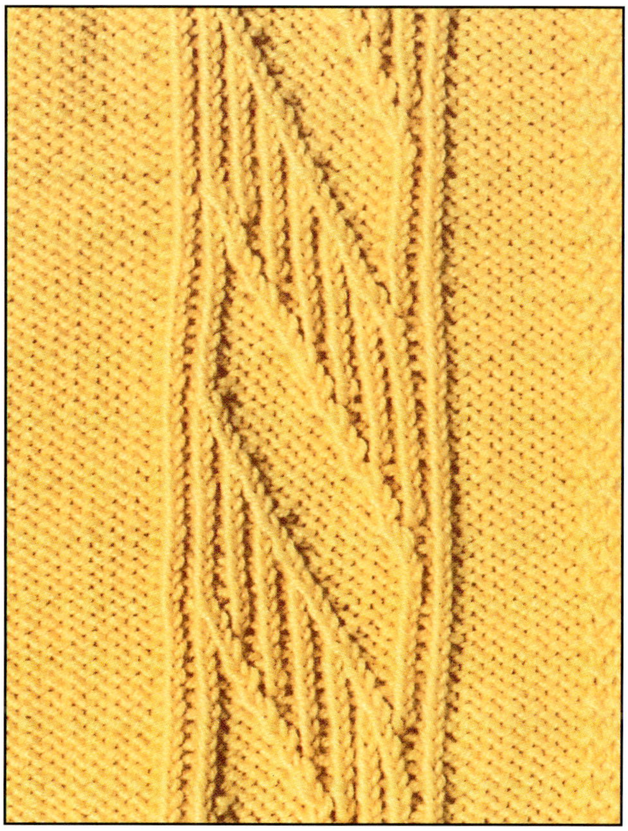

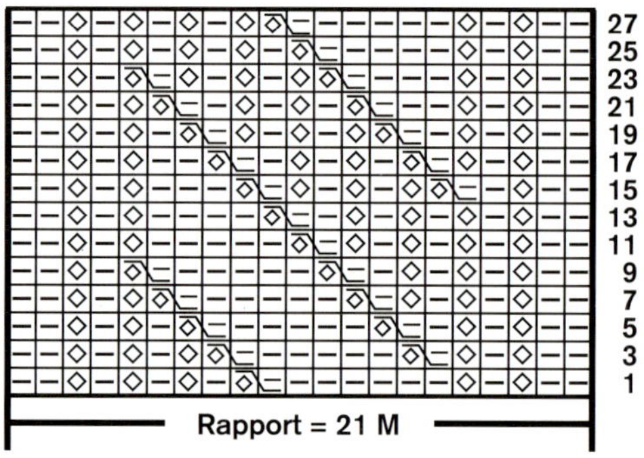

In den Rückr die M str, wie sie erscheinen, die verschränkten M wieder verschränkt str.
Die 1. bis 28. R stets wdh.

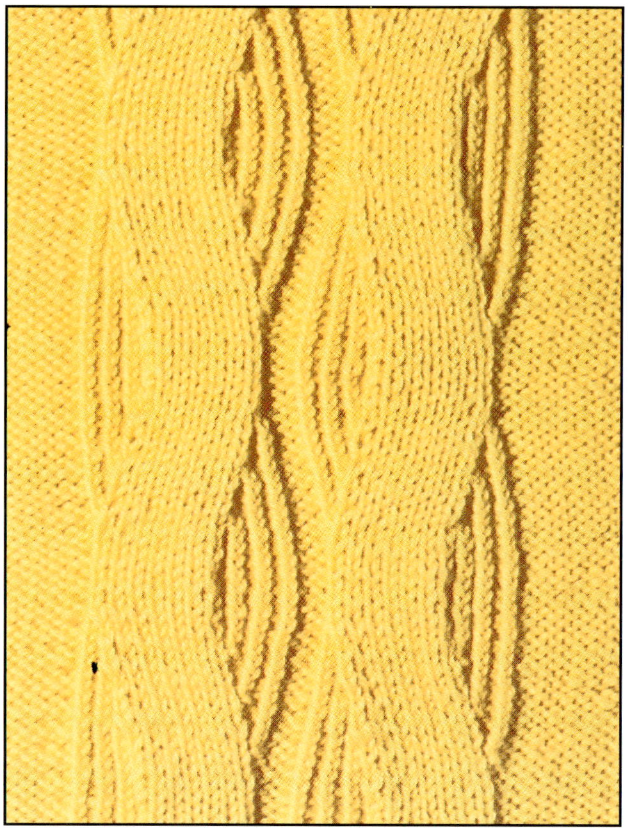

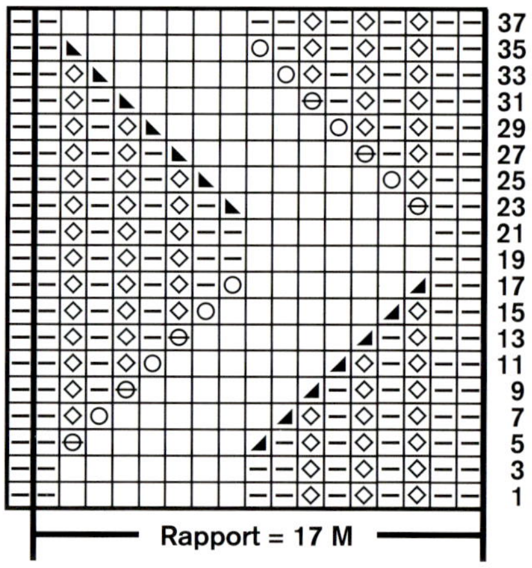

In den Rückr die M str, wie sie erscheinen, die verschränkten M und die Umschläge mit Querstrich li verschränkt, die normalen Umschläge re str.
Die 1. bis 38. R stets wdh.

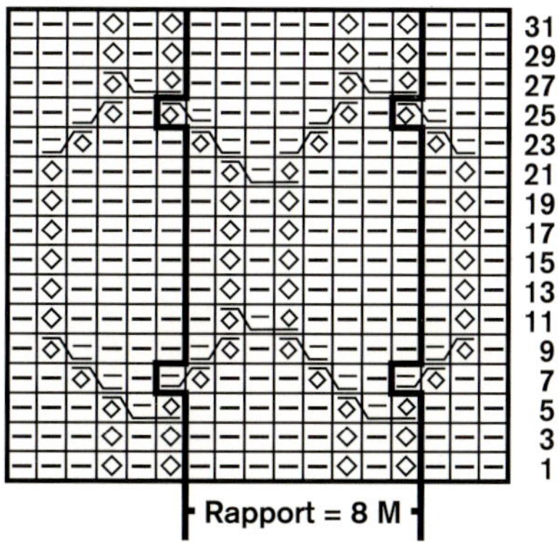

In den Rückr die M str, wie sie erscheinen, die verschränkten M wieder verschränkt str.
Die 1. bis 28. R stets wdh.

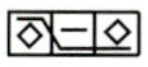 = 1 M auf die Hilfsnd vor die Arbeit, die folg M re verschränkt und die nächste M li str, die M der Hilfsnd re verschränkt str.

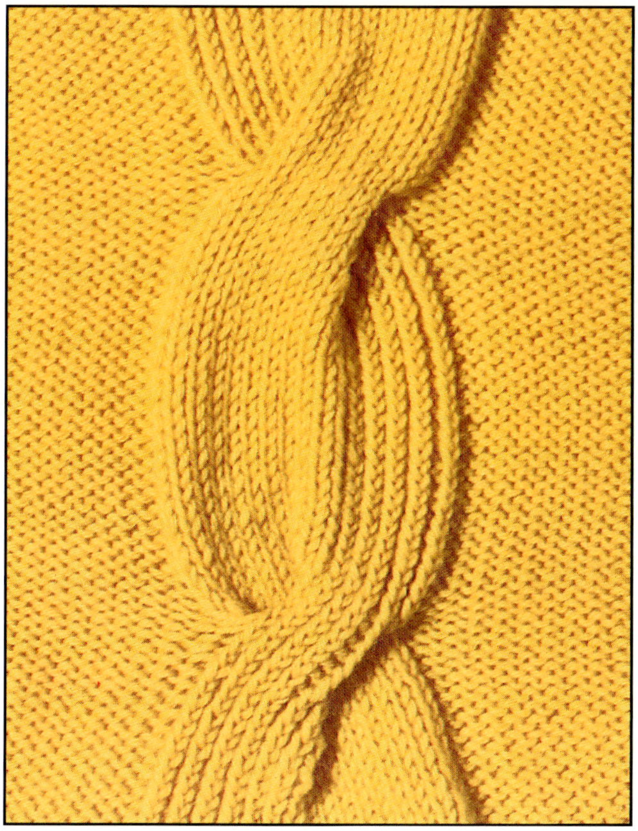

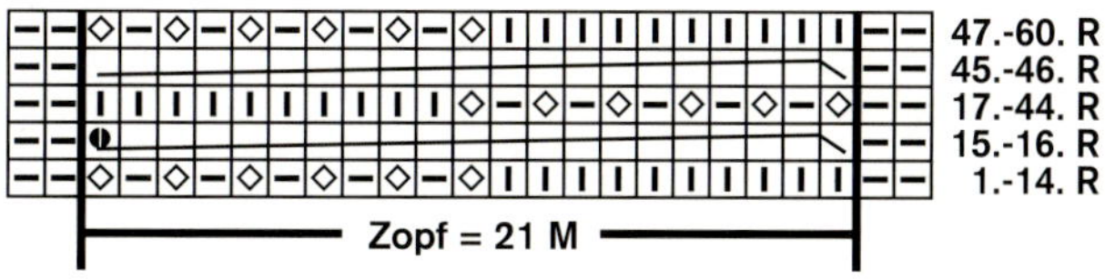

In den Rückr die M str, wie sie erscheinen, die verschränkten M li verschränkt str.
Die 1. und 2. R 7x, dann die 15. und 16. R str. Die 18. und 19. R 14x, dann die 45. und 46. R str. Nun die 47. und 48. R 7x str = 60 R. Diese 60 R stets wdh.

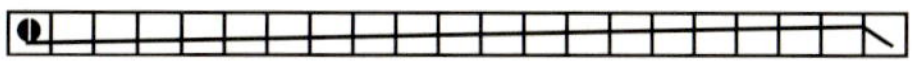

= 10 M mit einer Hilfsnd hinter die Arbeit legen, 11 M im Rippenmuster str, dann die M der Hilfsnd re str.

= 11 M mit einer Hilfsnd hinter die Arbeit legen, 10 M re str, dann die M der Hilfsnd im Rippenmuster str.

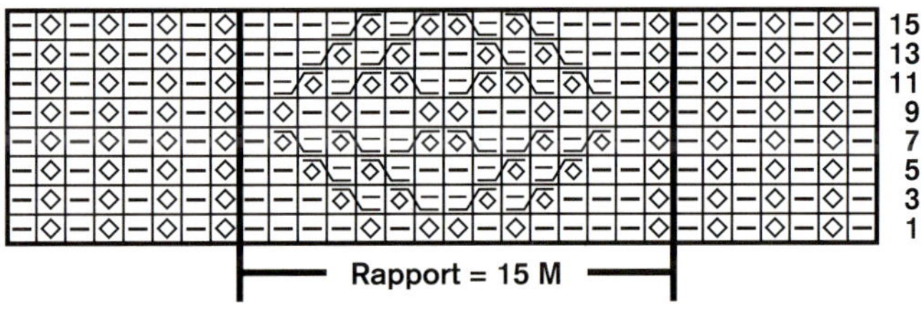

In den Rückr die M str, wie sie erscheinen, die verschränkten M wieder verschränkt str. Die 1. bis 16. R stets wdh.

Muster von Seite 139

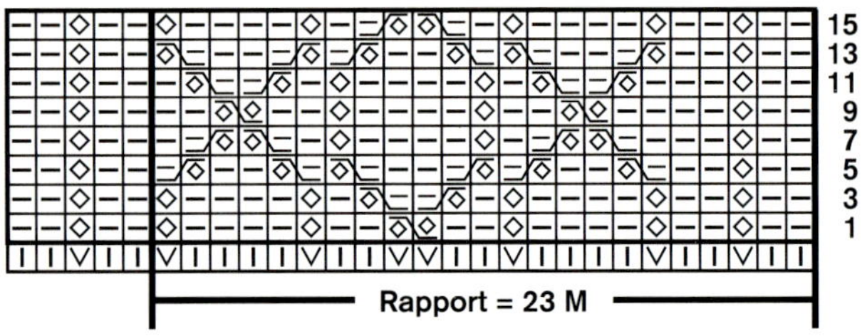

In den Rückr alle re M re str, die li M wie zum Li-str abheben. Nach der ersten gezeichneten R (=Rückr) die 1. bis 16. R stets wdh.

◇ = Hinr 1 M re verschränkt, Rückr 1 M wie zum Linksstr abheben, der Faden liegt vor der Arbeit.

Muster von Seite 139

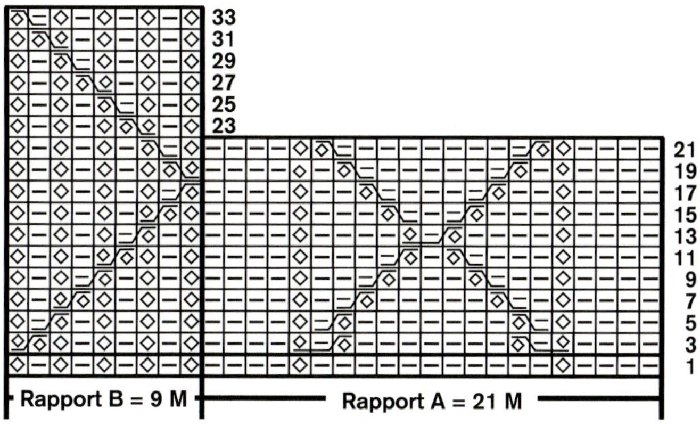

In den Rückr die M str, wie sie erscheinen.
Nach den ersten 2 R für Muster A die 3. bis 22. R, für Muster B die 3. bis 34. R stets wdh.

= 2 M auf Hilfsnd hinter die Arbeit legen, 1 M re verschränkt str, die 1. der Hilfsnd li str und die 2. M re verschränkt str.

= 1 M auf Hilfsnd vor die Arbeit legen, 1 M re verschränkt, 1 M li str, dann die M der Hilfsn re verschränkt str.

= 1 M auf Hilfsnd vor die Arbeit legen, 1 M re verschränkt, dann die M der Hilfsn re verschränkt str.

= 1 M auf Hilfsnd hinter die Arbeit legen, 1 M re verschränkt, dann die M der Hilfsnd re verschränkt str.

Muster von Seite 139

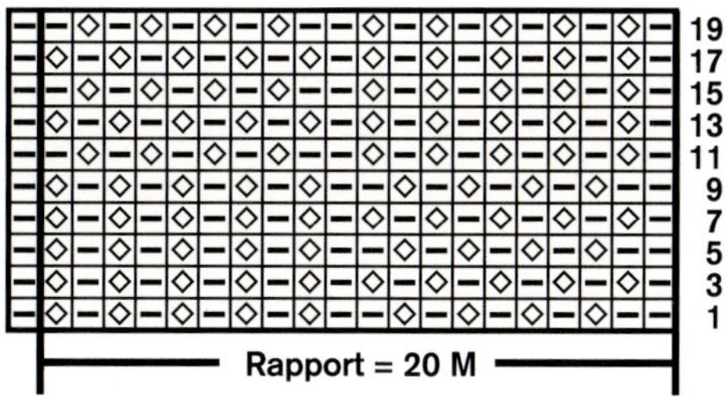

In den Rückr die M str, wie sie erscheinen, die verschränkten M wieder verschränkt str.
Die 1. bis 20. R stets wdh.

Muster von Seite 139

Blattmuster

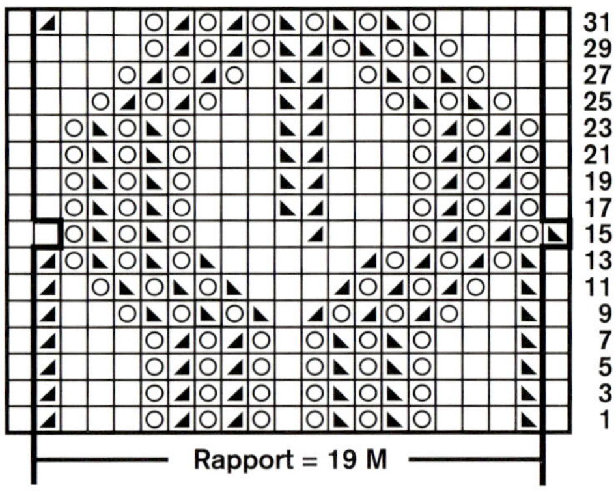

In den Rückr die M str, wie sie erscheinen, die Umschläge li str.
Die 1. bis 32. R stets wdh.

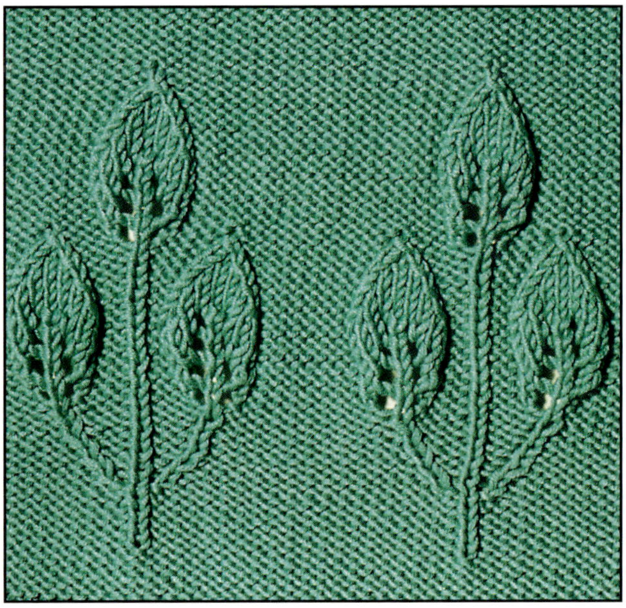

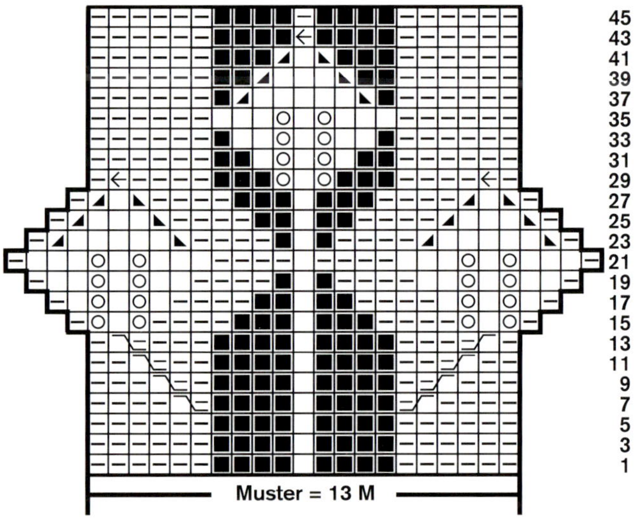

Die schwarz ausgefüllten Kästchen sind ohne Bedeutung, sie dienen nur zur besseren Übersicht. In den Rückr die M str, wie sie erscheinen, die Umschläge li str.
Die 1. bis 46. R stets wdh.

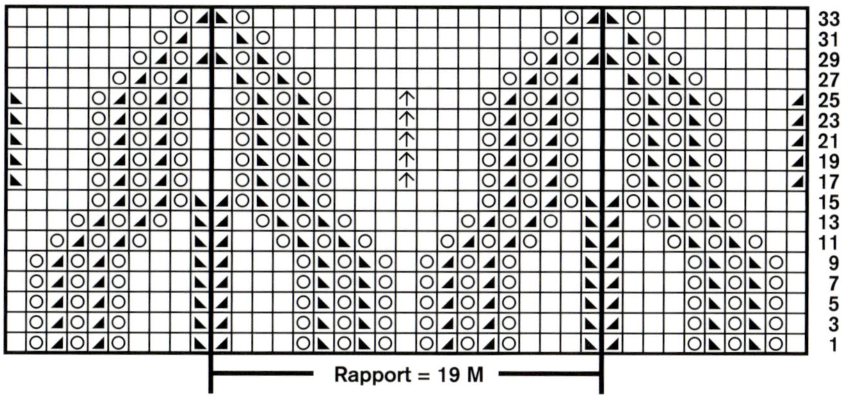

In den Rückr alle M und Umschläge li str.
Nach den ersten 32 R die 33. und 34. R stets wdh.

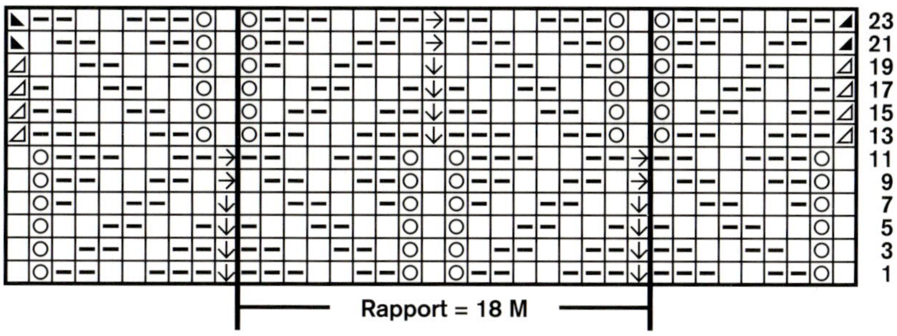

In den Rückr die M str, wie sie erscheinen, die Umschläge li str.
Die 1. bis 24. R stets wdh.

Kombinierte Muster

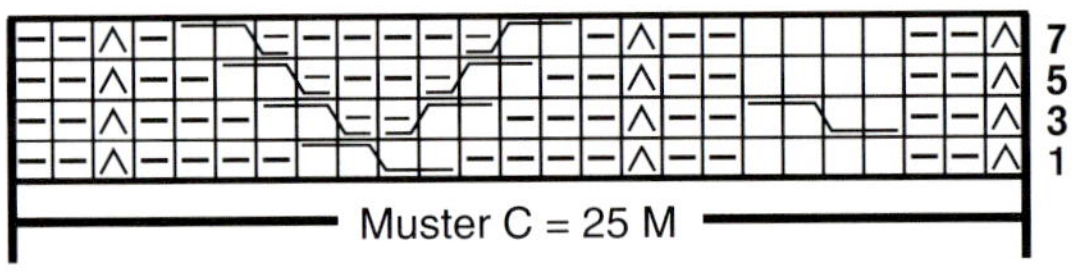

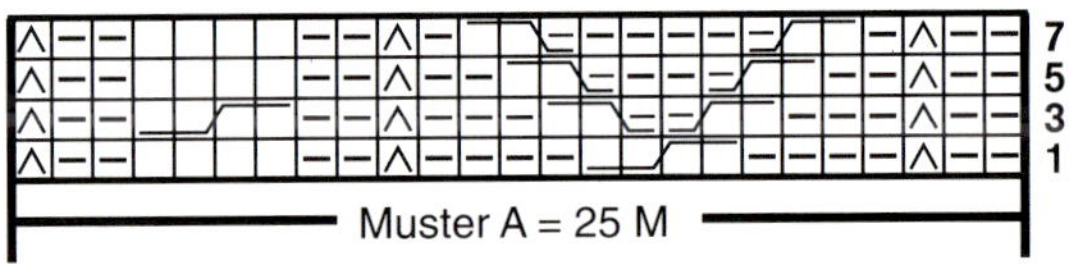

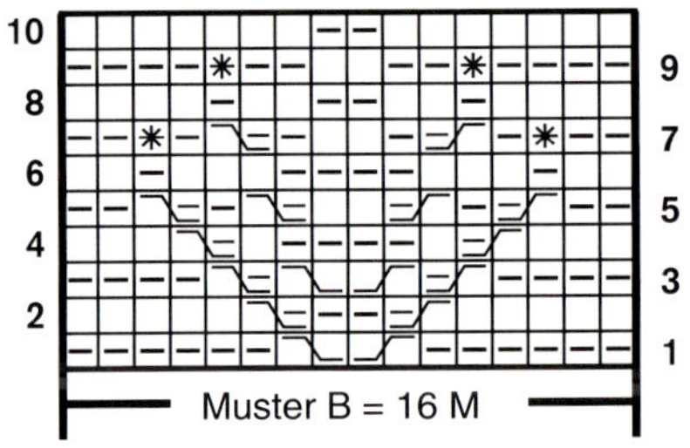

[✱] = Noppe: Aus der M 5 M str, 5 R kraus re über diese M str, dann die 5 M re verschränkt zus-str.

In der Breite nacheinander Muster A, Muster B und Muster C str. Bei den Mustern A und C sind nur die Hinr gezeichnet, in den Rückr die M str, wie sie erscheinen.
Bei Muster A und C die 1. bis 8. R, bei Muster B die 1. bis 10. R stets wdh.

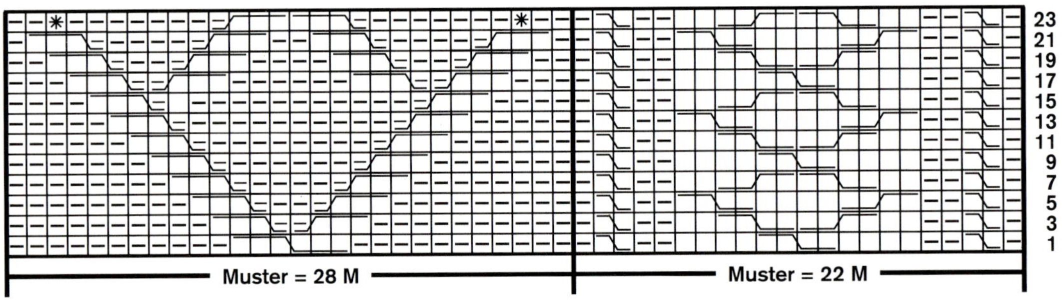

In den Rückr die M str, wie sie erscheinen.
Die 1. bis 24. R stets wdh.

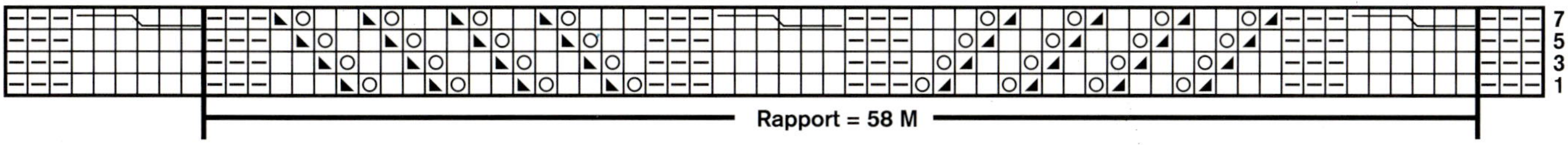

In den Rückr die M str, wie sie erscheinen, die Umschläge li str. Die 1. bis 8. R stets wdh.

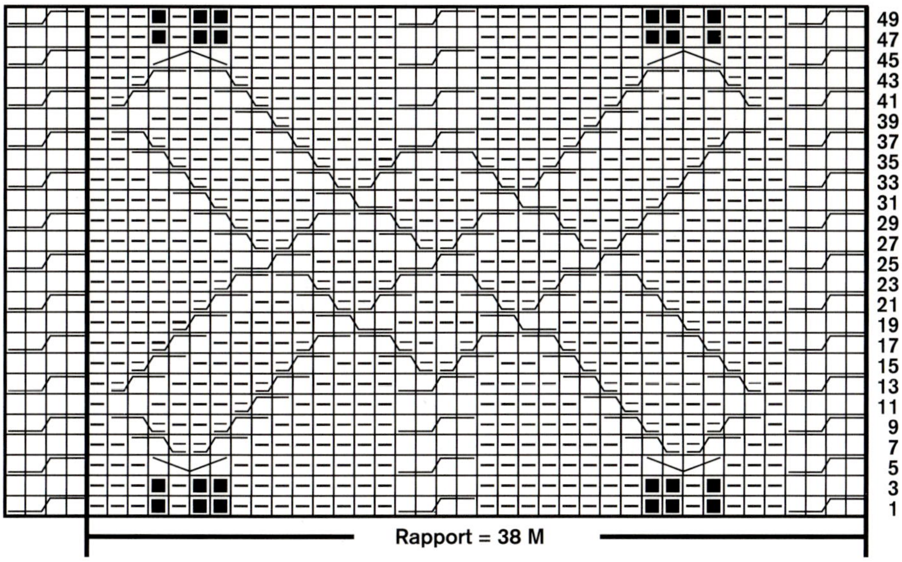

In den Rückr die M str, wie sie erscheinen.
Nach den ersten 46 R die 47. bis 50. R wdh.

 = aus 1 M 4 M herausstr: 1 M re, 1 M re verschränkt, 1 M re und 1 M re verschränkt.

 = 4 M li zus-str.

Hebemaschen

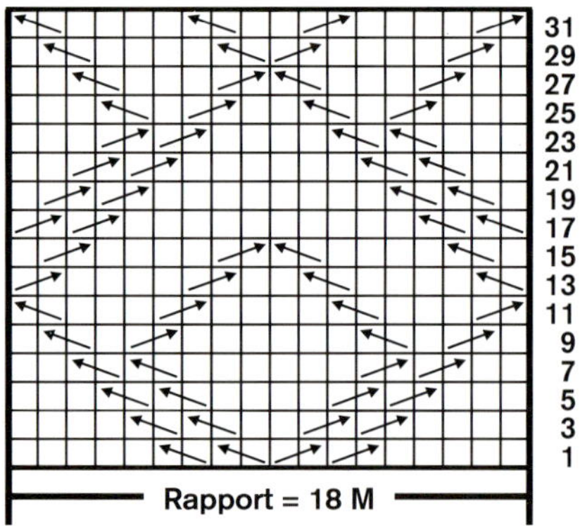

In den Rückr alle M li str.
Die 1. bis 32. R stets wdh.

 = 1 M auf die Hilfsnd hinter die Arbeit legen, 1 M li abheben, der Faden liegt hinter der Arbeit, dann die M der Hilfsnd re str.

 = 1 M auf die Hilfsnd vor die Arbeit legen, 1 M re str, dann die M der Hilfsnd li abheben, der Faden liegt hinter der Arbeit.

Verkreuzte Hebemaschen von Seite 140

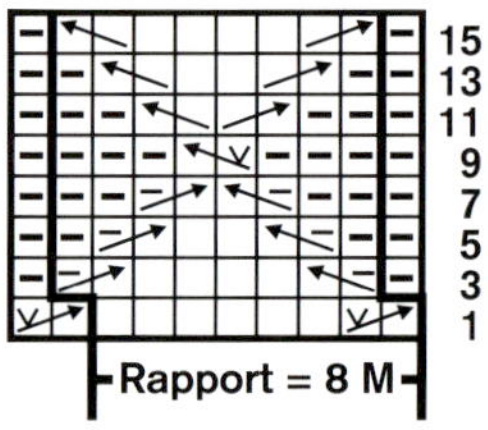

In den Rückr die M str, wie sie erscheinen.
Die 1. bis 16. R stets wdh.

 = 1 M auf die Hilfsnd hinter die Arbeit legen, 1 M li abheben, der Faden liegt hinter der Arbeit, dann die M der Hilfsnd re str.

 = 1 M auf die Hilfsnd vor die Arbeit legen, 1 M re str, dann die M der Hilfsnd li abheben, der Faden liegt hinter der Arbeit.

 = 1 M auf die Hilfsnd hinter die Arbeit legen, 1 M li abheben, der Faden liegt hinter der Arbeit, dann die M der Hilfsnd li str.

 = 1 M auf die Hilfsnd vor die Arbeit legen, 1 M li str, dann die M der Hilfsnd li abheben, der Faden liegt hinter der Arbeit.

 = 1 M auf die Hilfsnd hinter die Arbeit legen, 1 M li abheben, der Faden liegt hinter der Arbeit, dann die M der Hilfsnd li abheben.

 = 1 M auf die Hilfsnd vor die Arbeit legen, 1 M li abheben, dann die M der Hilfsnd li abheben, der Faden liegt hinter der Arbeit.

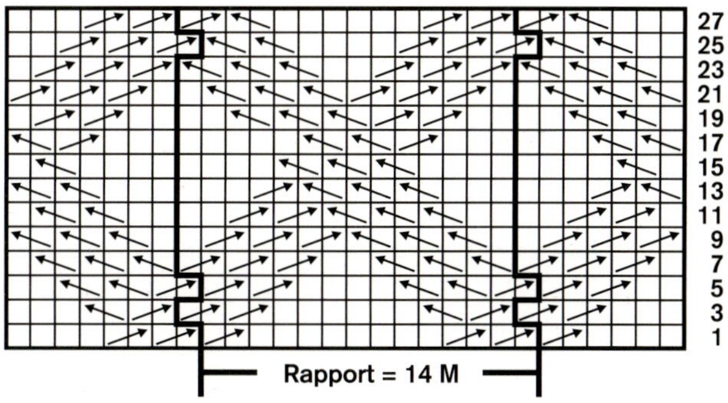

In den Rückr alle M li str.
Die 1. bis 28. R stets wdh.

= 1 M auf die Hilfsnd hinter die Arbeit legen, 1 M li abheben, der Faden liegt hinter der Arbeit, dann die M der Hilfsnd re str.

= 1 M auf die Hilfsnd vor die Arbeit legen, 1 M re str, dann die M der Hilfsnd li abheben, der Faden liegt hinter der Arbeit.

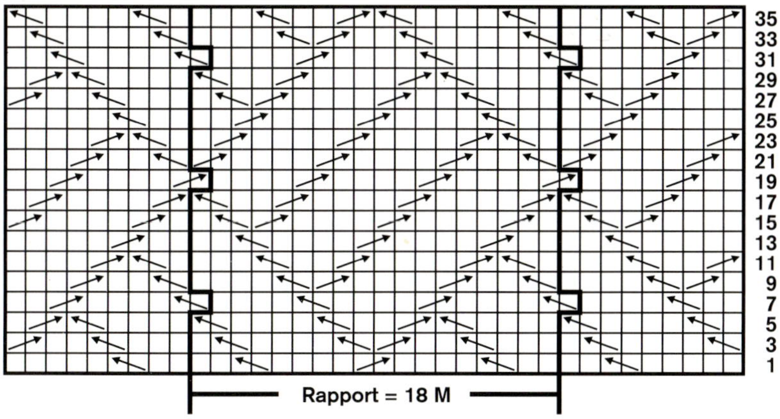

In den Rückr alle M li str.
Die 1. bis 36. R stets wdh.

= 1 M auf die Hilfsnd hinter die Arbeit legen, 1 M li abheben, der Faden liegt hinter der Arbeit, dann die M der Hilfsnd re str.

= 1 M auf die Hilfsnd vor die Arbeit legen, 1 M re str, dann die M der Hilfsnd li abheben, der Faden liegt hinter der Arbeit.

Strukturmuster

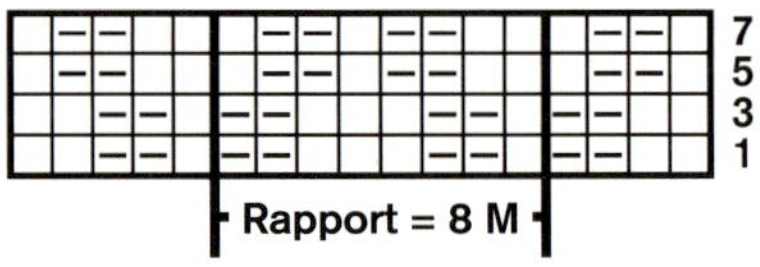

In den Rückr die M str, wie sie erscheinen.
Die 1. bis 8. R stets wdh.

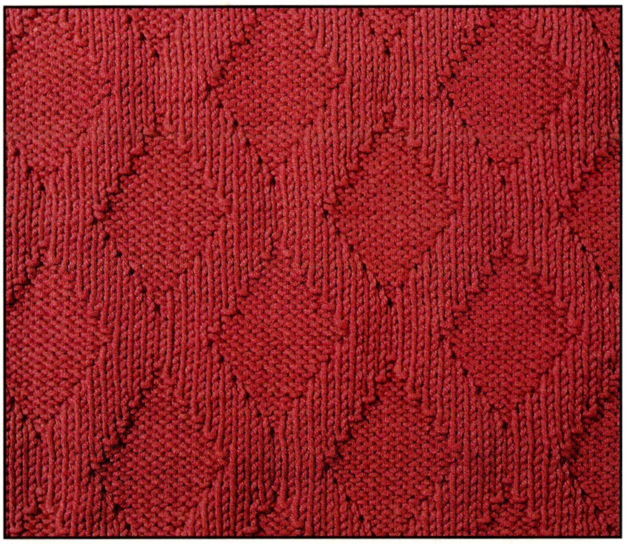

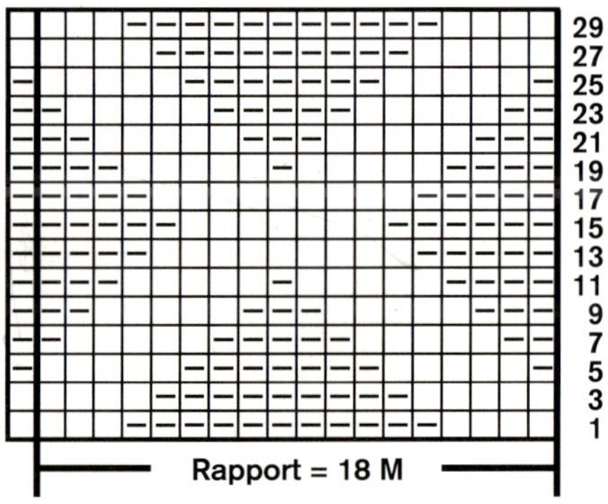

In den Rückr die M str, wie sie erscheinen.
Die 1. bis 30. R stets wdh.

Dasselbe Muster von der Rückseite

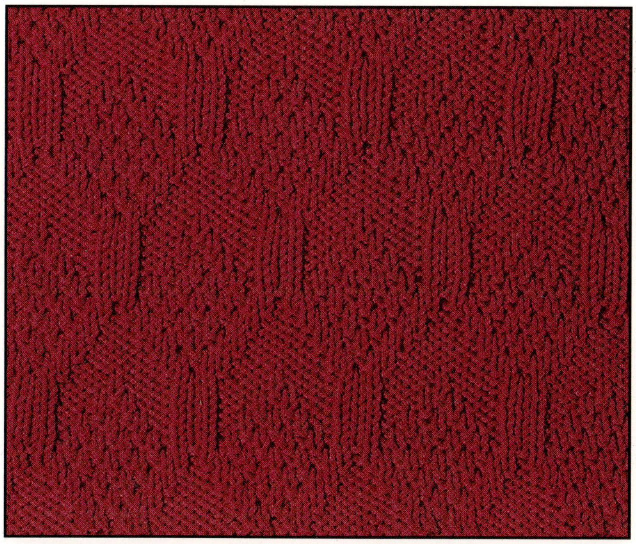

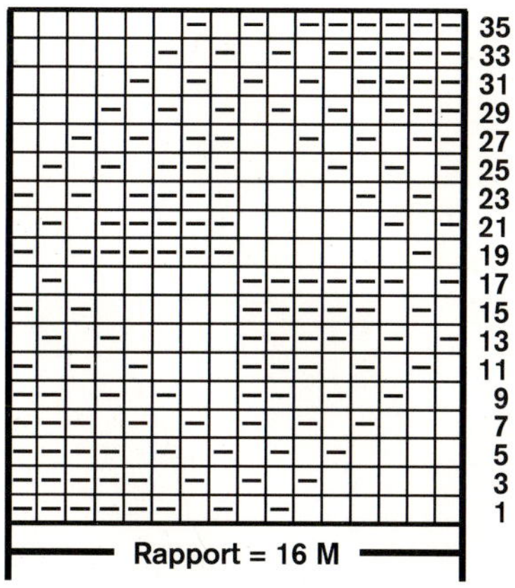

In den Rückr die M str, wie sie erscheinen.
Die 1. bis 36. R stets wdh.

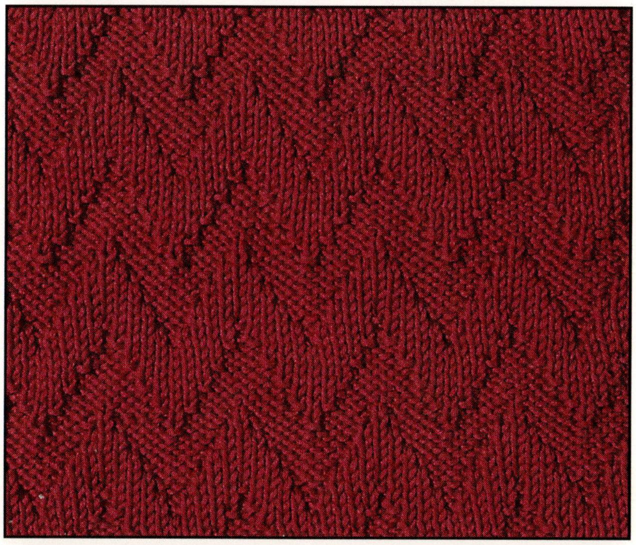

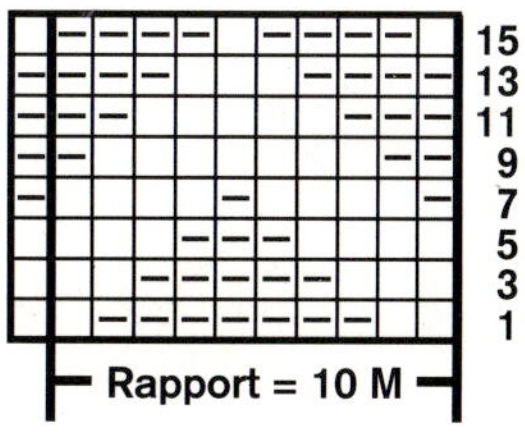

In den Rückr die M str, wie sie erscheinen.
Die 1. bis 16. R stets wdh.

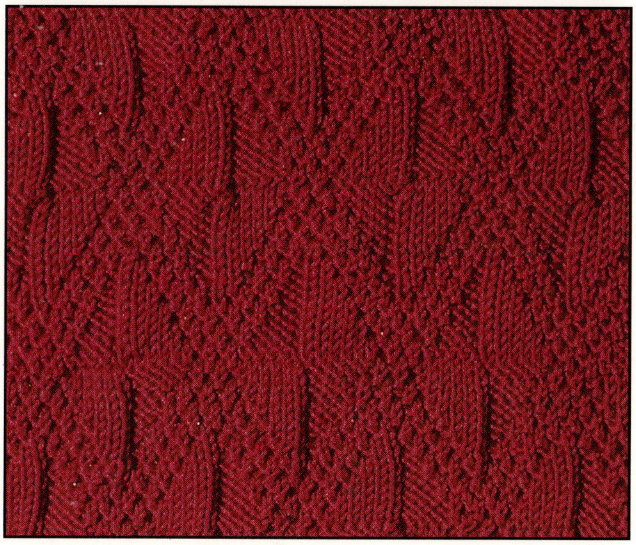

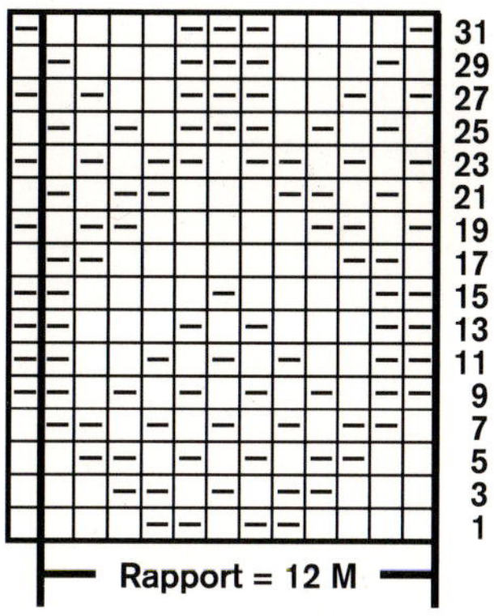

In den Rückr die M str, wie sie erscheinen.
Die 1. bis 32. R stets wdh.

Jacquardmuster

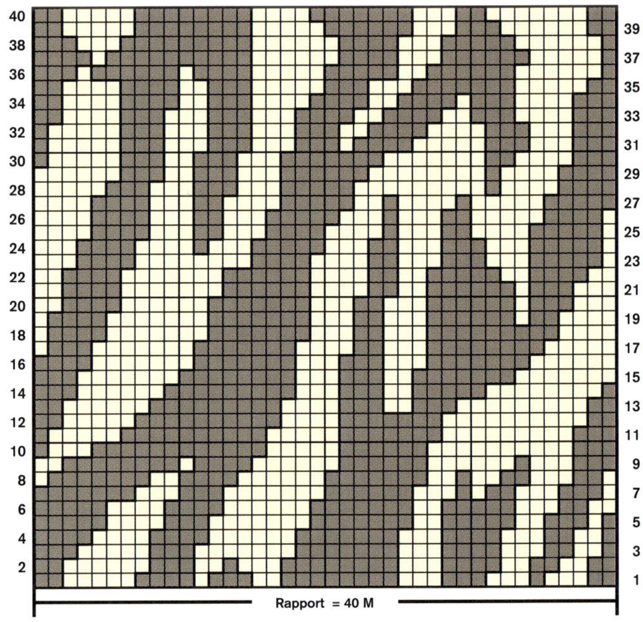

Die 1. bis 40. R stets wdh.

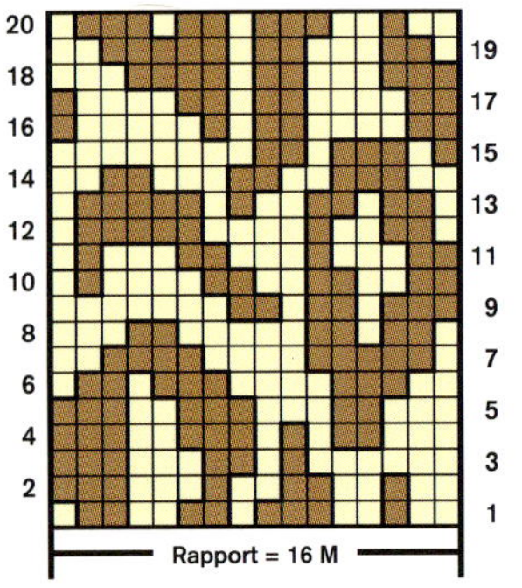

Die 1. bis 20. R stets wdh.

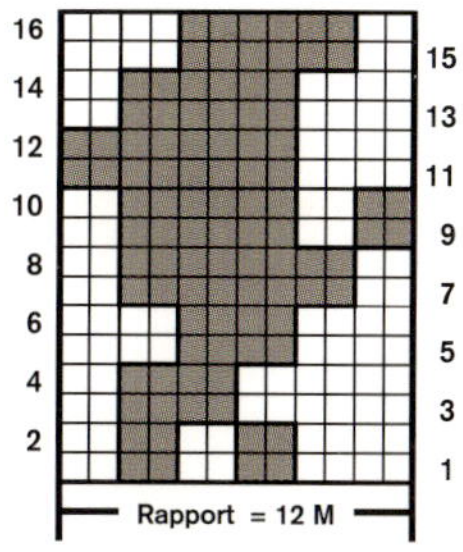

Die 1. bis 16. R stets wdh.

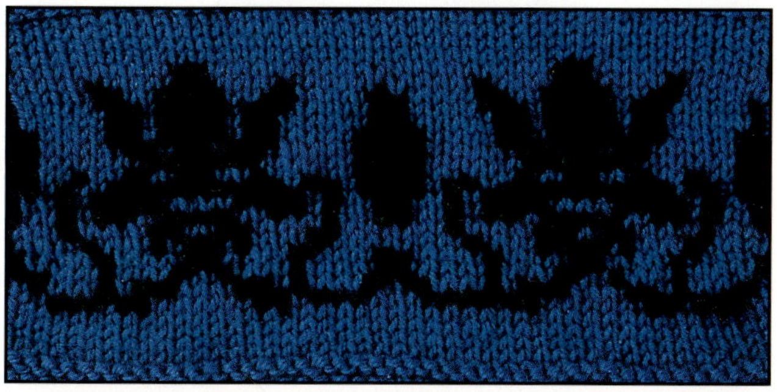

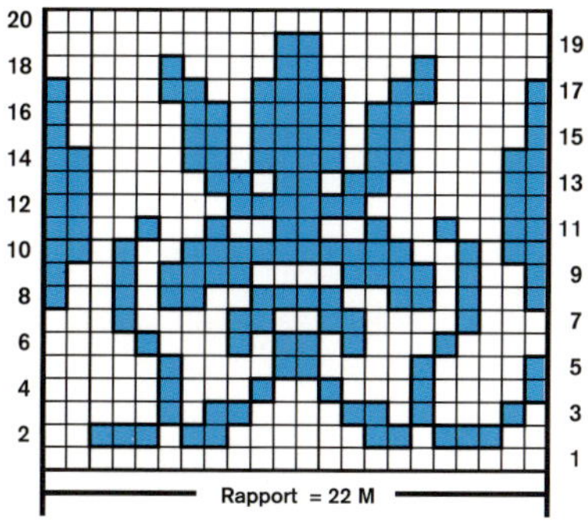

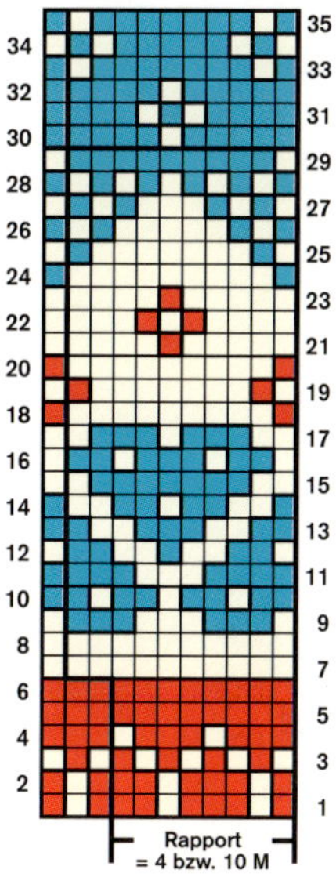

Nach den ersten 29 R die 30. bis 35. R stets wdh.

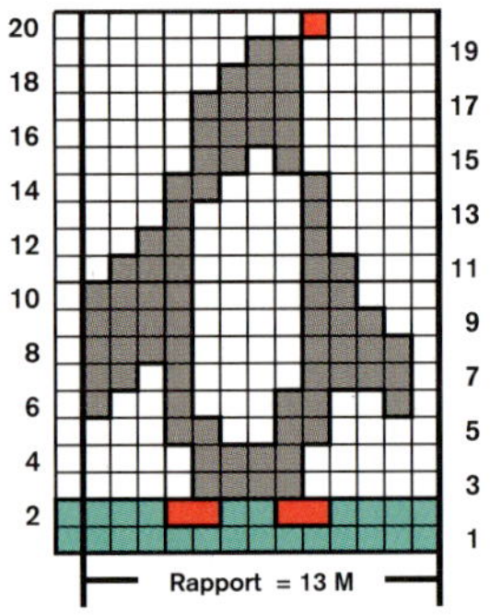

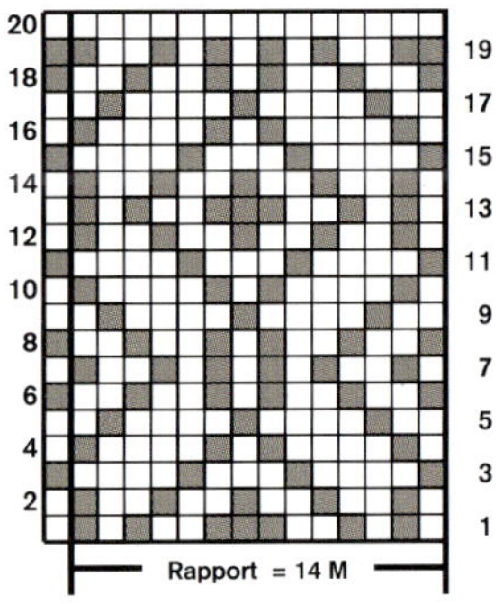

Das Muster li oben wird wie gezeichnet gestrickt; bei dem darunter abgebildeten Muster sind die Farben ausgetauscht. Die 1. bis 20. R stets wdh.

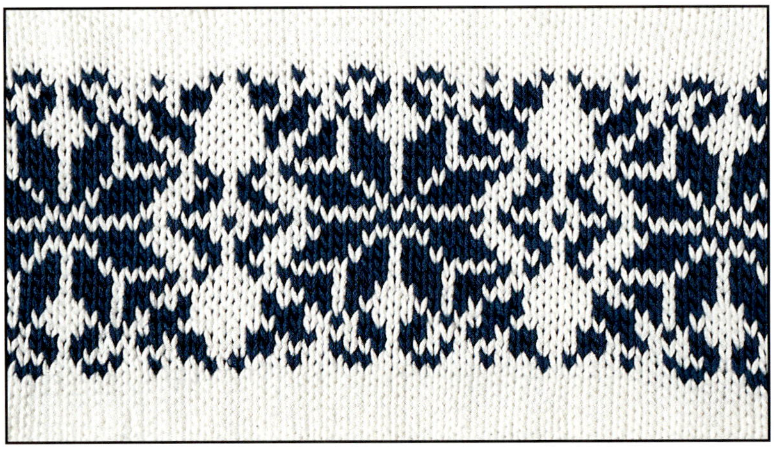

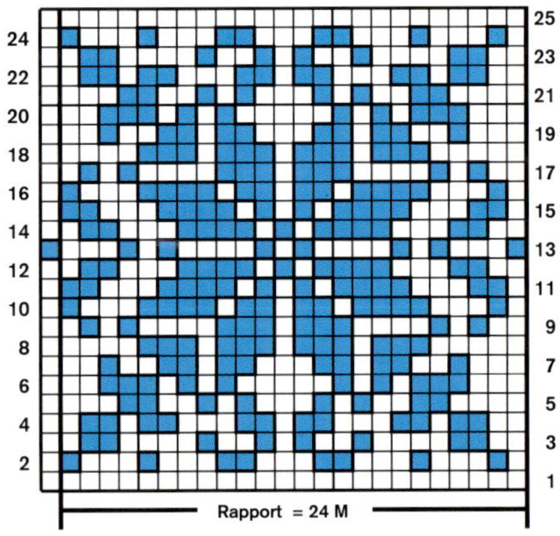

Zeichenerklärung und Abkürzungen

oder = Hinr: 1 M re, Rückr: 1 M li

= Hinr: 1 M li, Rückr: 1 M re

= Hinr: 1 M re, Rückr: 1 M re (kraus re)

= Hinr: 1 M re verschränkt, Rückr: 1 M li verschränkt

= Hinr: 1 M li verschränkt, Rückr: 1 M re verschränkt

= 1 Umschlag, in der Rückr 1 M li

= 1 Umschlag, in der Rückr 1 M re

= 2 M re zus-str

= einfacher Überzug: 1 M wie zum Re-str abheben, 1 M re str und die abgehobene M überziehen

= 2 M li zus-str

= 2 M li verschränkt zus-str

= 3 M re zus-str

= doppelter Überzug: 2 M zus wie zum Re-str abheben, 1 M re str und die abgehobenen M überziehen

= 1 M wie zum Re-str abheben, 2 M re zus-str und die abgehobene M überziehen

= 3 M li zus-str

= Noppe: aus 1 M 5 M (1 M re, 1 Umschlag im Wechsel) herausstricken. Über diese 5 M 3 bis 5 R glatt re str, in der folgenden Hinr die 5 M re verschränkt zus-str

= 1 M re verschränkt aus dem Querfaden zunehmen

= 1 M li verschränkt aus dem Querfaden zunehmen

= Kästchen ohne Bedeutung (nicht vorhandene M)

= 1 tiefergestochene M: 1 M re str, jedoch 1 R tiefer einstechen

= Patentmasche: Hinr: die M mit 1 Umschlag li abheben; Rückr: die M mit dem Umschlag li zus-str

= 2 M nach li verkreuzen: 1 M mit einer Hilfsnd vor die Arbeit legen, die folgende M re, dann die M der Hilfsnd re str

= 2 M nach re verkreuzen: 1 M mit einer Hilfsnd hinter die Arbeit legen, die folgende M re, dann die M der Hilfsnd re str

= 2 M nach li verkreuzen: 1 M mit einer Hilfsnd vor die Arbeit legen, die folgende M li, dann die M der Hilfsnd re str

= 2 M nach re verkreuzen: 1 M mit einer Hilfsnd hinter die Arbeit legen, die folgende M re, dann die M der Hilfsnd li str

= 3 M nach li verkreuzen: 2 M mit einer Hilfsnd vor die Arbeit legen, 1 M re, dann die M der Hilfsnd re str

= 3 M nach re verkreuzen: 1 M mit einer Hilfsnd hinter die Arbeit legen, 2 M re, dann die M der Hilfsnd re str

= 3 M nach li verkreuzen: 2 M mit einer Hilfsnd vor die Arbeit legen, 1 M li, dann die M der Hilfsnd re str

= 3 M nach re verkreuzen: 1 M mit einer Hilfsnd hinter die Arbeit legen, 2 M re, dann die M der Hilfsnd li str

= 4 M nach li verkreuzen: 2 M mit einer Hilfsnd vor die Arbeit legen, 2 M re, dann die M der Hilfsnd re str

= 4 M nach re verkreuzen: 2 M mit einer Hilfsnd hinter die Arbeit legen, 2 M re, dann die M der Hilfsnd re str

= 4 M nach li verkreuzen: 2 M mit einer Hilfsnd vor die Arbeit legen, 2 M li, dann die M der Hilfsnd re str

= 4 M nach re verkreuzen: 2 M mit einer Hilfsnd hinter die Arbeit legen, 2 M re, dann die M der Hilfsnd li str

= 4 M nach li verkreuzen: 3 M mit einer Hilfsnd vor die Arbeit legen, 1 M li, dann die M der Hilfsnd re str

= 4 M nach re verkreuzen: 1 M mit einer Hilfsnd hinter die Arbeit legen, 3 M re, dann die M der Hilfsnd li str

= 6 M nach li verkreuzen: 3 M mit einer Hilfsnd vor die Arbeit legen, 3 M re, dann die M der Hilfsnd re str

= 6 M nach re verkreuzen: 3 M mit einer Hilfsnd hinter die Arbeit legen, 3 M re, dann die M der Hilfsnd re str

= 8 M nach li verkreuzen: 4 M mit einer Hilfsnd vor die Arbeit legen, 4 M re, dann die M der Hilfsnd re str

= 8 M nach re verkreuzen: 4 M mit einer Hilfsnd hinter die Arbeit legen, 4 M re, dann die M der Hilfsnd re str

= 2 M nach li verkreuzen: 1 M mit einer Hilfsnd vor die Arbeit legen, 1 M li, dann die M der Hilfsnd re verschränkt str

= 2 M nach re verkreuzen: 1 M mit einer Hilfsnd hinter die Arbeit legen, 1 M re verschränkt, dann die M der Hilfsnd li str

Abkürzungen

einf. Überzug	1 Masche wie zum Rechtsstricken abheben, die folgende Masche rechts stricken und die abgehobene Masche überziehen
Fb	Farbe
Hilfsnd	Hilfsnadel
Hinr	Hinreihe
li	links, linke, linken
M	Masche
R	Reihe
Rückr	Rückreihe
Randm	Randmasche
Rd	Runde
re	rechts, rechte, rechten
str	stricken
U	Umschlag
wdh	wiederholen
zus	zusammen
zus-str	zusammenstricken

Register